U0362159

南开大学马克思主义研究文库（第一辑）

新世纪的文化思考

方克立　著

南开大学出版社

天　津

图书在版编目(CIP)数据

新世纪的文化思考 / 方克立著. —天津：南开大
学出版社，2019.7
(南开大学马克思主义研究文库. 第一辑)
ISBN 978-7-310-05836-5

Ⅰ.①新… Ⅱ.①方… Ⅲ.①马克思主义－文化理论
－文集 Ⅳ.①A811.67－53

中国版本图书馆 CIP 数据核字(2019)第 157621 号

南开大学出版社出版发行
出版人：刘运峰
地址：天津市南开区卫津路 94 号　　邮政编码：300071
营销部电话：(022)23508339　23500755
营销部传真：(022)23508542　　邮购部电话：(022)23502200
*
天津丰富彩艺印刷有限公司印刷
全国各地新华书店经销
*
2019 年 7 月第 1 版　　2019 年 7 月第 1 次印刷
240×170 毫米　16 开本　25.5 印张　4 插页　429 千字
定价：102.00 元

如遇图书印装质量问题,请与本社营销部联系调换,电话：(022)23507125

出版说明

今年正值新中国成立七十周年，南开大学建校一百周年，在新的历史起点，为进一步加强和巩固马克思主义在哲学社会科学中的指导地位，推动加快构建中国特色哲学社会科学的理论体系和话语体系，我们将陆续出版"南开大学马克思主义研究文库"，集中展示南开大学哲学社会科学领域的有关专家学者，长期以来在马克思主义理论应用、发展和创新方面所做的贡献。文库将以专著、文选等多种形式，彰显马克思主义理论的强大活力和生命力。

此次结集出版的为第一辑，共 10 种，分别为：《季陶达文集》（季陶达）、《魏埙文集》（魏埙）、《"返本开新"的哲学之路》（陈晏清）、《新世纪的文化思考》（方克立）、《高峰文集》（高峰）、《毛泽东哲学思想的当代价值》（杨瑞森）、《马克思主义与中国现代化历程》（刘景泉）、《人性的探索》（王元明）、《党史党建研究文集》（邵云瑞等）、《马克思主义社会学理论研究》（张向东）。需要说明的是，这些著述或收录于书中的一些文章，有不少之前在别的出版社出版或在报刊上发表过。由于时代和认识的局限，书中有些观点今天看来难免有所偏颇或值得商榷；语言文字、标点符号、计量单位、体例格式等方面，也有不符合现行规范之处。但为保持这些著述的原始风格，我们在编辑出版时除对一些明显的错误做了更正，对个别不合时宜的内容做了适当删改外，其他均遵从原著，未予改动。恳请广大读者在阅读这些著述时，能有所鉴别。

南开大学马克思主义学院
南开大学出版社
2019 年 8 月

目　录

经济全球化情势下的中华文化走向[*]

经济全球化的实质及其前景

在世纪之交和千年之交,经济全球化成为人们普遍关注的一个热门话题。在对这个问题的有关讨论中,我们明显地感觉到有两种经济全球化:现实的经济全球化和多数人所追求的理想的经济全球化。在对现实的经济全球化的认识中,有的人只揭示其表面现象,有的人则要求揭露其实质;有的人把它说成是永恒的世界秩序,有的人则把它看作生产力和生产关系矛盾运动的一个阶段,是过渡到理想的经济全球化的历史阶梯。

一般来说,经济全球化是指资本、商品、技术、劳动力等生产要素跨越国界,在全球范围内自由流动和配置,世界各国各地区的经济日益相互依赖,日益紧密地联系成为一个整体的历史过程。这一过程从资本主义世界市场形成之日就开始了。正如马克思和恩格斯在《共产党宣言》中所说的:"资产阶级,由于开拓了世界市场,使一切国家的生产和消费都成为世界性的了。……过去那种地方的和民族的自给自足和闭关自守状态,被各民族的各方面的互相往来和各方面的互相依赖所代替了。"

随着社会生产力和资本主义生产关系的发展,经济全球化作为一个历史过程,它也经历了不同的发展阶段。19 世纪 70 年代以前是自由资本主义的商品贸易全球化阶段,以英国为代表的欧洲资本主义国家对世界市场的拓展,是与其向美洲和亚非国家的殖民活动联系在一起的。此后进入了列宁所说的

---

* 本文是作者 2000 年 10 月 26 日在中华炎黄文化研究会、中国人民大学和中国艺术研究院联合主办的"经济全球化与中华文化走向"国际学术研讨会上的报告论文。原载《中国社会科学院研究生院学报》2001 年第 1 期。

垄断资本主义即帝国主义时代，它在经济上表现为产业资本的全球化。这个阶段大约经过了 100 年，其间曾因生产过剩而爆发经济危机，帝国主义之间为争夺世界市场而发生过两次世界大战。第二次世界大战后，美国取代英国成为世界经济政治的中心，经济全球化进程也明显地加快了。20 世纪 70 年代以来，特别是到了 90 年代，信息技术革命为全球经济网络的形成创造了十分便捷的条件，特别是冷战的结束拆除了原来的贸易壁垒，推动了市场经济的全球化和国际信贷的自由化，这就使得脱离实体经济的虚拟资本在全球自由流动和统治成为可能。人们可以看到，今天"在全球经济中占主导地位的已经不再是汽车、钢铁和小麦的贸易，而是股票、债券和货币的交易"。金融资本特别是投机资本的全球流动，造成了 90 年代世界各地此起彼伏的金融危机，而美国则在这些金融危机中大发横财。

如果仅从生产力的角度来看经济全球化，我们看到的就只是商品、货币、技术、服务等经济要素在全球范围内的交换和流通，以及全球经济的表面繁荣。如要进一步深入揭露其实质，那就必须同时从生产关系的角度，从生产力和生产关系矛盾运动的角度来认识经济全球化。如是我们不难看出，在世界资本主义体系中形成和发展的经济全球化，实质上是资本追求利润最大化而向全球扩张，即把自己普遍化和国际化的过程，是资本主义生产方式及其内在矛盾的全球化。全球化并没有改变资本主义的本性，它的逻辑仍然是：资本企图通过自身矛盾普遍化的方式来克服矛盾，以向国外转嫁危机的办法来解决危机。

在全球经济繁荣的表象背后，还有 13 亿人（超过全世界人口的 1/5）在饥饿和贫困线上挣扎。现实的由美国和其他西方发达国家推动和主导的经济全球化绝不像某些人所描绘的那么美妙，它所反映的是一种极不公正、极不合理的国际经济关系。当今世界，由于美国等西方发达国家在经济实力和科技水平上占有绝对优势，他们的跨国公司控制着全球主要产品的生产和销售，因此可以用低廉的价格去购买发展中国家的原料和劳动力，而以高价出售自己的产品，从中牟取暴利。1999 年 10 月，秘鲁《商报》上一篇文章指出："发达国家是技术的主人，他们降低了发展中国家出产的原料的价格，在很多情况下，构成某种产品的价格是 90% 的技术和 10% 的原料。"美国等西方发达国家还控制着世界银行、国际货币基金组织、世界贸易组织等国际经济组织，他们是国际经济交往"游戏规则"的制定者和操纵者，制定这些规则的原则当然是首先要对他们有利。同时他们还依恃自己的强权，一方面要求发展中国家大幅度地开放市场，另一方面又以各种借口在本国实行贸易保护主义，阻挠发展中国家的劳动密集型产品进口。总之，现实的经济全球化所造成的国际经济关系是非常不平等的。马来西亚学者M.科尔指出，这种不平等主要表现在"建立世界经济和国际贸易体系的方式是不平等的，贸易条件、金融、投资和技术转移是不平等的，全球化带来的利益和损失的分配也是不平等的。一句话，强国受益最多，其他国家则受益不多或根本得不到什么好处"。这种不平等的国际竞争的结果，是造成了国际范围内更加严重的贫富两极分化和南北对立，国际经济关系更加严重的不平衡。

联合国开发计划署发表的《1999年人类发展报告》表明：生活在富国的人口虽然只占全世界的1/5，但他们却占有了全世界86%的国民生产总值，82%的出口市场份额，68%的外国直接投资，74%的电话线路。而生活在最贫穷国家的1/5人口，在上述各项中都只占1%。上述两类人口的收入差距，在1960年为30∶1，到1997年已扩大为74∶1。美国成衣业、工业和纺织工人工会主席杰伊·梅热指出："世界上200个最富有的人的资产超过了处于经济阶梯另一端的20亿人的财产的总和。"由此可见这个世界的不平等已经到了何种程度！

除了加剧全球的贫富分化、两极对立之外，现实的由美国等西方发达国家主导的经济全球化还带来了生态破坏、环境污染、毒品走私猖獗、恶性疾病蔓延等一系列严重的问题，而造成这些全球性问题的罪魁祸首又没有解决问题的责任心，因此理所当然地要引起全世界人民特别是受害国人民的强烈不满。包括发达国家中正直的知识分子和一些联合国官员在内的各方面人士都愤起对这种给人类带来苦难和危机的经济全球化进行揭露、谴责和批判。第三世界国家由于科技水平落后、发展资金匮乏、债务负担沉重、贸易条件恶化，在国际经济竞争中处于极为不利的地位，他们是经济全球化的最大受害者，也是抵制、揭露、批判现实的不公正的经济全球化的主力军。2000年1月在哈瓦那召开的"第二次全球化与发展大会"，有53个国家的1000多名代表参加，会议集中反映了发展中国家人民的声音，一个揭批强国垄断的经济全球化和新自由主义全球化观的浪潮正在兴起。这说明世界各国人民正在觉醒，美国等西方发达国家主导的经济全球化受到了强有力的挑战，要求用新的公正、合理的国际经济新秩序来取而代之的呼声已经成为时代的最强音。

什么是新的公正、合理的国际经济新秩序？虽然人们的提法各不相同，希望达到的目的也不一样，但有一点是共同的，那就是希望改变现实的不公正、不合理的国际经济关系，使经济全球化朝着符合全人类共同利益的方向发展。联合国开发计划署在《1999 年人类发展报告》中说："全球化不能一味追逐利润，它应当造福于全人类，因此有必要重新制定全球化的运行规则。"这种"造福于全人类"的经济全球化，联合国秘书长安南把它叫作"符合人性和道德的"全球化，古巴革命委员会主席卡斯特罗把它叫作"互助的"全球化，还有的学者把它叫作"和平与发展"的全球化、"可持续发展"的全球化，等等。这种"造福于全人类"的经济全球化，其基本目标是要解决国际经济关系不平等和社会贫富分配不均的问题，而要彻底解决这些问题，就要解决生产社会化和资本主义私人占有制之间的矛盾，所以其必然归趋只能是社会主义和共产主义。所谓用理想的经济全球化取代现实的经济全球化，实际上就是要用社会主义的经济全球化来取代资本主义的经济全球化。国外有的学者已经看到了这一历史趋势，明确指出："正是全球化推动劳动阶级作为世界革命的主体而崛起，历史将会证明：全球化是 21 世纪世界社会主义的助产婆。"

社会主义的全球化虽然在今天还只是一种理想，但却不是毫无根据的空想。因为现实的经济全球化既然是资本主义社会的基本矛盾即生产社会化和私人占有制之间的矛盾在全球范围内发展的必然产物，那么这一现实矛盾的进一步发展必然要有一个解决的办法，进一步社会化和高度发展的生产力必然要求有一种新的更加合理的生产关系来与它相适应，因此用社会主义的全球化来取代资本主义的全球化就具有历史的必然性。当然，这一过程还会是相当长期的，是一个还会遇到各种复杂情况的曲折而艰难的过程，对此我们要有充分的思想准备。但是，全世界的进步力量一定会找到一条从现实的经济全球化过渡到理想的经济全球化的道路。

面对着现实的资本主义经济全球化的汹涌潮流，中国等社会主义国家和其他发展中国家别无选择，只有坚持对外开放的方针，以积极的姿态走向世界，充分利用经济全球化给我们提供的历史机遇，引进外资和先进技术，加快本国经济的发展，提高整个国民经济的竞争实力，争取立于不败之地并逐渐变被动为主动。害怕经济全球化的冲击及其消极后果而置身事外不但于事无补，而且只能把自己隔离在世界文明之外，等于自己开除自己的"球籍"。正确的态度是积极主动地融入，清醒地面对挑战，及时调整产业结构和有关经济政策，提高防范和抵御风险的能力，因时顺势，趋利避害。各国在发展自己经济的同时，还要加强团结合作，积极参与国际经济规则的制定和修改，维护发展中国家的共同利益，争取逐步建立真正公平、合理的国际经济新秩序。

马克思说："资本主义生产是在矛盾中运动的，这些矛盾不断被克服，但又不断地产生出来。不仅如此，资本不可遏止地追求普遍性，在资本本身的性质上遇到了界限，这些界限在资本发展到一定阶段时，会使人们认识到资本本身就是这种趋势的最大限制，因而驱使人们用资本来消灭资本。"经济全球化并没有改变而是进一步证实了马克思所揭示的资本矛盾运动的逻辑。资本主义为克服自身的危机所作的每一次努力，都为更具破坏性的危机的到来准备了条件，在它发展到一定阶段时，人们将会认识到"资本本身就是这种趋势的最大限制"，那时利用它所创造的巨大财富，去消灭资本主义占有制的社会变革就是不可避免的了。这就是经济全球化给我们展示的前景。

文化全球化的力量及其限制

今日的全球化运动，不仅表现在经济领域，而且表现在政治、文化、意识形态等广泛的社会生活领域。对于后者来说，经济无疑是最强大的推动力量。借助于交通运输的便利和信息传播手段的现代化，经济全球化的大潮对全人类的生活方式、思维习惯和价值观念都产生了无比深刻的影响，也可以说它在悄然地改变着人类的生活和全球的面貌。

经济全球化的一个直接后果，就是美国等西方发达国家的文化产品，在赚取商业利润的动机驱使下，迅速地占领和垄断了全球的文化市场。今日世界各地，不论是在汉城、新德里、华沙、里约热内卢，还是在非洲的大城市里，我们都可以看到有不少青年人穿着牛仔裤，抽着万宝路香烟，出入于卡拉 OK 歌厅，喜欢看《星球大战》和《泰坦尼克号》等美国影片。英国学者安东尼·吉登斯在非洲一个小村庄里惊奇地发现，当地人正在观看盗版磁带播放的好莱坞大片，而那部片子当时在伦敦还没有上演。全球各地的儿童，都喜欢吃麦当劳，都熟悉迪斯尼乐园里的米老鼠和唐老鸭，所以有的学者把这种文化全球化的现象戏称为"麦当劳化"。

在当今世界，这种文化的全球化，主要是美国凭借着它的经济和科技优势，将其以好莱坞、迪斯尼、麦当劳、CNN 为代表的大众文化，以工业方式大批量地生产和复制，迅速地传播到世界各国各地区，使其成为大多数人，特别是青年人文化消费的重要内容，成为超越国界的全球文化。有人指出，美国的文化产业自 1983 年以来一直保持着连续增长的势头，1994 年，其视听产品就已成为仅次于飞机出口的第二大出口商品，占据了国际市场的 40%。目前传播于世界各地的新闻，90% 以上被美国和其他西方发达国家所垄断，美国控制了全球 75% 的电视节目的生产和制作。不仅许多第三世界国家的大部分电视节目来自美国，而且在加拿大这样的国家，其 95% 的电影市场、93% 的电视剧、35% 的英语节目、80% 的书刊市场都被美国所占领。其他发达国家也不同程度地存在着类似情况。美国通过对新闻广播、电视电影、音乐磁带、商业广告、图书报刊等大众传媒的垄断，在潜移默化中无形地控制了世界各国人民的精神生活。这种文化渗透使各民族原有的特色文化越来越被从中心挤到边缘，某些民族的文化面临着逐渐弱化甚至消失的危险。这就是近年来各国学者经常讨论的文化认同危机问题。

互联网不受时空限制把世界联系成一个整体，成为今日文化传播和文化交流最重要的手段之一。美国凭借其经济和科技优势，在电脑网络和信息技术方面也明显地领先于世界。他们控制着世界上的大部分电脑网络资源和网上的信息发布权，使英语成为通行的网络语言，利用互联网的全球化，将自己的意识形态、价值观念和生活方式"合法地"推销到全世界。正如《权力的转移》一书的作者阿尔温·托夫勒所说的："未来世界政治的魔方将控制在拥有信息强权的人手里，他们会使用手中掌握的网络控制权和信息发布权，利用英语这种强大的文化语言优势，达到暴力和金钱所达不到的目的。"

目前世界上电脑网络和信息技术资源分布不均的情况可从以下数字显示出来：88% 的互联网用户在发达国家，而这些国家的总人口（并不是人人都上网）只占全世界的 17%；网上信息语言 90% 都是用英文，而世界上讲英语的人还不到 10%。这不但把世界上的人划分成上网的人和不上网的人，而且对不讲英语的国家的语言文化也形成了冲击。譬如德国的公司为了商业利益不得不将英语作为工作语言，这就势必会对本民族语言的生命活力造成某些消极的影响。对于那些弱势民族来说，它们的语言文化在西方国家的话语霸权面前更濒临着绝灭的威胁。已有语言学家发出警告：目前世界上每星期就有一种语言从地球上消失。这种文化传播不平衡的现象，不仅呈现出从富国一边倒地传向穷国的情况，而且美国的文化强权对其他发达国家都产生了巨大的压力。美国学者罗伯特·贝克坦言："美国的经济、美国的政治影响和美国的文化，都单向地对于欧洲乃至整个世界产生巨大的压力，使其更像我们，更加美国化。"

　　这种文化全球化并且在很大程度上是"美国化"的现象，叫人不难看出其实质就是全球文化的资本主义化或资本主义文化的全球化。美国恃其文化强权对世界各国各地区进行文化输出，其目的主要是推行一整套资本主义的意识形态、价值观念和生活方式，来控制全世界人民的精神和灵魂。譬如他们通过无远弗届、无孔不入的大众文化传播媒介，竭力推销一种消费主义的意识形态，使发展中国家人民在不知不觉中接受了以追求物欲满足为目标的资本主义生活方式，其直接后果就是导致了相当一部分人的精神空虚，理想、信念和主体意识丧失，以及腐化、堕落和种种社会犯罪行为的频繁发生。推行消费主义的意识形态还是他们对社会主义国家进行"和平演变"的一种最重要的战略武器。以美国为首的西方国家之所以能够在冷战中不战而胜，成功地演变了苏联和东欧社会主义国家，就是因为他们采取了杜勒斯当年提出的战略："要同我们的对手展开一场意识形态的战争"，"在苏联播下混乱的种子"，"让他们演出一场自我灭亡的悲剧"。今天美国中央情报局又把这一套搬到对付社会主义中国的《十条诫命》中来，其中包括："尽量用物质来引诱和败坏他们的青年，鼓励他们藐视、鄙视，进一步公开反对他们原来所受的思想教育"；"一定要尽一切可能，做好宣传工作，包括电影、书籍、电视、无线电波……和新式的宗教传布。只要他们向往我们的衣、食、住、行、娱乐和教育的方式，就是成功的一半"，等等。美国的这种文化渗透与文化侵略，已经引起全世界人民的强烈不满，不仅发展中国家和社会主义国家的人民日益觉醒起来，某些发达国家的进步学者也看清了它的侵略本质，纷纷撰文著书对其进行揭露和批判。美国哥伦比亚大学教授爱德华·萨义德写的《文化与帝国主义》和英国学者汤林森写的《文化帝国主义》，就是其中比较有代表性的著作，很值得关心文化全球化问题的人们一读。

　　马克思和恩格斯指出："统治阶级的思想在每一时代都是占统治地位的思想。这就是说，一个阶级是社会上占统治地位的物质力量，同时也是社会上占统治地位的精神力量。"这在一个国家是如此，在全球化时代的世界也是如此。美国以其强大的经济、政治、科技和军事实力而成为全球占统治地位的物质力量，它同时也是在精神文化领域统治着全球的主导力量。马恩还指出，统治阶级"为了达到自己的目的就不得不把自己的利益说成是社会全体成员的共同利益，抽象地讲，就是赋予自己的思想以普遍性的形式，把它们描绘成唯一合理的、有普遍意义的思想"。我们看到，美国为了把自己的文化推销到全世界，也经常打出"普遍人权""全人类的共同利益""全人类的价值观"等旗号，来掩盖自己的特殊利益，欺骗全世界人民。现实的以美国的文化霸权为特征的文化全球化，与马克思、恩格斯在《共产党宣言》中最初表述的文化全球化思想可以说是南其辕而北其辙。

马恩在指出世界市场的形成打破了过去那种地方的和民族的自给自足和闭关自守状态，而代之以各民族的各方面的互相往来和互相依赖的关系之后，又接着指出："物质的生产是如此，精神的产品也是如此。各民族的精神产品成了公共的财产。民族的片面性和局限性日益成为不可能，于是由许多民族的和地方的文学形成了一种世界的文学"。《马克思恩格斯选集》的编者在这段话下面加了一个注："这句话中的'文学'（Literature）一词是指科学、艺术、哲学等等方面的书面著作。"我们也可以把它理解为广义的精神产品或精神文化。

首先，马恩所说的"世界文学"或"世界文化"，是指克服了"民族的片面性和局限性"的人类文化的"公共财产"，而今日美国向全世界推销的文化产品，许多都反映了极其片面的美国的国家利益，充满了资本主义的文化偏见，根本不能成为代表人类文明进步成果的"公共财产"。其次，马恩所说的"世界文学"或"世界文化"，是不排斥民族性和多元性的，它本身就是由"许多民族的和地方的文学""各民族的精神产品"所形成的，可以说，民族文化的多元性即包含于"世界文化"的一元性之中。而今日美国所推行的文化全球化，却企图摧毁其他民族，特别是弱小民族的文化认同，建立自己一家独大的文化霸权，用全球化来排斥多元化。由此可见，现实的主要由美国推动和主导的文化全球化，并不能代表人类文化全球化的正确方向。

关于文化全球化和民族文化的关系，多数学者都认为二者是统一的而不是互相对立的，文化全球化并不能完全消解文化的民族性和多元性。一般说来，在经济全球化的强烈冲击下，与大众生活方式密切相关的表层文化最容易发生"趋同"现象；一定社会的政治上层建筑和意识形态也迟早会随着经济基础的发展变化而变化；而表现在一个民族的语言、艺术、伦理、宗教、哲学中的文化"深层结构"，包括这个民族的思维方式、价值取向、宗教信仰、审美情趣等，则有较强的相对稳定性，我们不能轻言"同化"或"全球一体化"。美国的价值观要征服世界各民族，绝不像它推销麦当劳那样轻而易举，必然会有一个长期的文化冲突和融合的过程，而且它的价值观也不一定能取得全面的胜利。譬如东亚各国在最近 20 年的经济成长中，就提出一个"亚洲价值观"来与西方价值观相抗衡，并力图补其所短。这种价值观是与部分东亚国家赶超西方发达国家的实践联系在一起的，至今仍有很强的生命力。新加坡内阁资政李光耀指出："东亚人的带有更强群体意识的价值观和实践，在赶超进程中表明是明显宝贵的东西。东亚文化所持的价值观，如集体利益高于个人利益，支持了团体的努力，而这对于发展是必要的。"事实证明东西价值观的共存互补明显地优于西方个人主义价值观的一统天下，这种看法在今天已经得到了越来越多的人的认同，美国企图用自己的价值观来征服全世界的目的永远也不可能达到。美国所推行的文化全球化虽然在某些方面表现出有势不可挡的力量，但是它也有明显的限制，至少在具有悠久传统的那些民族的精神文化领域，其核心价值观是不那么容易被"同化"的，要说"同化"也只能是外来文化的本土化。

根据马恩的提示，有益于人类进步的文化全球化，是利用经济和科技发展为文化传播与文化交流所创造的有利条件，各民族文化超越民族的和地方的局限性，与世界上其他民族的文化进行交流和对话，其中不可避免地会有冲突与融合，这就是所谓"文化整合"的过程；通过文化整合，既吸收其他民族文化的长处，又保持本民族文化的特色，各民族文化在互相交流、互相学习、多元互补、"和而不同"的关系中共存共荣，共同发展，全球文化也因此而不断地提高到新的水平。这种理想的文化全球化，在资本主义文化霸权时代是不可能实现的，但却是全世界人民坚定不移的奋斗目标。它的完全实现是与社会主义的经济、政治和文化联系在一起的，我们在为理想的经济全球化而奋斗的同时，也就为实现这种多元共存、"和而不同"的文化全球化创造了基本条件。

全球化时代的中华文化走向

世纪之交的中国人都已经明显地感觉到：我们正处在一个全球化的时代。这与我们的先辈在 100 年前，甚至 20 年前的感受都大不一样。中国加入世界贸易组织的谈判已接近尾声。"入世"后，中国将全方位地融入世界经济贸易体系，进一步开放市场、降低关税，给予进入中国的外国商品和企业以"国民待遇"。本民族的工业、农业和第三产业将面临严峻的挑战和考验，同时也获得了大量吸收外资、调整产业结构、加强竞争能力、在国际国内两个市场大显身手的机会。据权威研究机构分析测算，我国"入世"六年后国内生产总值将增加15个百分点，有的专家估计则更为乐观。

"入世"谈判结果表明，在我们"全面开放的领域"中，包括金融、保险、通信、会计、咨询、法律、旅游、商品零售和批发在内的第三产业是一个重要方面，其中也包括外国视听技术产品（影视、音像等）的合法进口和允许外国公司投资中国的互联网。可以预见，我国的文化市场将进一步被外国的文化资本和文化产品所占领，其所造成的深远影响，恐怕还不在于娱乐形式，而在于文化价值观的冲击。

前面已经指出，现实的由美国等西方发达国家推动和主导的经济全球化和文化全球化，实质上是资本主义生产方式的全球化和资本主义文化的全球化，他们的目标是要实现资本对全球的统治和用资产阶级的意识形态与价值观念征服全世界。而我国的发展目标是要建设有中国特色的社会主义经济、政治和文化，二者的价值目标是根本不同的，甚至是互相对立的。那么中国为什么还要积极主动地融入全球化的潮流中去呢？苏联解体和东欧剧变后，世界社会主义运动正处于低潮时期，在美国和西方霸权面前明显地处于弱势地位，中国主动融入他们主导的全球化，会不会出现"人为刀俎，我为鱼肉"的情况呢？中国难道就不怕像苏联、东欧那样被人家"化"掉吗？回答这个问题必须要有"世界历史"的眼光，要有对我们的民族文化和中国共产党领导的社会主义事业的自信。这里仅就全球化时代的中国文化如何挺立民族主体性而不被西方强势文化"化"掉，并为新世纪的文明对话和多元共存作出我们自己的独特贡献，谈几点粗浅的看法。

一、坚持对外开放、面向世界的方针，学习世界各国先进的科学技术、管理经验和思想文化，把我国的经济、社会、文化发展水平提高到一个新阶段。

中国文化和世界文明发展的历史经验都说明，异质文化的交流、碰撞与融合是文化更新发展的重要契机，文化封闭则只能导致僵化、停滞和落后。中国历史上曾经有过两次中外文化大交流：一次是汉唐时期印度佛教的传入，使中国文化曾一度出现"坐集千古之智""人耕我获"的佳境；另一次是从16世纪末叶开始，至今还在继续进行中的中西文化大交流，它使中国文化遇到深刻危机而转型为近现代文化，这个过程是相当艰难曲折的，但在各方面所取得的巨大进步也是有目共睹、不可否认的。封闭就要落后的典型事例就发生在 400 年中西文化交流的历史过程中。18 世纪 20 年代以后，清朝政府长期奉行闭关自守、拒绝学习外国先进文明，也拒绝改变自己的政策，结果导致政治腐败、科技落后、经济凋敝、国势衰微，在外国侵略者面前投降称臣、割地赔款，丧权辱国，使曾经是世界上先进国家的中国落伍到后发展中国家的行列。新中国成立后，以美国为首的西方国家对中国长期封锁禁运，中国人民被迫自力更生、艰苦奋斗，造成了再一次实际上的闭关自守，结果是拉大了中国和西方发达国家的差距。正反历史经验教训都告诉我们，中国要发展，中华民族要自立于世界民族之林，就不能把自己同世界隔离开来，再也不能走"封闭—落后—挨打"的不堪回首路。

一些发展中国家通过主动融入经济全球化而得到较快发展的事实，也给我们提供了可资借鉴的经验。一个有说服力的例子是：新加坡在建国初期，一般第三世界国家都认为跨国企业是居心不良的剥削者，而不敢接受他们的投资；新加坡却采取了欢迎他们来投资的态度，结果取得了成功。李光耀把这种成功归结为具有超越狭隘国家主义的国际观。而那些没有这种长远的国际眼光的国家，就失去了借跨国公司投资来发展自己的良机。

我们已经认识到只有发展才是硬道理，就必须实行对外开放，睁开眼睛看世界，学习世界各国先进的科学技术、管理经验和思想文化，博采各国文化之长，借"他山之石"来发展自己。在今日世界，美国和西方发达国家在政治、经济、军事、科技、文化等方面都居于领先和主导地位，西方文化是强势文化，学习外国先进文化当然首先要向西方学习。我们明知西方资本主义文化并非尽真、尽善、尽美，其中也包含一些假、丑、恶的东西，明知在全球化过程中确实存在着资本主义文化渗透和文化侵略的问题，明知美国等西方国家一天也没有放弃"西化""分化"社会主义中国的图谋，但是为了知己知彼，我们必须学习；为了得到人有我无的东西，我们必须学习；为了吸取异质文化的滋养，来提高本民族文化的自我反省和更新能力，我们也必须学习。西方文化中有精华也有糟粕，问题是看你有没有鉴别和选择的能力，有没有"以我为主，为我所用"的主体意识。科学技术是全人类智慧的共同财富，先进的管理经验反映了生产和经济运行中的客观规律，它们即使是"资本主义的文明成果"，社会主义国家也可以学习和利用。我们要像马克思教导的那样，善于"以人道的方式吸取资本主义的一切肯定的成果"，"利用旧世界的一切强大手段来变革旧世界"。在这"一切肯定的成果""一切强大的手段"中，除了现代科学技术和管理经验之外，还包括在西方人文社会科学中的那些符合人类文明前进方向的普遍价值，如理性、科学、民主、法治、人权等，以及反映时代进步的一些新的文化观念，如主体性观念、可持续发展观念、知识经济观念、社会均衡观念等，这些都是我们在建设社会主义现代化国家中可以批判地吸取的精神资源。正如国际著名的马克思主义研究家戴维·麦克莱伦所说的："社会主义只有站在资本主义的肩膀上，才能真正超越资本主义。"

二、加强社会主义精神文明建设，抵制封建主义和资本主义的腐朽文化，坚定不移地走建设有中国特色社会主义文化的道路。

全面对外开放后的中国文化确实面临着非常复杂的情况，对于社会主义主流文化来说，甚至可以说面临着严峻的考验。

首先，有着巨大发展潜力的中国文化市场由谁来占领，这个问题已经尖锐地摆在我们面前，它不仅涉及直接的商业利益问题，而且背后还有价值导向和意识形态争夺问题。我国的文化产业从 20 世纪 80 年代刚刚起步，规模小、效益低，优秀的民族文化产品少，远远不能满足人民群众日益增长的文化消费需要，因此才给大量盗版音像制品和非法出版物以可乘之隙。"入世"后，对中国文化市场觊觎已久的大型跨国公司垄断的国际传媒娱乐业更是"志在必得"。面对这样的挑战，我们一方面要大力发展自己的文化产业，多创作和生产弘扬社会主义主旋律的、积极健康而又为人民群众喜闻乐见的文化产品，以科学的理论武装人，以正确的舆论引导人，以高尚的情操塑造人，以优秀的作品鼓舞人，形成有利于社会主义现代化建设的共同理想、伦理观念和道德规范，立足于以我们民族自己的文化创造能力来改变文化市场中民族产品短缺的状况；另一方面要加强对文化市场的引导、规范、调控和监管力度，建立和健全管理文化市场的社会主义法律法规体系，对西方国家向外倾销文化垃圾要有高度的警惕，并且有一定的防范措施，对于"黄、赌、毒"和封建迷信产品的生产和流通则要坚决予以打击和取缔。随着科学技术和社会生产力的发展，随着人民群众物质和文化生活水平的提高，文化产业在国民经济中所占的比重必然会越来越大，将会成为在社会生产活动中占支配地位的产业之一。我们要立足于建设和发展，高扬主旋律，提倡多样化，为每个人的全面自由的发展提供丰富的精神资粮。

其次，在所谓"精英文化"，包括意识形态性较强的那些学术文化领域里，对外开放即意味着通过翻译出版西方学术著作和在互联网上直接获得西方学术信息，现代西方的各种政治、经济、文化思潮将会更直接、更大量地传入中国，势必对我国的思想文化界产生冲击和影响。譬如近年来在我国学术界流行的市场经济思潮、生态文化思潮、人本主义思潮、科学主义思潮、西方马克思主义思潮、新自由主义思潮、民主社会主义思潮、"第三条道路"思潮、后现代主义思潮等等，都是从西方引进来的。其中所包含的合理因素，推动了人们的观念更新，促进了中国的现代化进程，有利于建设有中国特色的社会主义文化；其中的消极因素，如宣传私有化、人权高于主权，以及拜金主义、享乐主义、极端个人主义等，在我国思想界也造成了不少混乱和干扰。我们要以对人民群众负责的态度，加强用马克思主义观点对西方学术文化思潮的研究和评介，区分精华和糟粕、积极因素和消极因素，博采众长，抵制和批判错误的东西。在意识形态领域里反对各种错误思潮的斗争将是一项长期的任务。另外，走向世界的中国人文社会科学工作者还担负着在国际范围内进行意识形态斗争的责任，例如美国学者亨廷顿抛出"文明冲突论"后，许多中国学者对其进行了有说服力的批判，就产生了积极的作用和影响。

在全球化时代十分复杂的文化环境里，我们一定要头脑清醒，始终把握住建设有中国特色社会主义文化这个大方向，不随波逐流，盲目追求所谓与国际"接轨""趋同"。要去掉殖民文化心态，维护社会主义主流文化，这样才能真正树立起中国文化应有的国际形象。

三、大力弘扬中华民族优秀传统文化和近现代革命文化，利用现代传播手段，向世界展示中华文化之博大精美，为世界文明提供一个可久可大的文化范例。

融入全球化潮流的中国文化，获得了与世界各民族文化平等地进行交流、对话的机会。这种交流不是单向的，而是双向的，一方面以西方文化为主流的世界各民族文化通过各种渠道大量传入中国，另一方面中国文化也可以利用各种现代传媒手段传向全世界。历史上的中西文化交流就是双向的，有"西学东渐"，也有"东学西渐"，今天同样应该是中西文化双向交流。但直到目前为止，这种双向交流是很不平衡的。一百多年来，中国人一直在向西方学习，不论是通过"走出去"还是"请进来"的方式，中国人学习西方文化的态度是很认真的，学习成绩也是很不错的，以至今天中国的物质文化、制度文化和精神文化，在很大程度上都已经"西化"了。相对于西方文化的输入来说，中国文化向世界传播的情况却差得很远，影响十分微弱，除了少数汉学专家之外，大多数西方人由于语言文字的隔阂，对中国文化的了解相当肤浅，甚至还有许多误解。全球化给中国文化走向世界提供了难得的历史机遇，包括互联网在内的各种现代传媒手段，都可以为我所用，作为对外传播中国文化的渠道。目前中文网站在国际互联网上只占1%，而中国人口却占全球的1/5，比例极不相称。今后我国要大力发展信息产业，扩大中文网站，让中文成为世界上最重要的网络语言之一；同时也要利用英语等国际网络语言来宣传中国文化。目前我国在世界各地举办了许多"中国文物展""中国画精品展""中国电影周"及中国艺术团体的友谊演出等对外交流活动，扩大了中国文化的世界影响。我们还要通过中国学者自己的努力，把中国文化精品翻译介绍给外国读者，让东方文化智慧为全人类所共享。

中国文化有五千年悠久历史，而且从来没有中断过，其博大精深、源远流长为世界文化史上所仅见。中国文化有一个很好的传统，就是在国内多民族文化融合和中外文化交汇中，善于吸收其他民族文化的长处来不断地充实、调整、更新自己，所以才能够历久不竭、"有容乃大"。近代以来中国虚心向西方学习，其最大收获就是学到了西方文化中最优秀的成果——马克思主义，把它与中国革命和建设实际相结合在实践层面上取得了很大的成功；作为一种社会主义新型文明它也有一个民族化或本土化的问题，其"中国特色"主要表现在与民族文化传统的结合上。中国近现代革命文化继承和发扬了传统文化中所包含的优秀民族精神，如自强不息的奋斗精神、厚德载物的凝聚精神、关心社稷的爱国精神、追求崇高的人格精神等，并与实现理想文明社会的目标联系起来，因此又提升到了更高的境界。中国文化是在长期历史积淀中形成的，其中包含着许多中国人特有的智慧，有些对解决全球化时代人类面临的共同问题有重要的参考价值。一些有眼光的西方学者已经认识到：中国哲学中"天人合一""万物并育而不害"的智慧，为解决人与自然环境的协调和可持续发展提供了正确的指导思想；孔子提倡的"己所不欲，勿施于人"，应该成为处理人与人之间关系的基本准则；在处理不同民族国家和不同文化的关系时，现实的最佳选择就是中国人讲的"和平共处""和而不同"；如此等等。应该说这些认识基本上是符合实际的。但是，在中国以外的世界，有这种认识的毕竟还只限于少数学者，远不是大多数人的共识。中国文化要真正走向世界，让世界上大多数人都能够认识到它的宏富和精美，还需要我们作长期艰苦的努力。

四、在"百花齐放，百家争鸣""批判继承，综合创新"中发展和繁荣有中国特色的社会主义文化，为全球化时代的人类文明作出一个伟大民族应有的贡献。

加入世贸组织表明中国融入经济全球化的步伐坚定不移、不可逆转。在全球化时代，中国文化应该如何定位？我们要明确肯定：一、它是一个有着悠久历史传统的伟大民族的文化；二、它是能够吸收世界各民族文化精华的博大开放、"有容乃大"的文化；三、它是扬弃了资本主义文化的社会主义初级阶段的文化。一句话，只能把它定位在有中国特色社会主义文化上。

这种文化是在"百花齐放、百家争鸣"中发展的，中国融入全球化潮流后，有中国特色的社会主义文化还要在世界范围内的"百花齐放、百家争鸣"中经受考验，在斗争中求得生存和发展。

这种文化是在"批判继承、综合创新"中发展的，它不能脱离自己的历史传统，也不能脱离世界文明的宽广大道，而是只能走吸收古今中西文化之长、创造适应时代需要的新文化的道路。

中国文化曾经长期领先于世界，只是在世界进入资本主义时代后，由于封建统治者抱残守缺和封闭自守，才落后于快速发展的西方科技文明，从一种强势文化转变为弱势文化。中国在融入全球化潮流后，由于有原来深厚的文化根底，有 12 亿人民奋起直追的共同意志和行动，有先进的社会主义制度作为保证，我们相信在不久的将来，中国文化一定能够重新崛起，再次成为世界上的强势文化之一，与今日领先的西方文化并驾齐驱。不过它永远不会称霸，永远不会改变自己的和平主义的性质。在未来世界各民族文化多元共存、"和而不同"的格局中，中西文化互补将成为最重要的内容和特色。

中华炎黄文化研究会会长费孝通先生近年来多次讲到"文化自觉"问题，我体会所谓文化自觉，就是一方面要有忧患意识，一方面还要有文化自信。对于全球化时代的中国文化来说，就是一方面要看到美国等西方国家主导的经济全球化和文化全球化布下的"陷阱"对我们形成的严峻挑战，另一方面又要看到中华民族文化本身所具有的强大生命力在对外开放环境中发展自己的有利条件，端正自己的心态，勇敢地面对挑战，采取积极慎重的政策和措施，调动 12 亿人民的积极性，经过踏实的工作和长期的共同奋斗，有中国特色的社会主义文化就不仅能自立于全球化时代的世界民族文化之林，而且还将逐渐显示出其作为一种社会主义新型文明的优越性，鼓舞和支持全世界人民为争取实现人类理想的文明社会而奋斗。

20 世纪中国文化思潮*

很高兴来到华中科技大学。早就听说这是一所人文氛围很浓的学校，今天亲身感受到了。我和林安梧教授今天讲的内容涉及 20 世纪中国的文化思潮。现在大家正在学习江总书记关于"三个代表"的重要思想，我想这个题目可能与"先进文化的前进方向"有点关系。要说明中国共产党始终代表着中国先进文化的前进方向，要说明它的文化方针、方向是正确的，就必须总结、回顾 20 世纪中国文化发展的整个历程，通过与其他文化思潮、文化方针的比较才能做出这个结论。所以我今天就想粗略地谈一下对 20 世纪中国文化发展以及各种文化思潮的看法。

先讲 20 世纪中国思想文化的基本格局。

我们知道，欧洲在法国大革命后，形成了三大思想派别：自由主义、保守主义和激进主义。中国到"五四"时期，也形成了大致类似的三种思潮。以胡适、吴稚晖为代表的自由主义西化派，接受了西方资产阶级的一套政治、文化观念，他们激烈地批判中国传统，主张中国要走西方资本主义国家走过的道路。保守主义则是指固守中国传统、反对或者抵制西化的思想派别。保守主义通常又分为社会政治的保守主义和文化的保守主义。前者竭力维护社会政治现状，反对社会革命；后者不见得反对革命，有的在政治上还很进步，主张革命，甚至亲身参加革命，如章太炎、熊十力。熊十力先生当年在武昌参加了辛亥革命，后来又参加护法运动。就是说，他们在中国的资产阶级民主革命中都起过一定的进步作用。但是在对待民族文化传统问题上，他们却显得很谨慎、很保守，主张立足传统文化，有选择地学习西方，走一条"中

---

　　* 本文是作者 2001 年 9 月 9 日在华中科学技术大学演讲的记录整理稿。原载《中国大学人文启思录》第 6 卷，华中科学技术大学出版社 2003 年版，第 307-316 页。

体西用"的道路。20 世纪中国的文化保守主义思想派别，有国粹派、学衡派、"本位文化"派等，最典型的代表就是所谓"现代新儒家"。这个学派从"五四"时期梁漱溟先生到北大去讲"东西文化及其哲学"开始，至今已有三代人薪火相传，在今天，它在港台地区仍然是一个很有影响的思想派别。我们知道，"五四"时期另一个重要的思想派别就是马克思主义。由于马克思主义主张社会革命，要埋葬资本主义制度，西方资产阶级对它非常仇视，因此把它称为"激进主义"。十月革命后，马克思主义在中国得到了广泛传播。首先是李大钊、陈独秀等人从革命民主主义转变到马克思主义，成立了中国共产党。正是由于马克思主义的正确指导，中国人民革命才取得了伟大胜利。

在"五四"时期有一场著名的东西文化论战，辩论到底是东方文化优越还是西方文化优越。当时胡适、陈序经等人主张全盘西化，梁漱溟、杜亚泉等人持东方精神文明优越论。在这两派争论时，马克思主义者李大钊就企图超越偏于"肉"（物质）的西方文明和偏于"灵"（精神）的东方文明，表示了对"第三新文明"的向往，他认为这种理想的文明是一种"灵肉一致的文明"。瞿秋白同志到苏联去考察后，也是既超越东方文化派，又超越全盘西化派，指出社会主义的新文明是一种"艺术文明"，认为它是自由、正义和真善美的统一。

中国在"五四"时期形成的这种"三分"的思想格局，将近一个世纪并没有发生太大的变化，可以说一直到今天，我们分析今天的各种思潮，仍然是马克思主义、自由主义和保守主义三派并峙。它们之间既有对立紧张，又互相影响、互相渗透，甚至互动和互补，是一种对立统一的关系。"五四"以来，中国发生过多次思想文化论战，这些论战基本上都是在这三派之间展开的。比较早的"问题与主义"论战，是在马克思主义者李大钊和自由主义者胡适之间展开的；"科学与人生观"论战，是在文化保守主义者与自由主义者之间展开的，当时的马克思主义者也介入了这场论战；我刚才提到过的东西文化论战，也是在这三派之间展开。20 世纪 40 年代，新儒学在抗战时期有较大的发展，冯友兰先生提出了"新理学"，贺麟先生提出了"新心学"，当时的马克思主义学者写了一些与他们进行讨论的文章，包括我们社科院刚去世的老院长胡绳同志，还有杜国庠、陈家康等先生。到了 50 年代，中国内地批判梁漱溟和胡适，也可以说是马克思主义同文化保守主义和自由主义的思想论战。60 年代，在台湾也发生过一场中西文化论战，站在自由主义方面的是很有名的柏杨、李敖，他们批评的对象主要是传统派胡秋原和新儒家徐复观。就是说，80 年代以前，不论在大陆，还是在台湾，思想文化论战都基本上是在这三派之间展开的。80 年代以后，文化讨论把大陆和台港学界已连成一个整体。1988 年我们到新加坡去参加"儒学发展的问题及前景"学术研讨会，与会的 40 位学者都是华裔，分别来自美国、加拿大、新加坡和中国内地、台湾、香港。当时我们的一些学者还是初次出国，大家还在想，海峡两岸学者长期隔离，难免会有思想观念上的对峙和紧张。而实际情况却是大陆的自由派学者和台港、海外的自由主义者站在一条阵线，同新儒家，也与大陆的马列派学者发生了激烈的辩论和思想交锋。

为什么这种"三分"的思想文化格局在近一个世纪里没有发生太大的变化？我想，从根本上说，这三派思潮正是代表了当今世界上三种现代化模式的不同选择和冲突。文化问题不是孤立的，而是和社会发展道路和模式的选择联系在一起的。也就是说，中国的现代化道路或模式不外乎三种选择：一种是"全盘西化"，一种是所谓"儒家资本主义"，还有一种就是我们讲的"有中国特色的社会主义"。我想，在中国的现代化问题还没有彻底解决之前，三大思潮对立互动的格局大概还会延续相当长一段时间，我们不能无视和回避这一现实。文化问题不可能完全摆脱意识形态的纠缠，企图摆脱或超越意识形态，结果总会自觉或不自觉地掉到某一种意识形态的陷阱中去。

以上是从总体上讲一下 20 世纪中国思想文化的基本格局。下面再分别对三大文化思潮在 20 世纪的发展，特别是通过它们在 80 年代、90 年代的一些最新表现，来看它们之间的对立互动关系。

首先，看自由主义在当今中国的发展和表现。

自由主义在西方有深厚的传统，是西方资产阶级意识形态的典型表现。它的代表人物有洛克、亚当·斯密、斯宾塞、穆勒、杜威，还有当代的海耶克、波普尔、罗尔斯等人。近代中国的自由主义思潮，从严复起，经过胡适、丁文江等人，到 40 年代主张走中间道路的"民主个人主义者"，再到台湾的柏杨、李敖，也形成了一个传统。这个传统就是呼唤人的个性解放，鼓吹人权，崇尚理性，追求西方模式的民主和自由。这一派在近代中国没有得到充分的发展，李泽厚说"自由主义在中国始终未能创造出自己真正独立的哲学"，应该说这是事实。自由主义是一种社会政治理念，但它也有文化意义，有其哲学基础。按照自由主义理念提出的政治理想和社会改革方案，在中国总是和"西化"联系在一起的，实质上就是要求实行西方那样的民主政治制度。

在这方面，胡适先生可以说是一个典型。他一生的学术道路和政治实践，都可以为自由主义的理念做一个诠释。1949 年以后，自由主义在台湾除了胡适之外，还有殷海光等代表人物，这一思潮直到今天仍有很大影响。许多台港知识分子在政治上都是信奉自由主义的，包括新儒家中的一些人，在文化上持保守主义立场，但在政治上信奉自由主义。比如徐复观先生，他去世后有人写文章纪念他，题目叫作《以传统主义卫道，以自由主义论政》，就是说在他身上体现了政治上的自由主义和文化上的保守主义二者的结合。

1949 年以后，自由主义在大陆不可能成为主流的意识形态，但也有一股潜流。1957 年的反右斗争扩大化了，但其中有些代表人物就是从 40 年代的民主个人主义者演变而来的。80 年代后期在中国泛滥的资产阶级自由化思潮，它所继承的就是自由主义的思想传统。有些人的思维方式和"五四"时期的自由主义西化派是非常相似的，他们打出的口号也是"彻底反传统"，宣称"反传统是永远不悔的旗帜"；有人还再次提出了"全盘西化"的口号，要"让先进的西方文明全面冲击中国"。自由主义在当今中国是一股不可忽视的思潮，有了一定的气候就要表现出来。大家注意到，在 20 世纪的最后三年，自由主义在中国又有一次兴起，其标志就是 1998 年的北大百年校庆。当时大家热烈讨论的一个问题是：什么是北大传统？有的说是科学和民主，有的说是蔡元培的"兼容并包"，有的说是爱国主义，有的说是与时俱进。还有一种观点认为这些都不是，真正的北大传统是自由主义。他们编了一本书，书名叫作《北大传统与近代中国》，副标题是"自由主义的先声"。一位知名学者为它作序，认为"自由主义是最好的、最具普遍性的价值"，呼唤"发轫于北大的自由主义传统在今天的复兴"。在这之后，中国思想界出了一批宣扬自由主义的论著，当然也有不赞成这种观点的人，在世纪末展开了一场新的思想论战，其影响至今犹存。为什么在世纪之交会出现这么一场思想论战，恐怕与今天中国社会经济、政治的变化直接相关。我只是把问题提出来，希望大家认真思考和深入研究。

其次，再来看现代中国的文化保守主义思潮。

文化保守主义是在传统和现代化的对立紧张中，代表维护传统的一种力量，主张认同和回归传统文化。它在形式上是反现代化的，实际上并不是完全排拒现代的普遍价值，而是主张在传统的基础上渐进地改良。它不承认突变和飞跃，反对断裂传统。所谓维护传统就是维护历史上形成的、代表着连续性和稳定性的事物。在保守主义者看来，长期连续成长的、历史积淀下来的人类理性和智慧，要远胜于个人瞬间的偶然创造。所以，他们不相信没有经过试验的改革或革新，更反对革命性的变革。

我们说自由主义是从西方传进来的，那么文化保守主义也不是中国的特产，它也是一种国际文化现象。在西方，文化保守主义是伴随着西方的现代化运动而出现的。它的代表人物有德国的哈曼、谢林、赫尔德，英国的柏克、卡莱尔等人。随着西方资本主义向非西方地区的扩展，这种文化保守主义思潮也在非西方地区活跃起来。非西方地区的文化保守主义往往与民族主义结合在一起，带有浓厚的民族主义色彩。典型代表有印度文学家泰戈尔、日本学者西田几多郎等人。在中国近现代史上也出现了文化保守主义思潮，主要有以章太炎、刘师培为代表的国粹派，再早一点的有以康有为为代表的孔教派；还有 20 世纪 20 年代的学衡派，以章士钊等人为代表的东方文化派，30 年代的"本位文化"派等。而作为 20 世纪中国文化保守主义主流派的则是至今仍有一定影响的现代新儒家学派，因时间关系这里不能作详细介绍。

中国最近的一次文化保守主义思潮的兴起，是在 20 世纪 90 年代的中期。它表现为主张回归传统，批判激进主义，有的学者还公开提出了"告别革命"的口号。有本《原道》辑刊，在"编后"中公开声明其办刊宗旨就是"保守主义"。该刊第一辑有一篇文章，题目叫作《无本者竭，有本者昌》，副标题是"湘军、太平军与文化传统"。它的基本观点是：曾国藩指挥的湘军认同儒家文化，代表中国文化传统，所以它能够取得这场战争的胜利；而洪秀全领导的太平军是以"拜上帝会"，也就是以基督教为旗帜来动员群众，背离了中国文化传统，"为渊驱鱼，为丛驱雀"，所以必然失败。它把曾国藩讲的"无本者竭，有本者昌"说成是文化发展的一般规律，用来说明、剪裁历史，完全不考虑这场战争的国际、国内环境和政治、经济、军事等条件，仅以文化上是否"有本"来说明其"必胜"或"必败"的原因。这是一种典型的文化决定论的唯心史观。

不要小看 90 年代文化保守主义思潮所造成的社会影响。我给大家念一段描述 1993 年的中国社会文化氛围的文字：

> 在文学界，《白鹿原》和《废都》成为 1993 年最重要的文学现象，前者创造了一个现代的儒教圣人朱先生，以及他的俗家弟子白嘉轩，拜倒在传统文化的脚下，期冀着在理想化的儒家学说中栖息疲惫而脆弱的

心灵；后者则是在历史转折、文化失落之际，放荡形骸，纵情女色，逃避现实，精神自戕，却也仍然是对中国传统文化的支脉，从魏晋的放荡名士到明清的无行文人的有意识地效仿。在更广泛的社会生活中，复古主义和传统文化的回潮更是全方位和多元化的：从大众传媒中的评书艺人说《杨家将》《岳家军》《三侠五义》《小八义》，电视台连篇累牍地播放唐明皇、杨贵妃、康熙、雍正、乾隆、慈禧等宫廷戏，到著名影星刘晓庆、巩俐等纷纷主演武则天，到久盛不衰的《易经》热，蜂拥而上的白话今译经、史、子、集；从大量的仿古建筑，以"皇家花园""行宫"等命名住宅区，到所谓宫廷秘传的占卜术、生男生女术……以整理古籍名义出版的明清艳情小说等等，称本世纪以来，怀旧和复古思潮，于今为烈，大约不是妄断。从世纪初对传统文化的叛逆和决裂，到世纪末对传统文化的认同和回归，岂不令人感慨系之！①

这段放大了的描述，难免有些夸张，但它所揭示的 20 世纪末的文化回归现象，确实值得深思，值得引起我们注意。

最后，来看代表 20 世纪中国先进文化前进方向的马克思主义文化思潮。

前面讲了自由主义和文化保守主义，一个主张全盘西化，一个主张回归传统，他们都说是为了救中国，我们也不怀疑其中一些人的感情、动机是真挚的，不否定在这些思想学说中也包含着一些合理因素。我们对现代新儒学和中国自由主义思潮的研究都应该采取一分为二的分析态度，有些从文化价值观的角度要有所肯定。但也必须指出，在处理古今中西文化关系问题上，这两派确实都有所偏颇，在事实上也行不通，因此都不具有现实性。正确的文化心态是既不崇洋媚外，也不是盲目的华夏优越感，而是应该从中国现代化建设的实际需要出发，吸取古今中西文化之长，为我所用。从 16 世纪末叶开始有中西文化交流以来，一些先进的中国人都有这种比较健康的文化心态，提出过不少有价值的文化观点和文化主张，中国的马克思主义者继承了这些思想遗产，总结提升为系统的"古为今用，洋为中用，批判继承，综合创新"的文化观。我们要准确把握和深刻理解中国马克思主义的文化理论，当然首先要学习、研究毛泽东的新民主主义文化理论，邓小平、江泽民关于有中国

---

① 《文学评论》1994 年第 6 期。

特色社会主义文化的论述，还有 1986 年、1996 年的两个精神文明建设决议等重要文献。此外，一些主要从事学术文化工作的马克思主义学者在这方面所作出的贡献也是值得重视的。我在这里想着重介绍一下张岱年先生提出的"综合创新"文化观。

张岱年先生是北京大学的教授，今年 92 岁了。他在 20 世纪 30 年代就提出了综合创新文化观的雏形，当时的提法是"创造的综合"，又叫作"文化创造主义"。80 年代，他在《文化与哲学》一书的自序中说："30 年代曾参加当时关于文化问题的讨论，我反对东方文化优越论，也反对全盘西化论，主张兼取中西文化之长而创造新的中国文化，我这种主张可以称为'综合创新论'。"在 80 年代的文化讨论中，张先生发表大量文章和讲话，重申和进一步阐明了这种文化观点。特别是和他的学生程宜山合著的《中国文化与文化论争》一书，系统地论述了综合创新文化观的实质内容和形成过程，是一本重要的文化学专著。同学们如果对中国现代文化问题有兴趣，可以把这本书找来看一看。

综合创新文化观虽然是由现代学者张岱年提出的，但它并不是某一个人的发明创造，而是中国人在走向现代化的过程中，经过了许多前辈的艰辛探索，总结了历史的经验和教训，才逐渐形成并概括地表述出来的，今后它在理论和方法上还要不断完善，不断发展深化。

我们来简单地回顾一下历史。早在 16 世纪末，自有中西文化交流以来，徐光启就向崇祯皇帝提出一个主张："欲求超胜，必先会通。"他认为要胜过西方文化，就一定要学习、了解西方文化。近代以来中国的有识之士不断有人提出"会通以求超胜"的主张，既不抱残守缺，绝对排拒西学，也不盲目崇拜西方学说，应该说这在当时是一种比较健康的文化心态。"五四"时期，在东西文化论战中，李大钊、瞿秋白等人都已经看到了社会主义新文明是一种既超越全盘西化，又超越东方精神文明优越论的"灵肉一致"的文明，或所谓"艺术文明"。另外还有一些人，如蔡元培先生、毛泽东的老师杨昌济先生，他们都在一定程度上既超越了欧洲中心论，也超越了华夏中心主义，主张中西文化辩证地融合，要"合东西洋文明为一炉而冶之"。我们知道，30 年代鲁迅曾提出"民族革命战争的大众文学"的口号，后来毛泽东在《新民主主义论》中进一步提出，新民主主义文化应该是"民族的、科学的、大众的文化"。毛泽东曾经提出过一种对待文化问题的"全面的历史的方法"，叫作"古今中外法"。他说，所谓"古今"就是历史的发展，所谓"中外"就是己方和彼方。"古今中外法"就是要弄清楚所研究的问题发生的一定时间和一定空间，把问题当作一定历史条件下的历史过程去研究。这是文化研究中的一种辩证方法。毛泽东的老师徐特立曾经非常通俗地解释过这种方法。他说，毛泽东提出的"古今中外法"，就是说我们古代的也要，现代的也要，外国的也要，中国的也要；把古代的变成自己的，和现代的结合起来，把外国的变成自己的，和中国的结合起来。"古今中外法"就是古今结合、中外结合，把它们都变成我的有机血肉。徐老还打比方说：就像吃肉，吃牛肉也好，吃狗肉也好，吃下去了，都变成我的肉这就对了，绝不是说吃了狗肉就变成狗肉。这一解释形象生动地揭示了"古今中外法"的辩证综合的本质。我刚才讲综合创新文化观并不是哪一个人的发明，许多思想文化心态比较健康的人实际上都趋向于这样一种观点，因此他们提出的文化主张都与此相接近。比如在30 年代，有一派提倡"新启蒙运动"的学者，包括胡绳、张申府等人，都提出过类似的文化主张。他们认为，新启蒙运动在文化上是主张综合创造的，它所创造的文化，不应该只是毁弃中国传统文化而接受外来西洋文化，也不应该只是固守中国文化而拒斥西洋文化，而应该是各种现有文化的辩证综合或有机结合。在这段话中，综合创新的思路已经相当清晰了。由此可见综合创新文化观的产生确实有其历史的必然性。

张岱年先生倡导的"综合创新"论在今天已成为在国内占主导地位的一种文化观点。它在 30 年代就已有雏形，以后不断完善和发展。张先生在 80 年代又有许多新的重要论述，他特别强调建设社会主义新文化必须以马克思主义为指导，指出"文化综合创新的核心是马克思主义与中国文化的优秀传统相结合"。其他学者也为研究和宣传这种文化观做了许多工作。综合创新文化观既坚持了马克思主义的基本原理，又符合中国的国情，而且还有重要的理论创新和方法创新，值得认真研究，大力宣传。

由于时间的关系，我不可能对 20 世纪中国文化思潮作详细介绍，只能描绘一个轮廓。中间讲得不对或不恰当的地方，请大家提出批评。我也希望得到林安梧先生的指正。

"和而不同"：作为一种文化观的意义和价值[*]

"文化自觉"的涵义

在世纪之交，费孝通先生多次讲"文化自觉"问题。因为他是站在时代的高度，从中华文化的前途，从整个人类文明发展的宏阔视野来思考、探讨这个问题的，所以很快在学界引起了广泛的共鸣，并形成了相互切磋、深入研讨的可喜局面。在今天，"文化自觉"已不是一个孤立的理念，而是已经形成为一种文化观，一种有深刻意涵的文化理论。

费老对"文化自觉"的涵义作过明确的界定，他是从两个方面来阐述这个问题的。

一是对自己的文化要有"自知之明"。他说："文化自觉，意思是生活在既定文化中的人对其文化有'自知之明'，明白它的来历、形成的过程、所具有的特色和它发展的趋向。自知之明是为了加强对文化转型的自主能力，取得决定适应新环境、新时代文化选择的自主地位。"[①]费老最初是在对鄂伦春等少数民族的实地考察中，注意到生存环境的变化，使其面临着"保存文化还是保存人"的严峻选择，指出他们只有通过文化转型来求生路。他因此而由小见大，联想到经济全球化的时代，整个中华民族、中国文化都面临着一个如何生存、发展的问题，认识到"文化转型是当前人类共同的问题"，"我们都是生存在文化转型过程中的人物"，于是心头冒出了"文化自觉"四个字，

---

[*] 本文是作者提交 2002 年 12 月在香港召开的"文化自觉与社会发展"国际学术研讨会的论文。原载《中国社会科学院研究生院学报》2003 年第 1 期。

[①] 费孝通：《中华文化在新世纪面临的挑战》，《中华文化与二十一世纪》上卷，中国社会科学出版社 2000 年版，第 2 页。

提出了一个具有普遍意义的文化问题。他提出这个名词是在 1997 年。近五年来，他经常思考文化自觉与文化认同问题，反复说明不是要"回归""复旧"，而是为了加强对文化转型的自主能力，建设和发展有中国特色的社会主义新文化，表现了一个世纪老人对自己的祖国、对民族文化的深沉的爱。我在一篇文章中曾经谈到自己学习费老这一思想的体会，认为"所谓文化自觉，就是一方面要有忧患意识，一方面还要有文化自信"①，就是从对自己的文化要有"自知之明"这个意义来理解的。

二是正确处理自己的文化与其他民族文化之间的关系。费老指出每个人都是生活在一定的文化中，各种文化在多元文化的世界里都有一定的位置，人类社会的健康发展将取决于多元文化的和平共处、对话沟通、取长补短、共存共荣。他用"各美其美，美人之美，美美与共，天下大同"四句话高度地概括了文化自觉的本质内涵，并解释说："各美其美"就是不同文化中的不同人群对自己传统的欣赏；"美人之美"就是要求我们了解别人文化的优势和美感；"美美与共"就是在"天下大同"的世界里，不同人群在人文价值上取得共识以促使不同的人文类型和平共处。②特别是在讲到如何对待"异文化"时，他强调要以容忍的态度来尊重别人与自己不同的价值观点，不仅要容忍别人，而且要理解别人、欣赏别人，使不同的价值观点在相互理解、容忍中共同存在、不相排斥，进而互相接近、互补与融合。这里表现了费老博大的天下情怀，以一种毫无偏执的理智心态，来拥抱人类创造的各种类型的人文价值，力图克服文化隔阂与文明冲突所可能给人类带来的灾难。

费老在他 80 岁生日时提出的"美美"四句，早已成为关心中华文化和人类文明发展前途的人们的美谈，成为他们为世界和平与发展而共同奋斗的思想指导原则。我在中华炎黄文化研究会召开的一次座谈会上曾提出一个看法：如果将"美美"四句中的最后一句"天下大同"改为"和而不同"，不伤费老提出"文化自觉"的本意，而且意义可能更加明确，也更具有现实性。因为不同文化价值观念互相尊重、互相欣赏的"美美与共"，虽然只有在"天下大同"的世界里才能真正、完全地实现，但它也是我们在争取实现"天下大同"的过程中，正确处理多元文化关系的唯一现实的选择。它是奋斗目标，是结果；同时也是过程，是手段。"美美与共"的意涵正好可以用"和而不同"来

---

① 方克立：《经济全球化情势下的中华文化走向》，《经济全球化与中华文化走向》上卷，东方红书社 2001 年版，第 62 页。

② 费孝通：《人文价值再思考》，《费孝通文集》第 14 卷，群言出版社 1999 年版，第 196、195 页。

准确地加以诠释。

我认为将"美美"四句表述为"各美其美，美人之美，美美与共，和而不同"，完全符合费老提出"文化自觉"理念之初衷。因为费老早就意识到了："文化自觉是当今世界共同的时代要求，并不是哪一个人的主观空想。"①它是一个非常现实的时代的问题，实际上，在一定时空条件下，每个人、每个文化主体都面临着如何认识自己的文化、如何理解和对待所接触到的多种文化的问题。对自己的文化在世界多元文化中所处的位置有"自知之明"，然后经过自主的适应，和其他文化一起，多元互动，取长补短，共同建立一套多种文化兼容并蓄、和平共处的基本原则和秩序，这是人类的共同愿望，但也是一个相当艰巨的长期的过程。费老乐观地认为：在今天，"实现和平和公平的世界的早期愿望已走上逐步成为事实的路子"②，"人类的文化现在正处在世界文化统一体形成的前夕"③。他相信在全人类的共同努力下，"天下大同"的理想终究会成为现实。历史上中华文化就具有很强的包容性，它在促进人类文明多元互补、实现"天下大同"的过程中将起到重要的作用。费老明确指出："中华文化的包容性和中国古代先哲提倡'和而不同'的文化观有密切的关系。'和而不同'就是'多元互补'。在中华文化的发展过程中，多元的文化形态在相互接触中相互影响、相互吸收、相互融合，共同形成中华民族'和而不同'的传统文化。"④由此可见，只有坚持"和而不同"的文化观，才能做到各种文化的"多元互补""美美与共"。

我们注意到，费老近年来特别强调"和而不同"文化观的价值和意义，他在本论坛上次会议的报告论文中谈到"美美"四句时说："实际上，这也是中国的传统经验里面一直强调的'和而不同'的思想所主张的倾向。"又说："文化自觉就是在全球范围内提倡'和而不同'的文化观的一种具体表现。"⑤我们不难看出，费老提出文化自觉理论和"美美"四句的一个重要意图就是要大力阐扬"和而不同"的文化观，让这种中国的传统智慧为人类文明的健康发展作出更大的贡献。正是根据他的这些阐释，我才斗胆将"和而不同"

---

① 费孝通：《人文价值再思考》，《费孝通文集》第 14 卷，群言出版社 1999 年版，第 196、195 页。

② 费孝通：《完成"文化自觉"使命，创造现代中华文化》，《费孝通文集》第 14 卷，第 339 页。

③ 费孝通：《从反思到文化自觉和交流》，《费孝通文集》第 14 卷，第 377 页。

④ 费孝通：《中华文化在新世纪面临的挑战》，《中华文化与二十一世纪》上卷，中国社会科学出版社 2000 年，第 5-6 页。

⑤ 费孝通：《经济全球化和中国"三级两跳"中的文化思考》，《经济全球化与中华文化走向》上卷，东方红书社 2001 年版，第 11、12-13 页。

直接引入"美美"四句，力图更准确地理解费老提出的"文化自觉"思想。

"和而不同"：中国的智慧

"和而不同"的观念在中国古代早就产生了，它可以说是典型的中国哲学智慧。

大家都知道，孔夫子有一句名言："君子和而不同，小人同而不和。"[①]意思是君子善于听取别人的不同意见，又能够用自己的正确意见去纠正别人的错误意见，与人家搞好团结，而不是盲目认同、随声附和；小人只是盲目附和、人云亦云，而不肯坦诚地说出自己的真实看法，也不能从别人的不同意见中获取教益，同人家真正搞好团结。在这里，"和"与"同"是两种不同的处理人际关系的态度，也表现为两种不同的思想道德境界。真正的团结不是没有意见分歧、思想交锋的一团和气，而是通过不同意见的交流、对话、切磋、讨论，从而达到互相理解、互相容忍、协调统一、和谐互动。这就是所谓"以斗争求团结则团结存，以退让（取消矛盾）求团结则团结亡"。

从现有的文献资料来看，"和"与"同"作为一对区别"同一性"的两种不同涵义的哲学范畴，是由西周末年的史伯最早提出来的。他认为"百物"都是"先王以土与金、木、水、火杂"而生成的，自然界和人类社会中的一切事物，都是由于不同的"他"物相互作用、和合演化而来的，所以"和"是事物产生、发展的根本法则，"和实生物，同则不继"[②]。他对"和"与"同"的涵义作了明确的阐析："以他平他谓之和，故能丰长而物归之。若以同裨同，尽乃弃矣。"[③]这就是说，"和"是指众多不同事物之间的和谐、矛盾诸方面的平衡，亦即事物多样性的统一。只有以"他"来平服、和合"他的他"，即两个以上不同性质的事物聚集、组合在一起，才能产生新事物。相反，"同"则是指无差别的同一。"以同裨同"是把相同的事物加在一起，简单地重复，只有量的增加而没有质的变化，那么就不可能产生新事物，世界也就"尽乃弃矣"。这就是所谓"声一无听，物（色）一无文，味一无果，物一不讲"[④]。

---

① 《论语·子路》。
② 《国语·郑语》。
③ 《国语·郑语》。
④ 《国语·郑语》。

五声和谐才能成为好听的音乐，单调的一种声音就不好听；同样道理，一种颜色就没有文采，一种味道势必倒人的胃口，只有一种东西就无从比较好坏。没有多样性的绝对同一只能使这个世界"不继"，即停止了发展的生机。

"和实生物，同则不继"是一个朴素的但也是相当深刻的哲学命题。它反映了事物生成发展的根本规律，即宇宙万物都是由相反的事物组成的，不是简单的同一，而是多样性的统一才构成了这个不断发展着的丰富、生动的世界。同时，它也以相当简洁、准确的语言，揭示了两种根本对立的同一观，指出"和"是包含着差异、矛盾与多样性，强调相反相成、对立统一的辩证同一性，而"同"则是形而上学的无差别同一，简单重复，绝对等同。史伯还用"和同"与"专同"两个名词来进一步揭示这两种同一性的不同含义，并且明确地表示了反对"去和而取同"的态度①。我国在约三千年前就有如此明晰的"和同之辨"，说明中华民族有着深厚的辩证思维传统。

春秋时期齐国的晏婴继承和发展了史伯关于"和与同异"的思想。他以"和羹""和声"为例生动地说明了相反相济、相反相成的道理："如和羹焉，水、火、醯、醢、盐、梅以烹鱼肉，燀之以薪。宰夫和之，齐之以味，济其不及，以泄其过。君子食之，以平其心。……声亦如味，一气、二体、三类、四物、五声、六律、七音、八风、九歌，以相成也；清浊、大小、短长、疾徐、哀乐、刚柔、迟速、高下、出入、周疏，以相济也。君子听之，以平其心，心平德和。"②厨师将鱼肉放在盛满水的锅里，加上各种调料，用火烹煮，就能做出美味的羹汤；乐师用各种乐器把不同的音调配合起来，就能奏出和谐的乐曲。只有通过"济其不及，以泄其过"的综合平衡，才能收到多样性统一的"和羹""和声"的功效。"若以水济水，谁能食之？若琴瑟之专一，谁能听之？"没有差异的绝对同一，就如同"以水济水"，做不出可口的羹汤，或如"琴瑟之专一"，奏不出动听的乐章一样，所以说"同之不可也如是"③。

晏婴还用这种"尚和去同"思想来说明君臣上下的关系。他认为在君臣之间也应该建立起一种相反相济的"和而不同"的关系，也就是要求做到："君所谓可，而有否焉，臣献其否，以成其可；君所谓否，而有可焉，臣献其

---

① 《国语·郑语》。
② 《左传》昭公二十年。
③ 《左传》昭公二十年。

可，以去其否。"这样才能"政平而不干，民无争心"①。君主认为是正确的，其中可能也有错误的成分，做臣子的要指出其错误以成全其正确；君主认为是错误的，其中可能也有正确的成分，做臣子的要肯定其正确所在而清除其错误。这可以说是对"和而不同"的君臣关系之本质涵义的相当典型的诠释。晏婴还指出："所谓和者，君甘则臣酸，君淡则臣咸。"②君主不要害怕听到臣下的不同意见，其实那些敢于发表与君主不同意见的才是真正的忠臣、贤臣。这就是晏婴所理解的君臣之"和"。当齐景公问他随时紧跟自己的梁丘据是不是"和"时，晏婴回答说这不是"和"，而是"同"。因为梁丘据只会对齐景公亦步亦趋、随声附和，而从来不发表不同的意见，"君所谓可，据亦曰可；君所谓否，据亦曰否"③。这就不是"和而不同"，而是典型的"同而不和"了。在此之前，史伯也曾批评周幽王疏远那些敢于发表不同意见的"高明昭显"之士，而亲近那些与自己意味相投的"谗慝暗昧"之人，是一种"去和而取同"的错误态度，指出这正是周王朝必然走向衰败的原因。④

世界上的一切事物都是包含着差异、矛盾、多样性的对立统一物，不同事物、相反方面的存在及其纲蕴激荡、和合演化才构成了无限丰富多样、永恒发展着的世界。因此可以说，"和而不同"就是世界的本来面貌与状态。中国的先哲首先从观察阴阳交合、五行生克产生万物与"和声""和羹"等自然现象中认识到了"和实生物，同则不继"的道理，形成了重"和"的辩证宇宙观。他们不仅重视自然界的和谐、人与自然的和谐，而且尤其重视人与人之间的和谐，认识到"天时不如地利，地利不如人和"⑤。"和而不同"的原则在处理各种人际关系时显得尤为重要。"人和"包括家庭"和睦"、邻里"和顺"、上下"和敬"等内容，也包括在不同国家、民族之间，要"协和万邦"，和平相处。人际关系的和谐是国家兴旺、社会进步的决定性因素。孔子正是在总结前人有关认识的基础上，并结合自己在生活实践中的体会，才把"君子和而不同，小人同而不和"作为一个普遍原则提了出来。这种"尚和去同"的价值取向对中国文化的发展产生了深远影响。"

---

① 《左传》昭公二十年。

② 《晏子春秋·内篇谏上》。

③ 《左传》昭公二十年。

④ 《国语·郑语》。

⑤ 《孟子·公孙丑上》。

"和而不同"：文化发展的必由之路

在中国古代，"和而不同"也是处理不同学术思想派别、不同文化之间关系的重要原则，是学术文化发展的动力、途径和基本规律。

春秋战国时期，中国出现了儒、墨、道、法、名、阴阳等诸子蜂起、百家争鸣的局面。在一些有宏阔眼光的学术史家看来，"此务为治者也，直所从言之异路，有省不省耳"①。即认为各家的理论目标是一致的：都是为了治理好国家，只是所采取的方法和理论根据不同而已。这恰恰说明了"天下同归而殊途，一致而百虑"②、"道并行而不悖"③的道理。汉代史学家班固更加明确地指出，各家"其言虽殊，辟犹水火，相灭亦相生也；仁之与义，敬之与和，相反皆相成也"④。在他看来，各家的观点虽有差别和对立，但又是互相启发、互相借鉴、互相促成的。"若能修六艺之术，而观此九家之言，舍短取长，则可以通万方之略矣。"⑤只有以博大的胸怀兼容百家，取长补短，和而不同，才能收到"通万方之略"、治理好国家的实效。

我国古代的许多学者，都从历史经验和自己的实践中得出了与班固大致相同的认识，肯定"相反相成""相灭相生"是学术发展的规律。他们认为，不仅要看到各种不同的文化、学派、理论、观点之间的分歧和殊异，同时也要看到它们之间的联系与一致、共同之处，因此互相交流、对话、讨论不仅是必要的，而且只有通过不同思想观点的互相诘难、互相启发、互相补充、互相吸收，学术理论才能得到发展。如果将自己封闭起来，采取孔子所批评的"固、必、意、我"的态度，就只能窒息学术的生命。东汉学者仲长统指出："同于我者何必可爱，异于我者何必可憎。"⑥因此，党同伐异是不可取的。北宋的张载也说："乐己之同，恶己之异，便是固、必、意、我。"⑦与他大致同时代的苏轼曾经对王安石提出尖锐批评，认为"王氏之文，未必不善也，

---

① 《史记·太史公自序》。
② 《周易·系辞传》。
③ 《礼记·中庸》。
④ 《汉书·艺文志·诸子略》。
⑤ 《汉书·艺文志·诸子略》。
⑥ 《意林》引。
⑦ 《张子语录》。

而患在于好使人同己。自孔子不能使人同，颜渊之仁，子路之勇，不能以相移，而王氏欲以其学同天下。地之美者，同于生物，不同于所生。惟荒瘠斥卤之地，弥望皆黄茅白苇，此则王氏之同也"①。苏轼与王安石在政治态度和学术思想方面都有严重分歧，他对王安石的批评是否客观公允暂且不论，但他认为在学术文化上不能搞"专同"，不能搞思想"一统"的话却是讲得很有道理的。容不得对立的思想学派存在，企图用一种学说来"同天下"，那么就如同在盐碱地上只长着一片黄茅白苇一样地单调，学术文化发展的生机也就被扼杀了。应该说，用这种观点来批判历史上的文化专制主义还是很中肯的，秦始皇"焚书坑儒"，汉武帝"罢黜百家、独尊儒术"，都是为了达到"禁私学""绝异道""持一统""定一尊"的目的，即皆"欲以其学同天下"，搞"同而不和"，结果中断了先秦诸子百家争鸣的繁荣局面，阻滞了中国文化的发展。

明清之际的思想家黄宗羲在总结中国学术发展的历程时，对"和而不同"的文化发展规律有深刻的理解，提出了"一本万殊"的学术史观。他说："古之君子，宁凿五丁之间道，不假邯郸之野马，故其途亦不得不殊。奈何今之君子，必欲出于一途，使美厥灵根者，化为焦芽绝港!"②又说："学问之道，以各人自用得着者为真，凡依门傍户、依样葫芦者，非流俗之士，则经生之业也。此编所列，有一偏之见，有相反之论，学者于其不同处，正宜着眼理会，所谓一本而万殊也。若以水济水，岂是学问?"③在黄宗羲看来，学术思想上的各种观点，包括"相反之论""一偏之见"，都有其存在的价值，都可以启发思想，促进认识的发展，学者就是要善于从"不同"处发现"同"，认识到真理的绝对性与相对性、"一本"与"万殊"其实是统一的。如果不能正视差异、矛盾（"相反之论"）的存在，一定要使认识"出于一途"，那么智慧的"灵根"就会衰萎枯竭。"以水济水，岂是学问"的质问直接承继了先秦"尚和去同"的思想，有力地批判了"依门傍户、依样葫芦"的教条主义和传统经学思维方式。

以上所引资料，说明从司马谈、班固到黄宗羲，中国古代的许多学者都对"和而不同"的学术文化发展规律已有相当深刻的认识，作过不少精辟的论述。简单地说，"和而不同"就是"相反相济""相反相成""相灭相生""一本万殊"，在学术思想上要允许不同意见、"相反之论"存在，通过"以他平

---

① 《答张文潜书》。
② 《明儒学案·自序》。
③ 《明儒学案·凡例》。

他"的交流与交锋，互相启发，取长补短，从而达到"和"即对立面的统一，或多样性的统一。当然，"乐己之同，恶己之异"，必欲使天下学问"出于一途"，追求学术思想上的"专同""一统"的现象也在中国历史上屡见不鲜，这就是为封建统治者所支持的"同而不和"的文化观。"和而不同"的辩证文化观正是在与这种追求绝对同一的形而上学文化观作斗争的过程中产生和发展起来的。历史实践证明，正是因为"和而不同"符合学术思想发展的客观规律，也符合在中国古代早已形成的"尚和去同"的价值取向，所以才能够为广大群众和知识分子所接受，成为中国文化的优良传统，起着推动学术发展的积极作用。

"和而不同"不仅是处理不同学术思想派别之间关系的基本原则，而且也是处理国内不同地域文化、各个民族文化之间的关系，以及中华文化与外来文化之间关系的基本原则。在我国多民族文化交融汇合的过程中，虽然也有过摩擦、碰撞和冲突，但主导方面是和平相处、互相学习、取长补短、共同发展，从而形成了"多元一体""和而不同"的中华民族文化。中华文化还以开放的胸襟，善于吸收、消化域外文化精华来使自己获得新的发展生机，汉唐时期佛教的传入及其中国化，16世纪以来的中西文化大交汇，都是异质文化交流融合、双向互动的典型范例。中华文化之所以能够在国内多民族文化融合与中外文化交汇中不断丰富发展，"有容乃大"，"历久常新"，是与"和而不同"的文化观在中国早已深入人心分不开的；相反，搞文化封闭和文化专制主义则不得人心，因为它只能使富有生命活力的学术文化走向"焦芽绝港"，日益殆弊。

"和而不同"：化解文明冲突的良方

"和而不同"的文化观使中华文化具有开放的性格和对"异文化"的宽容精神，它在与其他民族文化相处中自然就容易走向交融、合作与共同发展。正如费孝通先生所指出的："中国人从本民族文化的历史发展中深切地体会到，文化形态是多种多样的，丰富多彩的，不同的文化之间是可以相互沟通、相互交融的。推而广之，世界各国的不同文化也应该相互尊重、相互沟通，这对各个不同文化的进一步发展也是有利的。"①在经济全球化时代，世界各民族文化的相互联系日益密切，文化全球化与多元化的关系，不同文明、不同民族文化之间的关系问题日益紧迫地摆在全人类面前，"文化自觉"比过去任何一个时代都显得更加迫切、更加重要。信息时代科技文明与社会生产力得到了长足发展，它对人类是祸还是福？未来的世界文明格局是从总体上趋向于对抗、冲突，还是趋向于交融合作、多元共存？各国学者之间有着非常不同的看法。我个人认为，在以和平与发展为时代主题的当今世界，"文明冲突论"显然不符合时代精神，中国传统智慧中的"和而不同"的思想资源，在今天有着特别重要的现实价值和世界意义，它应该成为处理不同文明、不同民族文化之间关系的基本准则。在今天，"和而不同"是消解文明冲突的一个良方，一剂对症良药，我们应该加强对它的研究和宣传。

20 世纪 90 年代，美国学者塞缪尔·亨廷顿提出了文明冲突理论。他认为冷战后世界冲突的主要根源，已经不再是经济和意识形态，而是在文明之间的差异与断层线上。今日世界分裂为西方、儒家（中国）、日本、伊斯兰、印度、斯拉夫—东正教、拉丁美洲，也许还要加上非洲，共七八种主要文明，他断言，"在可见的将来，冲突的焦点将发生在西方与几个伊斯兰、儒家国家之间，"也就是西方世界与非西方世界的冲突。亨廷顿站在维护西方文化霸权的立场上，为美国所设计的国家战略是：促进西方文明内部的团结与合作，将文化与之接近的东欧和拉丁美洲融入西方，加强同俄罗斯和日本的合作关系；抑制伊斯兰和儒家国家的军事扩张，制造儒家与伊斯兰国家之间的差异和冲突；如此等等。总之，这一切都要以符合西方利益为准绳。②

亨廷顿作为一个资深的国际战略问题专家，他意识到冷战后的世界并非西方的一统天下，指望"西方价值观成为世界唯一的意识形态"是不现实的，现代化并不等同于西方化，也未能使非西方社会西方化。在全球政治已经成为多极的和多文明的今天，非西方文明已不再是西方殖民主义下的历史客体，而同西方文明一样成为推动、塑造历史的力量，并且日益从配角变成游戏的主角。因此，"在可见的将来，不会有普世的文明，有的只是一个包含不同文

---

① 费孝通：《中华文化在新世纪面临的挑战》，《中华文化与二十一世纪》上卷，中国社会科学出版社 2000 年版，第 6 页。

② 亨廷顿：《文明的冲突》，美国《外交事务》（*Foreign Affairs*）1993 年夏季号，中译文见香港《二十一世纪》1993 年 10 月号。

明的世界"①。这些认识都是非常清醒的，是符合客观实际的。但是，他显然不甘心于西方文明绝对强势地位的失落，在为西方建立新的世界秩序出谋划策时，不是把基点放在不同文明之间的平等对话与交流合作上，而是放在所谓"文明冲突"的预设上，企图通过打击、遏制异类文明来达到维持西方文化霸权的目的。这就不但在理论上站不住脚，而且在实践中违逆了和平与发展的当今世界潮流，难免要受到来自多方面的批评。

众所周知，不同文明之间的关系，不是只有对抗和冲突，而且也有相互接触、交流、协调、互动、融合与共生。从世界文明的总体发展趋势来说，不同文明之间的交流互动、彼此借鉴融合始终是主流，文明对抗、冲突只不过是暂时的、局部的现象。不同文明是在既冲突又融合、既对立又统一的关系中发展共进的。亨廷顿显然夸大了文明冲突在历史发展中的地位和作用，而对文化交流融合这一面视而不见，更不理解"和而不同"的文化发展规律，因此得出了文明冲突不可避免的错误结论。这可能是与西方人的那种重分不重合、只见对立不见统一的思维方式分不开的。从表面现象看，文明冲突论者是只见对立不见统一，仍然坚持"不是东风压倒西风，就是西风压倒东风"的非此即彼的思维方式。但它其实并不是不要统一，不重视同一性，它所追求的统一恰恰是"同而不和"的"一统""专同"，而且这种统一只能通过一方吃掉另一方的尖锐对抗、斗争的方式来实现。今天有人还是企图用一种价值观来统一天下，鼓吹要"千方百计吸引其他国家的人民采取西方有关民主和人权的概念"，"使美国的价值观和兴趣成为一种国际共识和普遍接受的标准"，就是现代文化霸权主义的典型表现。由此可见，"和而不同"与"同而不和"作为两种对立的文化观，不仅在古代中国存在，在现今世界依然存在；而且依凭经济、科技和信息资源优势，现代文化霸权主义比古代文化专制主义更霸道、更专制，危害更大。

"文明冲突论"给人类文明所展示的前景是不能令人乐观的，甚至是非常可怕的、灾难性的，也是违背全世界人民的意愿、违背文化发展规律的，很有可能要造成惨烈的历史悲剧。去年发生的"9·11"事件、阿富汗事件和至今仍在延续中的巴以冲突，就是有着深刻利益背景的"文明冲突"所造成的现实灾难，全世界人民都感到痛心疾首，谁也不希望它成为今后普遍的国际

---

① 亨廷顿：《文明的冲突》，美国《外交事务》（*Foreign Affairs*）1993 年夏季号，中译文见香港《二十一世纪》1993 年 10 月号。

秩序和状态。在今天，人类完全可以也应当按照另一种思路来处理不同文明之间的关系问题，即如联合国根据伊朗总统哈塔米的提议，确定 2001 年为"不同文明对话年"那样，提倡各国都以宽阔的胸怀和宽容的心态来善待不同文明的成果。以交流代替歧视，以兼容代替排斥，以对话代替对抗，以共处代替冲突，增进各种文明之间的相互了解与沟通，那么就会给人类文明展示完全不同的另一种前景。去年在联合国第 56 届大会上通过的关于"不同文明对话年"的决议，由中国等 75 个国家共同提出，以协商一致的方式通过，就说明它是符合世界上绝大多数国家和人民愿望的，实际上是对"文明冲突论"的一个有力的回应。开展不同文明之间的对话活动，就是尊重不同民族、不同宗教和不同文化的多样性，推动各种文明的互相交流、互相借鉴，以求共同发展、共同进步。这正是全世界人民所期望的"美美与共""和而不同"的文明格局。所以在今天，大力宣传"和而不同"的文化观，促进不同文明之间的对话，还有消解文明冲突、维护世界和平的重要意义。"文明冲突"论与"和而不同"论作为当今世界上两种最有影响的文明关系理论，全世界人民已经对其作出了明确的价值选择，现在关键是要落实到具体行动中去，用对话代替冲突，取"和"而去"同"，争取人类文明朝着符合全世界人民的意愿、符合文化发展规律的方向发展。

所有文明都要"自觉"，都要有"自知之明"

前面已经提到，费老关于"文化自觉"的理论，是适应时代的需要而提出来的，是一种具有普遍意义的文化理论。在全球化时代，中国和世界都在发生着急速的变化，文化的兴衰、存亡与转型问题对于每个民族来说都不是不相干的，都是非常现实地存在着的大问题。鄂伦春人的狩猎文化因森林遭到破坏而有一个存亡的问题；中国传统文化因近代西方文化的传入而受到巨大的冲击，面临着一个转型和浴火重生的问题；西方文化霸权把许多第三世界国家的民族文化从中心挤到了边缘，有的甚至濒临绝灭之险境。这些处于弱势地位的民族文化，一般都有较强的忧患意识，对于根源性的认同和对文化转型能力的自信对于它们来说也极其重要，如果没有这种"文化自觉"，这些民族文化的前途将是不堪设想的。那么，处于强势地位的民族文化难道就不需要文化自觉了吗？人类文明史中的大量事实说明，世界上没有哪一种文化永远是强势文化、先进文化，强与弱、先进与落后的地位是可以转化的。如果不善于向其他民族文化学习，以强势文化自居，固闭自守，不思进取，甚至将自己的文化强加于其他民族，称霸天下，其结果没有不失败的，而且强势文化也有可能失去自己的优势，转化为弱势文化。这种转化正是没有"自知之明"、没有"文化自觉"所造成的结果。曾以"天朝上国"自居的清王朝就给中国文化提供了这种由强变弱的深刻的历史教训。在世界文明史上，善于学习、吸收其他民族的先进文化，使自己由弱变强的情况也不鲜见，日本在近代的崛起就是一个显著的例子。世界文明史是一本最好的"文化自觉"教科书。所有民族都应该认真总结、吸取本民族文化发展中的历史经验教训，同时也要善于从其他民族文化的发展史中获取教益。处于弱势地位的民族文化需要学习，处于强势地位的文化更需要学习，对自己的文化是从哪里来的、它要把人类带到哪里去、应该怎样处理与其他民族文化的关系有"自知之明"，有正确的文化心态。这对于强势文化来说更加重要，因为它对人类文明未来的健康发展承担着更大的历史责任。

在今日世界，西方文化的强势地位是不容置疑的，在经济全球化推动下的文化全球化大有把西方文化变成一种全球文化之势。但这种文化的全球化并不能消解、否定、取代民族文化的多样性，全球化与本土化、一体化与多元化并存的趋势和局面早已为许多学者所一再指出。连亨廷顿也承认，尽管西方国家强力推销自己的文化，但是并没有使非西方社会完全西方化，非西方文明正在重新肯定自己的文化价值，从一种文明转变为另一种文明的努力并没有取得成功，在阿拉伯世界，物质生活与民主形式的西方化甚至强化了反西方的政治力量。①要用西方强势文明来同化、取消多种形态的非西方文明是根本不可能的，特别是像中国文明、印度文明、伊斯兰文明这样有着几千年历史积淀、至今仍被 10 亿以上人口所认同的伟大文明，是绝不可能被任何强势文明轻易地"同化"掉的。因此，对于处在强势地位的文化来说，最现实的问题就是要学会同其他民族的文化和谐相处、相依共存，如果没有弱势文化，你的强势地位也就不存在了。而且，即使是处于弱势地位的民族文化，也有许多值得强势文化学习、借鉴的东西，关键是看你是否愿意学习，是否善于学习。强势文化能以平等的心态来对待弱势文化，不以强凌弱，不摘自

---

① 亨廷顿：《文明的冲突》，美国《外交事务》（*Foreign Affairs*）1993 年夏季号，中译文见香港《二十一世纪》1993 年 10 月号。

我中心主义，需要有高度的文化自觉。

问题是当今的强势文化有没有这种文化自觉?现实的情况似乎不能让我们过于乐观。虽然西方有不少有识之士认识到了人类文明只能走多元共存、"和而不同"的道路，但某些西方国家的当权者与谋士却仍在自觉或不自觉地追求一种文化霸权，企图以自己的文化凌驾于其他一切文化之上，使一些弱势民族有受到"文化侵略"的痛切感受，实际上充当了"文化帝国主义"的角色。他们追求的不是"和"而是"同"，企图成为文化上的"新罗马帝国"，用自己的文化和价值观来一统天下。而且他们信奉的是一种强调对抗、冲突的"斗争哲学"，如亨廷顿就非常具体地提出了如何抑制异类文明以求西方文明"一统"的方案，包括要从政治、经济、军事上抑制儒家和伊斯兰国家，制造儒家与伊斯兰国家之间的差异和分歧，以便各个击破等等。这种谋略显然违背了不搞文明对抗、要搞文明对话的当今世界潮流，也反映论者仍固执一种"冷战"思维方式。历史和现实都证明，不同文明间之所以会发生冲突，主要是有人要搞文化霸权主义，以强凌弱，强加于人，所以必然引起反抗。文化霸权主义是文化不自觉的典型表现，也是文明冲突的主要根源。

在世纪之交，费孝通先生提出"文化自觉"理论，大力阐扬"和而不同"的文化观，有重要的现实意义，是对人类文明的一大贡献。各国各民族文化都有一个文化自觉的问题，处在强势地位的文化更应"自觉"，承担起引导、促进不同文化交流对话、良性互动、和谐共进的责任。"文化自觉"理论符合全世界人民的愿望，符合人类文明健康发展的要求，它一定能够得到广泛认同并成为实践的指南，"各美其美，美人之美，美美与共，和而不同"的理想文明格局也一定会在全世界人民的共同努力下成为现实。

"天人合一"与中国古代的生态智慧*

去年 7 月，我在为第十二届国际中国哲学大会论文集所写的"序"中，曾说过这样一段话："面对着困扰当今人类的两大难题——生态破坏与文明冲突，古老的中国哲学早已为此提供了富有启发性的智慧成果，或者说其中早已蕴含着解决这些矛盾和冲突的正确的思想原则，这就是'天人合一'与'和而不同'的智慧。"[①]从这样两个角度来阐明中国传统哲学的现代意义，我认为是比较有说服力的。去年 12 月，在香港召开了以"文化自觉与社会发展"为主题的第二届"二十一世纪中华文化世界论坛"会议，我在提交论文《"和而不同"：作为一种文化观的意义和价值》[②]中，着重说明"和而不同"的中国哲学智慧，不仅反映了我们的先哲对宇宙万物生成、发展规律的认识，而且也是他们处理人与人之间关系，不同国家、民族、文化之间关系的基本原则。"和而不同"是文化发展的必由之途，同时也是化解文明冲突的良方。作为一种具有普遍意义的文化观，它在今天有着特别重要的现实意义。第十三届国际中国哲学大会将于今年 8 月在瑞典召开，在这个会上我打算就另一个主题，即"天人合一"这个比前者要复杂得多的问题，谈一点个人的看法。

人是自然界的产物，也是自然界的一部分。人类生存与发展离不开大自然这个母体，被称为"万物之灵"的人的一切目的都只有在自然界的演化、发展中才能实现。因此，人必须与天地万物和谐相处，同时又不能不与威胁到其生存和发展的各种"天敌"作斗争，控制、改造自然使其为人类的目的服务。但是，人必须按照自然界发展的规律来认识和改造世界，否则就会受到自然界的惩罚。历史实践证明，滥伐森林、水土流失、土地荒漠化和生物

---

* 本文是作者 2003 年 8 月 19 日在瑞典召开的第十三届国际中国哲学大会上的报告论文。原载《社会科学战线》2003 年第 4 期。

①《二十一世纪中国哲学走向》，商务印书馆 2003 年版，第 3 页。

②《中国社会科学研究生院学报》2003 年第 1 期。

多样性减少已经直接影响到人类的可持续发展，大气污染、臭氧层破坏、气候变暖和环境公害为威胁人类健康与生命的各种病毒肆虐提供了可乘之机，而这一切都是人的活动所造成的。因此，我们一方面要相信科学和人类理性的力量，另一方面又要对人类认识和改造世界的活动进行深刻的反思，特别是要纠正那种把人看作"自然的主宰"，认为自然资源可以任人无限制地开发、利用、征服、掠夺的人类中心主义，树立人与自然相互依存、和谐共生、协调发展的生态文明观。在这方面，中国传统哲学确实可以提供一些有价值的思想资源，中国历史发展中也有不少值得引以为鉴的经验教训，总结回顾历史，对于解决当今人类面临着的日益严峻的生态问题不无启发意义。

"天人合一"：中国哲学解决人与自然关系问题的基本原则

人与自然的关系即天人关系是中西哲学共同面对的问题。西方哲学强调"人是万物的尺度""人是自然的立法者"和"知识就是力量"，把征服自然、战胜自然看作人的主体性即其本质力量的表现。在这种"主客二分""天人对立"的世界观指导下，科学技术得到了长足发展，物质财富大量增加，而人类生存的环境也遭到了日益严重的破坏。中国哲学中虽然也有"制天命而用之""天人交相胜"的思想，但不占主导地位。在中国哲学中占主导地位的是"天人合一""民胞物与""性天相通""辅相参赞"等观念，人与自然不是一种疏离以至对立的关系，而是息息相关、相互依存、内在统一不可分离的关系。"天人合一"与"主客二分""天人对立"是中西哲学观念的基本差别之一，这已是学术界的共识。对于中国传统哲学中的"天人合一"观念，到底应该怎样去认识和评价呢？学者们之间在看法上有很大的差异。

享寿 96 岁的钱穆先生，在临终前写的《中国文化对人类未来可有的贡献》一文中，着重强调"天人合一"观、"人文自然相互调适之义"是中国文化对人类最大的贡献。他认为："西方人喜欢把'天'与'人'离开分别来讲。换句话说，他们是离开了人来讲天。这一观念的发展，在今天，科学愈发达，愈易显出它对人类生存的不良影响。中国人是把'天'与'人'和合起来看。中国人认为'天命'就表露在'人生'上。离开'人生'，也就无从来讲'天命'。离开'天命'，也就无从来讲'人生'。……此义宏深，又岂是人生于天命相离远者所能知！"他宣称，认识到中国古人"天人合一"观的伟大，是他对中国文化思想的总根源的"大体悟",最后、最高的"彻悟",是自己晚年"对学术的大贡献"①。

今年已经 93 岁高龄的季羡林先生,高度认同钱穆先生的上述观点。他明确地说:"东方哲学思想的基本点是'天人合一'。什么叫'天'?中国哲学史上解释很多。我个人认为,'天'就是大自然,而'人'就是人类。天人合一就是人与大自然的合一。"他认为西方的天人对立思想已经引发出了威胁着人类生存与发展的严重的生态危机,在今天,只有东方的"天人合一"思想方能拯救人类。②

北大哲学系的张世英先生赞成这样的看法:"大体说来,中国传统哲学是天人合一的哲学,西方传统哲学是主客二分的哲学。"但他不赞成过高地评价中国古代的"天人合一"说。因为人类思想的发展是从原始的"天人合一"即前主体性的主客不分,进到主客二分思想和主体性原则,然后再超越主客二分,达到后主体性的"天人合一"即高一级的主客不分、物我交融的自由境界的过程,而中国传统哲学还基本上处在未经主客二分思想洗礼的原始的"天人合一"阶段。"中国的天人合一的传统思想给中国人带来了人与物、人与自然交融和谐的高远境界,但也由于缺乏主客二分思想和主体性原则而产生了科学和物质文明不发达之势,尤其是儒家传统把封建'天理'的整体性和不变性同天人合一说结合在一起,压制了人欲和个性。"因此,他认为:"一味赞扬中国的'天人合一'说,是不符合人类思想发展之大势的。要发展中国哲学,一是要认真反对中国哲学传统中根深蒂固的封建伦理道德意识;二是要发展'主客二分'的思想和科学精神;三是要注意发扬人的个性,防止以共性压倒个性。"③

我国学术界的另一位前辈、今年已届 95 岁高龄的张岱年先生的有关论述也很值得重视。他不赞成中国古代的"天人合一"说是人与自然未分时的前主体性思维的观点。在他看来,远古传说时代的"绝地天通"已包含有区别人与自然的意义,春秋时代的子产就已经明确地区分开了"天道"和"人道",宋明理学家更是以认识到人"与天地万物为一体"为人的自觉。"应该承认,所谓天人合一是在肯定天人区别的基础上再肯定天人的统一,这是一

---

① 钱穆:《中国文化对人类未来可有的贡献》,台湾《联合报》1990 年 9 月 26 日;又载《中国文化》第 4 期,1991 年 8 月。

② 季羡林:《"天人合一"方能拯救人类》,《东方》1993 年创刊号。

③ 张世英:《天人之际——中西哲学的困惑与选择》,人民出版社 1995 年版,第 2、3、13 页。

种辩证思维，是更高一级的思维方式"。他认为中国传统哲学中的"天人合一"思想包含着复杂的内容，其中既有正确的观点，也有错误的观点。如宋儒的"天人合一"说就包含着"人是自然界的一部分""自然界有普遍规律，人也服从这普遍规律"等合理思想，但把道德原则与自然规律混淆起来、把道德原则绝对化是错误的。他最看重《周易大传》的"裁成天地之道，辅相天地之宜""范围天地之化而不过，曲成万物而不遗""先天而天弗违，后天而奉天时"的天人协调说，认为这是一种既要改造自然，使其符合人类的愿望，又要遵循自然规律，不破坏生态平衡的比较全面的观点。①

上述四位学界前辈，钱穆先生是对中国文化充满同情与敬意的现代新儒学大师，季羡林先生是我国享有盛誉的东方学家，张世英先生是成绩卓著的西方哲学专家，张岱年先生是一贯崇信辩证唯物论的中国哲学专家。他们对中国古代"天人合一"思想的认识和评价，各有一定的代表性，可以给我们多方面的启发。他们就这个问题的讨论至少说明了：第一，对于中国传统哲学中的"天人合一"思想，既要有宏观眼光从整体上准确地把握其精义，又要对其在历史发展中的复杂内容进行具体的科学分析；第二，对"天人合一"论所体现出来的有机整体思维方式，要作一分为二的评价：一方面要肯定它是对世界本来面貌的某种真实的反映，另一方面也要指出缺乏分析思维的笼统和模糊不利于科学技术的发展；第三，要正确地认识和宣传"天人合一"思想的现代意义，不要把它与分析思维、现代科技发展绝对对立起来，而是要把二者统一起来，以发展现代科技为手段，创造更美好的"人化自然"，争取达到人与自然和谐共存的高级境界。

为了说明"天人合一"是中国哲学的最高生态智慧，或者说是中国古代生态思想的哲学基础，我想就自己对这个问题的思考，谈几点不成熟的看法。

一、天人关系是中国哲学的基本问题或最高问题。所谓"天人相与之际，甚可畏也"（董仲舒），所谓"学不际天人，不足以谓之学"（邵雍），所谓"天人之道，经之大训萃焉"（戴震），都是讲这个问题在中国传统学问中有着至高无上的地位。其实，人与自己周围世界的关系问题，是一切哲学都必须回答的基本问题或原点问题。由于人是这个世界上唯一具有精神、思维、主体意识的存在物，因此这个问题有时又表现为思维与存在、精神与自然界的关系问题。

①《张岱年全集》，河北人民出版社1996年版，第7卷，第92、97页，第5卷，第625页。

二、中国哲学中的天人关系包含着丰富、复杂的内容，但它的一个最基本的涵义，就是指人与自然界的关系。也可以说这就是它的"本义"，其他各种涵义都是由此引申或演变而来的。中国传统哲学中所讲的"天"，有意志之"天"、命运之"天"、义理之"天"等涵义，但不能否认，它的一个最基本的涵义就是指自然界，即天地之"天"、自然之"天"、物质之"天"。孔子说："天何言哉！四时行焉，百物生焉，天何言哉！"①这个"天"就是指包括四时运行、万物生长在内的自然界。中国哲学家荀子、刘禹锡、章太炎都著有《天论》，他们所论之"天"，都是指自然界或自然界运行的规律。道家所讲的"天"，除了指自然界、与"地"相对作为物质实体的"气"或天空之外，还有"自然无为"的意义，总的说都可以归入自然之"天"的范畴。其他几种涵义的"天"，其产生都与自然界有密切关系。在远古时代，由于社会生产力和人的认识水平极其低下，人们的生产与生活都对自然界有很大的依赖性，而又对自然界及其变幻无穷的力量不能认识更无法掌握，于是产生了天神崇拜观念，企图通过献祭祷告等活动来祈求"天"给人类带来恩泽，避免灾难。"天"被赋予了人的意志和喜怒哀乐的感情，它通过祥瑞、灾异等自然现象来表达"天意"，以示对人的表扬或警告。实际上，所谓"天命"乃是不可违抗的自然力量在人的观念中的一种曲折的反映。刘禹锡生动地揭示了"天命"思想产生的认识根源，他说：

> 若知操舟乎？夫舟行乎潍、淄、伊、洛者，疾徐存乎人，次舍存乎人。风之怒号，不能鼓为涛也；流之汩，不能峭为魁也。适有迅而安，亦人也；适有覆而胶，亦人也。舟中之人未尝有言"天"者，何哉？理明故也。彼行乎江、汉、淮、海者，疾徐不可得而知也，次舍不可得而必也。鸣条炎风可以沃日，车盖之云可以见怪。恬然济，亦天也；黯然沉，亦天也；阽危而仅存，亦天也。舟中之人未尝有不言"天"者，何哉？理昧故也。②

这就是说，当人们昧于对自然规律的认识，还不能掌握自己命运的时候，就只能把生死安危系之于"天"或"命"。具有道德意义的义理之"天"的产生同样借助了自然界不可抗拒的伟大力量。封建统治阶级为了把自己的伦理

---

① 《论语·阳货》。
② 《天论中》。

观念和道德原则绝对化、神圣化，就把它说成是如同天经地义的自然规律一样不可改变的"天理"，强迫人民去遵守。也就是说，无论是主宰之"天"、命运之"天"，还是义理之"天"、道德之"天"，都不能完全离开自然界这个"天"的本义，因为"巍巍乎大哉"的自然界是最值得赞美、尊崇和敬畏的。

三、中国传统哲学对天人关系问题的回答，多数哲学家都是主张"天人合一"的，或者说，这是一种占主导地位的观点，是中国传统社会的时代思潮。儒家主要是从"天人一体""性天相通""天人合德"的角度来论证天人合一，孟子、张载、王阳明的观点最具有代表性，如孟子的"尽心、知性、知天"说、张载的"民胞物与"说和王阳明的"人与天地万物一体"说。董仲舒一派则是用"天人相类""天人感应"来论证天人合一，有浓厚的神秘主义色彩。道家主要是从人必须因任、顺应自然，取消人为、合人于天的角度来讲天人合一，如老子说"人法地，地法天，天法道，道法自然"①，庄子说"古之至人，天而不人"②、"天地与我并生，而万物与我为一"③；同时他们也受到了"蔽于天而不知人"的批评。荀子是主张"明于天人之分"的思想家，但他并不排斥和否定"天人合一"观念。他说："天有其时，地有其财，人有其治，夫是之谓能参。"他肯定人有"与天地参"的主体实践力量，同时又强调人要遵循、顺应自然规律，要"清其天君，正其天官，备其天养，顺其天政，养其天情，以全其天功"④。这种"顺天"思想仍然是"天人合一"观念的表现。也可以说，荀子的天人观是一种以"明于天人之分"为前提的"天人合一"论。他主张"明于天人之分"是为了反对认为"天"有意志、可以决定人事吉凶祸福的宗教天命论，他的"天人合一"观则表现为肯定人能"与天地参"而又必须尊重自然规律的"顺天"思想。荀子天人观的继承和发扬者刘禹锡在提出"天人交相胜"学说的同时，还肯定天与人在功能上有"还相用"的互动互补关系，实际上也认为二者是处在一种对立统一的关系中。这说明产生于农业文明时代的荀子一派哲学，也没有完全脱离、超越"天人合一"的时代思潮，与西方的"天人对立"思想有很大的区别。

四、我同意张岱年先生的看法：以《易传》为代表的天人协调说，是中国传统哲学中关于人与自然关系的一种比较全面的朴素辩证观点。它继承了

---

① 《老子》第二十五章。
② 《庄子·列御寇》。
③ 《庄子·齐物论》。
④ 《荀子·天论》。

老庄的因任自然说与荀子的改造自然说中的合理因素，同时又克服了其片面性（如前所述，荀子的天人观并无多大片面性），提出了既要通过人的实践力量来引导、调节自然的变化，又要遵循、适应自然运行规律的"裁成""辅相"原则。与之相近的还有《中庸》提出的"能尽人之性，则能尽物之性；能尽物之性，则可以赞天地之化育；可以赞天地之化育，则可以与天地参矣"的"参赞"原则。这是中国传统"天人合一"学说中最正确的一个发展方向，也是在农业文明时代积极改造自然、发展生产而又注意保持生态平衡的一条有效途径。后来虽有不少哲学家沿着这个方向继续作出了贡献，但遗憾的是它并没有成为中国古代"天人合一"思想发展的主流。过于浓厚的道德主义色彩使主流的"天人合一"观不重视对自然的实际变革和改造，不利于甚至阻碍了科学技术和社会生产力的发展。

五、儒家从孟子到宋儒的"天人合一"说，以其"仁者与天地万物为一体""民胞物与""仁民爱物"的强烈的伦理关怀，对于保护自然生态环境，对于建立时下大家都很关注的生态伦理学，有不可否认的积极意义。张载认为人和万物都是由充塞于天地之间的气所构成的，气的流行变化的本性也就是人和万物的本性，因此可以说它们都是一家人，"乾称父，坤称母"，"民吾同胞，物吾与也"①。他把宇宙万物都看成人类的伙伴与朋友，自然就会得出人类应善待万物、与之和谐相处的结论。王阳明进一步发挥了仁者"与天地万物为一体"的泛爱万物的思想，他说："见孺子之入井而必有怵惕恻隐之心焉，是其仁之与孺子而为一体也；孺子犹同类者也，见鸟兽之哀鸣觳觫而必有不忍之心焉，是其仁之与鸟兽而为一体也；鸟兽犹有知觉者也，见草木之摧折而必有怜悯之心焉，是其仁之与草木而为一体也；草木犹有生意者也，见瓦石之毁坏而必有顾惜之心焉，是其仁之与瓦石而为一体也。"②他认为这种与孺子、鸟兽、草木、瓦石的"一体之仁"是人性的自然表露，同时也是人类最高的伦理情感，是人对天地万物的一种责任意识。由此可见，如果将儒家的"仁学"贯彻到底，就必然要走向"仁民爱物"、尊重和关心所有生命的生态伦理学。

六、中国古代的"天人合一"观念是农业文明的产物，它反映了人与自然息息相关、相依共存的密切关系，反映了人对大自然的一种依赖感与亲和

---

① 《正蒙·乾称篇》。
② 《大学问》。

感。它的不同层面的涵义，都对反思工业文明和科技文明所产生的负面效应——人与自然的疏离，人对自然的征服、统治，生态环境的破坏，重新建立人与大自然之间的和谐共生关系，有不同程度或不同方面的启发意义。道家"天人合一"思想的主要价值是强调人要尊重生命、顺应自然，"原天地之美而达万物之理"，不胡作妄为违背自然本性的蠢事。他们向往的人类生活环境是"万物群生，连属其乡；禽兽成群，草木遂长。是故禽兽可系羁而游，鸟鹊之巢可攀援而窥"①的"天和""天乐"的"至德之世"。儒家"天人合一"思想的人文主义特征更加突出，其中包含着肯定人是自然界的一部分，人性来源于天道因而二者具有内在的统一性，人负有"仁民爱物"、善待自然的伦理义务等合理内容；同时在儒家看来，人性与天德（天理）相通，"与天地合其德"乃是圣贤人格的最高境界。即使是把"天"作为一种超越于人类之上的力量来崇拜的宗教天命观，对于批判对我们生存的环境不负责任的人类中心主义，也不是完全没有意义的。人类如果还存有一点对大自然的敬畏之心，就不会那么狂妄地去肆意开发、掠夺和破坏自然了。不可否认，农业文明时代也有一个"强本节用"、发展社会生产力的问题，所以在中国古代也产生了积极改造自然的思想。将改造自然与遵循自然规律结合起来的天人协调说，是中国古代"天人合一"学说中最有价值的思想成果。从发掘中国传统哲学中的生态智慧这个角度来说，上述各个层面的价值，以至佛教的"依正不二"说等都值得重视。但从目前学术界发表的有关研究成果来看，有的重点肯定道家"法自然""无以人灭天"思想对可持续发展的贡献，有的大力表扬儒家的生态伦理学和敬畏天命的宗教精神，而对以《易传》为代表的"天人协调"说和与之相通的荀子一派的"天人合一"思想却重视不够，认真研究、阐析、总结不够，这方面的思想资源还没有得到全面开发和充分利用。到底应该怎样来认识中国古代"天人合一"思想对人类的贡献，我觉得还是一个值得进一步思考和全面研究的课题。

七、"天人合一"虽然是处理人与自然关系的正确思想原则，但产生于农业文明时代的中国传统"天人合一"观，也有着严重的历史局限性，把它现成地拿到今天来运用，指望它能解救人类面临的生态危机，显然是不现实的。它要对人类未来有所贡献，还有一个现代转化的问题，这就是张世英先生所

---

① 《庄子·马蹄》。

说的要把它从前主体性的"天人合一"转化为后主体性的"天人合一"。说中国传统"天人合一"观完全没有受到过"主客二分"与主体性思想的洗礼可能有点过于绝对，中国古代不但有"明于天人之分"的思想，而且也不乏区分"能知"与"所知"的认识论思想；儒家从孔子起就强调"为仁由己"的主体性，不过这是一种道德的主体性。但从总体上指出中国传统哲学缺少一个以主客二分和主体性思想为主导原则的阶段，传统"天人合一"观过分重人伦道德而忽视对自然的认识，过分重整体性而忽视人的个性，因而缺少科学与民主精神，则是完全符合历史实际的。尽管西方主客二分与主体性思想的片面发展已造成严重弊端，但在中国还必须补上这一课，大力发展科学和民主；同时注意协调人与自然的关系，把"天人合一"的正确思想原则与发展现代科技结合起来，才能为解决生态危机、改善人类的生存环境作出切实的贡献。如果只是陶醉于古代"天人合一"思想的高远境界，而不做长期艰苦的现代转化工作，那是根本谈不上什么"拯救人类"的。

经过上述分析，我们不难得出结论：中国传统哲学主要是从人与自然的相互依存、相互关联（"相与之际"），而不是从其相互对立的角度来考察二者的关系，认为天与人是不可分离的有机统一整体，人是自然界的一部分。人区别于鸟兽、草木、瓦石、水火等天地万物的特异之处在于有识有知、有义（道德观念）、能群（组织社会）、能参（参赞天地之化育）、能治（治理万物），因此天地万物对于人来说又是一种对象性的存在，二者是"能知"与"所知"、"能参"与"所参""能治"与"所治"的关系。中国古代的"天人合一"说肯定人有"能知""能参""能治"的主体能动性；同时又强调人必须尊重、遵循自然界的客观规律，这是对人与自然关系的一种基本正确的认识，是一种朴素辩证的天人统一观。在中国古代，由于人的认识水平低下，由于对自然界的伟大力量的崇拜，也曾产生赋予"天"以人的感情意志、道德观念而将其神化，或者完全匍匐于其脚下而任天无为的其他一些类型的"天人合一"观，有的在特定历史时期甚至取得了意识形态的主导地位。但就整个人类思想和哲学智慧的发展而言，它们终究不是正道、不是主流；"人间正道是沧桑"，中国传统哲学"天人合一"观对人类思想的最大贡献，无疑是提供了人与自然有机统一、和谐共进的朴素辩证的"天人协调"说。

善待自然：中国古代保护生态环境的思想和制度性规定

"天人合一"是中国古代解决人与自然关系问题的基本思路，提出这一正确的思想原则就是中国哲学对人类文明的一大贡献。它把人与天地万物看成是一个相互联系的有机整体，认为它们都是由同一宇宙本源所创生的，因此都是有生命的存在物，相互之间处在一种血肉相依的生态联系中，人类为了自己的生存和发展，为了实现自己的生命价值，也必须保护自然生态环境，善待宇宙万物。这种认识不是什么神启也不是凭空产生的，而是先民从农业生产和生活实践中人与自然的密切联系中得来的。据历史文献记载，我国早在尧舜时代就设有管理山林川泽、草木鸟兽的"虞"即环境保护机构和官员，至秦代已出现《田律》这样系统的农业生态环境保护法律，在各种文献典籍中，记载了大量古代关于保护自然生态环境的思想、言论、典故和制度性的规定。这说明"天人合一"在中国古代并非只是一个抽象的思想原则，而是已在一定程度上转化为人们保护生态环境的意识和行动。

"网开三面"和"里革断罟"是人们都耳熟能详的历史典故。前者是说有一天商汤外出游猎，看见有人正在张网捕猎，那个人在东西南北四面都布了网，并祈祷说："愿天下四方的鸟兽都掉进我的罗网！"汤听后不以为然地说："你这不是要把天下的鸟兽都一网打尽吗？"于是下令撤掉三面的网，也默默地祷告："想到左边去的就往左，想到右边去的就往右，不听我指令的就自投罗网吧！"诸侯们听说这件事后，都盛赞商汤的"仁德"，连禽兽也受到了恩泽，于是都归顺于他，很快推翻了夏王朝。[①]这说明三千多年前的古人就已懂得，捕猎鸟兽不能采取一网打尽的办法，而要给它们留一条生路。后一个故事是说，有一年夏天，鲁宣公在泗水撒网捕鱼，大夫里革听说后立即赶去，撕破渔网扔在地上，并向鲁宣公宣讲保护草木鸟兽虫鱼的"古训"，大意是说：在动植物繁殖生长期谁也不得捕捉、伤害它们，这样才能让万物生息繁衍。"今鱼方别孕，不教鱼长，又行网罟，贪无艺也。"鲁宣公听了这番话后，惭愧地说："吾过而里革匡我，不亦善乎！是良罟也，为我得法。使有司藏之，

---

① 见《史记·殷本纪》。

使吾无忘谂。"①从里革给鲁宣公讲的道理中可以看出，周代保护生物资源的规定已十分具体，什么时节可以采猎草木鸟兽虫鱼，什么时候不能采猎，以至于采猎什么样的，都有严格的规定；周代生物资源保护的范围相当广泛，除了草木鸟兽鱼鳖之外，还包括蚂蚁、蝗虫之类的昆虫；其目的也十分明确，就是要使生物资源得以繁衍再生。在当时，这类"古训"实际上已具有法律的效力，君臣上下都必须遵守，为此里革敢于冒犯君颜直谏，鲁宣公也能知错就改，这确实是很不容易的。

中国古代哲学家关于自然资源保护的思想、理论和建言也很多。他们对世界的整体联系和人与自然环境的关系有较深刻的认识，善于总结历史的经验教训，为了人类的整体和长远利益，针对各个时代出现的环境问题，提出了许多有价值的环保思想和主张。在这方面作出了突出贡献的当首推春秋时期的思想家管仲。管仲曾在齐国为相，他从发展经济、富国强兵的目的出发，十分注意保护山林川泽和草木鸟兽等自然资源。《管子·轻重》篇说，山林川泽是出产薪柴和水产的地方，政府应该把山林川泽管起来，让人民上山去樵柴，下水去捕鱼，然后政府按官价收购，人民也可以通过这些营生来糊口谋生（"山林菹泽草莱者，薪蒸之所出，牺牲之所起也。故使民求之，使民藉之，因此给之"）。他认为不能很好地保护山林川泽的人就不配当君主（"为人君而不能谨守其山林菹泽草莱，不可以立为天下王"）。管仲提出了"以时禁发"的原则，主张用立法和严格执法的办法来保护生物资源。如说："修火宪，敬山泽林薮草木，天财之所出，以时禁发也。"②"山林虽近，草木虽美，宫室必有度，禁发必有时。"③就是要制定防火的法令，把山林草木认真地管起来，封禁与开发都要有一定的时间，建造宫室用材也要有一定限度，反对滥伐林木或过度开发。他还提出，作为国家的法令就要有权威性，对犯法的人要严刑重罚。"苟山之见荣者，谨封而为禁。有动封山者罪死而不赦。有犯令者，左足入，左足断；右足入，右足断。"④管仲的环保思想有一个重要特点，就是把保护生物资源与更好地开发、利用这些资源，进一步发展农业生产结合起来了，这就是所谓"先王之禁山泽之作者，抟（专）民于生谷也"⑤。

---

① 《国语·鲁语》。

② 《管子·立政》。

③ 《管子·八观》。

④ 《管子·地数》。

⑤ 《管子·地数》。

先秦儒家孟子、荀子都有较丰富的生态环境保护思想。孟子认为生物资源"苟得其养，无物不长；苟失其养，无物不消"①。因此，对于人类来说，"不违农时，谷不可胜食也；数罟不入池，鱼鳖不可胜食也；斧斤以时入山林，材木不可胜用也"②。荀子继承和发展了管仲"以时禁发"的思想，根据生物繁育生长的规律，提出了系统的自然资源保护理论和措施。他说："草木荣华滋硕之时，则斧斤不入山林，不夭其生，不绝其长也。鼋鼍鱼鳖鳅鳝孕别之时，罔罟毒药不入泽，不夭其生，不绝其长也。春耕、夏耘、秋收、冬藏，四者不失时，故五谷不绝而百姓有余食也。污池渊沼川泽，谨其时禁，故鱼鳖优多而百姓有余用也。斩伐养长不失其时，故山林不童而百姓有余材也。"③他不但把这些保护自然资源的措施看成是"圣王之制"，而且主张从税收制度方面来保证这些措施的贯彻执行，如"山林泽梁，以时禁发而不税"④。作为一个主张"明于天人之分""制天命而用之"的思想家，荀子并不赞成无限度地开发、利用自然资源，一味地征服自然、戡天役物，而是强调要"不夭其生，不绝其长"，要尊重和遵循"春耕、夏耘、秋收、冬藏"的自然规律，其目的就是要发展生产，让百姓"有余食""有余用"。这也说明"顺天"思想确实是荀子天人观中不可忽略的一个重要方面，我们不应对其作片面的理解。

除了上述思想资料之外，在《左传》《国语》《周易》《礼记》《逸周书》《商君书》《韩非子》《吕氏春秋》等古代文献中，都有不少关于保护生物资源，使其再生以资利用的论述与记载，反映我国先秦时期对此问题已十分重视，认识已达到相当水平。其中《礼记·月令》一篇最具有代表性。

《月令》是讲四季物候变化的最早历书，它对一年四季以至每一个月怎样保护生物资源都提出了非常明确、具体的要求。如孟春之月，"命祀山林川泽牺牲毋用牝。禁止伐木。毋覆巢，毋杀孩虫、胎、夭、飞鸟，毋麛，毋卵。"春天是生育的季节，孟春正月是首春，所以规定祭祀山林川泽时用的牲畜不能用牝的，如母牛、母羊之类；禁止砍伐树木；不许猎取怀胎的母兽、幼兽，不准捕杀小鹿；不许打刚会飞的小鸟，不准掏取鸟卵。仲春二月要"安萌芽，养幼少"，"毋竭川泽，毋漉陂池，毋焚山林"。季春三月，捕杀鸟兽的各种器具和毒药一律不许携出城门，禁止任何人斫伐桑条和柘枝。孟夏四月，是一

———————
① 《孟子·告子上》。
② 《孟子·梁惠王上》。
③ 《荀子·王制》。
④ 《荀子·王制》。

切生物长大长高的时候，因此不可有毁坏它们的行为，"驱兽毋害五谷，毋大田猎"；不要砍伐大树，不要起大工程，如此等等。到孟秋七月、仲秋八月才可以伐木"修宫室，坏墙垣""筑城郭，建都邑"；到仲冬十一月、季冬十二月就允许采猎野生动植物和大量捕鱼了。《月令》对一年中每一个月"以时禁发"的规定是如此之详细、具体、严格，说明当时农业生产（包括林、牧、渔业在内的大农业）和农业科技已达到较高水平，对农业生产规律有相当全面的认识，并且认识到保护生物资源是发展生产、保障供给的不可或缺的重要内容和前提条件之一，因此主张有"禁"有"发"，"禁"与"发"都要有时有度，把封禁、保护与开发、利用结合起来。这种认识是十分可贵的。

《月令》"以时禁发"的模式对后世产生了很大的影响和示范作用。如《吕氏春秋》中也规定了"四时之禁"，其基本内容是：在非开放的季节，不得进山砍伐未成材的小树，不得下水割草烧灰，不得携带捕捉鸟兽的器具出门，不得用渔网捕鱼，除非舟虞不得乘船下湖，因为这些违反禁令的做法都有害于农时。①在西汉淮南王刘安主持编撰的《淮南子》中，也系统地阐发了因时因地制宜、协调发展农林牧渔业的思想。《主术训》中有一段话说："食者民之本也，民者国之本也，国者君之本也。是故人君者上因天时，下尽地财，中用人力，是以群生遂长，五谷蕃植。教民养育六畜，以时种树，务修田畴，滋植桑麻，肥硗高下，各因其宜。丘陵阪险不生五谷者，以树竹木，春伐枯槁，夏取果，秋畜蔬食，冬伐薪蒸，以为民资。……故先王之法，畋不掩群，不取麛夭，不涸泽而渔，不焚林而猎。"下面更具体地规定了每年十月以前，不要在山间谷地布网捕兽，开春以前不要下水捕鱼，立秋以前不要进山捕鸟，冬天之前不要砍伐树木，等等。它指出"先王之政"是：立春后整治田亩，三月以后整修道路，十月修建桥梁；三月种谷，四月种黍豆，八月种冬麦，九月开始收藏和砍薪柴。如此系统、完整的自然资源保护思想，以及一整套具体的规定和政策，显然是先秦有关思想的继承和发展，反映了当时的社会生产力和人们的认识水平又有所提高。但可惜这些规定在汉代以后并没有得到普遍严格的贯彻执行，遇到荒年往往弛禁山泽，以后环境破坏越来越严重，我国的生态环境状况从总体上说反而不如先秦时期了。

以上概略的介绍和评述，已足可说明我国古代有着丰富的朴素生态智慧，在先秦时期已形成一套相当系统的自然资源和生态环境保护思想，其哲学基

---

① 《吕氏春秋·上农》。

础就是把人与自然界看作一个有机统一整体的"天人合一"观。在前述中国古代"天人合一"思想的几个发展路向或几个层面中，到底哪一个才是这种宝贵的生态智慧所赖以建立的哲学基础呢？显然，要发展农业生产，让老百姓"有余食""有余用"，只能靠人的劳动来与自然界进行物质变换，改变和调动自然资源来为人类服务，而不能坐等老天爷的恩施。正像荀子所说的，"雩而雨"如同"不雩而雨"一样，天神崇拜和"天命论"是一点也不管用的。古代的生物资源保护思想，如不捕杀幼兽和怀孕的母兽之类，是不是如后来的儒家主流派所讲的那样，完全是出于人的"仁心"或"恻隐之心"呢？显然也不是这么一回事。不捕杀幼兽和母兽，是要让幼兽长大，让母兽繁殖后代，让它们更好地为人类服务。到了一定季节还是允许捕猎鸟兽鱼鳖，要用它们来做牺牲和人餐桌上的佳肴的，这与佛教的"不杀生"还不一样。

保护自然生态是为了发展农业生产，要"强本节用"，充分发挥人的主观能动性，因此也不能完全用道家"自然无为"的办法。但道家"法自然"的思想对顺应动植物的生长繁育规律、保护自然生态平衡有重要的启发，是古代生态智慧可以借鉴的一个方面的思想资源。如《吕氏春秋》就沿用了道家的"因"这个概念，把它改造成为调动人的主观能动性，顺应自然界的规律和必然趋势，因势利导，来争取事业的成功，如大禹治水是"因水之力也"①。《淮南子》则将道家的"无为"改造成"循理而举事，因资而立功，推自然之势，而曲故不得容者，事成而身弗伐，功立而名弗有"②，实际上成了一种在尊重自然规律前提下的"有为"，只不过事成后不炫耀其功而已。

荀子的"强本节用"、积极改造自然的思想也是中国古代生态智慧的基本内容之一，而且是更加实质性的内容，因为它体现了人类之所以要保护自然生态环境的根本目的。前引《荀子·王制》篇中的那段话，说明荀子是力图把"强本节用"、积极地改造自然与顺应自然规律、保护生物资源有机结合在一起的。《易传》和《中庸》的"裁成""辅相""参赞"说，也表现出了将二者辩证综合的趋向。因此我们可以说，中国古代生态智慧的哲学基础就是传统"天人合一"思想中的朴素辩证的"天人协调"说。

---

① 《贵因》。
② 《修务训》。

还我秀美山川：历史的经验教训和坚定不移的自救国策

中国传统哲学提出了"天人合一"这个处理人与自然关系的正确思想原则，中国古代有大量保护自然资源和生态环境的思想、理论以及成套的制度性规定，在这方面积累了丰富的经验，那么，与其他国家特别是西方工业文明国家相比，中国的生态环境保护状况是否要好一些、问题要少一些呢？要用中国的"天人合一"思想来"拯救人类"，是否也存在着一个要先检讨一下自己，需要"拯救自己"的问题呢？实际情况似乎不容我们过于乐观，而是值得为此深感忧虑。

我国地处北半球，疆域辽阔，地形复杂，气候多样。这种优越的地理环境使中国成为早期人类发展的重要地区之一。从历史资料记载中可以看出，我国曾经是一个多森林的国家，今日水土流失严重、树木稀少的黄土高原，在西周时期森林覆盖率还有 53%。据史念海先生说："周人迁居周原时，岐山森林参天蔽日，郁郁葱葱，到处是一片绿色的海洋。"[①]其他如东北、华北、华中、华南、西南等地区，在古籍中也有"林薮深密""麋鹿成群"之类的记载。

但是，经过几千年的历史变迁，主要是由于人为因素的破坏，我国的森林面积大量减少，到 20 世纪 40 年代末，国土面积中森林覆盖率只占 8.6%，远低于世界各国的平均水平，居 100 位之后。黄土高原已不见"绿色的海洋"，今天到处是童山濯濯，沟壑纵横，水土流失极其严重，使黄河泥沙在下游淤积，将河床抬高成为高出地面 3—10 米的"悬河"，频繁决徙，亦常断流。森林破坏和过度垦殖加剧了土地荒漠化的过程，作为古代丝绸之路的河西走廊早已被黄沙所覆盖，新疆的罗布泊和楼兰古城则已在地图上消失。

在今天，我国的沙漠与沙漠化陆地面积已占到国土面积的 11.4%，而这种情况主要是由于人类不适当的经济活动所造成的。其他环境问题如湖泊湮没、水源短缺、气候变化、物种减少等也相当严重，而且也都有一个历史发展的过程。出现在倡导"天人合一"的国度里的这种生态破坏的严峻现实，说明农业文明并不是一首人与自然和谐统一、其乐融融的田园诗，我们对那

---

① 史念海：《山河集》二集，生活·读书·新知三联书店 1981 年版，第 227 页。

个时代出现的生态破坏问题也不能低估。

正如恩格斯所指出的："我们不要过分陶醉于我们对自然界的胜利。对于每一次这样的胜利，自然界都报复了我们。每一次胜利，在第一步都确实取得了我们预期的结果，但在第二步和第三步却有了完全不同的、出乎预料的影响，常常把第一个结果又取消了。"①这种情况不仅出现在人企图统治自然界的工业文明时代，在对自然界的盲目性更大的农业文明时代，人们为了取得第一步的成功，往往更难预料到第二步、第三步的影响及后果，受到自然界报复的情况也是经常发生的。

造成我国历史上生态环境逐渐恶化的原因是多方面的。就拿森林破坏来说，在某些地区的某个时期，虽然也有因寒潮与森林火灾等自然因素所引起的破坏，但主要是由于采伐、樵柴、毁林开荒等各种人类活动所引起的。人类为了生存与繁衍后代，开垦部分森林草荒来发展农业生产是必要的，但由于古代人们对自然规律的认识水平很低，往往采取了一些过度垦伐的做法，如刀耕火种之类的耕作方式，就破坏了不少森林。我国森林破坏最严重的时期是明代以后，特别是清代。一个重要原因是由于人口的急剧增加，对粮食和薪柴的需求量加大，而导致了大规模的毁林开荒和樵采活动。黄河中游等地区的森林资源就是在这个时期遭到彻底破坏的。

另外，封建统治阶级为了满足其穷奢极欲的生活，大建宫室陵寝，也砍伐了大量木材。如史载："秦穆公居西秦，以境地多良材，始大宫观。……是则秦穆公时，秦之宫室已壮大矣。惠文王初都咸阳，取岐、雍巨材，新作宫室，南临渭，北泾，至于离宫三百，复起阿房，未成而亡。始皇并灭六国，凭藉富强，益为骄侈，殚天下财力，以事营缮。项羽入关，烧宫阙，三月火不灭。"②就是一个非常典型的例子。历史上的战争，包括近代以来帝国主义的侵略与掠夺，也是造成森林破坏的重要原因。总之，无论是工业文明时代还是农业文明时代，自然生态环境的破坏都主要是由于人们不顾长远利益、不计后果的活动所造成的，马克思对资本的贪欲的揭露对我们认识历史上的生态破坏问题亦有所启发，也就是说，受各种私有制度束缚的人是不可能完全摆脱对自然界的盲目性的。按照马克思、恩格斯的理论，生态问题的彻底解决是与共产主义的社会制度联系在一起的，只有那时人才"第一次成为自

---

① 《马克思恩格斯选集》第 3 卷，第 517 页。
② 《秦会要订补》卷 24。

然界的自觉的主人"①，与自然界处在一种真正的和谐关系之中。

以上历史事实说明，中国虽然是一个有着深厚的"天人合一"思想传统的国家，中国古代虽然有不少关于保护自然生态环境的思想、理论和制度性的规定，但并不等于说已从理论和实践上真正解决了发展社会生产力与保护生态环境的关系问题，生态破坏在中国也是古已有之，而且情况相当严重，历史的教训十分深刻而沉痛。我们过去可能有一个认识误区，就是以为生态破坏与环境污染是只有在资本主义社会、工业发达国家才会发生的"公害"，而对我们这个农业大国自己存在的生态问题之严重性认识不足。现代化建设任务的迫切性也使一些人产生了急功近利的心理，结果还是重复走一条已被实践证明是不成功的"先污染，后治理"的老路，在相当长一段时间里，我国生态环境恶化的趋势并未得到有效的遏制，新的生态破坏与环境污染问题仍不断发生。

我国是一个发展中的社会主义国家，重视和解决好环境问题是时代赋予我们的责任。可惜我们对这个问题的认识却比一些发达国家晚了一步。"在1972年斯德哥尔摩环境会议上，中国代表团拒绝签署备忘录，不接受它提出的限制经济增长、约束科技进展指数的方案"②曾遭人诟病。但在此后不久，1973年8月，在周恩来总理的直接推动下，我国就召开了第一次全国环境保护会议，在会上制定了"全面规划，合理布局；综合利用，化害为利；依靠群众，大家动手；保护环境，造福人民"的环境保护工作方针。

30年来，党中央和国务院一直高度重视我国的环境保护工作，把它当作一件关系到全国人民的根本利益和子孙万代的福祉的大事来抓，把人口、资源和环境的协调发展列为我国的一项基本国策。在中国历史上还从来没有像今天这样，由中央政府出面制定一系列保护生态和治理环境污染的政策与措施，全国统一规划，组织实施多项大型环境保护工程，如建设三北防护林带、长江中上游和沿海的防护林体系；大力提倡植树种草，退耕还林，休牧还草，退田还湖，定时休渔，治沙防沙，力图遏制生态环境的继续恶化；控制污染物排放，改善重点流域、区域、城市、海域的环境质量等等。我国在实施南水北调工程、三峡库区建设和西部大开发战略时，都把资源和环境保护作为一个重要内容考虑在内，着眼于造福千秋万代。我国还坚持实行计划生育的

---

① 《马克思恩格斯全集》第 20 卷，第 308 页。

② 杜维明：《新儒家人文主义的生态转向：对中国和世界的启发》，《中国哲学史》2002 年第 2 期。

国策，提倡优生优育，控制人口数量的过度增长，这也是与走可持续发展之路的战略方针联系在一起的。这些重要举措虽已初见成效，但从最近公布的2002年环境公报来看，中国的环境形势依然严峻，要从根本上改变生态环境总体恶化的趋势，还需从多方面作长期艰苦的努力。由此可见历史上造成的生态环境破坏后果是多么严重，影响是多么深远！要真正达到还我秀美山川、建设美好家园的目标，任务是多么艰巨，道路将是多么漫长！

在经济全球化时代，生态环境问题已不是某一个国家的问题，而是关系到人类的前途和命运的全球性问题。中国作为一个负责任的世界大国，解决好自己的人口、资源和环境问题，就不只是具有造福于中华民族和子孙后代的意义，而且也是对全人类的一大贡献。我们对这个问题的意义还要从全球生命共同体的角度来认识，就更感觉到责任重大了。

中国传统哲学为解决人与自然的关系这个人类共同面对的基本问题提供了"天人合一"的正确思想原则，在"天人合一"观指导下，我们的先哲提出了许多保护自然生物资源，使其繁衍再生以造福于人类的朴素的可持续发展思想，并在一定范围内和一定程度上付诸实践。但是，在生产力水平低下和社会控制力量十分薄弱的情况下，少数先哲理性上的自觉和有限的环境保护措施，远远抵不过人们为了求生存而向自然开发、索取的自发盲目力量，我国的自然生态环境在历史上已经遭到了相当严重的破坏。我们今天不仅要承受起历史上生态破坏所造成的严重后果，偿还祖先欠下的生态债务，而且还要力求避免在工业化、现代化、城市化的过程中造成新的环境污染，保护已经很脆弱的生态环境，为子孙后代留下一个可以继续生存和发展的家园。要完成如此艰巨的任务，我们这代人应该做些什么呢？我考虑至少要注意三个方面：

一、从哲学高度深刻反思人类对人与自然关系的认识历程，包括对中西天人之学进行比较研究，总结得失和经验教训，树立人与自然有机统一、和谐共生的辩证天人观。要高度重视和正确发挥我国古代"天人合一"思想的积极价值，克服其历史的局限性，学习、借鉴西方的主客二分和主体性思想，大力发展科学与民主，走中西哲学精华交融互补、科学精神与人文精神有机结合之路。

二、威胁到人类生存与发展的生态危机和环境污染问题，表面看是人与自然之间矛盾的激化，实际上是人与人之间矛盾的反映。在人与自然这一对矛盾中，有识有知、能参能治的人显然是矛盾的主要方面，历史上和今天的一切环境问题都主要是由于人的活动所造成的。因此可以说环境问题本质上是一个管理问题，是一个社会制度问题。正如马克思所说的，只有共产主义才是"人同自然界的完成了的本质的统一"，才是"人和自然界之间、人和人之间的矛盾的真正解决"①。我们要充分利用社会主义制度的优越性，全面规划，合理布局，综合利用，化害为利，依靠群众，大家动手，用正确的环境政策、法规、管理体制和有组织的社会力量，解决好人口、资源和环境的协调发展问题，经过长期艰苦的努力，再造祖国秀美山川，造福于子孙后代。

三、要解决我国的生态环境保护问题，不仅要有对人与自然关系的正确认识，有符合中国国情的环境战略方针、政策法规和管理体制，而且必须大力发展现代科学技术，依靠科技进步来控制环境污染，改善生态环境质量。科学技术的发展极大地增强了人类改造自然的力量，但如果被滥用或超过自然界所能承受的限度，也会带来生态破坏、环境污染、资源枯竭、能源危机等负面效应。所以，现代科技发展的一个重要特点就是要以有利于改善人类的生存环境为内在尺度，大力发展生态农业，生物工程和生物防治技术，低能耗、高效率工艺技术，资源综合利用技术，以及发展清洁能源和新型能源等，运用现代化手段引导自然界的物质变换向着良性循环的方向发展，走生态文明和可持续发展的道路。中国人民长期追求的人与自然和谐相处的"天人合一"境界，只有在正确的天人观指导下，依靠制度保证、强化管理与科技进步，在物质文明和精神文明高度发展的情况下，才有可能真正实现。

---

① 《马克思恩格斯全集》第 42 卷，第 122、120 页。

张岱年在 20 世纪中国哲学史中应有之地位*

张岱年先生走了。一个没有"人大代表""政协委员"之类荣衔，仅"官"至北京大学哲学系中国哲学史教研室主任的普通学者，其追悼会规格之高过去似乎尚无先例。人们赞扬他在哲学理论研究、中国哲学史研究和文化研究三个方面都做出了突出贡献，但主要还是把他看作一位中国哲学史方面的专家。因为他发表的第一篇论文、出版的第一部著作都是关于中国哲学的，终其一生也没有离开中国哲学史的教学和研究工作。他连任三届中国哲学史学会会长，是这个学科领域里的学术泰斗；"国学大师"之类称号也是与这个学科相关联的。亲属、朋友、学生们对他"刚毅木讷近仁""至诚无息"和"直道而行"的道德人格感怀尤深，一致的看法是：如果没有 20 年的坎坷，他给我们留下的精神财富决不止这些。

张岱年先生生于 1909 年 5 月，卒于 2004 年 4 月，享年 95 岁。他是一位跨世纪的哲学家，但其学术生命主要是在 20 世纪度过的。张先生在 20 世纪中国哲学史中应占有什么地位，是本文试图回答的问题。我们探讨的重点将不放在他终生从事的中国哲学史研究上，也不放在他晚年极负盛名的"综合创新"文化观上，而是放在他早年的哲学创作活动上。在本文作者看来，张岱年先生在 40 岁以前已确立了他作为 20 世纪中国哲学大家的地位，而且直到世纪末，以至新世纪初，其所倡导的中、西、马"三流合一"、综合创新之路仍然指示着当今中国哲学发展的正确方向。

---

* 原载《中国社会科学院学术委员会辑刊》第一辑（2004），社会科学文献出版社 2005 年版，第 83-94 页。

20 世纪中国哲学的一枝奇葩

　　20 世纪三四十年代，中国哲坛上出现了几位有自己独创的中西融合的哲学体系、各成一家之言的哲学大家，人们通常提到的有创造了"新理学"体系的冯友兰先生，创造了"新唯识论"体系的熊十力先生，创造了"论道"和"知识论"体系的金岳霖先生，这个年代也因为出现了这些大师而成为 20 世纪中国哲学史的一大亮点。其实在差不多同一时代，还有一位青年哲学家也创造了一个"将唯物、理想、解析，综合于一"，贯通古今、融合中西的中国现代新唯物论哲学体系，为这一段中国哲学史大添亮色。这位青年哲学家就是张岱年先生。

　　1936 年，张岱年发表《哲学上一个可能的综合》一文，明确地提出了"今后哲学之一个新路，当是将唯物、理想、解析，综合于一"；"此所说综合，实际上乃是以唯物论为基础而吸收理想与解析，以建立一种广大深微的唯物论"①的哲学构想。他所谓"唯物"，首先是指"五四"前后传入中国的"新唯物论"，即马克思主义的辩证唯物论（包括历史唯物论）。他认为辩证唯物论既博大精深又切合实际，是当代最伟大的哲学，它亦将成为新的综合哲学之基础和主导。中国古代哲学中也有唯物论和辩证法的思想传统，以王船山、颜习斋、戴东原为代表的近三百年哲学，"实以唯物为主潮"②，更是中国现代新唯物论哲学所可以接引的源头活水。他所谓"理想"，主要是指注重人的力量、心的作用、精神的能动性，宣扬伟大的理想以指导人类前进的思想。他认为"中国哲学是最注重生活理想之研讨的，且有卓越的贡献，我们既生于中国，对于先民此方面的贡献，实不当漠视，而应继承修正而发挥之"③。他所谓"解析"，则是指西方实证派哲学的逻辑分析方法，其要义在于辨意谓，析事实，汰除混淆，削减含糊，而以清楚确定为目的。这是治哲学的基本功夫，也是发展新唯物论哲学之必然的途径。这种方法恰为西方哲学之所长而为中国哲学之所短，故应大力批判吸收而容纳之。

　　在张岱年看来，将唯物、理想、解析综合于一，实际上就是以辩证唯物

---

①《张岱年全集》第 1 卷，河北人民出版社 1996 年版，第 262 页。
②《张岱年全集》第 1 卷，第 273 页。
③《张岱年全集》第 1 卷，第 263 页。

论为基础，吸收、兼综中国哲学的人生理想学说和西方哲学的逻辑分析方法，创造出一种"致广大而尽精微"的新的综合哲学。文章列出了这种新的综合哲学的大体纲领，包括它在方法论、知识论、宇宙论、人生论等方面的基本内容，并指出它在性质上是唯物论、理想主义、解析哲学的一种综合，也可以说是中国哲学与西洋哲学的一种新的综合。对于中西哲学来说，它都是一个新的发展："对于西洋哲学方面说，可以说是新唯物论之更进的引申；对于中国哲学方面说，可以说是王船山、颜习斋、戴东原的哲学之再度的发展。"①也就是说，这种新的综合哲学，不仅是从西方哲学的最新潮流发展而来的，而且也是从中国哲学本来的传统中生长出来的。他指出的这条哲学新路，可以说是一条以马克思主义哲学为基础和主导而吸收中西哲学之长的中、西、马综合创新之路。

在 30 年代，除了前文之外，张岱年还在《哲学的前途》（1933 年 1 月）、《关于新唯物论》（1933 年 4 月）、《论现在中国所需要的哲学》（1935 年 3 月）、《人与世界——宇宙观与人生观》（1936 年 9 月）等一系列文章和论稿中，反复阐发了以新唯物论为基础而综合理想主义与解析法，综合中西哲学之长，创造中国所需要的新哲学的构想。其理论内容涉及新唯物论的宇宙观、新唯物论的方法论、新唯物论的知识论、新唯物论的历史观、新唯物论的人生哲学等诸方面，已形成一个虽简略但却有"秩然之系统"、颇具特色的新唯物论哲学体系。除了对其作一般的理论阐明外，他在当时还发挥了其作为战斗唯物主义的积极作用。如 1933 年，张岱年在《大公报》上发表《谭"理"》一文，就公开批评了冯友兰先生在《新对话》中所主张的"未有甲物之先已有甲物之理"和理"超时空而有"的唯心主义观点。1936 年，他又发表长篇书评《评叶青〈哲学问题〉及〈哲学到何处去〉》，揭露叶青对辩证唯物论的歪曲，系统地批驳了两本书中的"五大谬误"。孙道昇在《现代中国哲学界的解剖》一文中把张申府、张季同（岱年）兄弟看作是"解析法的新唯物论"一派之代表，认为"此派具有批判的、分析的精神，其作品在新唯物论中，可谓最值得注意的、最有发展的"②，说明这派哲学在当时已有相当的影响。张岱年亦不讳言其思想曾受到张申府的启发，他在《关于新唯物论》一文中说："本刊编者（指当年天津《大公报·世界思潮》的编者张申府先生）曾云：'我

---

① 《张岱年全集》第 1 卷，第 277—278 页。

② 孙道昇：《现代中国哲学界的解剖》，载 1936 年 10 月 7 日《北平晨报》。后来有的学者也称之为"解析的辩证唯物论"或"分析的辩证唯物论"。

的理想：百提（罗素），伊里奇（列宁），仲尼（孔子），三流合一。'吾以为将来中国之新哲学，必将如此言之所示。"①在一定意义上可以说，现代中国哲学的中、西、马"三流合一"说乃是张氏兄弟的共同创造。

张岱年在 30 年代已初步形成的新哲学纲领，自知还有许多问题需进一步研究探讨，整个理论体系尚需扩充完善。他清醒地意识到："我认为中国现代唯物论者的任务是：（1）以解析的方法将新唯物论中根本观念剖辨清楚；（2）以唯物对理法为方法，讨论新唯物论创造者所未及讨论的哲学问题；（3）以新唯物论为基本，而推阐所未明言之含义；（4）以不违乎对理唯物为原则，以吸收他派哲学中之合理的东西；（5）根据唯物对理法处理中国哲学中之传统问题；（6）寻求中国哲学中之对理唯物的传统而继承发挥之。"②在有了这样的理论自觉之后，他着重做了两件事情。一是从 1935 年春至 1936 年夏，用了大约一年半时间，写成了 50 万字的《中国哲学大纲》一书。该书是他将唯物、理想、解析综合于一的哲学运用于中国哲学史研究的一次重要实践，不仅创造了一种以哲学问题为纲、以厘明中国哲学中固有的条理系统为目的的新著作体例，而且在以下几个方面表现出了自己鲜明的特点：①着重探索和表彰中国哲学中的唯物论和辩证法思想传统，为新唯物论哲学在中国"寻根"；②将逻辑分析方法运用于中国哲学史研究，力求做到概念清晰，命辞意谓准确，条理系统严整；③重视中国传统人生哲学中的理想主义思想资源，"人生论"占全书一半以上篇幅。这本书也因此而获得了"其成就不在冯友兰之下"③的中国哲学名著之美誉。二是抗日战争时期，张岱年在极其艰苦的条件下，陆续完成了《哲学思维论》《知实论》《事理论》《品德论》四部哲学论稿，加上 1948 年写的《天人简论》，合称为"天人五论"，构筑了一个"天人新论"哲学体系，表达了他对一些重要哲学理论问题的基本看法。在张先生看来，哲学是天人之学，是关于宇宙的最高原理和人生的最高准则的学问。他将"天论"的内容概括为"物统事理"（事理论）、"物源心流"（心物论）和"大化三极"（大化论）、"永恒两一"（两一论）四个命题，将"人论"的内容概括为"群己一体""人群三事"两个命题，将"知论"的内容概括为"知通内外"（知实论）、"真知三表"（真知论）两个命题。从形式上看，"天人新论"与《中国哲学大纲》是一一对应的，但其内容却是运用现代哲学观点和

---

① 《张岱年全集》第 1 卷，第 133 页。

② 《张岱年全集》第 1 卷，第 278 页。

③ 曹聚仁：《中国学术思想史随笔》，生活·读书·新知三联书店 1986 年版，第 201 页。

方法，对这些中国传统哲学问题作了全新的创造性的诠释。这一史一论，纵横交织，互相配合，互为表里，共同构成了张岱年的中国现代新唯物论哲学体系的主体内容，也标志着其早年哲学思想的基本成熟。

张先生的《中国哲学大纲》完成于抗日战争前夕，后因抗战爆发而未能出版。1943 年作为北平私立中国大学的讲义少量印行，1958 年商务印书馆署名“宇同”初版，1982 年才署名“张岱年”由中国社会科学出版社出版。张先生 40 年代陆续完成的“天人五论”，迟至 1988 年才由齐鲁书社以《真与善的探索》为书名公开出版。与冯友兰、熊十力、金岳霖等前辈学者相比，张岱年先生没有学说创制顺利、著作出版及时、声名影响日隆的幸运。但从思想发展史的较长远时段来看，张先生早年的新唯物论哲学体系无疑地还是要放到产生它的时代，即上个世纪三四十年代，才能理解它的本质内涵和意义、价值，包括它与时代的联系以及它与同时代的其他思想的关系，其成果发表早或晚几十年倒不是最重要的问题了。哲学史上这样的情况是常有的：例如王船山的著作，基本上是在他去世以后刊印的①，清同治年间刊刻的《船山遗书》才使埋没了近二百年的船山遗著大量面世，但这并不妨碍我们把王船山当作 17 世纪重要的唯物主义哲学家写入中国哲学史。张岱年在 20 世纪中国哲学史中的地位，似乎亦应作如是处理。

中西哲学交流、融合、会通是 20 世纪中国哲学最重要的特点。马克思主义的传入使中西哲学交流、融合进入了一个新阶段。“五四”后在中国已出现中、西、马对立互动的思想格局，张岱年的长兄张申府就是在中国最早接受马克思主义的知识分子之一，他同时也是国内著名的罗素专家。深受张申府影响的张岱年在青年时代就打下了中国传统哲学、西方哲学（主要是现代新实在论和逻辑实证论哲学）和马克思主义哲学三个方面坚实的学问基础，并且通过比较确认辩证唯物论是“当代最可信取之哲学”。正是由于有这样的知识背景，我们就不难理解为什么在 20 世纪三四十年代有自己独创的哲学体系的那一批哲学大师中，唯有张岱年先生始终坚信唯物论的真理性而不能赞同几位前辈的唯心论哲学立场，唯有张岱年先生主张以马克思主义哲学为基础来综合中西哲学之长，与整个 20 世纪中国哲学之主潮基本一致，而其他几位都是 1949 年后才在不同程度上接受马克思主义，随着时代前进而改变或调整原来之哲学方向的。就此而言，张岱年不仅在 20 世纪前半叶最有创造性

① 据说王船山在 25 岁曾自编自制一部《漧涛园初集》，此书的雕本和刻板都未见传世。

的那一批中国哲学大师中应占有一席之地，而且其地位还相当特殊，即他是其中唯一的站在唯物论立场的哲学家，其前、后期哲学思想基本上是一贯的，与中国先进文化的前进方向是始终相一致的，70 多年来他始终主张要以中、西、马"三流合一"、综合创新的宏大气魄来创造中国所需要的新哲学和新文化，并为此而努力实践、不懈奋斗。这样的哲学家在 20 世纪中国哲学史中是不多见的，也自然应该受到人们的格外敬重。

马克思主义哲学中国化的独辟蹊径的探索

马克思主义哲学在中国的传播和广泛流行、中国化马克思主义哲学的形成和发展无疑是 20 世纪中国哲学史中最重要的事件。马克思主义哲学也是 20 世纪中国各种哲学思潮、流派中无可争议的主潮。张岱年先生早在 20 年代末、30 年代初就接受了辩证唯物论的基本观点，在中国哲学界当属先知先觉者之一；而且在此后 70 余年的学术生涯中，始终坚持马克思主义的哲学立场，为宣传它的基本原理而写过大量文章，为捍卫其真理性而参与过各种思想斗争，特别是为创建中国化的马克思主义哲学体系而穷思苦索，在早年就写出了《中国哲学大纲》和"天人五论"等论著，成为"解析的辩证唯物论"学派的主要代表人物之一。在 20 世纪中国马克思主义哲学发展史中，张岱年理应占有一定地位，他的工作和贡献应该得到历史的反映。但是很遗憾，在现已出版的中国马克思主义哲学发展史著作中，可能由于受到某种关于马克思主义的"正统"观念的影响，被视为"学院派马克思主义者"[1]的张岱年先生却不在其视野之内，"解析的辩证唯物论"也未能作为中国马克思主义哲学的一个流派而受到应有的重视，以至张岱年在 20 世纪中国马克思主义哲学发展史中应占有什么地位的问题，直到今天才被提出来讨论。

马克思主义哲学作为一种外来的思想学说，它要在中国传播、发展并扎下根来，必须与中国革命和建设的具体实际相结合，与中国固有的思想文化包括中国哲学的优良传统相结合。这两个"结合"是马克思主义哲学中国化

---

[1] 宗璞在《刚毅木讷近仁——记张岱年先生》一文中说："我上过张先生所授的历史唯物主义和辩证唯物主义课，当时有人议论，说张先生讲的唯物论不见得合官方的意思，我懵懵懂懂地过了好些年，现在才逐渐明白，他讲的唯物论，大概是和政治有距离的，所以有学院派马克思主义者之称。"《张岱年研究》，清华大学出版社 2004 年版，第 27 页。

的必然途径，当然不同的人可以从不同方面作出探索和贡献。张岱年是一个有强烈的爱国心和社会责任感的知识分子，但由于"生性比较迟缓，自审缺乏随机应变的能力"①，他从青年时代起就是走的一条"学术救国"的道路，没有参加中国共产党领导的革命运动和抗日战争，他主要是在学术上思考中国哲学的前途和探索中国文化的出路问题。因此，张岱年为马克思主义哲学中国化所作的贡献，主要也是在后一个"结合"上，即努力探索马克思主义哲学如何与中国传统哲学相衔接、相结合的问题。这突出地表现在他所创造的中国现代新唯物论哲学体系上。

张岱年为马克思主义哲学中国化所做的工作，首先是为辩证唯物论"寻根"，说明这种哲学并不完全是舶来品，它在中国哲学传统中亦有"内应"，甚至可以说有相当深厚的根基，实现二者的古今贯通、中西结合不仅是可能的，而且是十分必要的。

张先生是最早注意研究中国古代哲学中的辩证法思想的学者之一。1932年，他就在《大公报》上连续发表《先秦哲学中的辩证法》和《秦以后哲学中的辩证法》两篇文章，系统地论述了中国古代辩证法思想的基本内容和发展历程，比较了中西辩证法之异同，认为二者虽有所区别，但在实质上是一致的。在他看来，中国古代辩证法思想发端于老子，充实发挥最详密的是《易传》。此外，《墨经》《庄子》《荀子》《吕氏春秋》等先秦哲学典籍中也有一些辩证观念。秦以后辩证法思想在《淮南子》、董仲舒、扬雄、王弼那里继续有所发展，但在理论上贡献最大的、辩证思维最丰富最精湛的，则当推宋代的张载。明清之际的王夫之也提出了一些关于辩证现象的新见解。"中国哲学中的辩证法思想，主要是对自然及人事的观察。哲学家们肯定事物有必然的规律，而不是像黑格尔那样，认为这是逻辑概念之进展方式。"②若干年后，在《中国哲学大纲》一书中，张先生依据大量原始资料，对中国古代哲学中的"常变""反复""两一""始终""有无""同异"等辩证法范畴作了详细的分疏，指出中国辩证法的主要贡献在于其关于变易、反复、两一的学说。变易是宇宙的根本事实，反复是变易的规律，两一是变易的根源。在他看来，"反复两一的理论，与西洋哲学之辩证法相仿"③，可以说是对否定之否定和对立统一规律的中国表达方式。

---

① 《张岱年全集》第 8 卷，第 41 页。

② 《张岱年全集》第 1 卷，第 41 页。

③ 《张岱年全集》第 2 卷，第 192 页。

张先生在开创性地研究中国唯物论史方面倾注了更多的心血。他认为中国哲学史上一直存在着唯物论和唯心论两种基本倾向的对立斗争和相互作用，从先秦到明清，每个时代都出现了一些有唯物论倾向的代表人物，如伯阳父、《易传》作者、荀子、王充、裴頠、范缜、刘禹锡、张载、王廷相、王夫之、戴震等人，这样就在中国哲学史中形成了一个唯物主义的思想传统。在辨析中国哲学的基本倾向时，他将其区分为唯心论、唯理论、唯气论三种类型，认为唯气论实即中国哲学中的唯物论。张先生在中国哲学史研究方面的重要贡献之一，就是指出在宋明哲学中，除了程朱理学（唯理论）和陆王心学（唯心论）之外，还有以张载、王夫之为代表的一派气学（唯气论），这一派就是中国中古时期的唯物论。他详细阐述了张载、罗钦顺、王廷相、王夫之、颜元、戴震等人的唯气论学说，特别明确指出："船山天下唯器的见解，实乃是最明显的唯物论"[①]；"在清代哲学，有创见的思想家皆讲气论，气论遂成了时代的主潮"[②]；"现代中国治哲学者，应继续王、颜、戴未竟之绪而更加扩展"[③]。这些看法在30年代的中国哲学界都是前人没有讲过的"新论"，也鲜明地表现了张先生自己的哲学倾向。50年代张岱年先生还写过一本《中国唯物主义思想简史》（中国青年出版社，1957），90年代又主编了一本70余万字的《中国唯物论史》（河南人民出版社，1994），说明70多年来他一直把阐明中国哲学中的唯物主义思想传统当作自己重要的学术职责，不断推动和深化这一研究。在20世纪的中国，张先生实际上也代表着这一研究的最高学术水平。

说到这里，有两点需要注意：一是张先生在考察中国唯物论思想传统时并不否定唯心论哲学中所包含的合理因素与理论思维成果，特别是其中关于主体能动性和人生理想的学说，明确主张新唯物论应批判地吸纳这些重要思想成果；二是他曾多次指出，中国哲学中的唯物论往往是与辩证法思想结合在一起的。《易传》作者、张载、王夫之等人都是既讲唯物，又讲"对理（辩证）"的哲学家，在一定意义上可以说中国哲学中有一"对理（辩证）唯物论的传统"[④]。那么，由这一固有思想传统扩充、转换、发展而来的中国现代新唯物论哲学就不是无源之水、无本之木了。

① 《张岱年全集》第2卷，第113页。
② 《张岱年全集》第2卷，第122页。
③ 《张岱年全集》第1卷，第273页。
④ 《张岱年全集》第1卷，第272页。

张岱年先生为马克思主义哲学中国化所做的更重要的工作，是在"天人五论"和《认识·实在·理想》等论稿中，力图以中国哲学问题为纲，运用逻辑分析方法，分别给以辩证唯物论的诠解和回答，构建一个"天人新论"即中国化的马克思主义哲学体系。

"哲学为天人之学"可以说是张先生的新唯物论哲学体系的"导论"。中国哲学历来重视"究天人之际""穷天人之蕴""通天人之故"，即把天人关系看作它所要追问和回答的最高问题。张先生认为，从辩证唯物论的观点来看，天与人是"本"（本根、本原）与"至"（至极、至精）的关系："天为人之所本，人为天之所至。"①自然界的物质运动是一切事物、现象生成的根本，人是生物进化的最高产物，人类的精神是自然界发展所开出的最美丽的花朵。理想的天人和谐统一关系是人类"不惟能认识自然，而且能知当然之准则，能依当然之准则以改变自然，并改变自己之生活以达到人生之理想境界"②。哲学就是研究自然之根本原理和人生之最高准则的学问。

按照张先生原来的计划，"天论"包括"事理论"和"心物论"两部分。理与事、心与物的关系是中国传统哲学宇宙论的基本问题，哲学史中的大量事实表明，对这两个问题的不同回答将不同的哲学倾向、路线鲜明地区分了开来。张先生在 1942 年写成的《事理论》中对事理俱有、物统事理、以事为本、理在事中等命题作了详细的分析和论证，批评了"理在事先"的唯心主义理论，在新的历史条件下坚持和发展了王夫之"天下唯器"、李塨"理在事中"的唯物主义思想路线。他的《心物论》虽然没有写成，但其"物原心流""物体心用"的基本观点在《论外界的实在》《知实论》《天人简论》等论著中都有所阐述发挥，其"一本多极"论也是唯物主义心物论的一块重要基石。特别是他明确地提出和论证了"离识有境"说，这很明显是针对熊十力先生"离识无境"的新唯识论唯心主义宇宙观的。

张先生在《天人简论》中还将新唯物论的宇宙发展观概括为"大化三极""永恒两一"两个重要命题。"大化论"是研究宇宙发展变化的历程，进而探讨变化的规律和根源的学说。他认为"宇宙大化有三极：一元极，二理极，三至极"③。元极是最根本的物质存在，理极是最根本的原理即最普遍的规律，至极是最高的价值准则。宇宙发展变化最普遍的规律是"永恒两一"，即对立

---

① 《张岱年全集》第 3 卷，第 216 页。
② 《张岱年全集》第 3 卷，第 216 页。
③ 《张岱年全集》第 3 卷，第 220 页。

统一规律。将中国哲学中的矛盾学说、对立统一规律概括为"两一论"，是张岱年新唯物论哲学的一个特点，也是其辩证法思想的精髓所在。在《中国哲学大纲》中，"大化论"和"两一"学说都是放在宇宙论中来论述的，在"天人新论"体系中，这部分内容似乎也可以归属于"天论"。

"人论"是新唯物论的社会历史观和人生哲学。张先生虽然在抗战时期只写成了简略的《品德论》四章，但在其他论著如《生活理想之四原则》《人与世界》《文化通诠》《天人简论》《认识·实在·理想》中，对有关社会人生、文化价值、道德理想的问题多有论述。他特别注意运用"两一"即对立统一的观点来解决天与人、群与己、生与理、义与命之间的矛盾，提出了以"充生以达理"、"胜乖以达和"①、"以兼和易中庸"②为核心命题的积极务实的人生境界学说，为建设中国所需要的新道德作出了重要贡献。

天人新论中的"致知论"原计划写"知实论"和"真知论"两部分。张先生于1943年写成的《知实论》一书，主要是通过感觉的分析来证明人是能够认识外界实在的，其核心命题为"知通内外"。这里"内"是指认识的主体，"外"是指认识的客体即外间世界。他说："心可谓内，物可谓外，而知所以通内外。"③显然，这是一种唯物主义可知论和反映论的观点。根据《天人简论》的提示，在张先生未完成的《真知论》中，主要是想讲真理标准问题。他改造了墨子的"三表"而提出了新的"真知三表"说："一曰自语贯通；二曰与感觉经验之内容相应；三曰依之实践，结果如所预期。简言之，即一言之成理，二持之有故，三行之有效。"④这里实际上是将真理的逻辑标准、经验标准和实践标准三者统一或结合了起来。

《哲学思维论》是张先生在抗战时期最早写成的一本书。该书除了论说哲学与哲学命题之一般理论问题外，主要是讨论哲学方法论问题。作者说明自己所赞同的方法是将唯物辩证法与逻辑解析法综合为一，格外强调了作为科学的认识方法和思维方法的辩证法的方法论意义，认为它与演绎、归纳等形式逻辑方法并不互相排斥，而是各有适用范围可以互相补充。除了重视作为一切逻辑方法之基础的解析法之外，他也肯定了中国哲学常用的体验、会通等方法的价值，提倡一种"方法论上的多元主义"。正是由于有这种"兼和"

① 《张岱年全集》第 3 卷，第 209 页。
② 《张岱年全集》第 3 卷，第 220 页。
③ 《张岱年全集》第 3 卷，第 221 页。
④ 《张岱年全集》第 3 卷，第 222 页。

（"兼容多端而相互和谐""兼赅众异而得其平衡"）的胸襟、态度作为其方法论和价值观的基础，走出一条中、西、马综合创新的哲学"新路"才成为可能。

张岱年先生在三四十年代为马克思主义哲学中国化所作的探索与贡献，在当时虽然不是唯一的，但却是颇具特色的。这个"天人新论"哲学体系虽然没有最后完成，但已初具规模，展示了其丰富的理论内涵，表现了鲜明的中国作风和中国气派。众所周知，毛泽东在抗日战争前期写出了堪称马克思主义哲学中国化之典范的名著《实践论》《矛盾论》，它们也可以说是接着中国传统哲学中的知行问题和阴阳矛盾学说讲的，但其主要贡献还不在这方面，而是通过这两部著作系统地总结了中国革命的实践经验，清算了当时党内存在着的教条主义和经验主义的错误倾向，从世界观和方法论的高度，指出了一条马克思主义普遍原理与中国革命和建设实际相结合的道路。张岱年是一个缺少革命实践经验的知识分子，但却是一个中国哲学方面的专家，他也有将马克思主义哲学中国化的强烈愿望和明确的自觉意识，因此他的探索就主要是在马克思主义哲学与中国哲学优秀传统相结合方面。他先后写了《中国哲学大纲》和"天人五论"，前者对中国哲学中的唯物论和辩证法思想资源作了全面的梳理，可以说是先盘清了家底；然后根据中国传统哲学提出来的主要问题，也是现实中国哲学发展迫切需要解决的问题，以辩证唯物论的基本原理为指导，运用逻辑分析方法，分别提出自己的理解和对问题的解决方案，形成了一个中国现代新唯物论的哲学体系。就理论本质说它是马克思主义的，从表现形式看则力求为中国人民所喜闻乐见，因此不但其所讨论的问题是"接着中国哲学讲"，而且所使用的概念、范畴也大都是沿袭中国传统哲学，如"天人""理事""心物""反复""两一""知实""群己""义命"等等。它的各个部分实际上就是"接着中国哲学中的××问题讲的辩证唯物论的××论"。可以说，"天人新论"与毛泽东在《实践论》《矛盾论》中所要实现的理论目标是完全一致的，不过各有特点而可以互相补充。例如，张岱年在"真知论"中讲到了真理的实践标准，但对"行"在整个认识论中的基础地位却强调得不够，比较而言，《实践论》对"辩证唯物论的知行统一观"的论述显然就要全面、深刻得多了。又如，张岱年在"两一论"中对中国传统哲学中关于对立统一的思想资源作了较深入的挖掘，并在中国传统重"和"思想的基础上提出了"兼和"的新范畴，这对《矛盾论》的辩证法思想可以说是一种丰富和补充。现在看来，张岱年在三四十年代为马克思主义哲学中国化所作的独辟蹊径的探索如能更早地被人们所重视，它在后半个世纪的命运如果不是"存而不论"而是能够继续发展完善，那么中国化的马克思主义哲学在今天可能就具有更加丰富的内容和多种表现形态，并在中国哲学的现代化和民族化方面为我们提供更多的可资借鉴的宝贵经验。

坚持与发展马克思主义哲学的科学态度

要给张岱年在 20 世纪中国马克思主义哲学发展史中以确当的定位，除了看他为马克思主义哲学中国化所作的贡献之外，还要看到这样一个基本事实，即他是 20 世纪中国少有的在长达 70 余年的哲学生涯中，无论处于何种境遇，始终坚持辩证唯物论和历史唯物论的哲学立场，始终以开放、兼容的心态来对待其他哲学智慧成果，始终与中国先进文化的前进方向保持一致的一位哲学大家、世纪哲人。他给我们留下的精神财富，除了数百万字著述之外，还有"自强不息、厚德载物""修辞立诚""直道而行"的人格风范，对待马克思主义的坚持与发展相结合的科学理性态度，以及他的坎坷人生给人们留下的关于如何发展马克思主义哲学的思考：例如"学院派"马克思主义为什么得不到主流派的认可？"解析的辩证唯物论"是不是中国马克思主义哲学中的一派？张岱年的"天人新论"在 1949 年后为什么只能"存而不论"而不能继续完成？这些问题不仅从总结 20 世纪中国哲学史经验教训的角度需要思考和回答，而且对中国哲学在新世纪的发展亦具有重要的启发意义和参考价值。

张岱年先生 1983 年加入中国共产党，此前半个多世纪他是一个党外马克思主义者。早在 20 年代末 30 年代初，张先生还是一个大学生时，他就通过阅读《费尔巴哈论》《反杜林论》《唯物论与经验批判论》等马列经典著作，从学理上接受了辩证唯物论哲学，并通过与现代西方新实在论、实用主义、生命哲学、突创进化论、新黑格尔主义等思潮的理性比较，深信辩证唯物论的真理性，认为它在宇宙观、认识论等一系列哲学基本理论问题上，都做出了比古今中外其他各派哲学更正确的回答，因之认定其为"当代最可信取之哲学"。他在三四十年代的哲学史研究和哲学理论探索都是在辩证唯物论的指导下进行的。新中国成立之初，他在清华、辅仁等校开过辩证唯物论课程，以后才分工专门从事中国哲学史的教学和研究工作。像这样一位在青年时代就接受了马克思主义、坚信辩证唯物论的哲学教授，很不幸在 1957 年被错划为右派，使其在此后 20 年中无法正常地从事他所挚爱的哲学研究工作。党的十一届三中全会后他才获得了新的政治生命，并迎来了学术研究的又一个春天。20 世纪八九十年代，耄耋之年的张岱年先生还经常以自己终生信持马克思主义、老而弥坚的事例来教育青年，相信社会主义事业有必胜之前途，以回应所谓"信仰危机"和资产阶级自由化思潮。张先生以他一生的实践证明辩证唯物论是他心中的一面不倒的旗帜。

从青年时代起，张岱年先生就对马克思主义哲学采取一种既不"盲信"也不"盲诋"、将坚持与发展统一起来的科学理性态度。在他看来，"对于任何学说，任何理论，任何见解，都不应盲信，更不应盲诋。要客观地细察其内容到底是些什么，然后再客观地加以估价"①。批评的精神和客观的态度对于学者来说是最根本最重要的。对待马克思主义哲学也是这样。只要有求真理之诚心，"必能见马克思主义哲学实有堪信取者在，实有胜过它派学说的地方"；同时亦应看到，"马克思主义哲学亦非无缺欠"②，决不能以其自囿或自限。他还曾提出过一个命题："辩证学说的发展应亦是辩证的。"③即在肯定辩证法是宇宙规律和科学方法的同时，还要看到现在所讲的辩证法，"形式未免粗疏，尚待精密化"④，"辩证法的哲学总在发展之中"⑤。他主张以马克思、恩格斯的新唯物论为基础来综合理想主义和解析方法，就是因为在他看来，新唯物论也有其不足之处："新唯物论虽注重理想，而对于理想之研讨，实不为充分；而其注重分析，不充分乃更甚。"⑥因此有必要吸取中国哲学中的人生理想学说和西方哲学的逻辑分析方法来补充、发展、完善之。另外，这种哲学虽"蕴义极丰"，但"有时简而不晰"，"若干概念皆无明晰之界说，若干原则又未有精察之论证"⑦，尚需运用逻辑解析方法来精判细察，厘析论证。总之，"现在形式之新唯物论，实只雏形，完成实待于将来"⑧，马克思主义哲学家们可谓任重而道远。

---

① 《张岱年全集》第 1 卷，第 149 页。
② 《张岱年全集》第 1 卷，第 150 页。
③ 《张岱年全集》第 1 卷，第 93 页。
④ 《张岱年全集》第 1 卷，第 60 页。
⑤ 《张岱年全集》第 1 卷，第 93 页。
⑥ 《张岱年全集》第 1 卷，第 263 页。
⑦ 《张岱年全集》第 1 卷，第 129、134 页。
⑧ 《张岱年全集》第 1 卷，第 132 页。

在 30 年代的中国学术思想界，"唯物辩证法风靡了全国"①。但在当时能像张岱年先生这样用科学理性的态度来对待它的人还是不多的。张先生曾具体分析说："今人对于新唯物论的态度，可分三种：一是墨守的态度，即类乎宗教信仰的态度。凡宗师所已言，概不容批评；宗师所未言者，不可有所创说。二是盲目反对的态度，即不求甚解，不作同情的体察，而悍然作不中肯的驳诘。三是修正的态度，即认宗师所说有对有不对，应有所改变。"他表示对这三种态度都不赞成，分别作了中肯的批评，然后明确提出："我的态度是发挥扩充：对于已有之理论应更加阐发，而以前未及讨论之问题，应补充讨论之。"②这就是一种坚持与发展相结合的科学态度。在谈到如何发展马克思主义哲学时，他特别强调要善于学习、吸收现代各派哲学中有价值的合理内容，反对那种对待马克思主义的宗派主义、关门主义的态度。他注意到，当时"多数讲马克思主义的人对马克思主义以外的学说，不问内容，不加分别，一概藐视，一概抹杀"③。这是指当时的一些马克思主义学者，以掌握了唯一的真理自居，不加分别地排斥一切非马克思主义哲学，特别是把现代西方哲学都看成是垄断资产阶级的腐朽没落的世界观而一概加以否定，这就堵塞了吸取各派哲学之长来发展马克思主义哲学的道路。张先生很不赞成这种自我封闭的态度。在他看来，"新唯物论虽成立于 19 世纪之中叶，而其实能兼综20 世纪若干派哲学之长。如其言宇宙为一发展大流，则能纳柏格森哲学之长；其言一本而多极，则能纳鲁意摩根等突创进化论之长；其言实践，则能纳实用主义之长"。"新唯物论欲求完成，则又必更有取于现代各派哲学，而最应取者则为罗素一派之科学的哲学。""现在形式之新唯物论所缺之者实为解析方法，而罗素哲学则最能应用解析方法者。"④这种心胸正是那些自以为是百分之百的马克思主义而对一切非马克思主义哲学均采取排斥态度的学者所缺乏的。我们从张先生的"天人新论"哲学体系中，不仅可以看到他对中国传统哲学唯物论和辩证法思想的承继与发展，而且可以看到他为综合近、现代西方各派哲学之长所作的努力，尤其是对于罗素一派哲学，在扬弃其唯心主义新实在论观点的前提下，极力主张学习、吸收其逻辑解析方法，以"训练培养人之精思的能力"；同时主张把它与唯物辩证法结合起来，作为其新唯物

---

① 艾思奇：《二十二年来之中国哲学思潮》，《艾思奇文集》第 1 卷，人民出版社 1981 年版，第 66 页。
② 《张岱年全集》第 1 卷，第 278 页。
③ 《张岱年全集》第 1 卷，第 149 页。
④ 《张岱年全集》第 1 卷，第 132-133 页。

论哲学的方法论基础。这种识见确实与当时的一些马克思主义学者大不一样。我国在 20 世纪 30 年代有一场关于辩证法与形式逻辑的论战,当时被称为"辩证法派"的一些学者,由于受苏联哲学界清算机械论和形而上学的影响,曾把形式逻辑错误地等同于形而上学而加以批判,认为它"已经变成了一切落后与反动的思想之论理的武器"。张先生此时却大胆地肯定了形式逻辑的科学意义和价值,认为它与辩证法"并无不两立之冲突"①,如实地指出"辩证法并非不承认形式逻辑所承认者,乃是在承认形式逻辑所承认者之外,更承认若干形式逻辑所未讲者"②,认为二者"必结为一,方能两益"③。他对这场论战作了实事求是的科学总结,指出"今之喜形式逻辑者则鄙弃辩证法,而好谈辩证法者则菲薄形式逻辑,实皆蔽于一曲之见"④,双方都未能正确地解决辩证法与形式逻辑的关系问题。

在马克思主义哲学传播发展过程中,为什么被称为"学院派马克思主义者"的张岱年先生能以更加科学理性的态度来对待各种非马克思主义哲学呢?这里首先有一个哲学家的精神境界、精神修养问题。正如张先生所指出的,"哲学家须有寻求客观真理之诚心",⑤"如无求真之诚,纵聪明博辩,亦止于成为粉饰之学"⑥。他从学理上接受和认同辩证唯物论就是诚心追求真理、与各派哲学理性比较的结果,同样,正是由于有这种"求真之诚",他才能充分尊重和认真考量其他各派哲学的见解,虚心学习、吸纳其中之胜义。其次还有一个哲学观、文化观问题。在张先生看来,"任何哲学学说都非仅集妄,亦必有所见。对于任何哲学理论,不应完全排斥之,而亦应容纳其对的成分,且不惟容纳之,更需提高之。对于任何哲学,都应且扬举且抛弃,且擢拔且摈除,且吸纳且扫荡。"⑦"按照唯物辩证法的观点,一种文化中必然含有相互对立的成分,即好的或较有积极意义的和坏的或具有消极意义的成分。唯物辩证地对待文化,就应一方面否定后者,一方面肯定前者,并根据现实需要加以发挥、充实。"⑧张先生从青年时代起对待哲学和文化问题就是

---

① 《张岱年全集》第 1 卷,第 264 页。
② 《张岱年全集》第 3 卷,第 59 页。
③ 《张岱年全集》第 1 卷,第 135 页。
④ 《张岱年全集》第 3 卷,第 29 页。
⑤ 《张岱年全集》第 1 卷,第 358 页。
⑥ 《张岱年全集》第 3 卷,第 70 页。
⑦ 《张岱年全集》第 1 卷,第 358-359 页。
⑧ 《张岱年全集》第 1 卷,第 154 页。

持这样一种唯物辩证的观点，当然这也决定了他对待各种非马克思主义哲学的态度。此外似乎还可以从学术与政治的关系的角度来总结一下经验教训。张先生在三四十年代的哲学理论活动，虽然也有着强烈的现实关怀，立志创造能解决民族危机的刚毅宏大的新哲学，但因为他是置身于火热的革命斗争洪流之外，与当时站在革命理论战线前列、直接为现实革命斗争服务的主流派马克思主义终究有一定区别，即有其难以避免的局限性，所以有"学院派马克思主义"或"书斋里的马克思主义"之讥。但从另一方面来说，由于其与现实政治保持着一定距离的特殊处境，他也较少受到当时那种非此即彼的意识形态斗争观念的影响，避免了对待非马克思主义哲学的某些宗派主义的简单化做法，在学术上表现出了更加宽容、理性的态度。在 20 世纪中国马克思主义哲学发展史上，学术与政治的关系问题曾长期困扰着我们，认真总结这方面的正反面经验教训，对于未来中国哲学的发展绝不是没有意义的。

张岱年先生晚年曾多次表示，他在学术上最大的遗憾是没有完成"天人新论"。我们是否可以更广义地说，"解析的辩证唯物论"作为中国马克思主义哲学的一个流派在 20 世纪未能得到充分发展是一个极大的遗憾？因为改造国人笼统、模糊、尚同的思维方式亟须发展批判精神和分析思维，否则将直接影响到中国哲学现代化的进程和速度。在 21 世纪如能提倡马克思主义哲学具体形态的多元发展和互相宽容、互相补充，像张先生这样的遗憾在今后就不应该再发生了。

关于张岱年先生在 20 世纪中国哲学史中应有之地位，本文的看法可归纳如下：

他是 20 世纪三四十年代创造了中西融合的哲学体系、自成一家之言的少数几位中国哲学大师之一；

他是试图在中国传统唯物论和辩证法思想土壤中生长、发展出现代新唯物论哲学体系，为马克思主义哲学中国化作出了独辟蹊径的探索的第一人；

他是能以科学理性的态度对待现代西方哲学和其他人类智慧成果，把坚持与发展马克思主义统一起来的中国现代哲学家的典范；

他所倡导的以马克思主义哲学为基础和主导的中、西、马"三流合一、综合创新"之路，在 20 世纪中国哲学史中未能充分实现，至今仍然是中国哲学发展的正确方向和现实道路。

回应中国哲学"合法性"质疑的三个问难*

　　这次会议的主题是"中国哲学的现代化和世界化"。"中国哲学"可以有不同的所指,作为我们这个学科研究的对象来说,它主要是指中国传统哲学。中国传统哲学是前近代的中国哲学,是中国奴隶社会和封建社会时期的哲学,它能否现代化和世界化? 怎样现代化和世界化? 或者说,它是否具有现代意义和普世价值? 如何呈现出这些意义和价值? 这是需要我们中国哲学史工作者去研究、探讨和回答的问题。我们的前辈已经为此作了近百年的努力,其努力方向主要有二:一是引进西方近代哲学的观念和方法,来整理和诠释中国传统哲学思想资料,使之能够为现代人所理解,能够与世界上其他民族的哲学交流沟通;二是以马克思主义哲学史观和方法论为指导,来清理中国古代哲学遗产,"取其精华,弃其糟粕",它不仅为马克思主义哲学中国化提供了本土资源的源头活水,而且也为中国哲学的现代化和世界化作出了重要贡献。但是,前人所作的这些努力,现在已经遭到了"合法性"质疑,因此,我们今天来讨论中国哲学的现代化和世界化问题,就不能回避中国哲学的"合法性"问题,不能不看到这两个问题之间的内在关联。

　　其实,中国哲学的"合法性"问题就是在中国哲学近(现)代化和世界化的过程中产生的,它以批判中国哲学"合法性危机"的极端形式提出来,其实代表的是一种民族化的诉求。我们看到,在近代意义的"中国哲学"或"中国哲学史"学科产生和发展的全过程中,近(现)代化与民族化、世界化与本土化、普遍性与特殊性的矛盾和张力是始终存在着的。一些学者试图以近(现)代化、世界化(西方化)、普遍性为标准来建立这门学科,一些学者则指其为"以西范中""以夷变夏""汉话胡说",丧失了中国哲学的自性,他

---

　　* 本文是作者 2005 年 6 月 4 日在西安召开的中国哲学史学会 2005 年年会暨"中国哲学的现代化与世界化"学术研讨会上的发言。原载《人文杂志》2005 年第 4 期。

们强烈地提出了回归中国哲学原生态的要求。还有一些学者看到了近代化的中国哲学史学科产生的历史必然性，坚持按照近（现）代化与民族化、世界化与本土化、普遍性与特殊性统一（结合）的方向来建设发展这门学科。几种不同的路向在中国哲学史学科发展的百年历程中是长期存在的，一直有争论的，在今天到了需要认真总结、更加方向明确地把这门学科向前推进的时候了，"合法性"问题的提出也迫使我们不得不对本学科发展中的一些根本问题，即涉及哲学观、哲学史观和方法论的问题作出回答。我认为在今天至少要回答以下三个问题：

一、中国有没有哲学？我们今天所说的"中国传统哲学"到底能不能叫作哲学？这是一个西方人的问题，或者说是在西方哲学话语霸权下提出来的问题，但是我们要作出中国人的回答。

二、近百年建立和发展起来的"中国哲学"或"中国哲学史"学科，到底是在写"中国哲学"的历史，还是在写"（西方）哲学在中国"的发现史？这是对该学科之"合法性"提出了质疑，"重写中国哲学史"的口号即意味着要求重建具有"合法性"的中国哲学史学科。

三、以马克思主义哲学史观和方法论为指导来研究中国哲学史具不具有合法性？马克思主义作为繁荣发展我国哲学社会科学的普遍指导理论，适不适用于中国哲学史这个学科？这个问题在讨论中是隐含着的，但却是该学科遭到合法性质疑的关键，因为马克思主义也被归结为一种"西学"，"唯物唯心"和"阶级分析"被看成是需要突破的最大的"紧箍咒"。

以上三个问题可以说是关于合法性质疑的"三重问难"，是提出了这样三个层次的问题：它首先当然是针对现实而发的，是质疑我们今天叫作"中国哲学史"的这个学科是否具有合法性，包括各位在学校里开的这门课程能不能叫作"中国哲学史"，我们这个学会能不能叫作"中国哲学史学会"……都是非常现实的问题，如果只是质疑七八十年前胡适、冯友兰的著作就没有多大意义了。其次就是把现实中存在的问题统统归结为胡、冯"以西释中"模式影响甚至笼罩的结果，通过否定胡、冯模式来否定近百年来的整个中国哲学史学科的合法性。最后拿出"中国无哲学"论来，从根本上否定了这个学科存在的基础（根据、前提）：中国无哲学，哪有什么"中国哲学"或"中国哲学史"学科？

合法性质疑的三个问难，对于中国哲学史学科来说，确实构成了非常严峻的挑战。因为它不仅关系到对我们的前辈近百年来的中国哲学史研究工作的评价，关系到这个学科今后发展的方向，而且关涉到了这个学科存在的基础、前提和根据。就我们这次会议讨论的主题来说，它已预设了这样的问题：近百年来中国哲学近（现）代化和世界化的方向是否对头？今后还能继续这样走下去吗？因为事实上有人已经提出了"改弦易辙"的要求（要求实行精神上的"退耕还林"，哲学上的"兴灭继绝"）。所以我在来西安开会前，脑子里挥之不去的还是这些质疑和问难，思考应该怎样进行回答。下面谈谈我的基本思路。

关于第一个问题"中国有没有哲学"。首先要搞清楚哲学是一门什么性质的学问，它的研究对象是什么，它在诸学科中处于什么地位，然后再来看中国古代有没有这种学问，或者类似这样的学问。如果把哲学界定为对宇宙、人生的大本大源问题作形上之思的学问，那么中国古代关于"性与天道"的学问，关于"究天人之际、通古今之变"的学问，中国古代的"道学""玄学""义理之学"或"天人之学"，把它们归属于"哲学"这门学问应该是没有问题的。中国哲学家致力于"究天人之际""探阴阳之赜""通古今之变""乐成人之道""求致知之方"的理论探索，其对象涉及宇宙、社会、人生和人心（人的思维）的一些根本问题，与其他民族的哲学理论思考有共同之处或相似之处，但中国哲学又有自己独特的问题意识、答问方式和义理结构，有自己的民族特点。张岱年先生把哲学看作是一个"共相""类称"，中国哲学、西方哲学、印度哲学都是其"殊相"，通过共性寓于个性之中、个性比共性更丰富的思路来解决这个问题是合理的。有些西方哲学家根本不了解中国哲学，就否定中国有哲学，用一种"殊相"来否定另一种"殊相"，这是西方中心论的偏见。我们注意到，17 世纪以来，也有不少西方哲学家是肯定中国有哲学的。①但是，这个问题的回答，并不因洋人说有而有，说无而无，而是要靠中国人对"哲学"之共性与个性关系的理解，以及用近代学术观念去考察中国古代思想史而得出的合乎实际的结论。

关于第二个问题即"中国哲学史"学科的合法性问题。我认为必须认真研究近代以来的中国哲学史学史，以其丰富的历史内容来回答这个问题，那么我们就不难判断：用"以西释中""汉话胡说"来概括近百年来的全部中国哲学史研究工作是否符合实际？这种说法有无以偏概全之弊？实际情况是：

---

① 参见苗润田：《西方思想界如何看待"中国有无哲学"的问题》，《河北学刊》2004 年第 3 期；张允熠：《哲学的困境和黑格尔的幽灵——关于"中国无哲学"的反思》，《文史哲》2005 年第 3 期。

胡适建立了"以西释中"的研究范式①，但一开始就受到了梁启超的尖锐批评。梁指出胡适仅从认识论（名学）的角度去研究中国古代哲学有很大的片面性，不能把握中国哲学之博大精深处，甚至是"弃菁华而取糟粕"。因为中国哲学最重要的问题是"怎样能够令我的思想行为和我的生命融合为一""怎样令我的生命和宇宙融合为一"的问题，这不是靠增加知识的办法所能解决的，而只能从道德实践和"体验"中得来。②梁启超实际上已经开启了中国哲学史研究的近（现）代化与民族化相结合的方向。

冯友兰的两卷本《中国哲学史》，从表面看似乎比胡适的西化倾向更彻底，因为他讲过"哲学本一西洋名词。今欲讲中国哲学史，其主要工作之一，即就中国历史上各种学问中，将其可以西洋所谓哲学名之者，选出而叙述之"③这样的话。其实该书在以西方哲学为选材标准之同时，也注意到了中国哲人不重著书立说、中国哲学不重知识论与逻辑学、而特重修养方法、在这方面"实甚有贡献"等特点。冯友兰在 20 世纪 30 年代还突出地提出了哲学的民族性问题，认为哲学的民族性即表现在"某民族的哲学，是接着某民族的哲学史讲底，是用某民族的言语说底"，而且它还能对于这个民族"在精神上底团结及情感上底满足"有很大的贡献。④在冯氏抗战时期写的《新原人》《新原道》等著作中，民族化不仅表现于外在的形式方面，而且在内容上要求把握"天地境界""内圣外王之道"等中国传统哲学的精神。他说自己的"新理学"体系既是近代的，又是民族的，也就是说，是近代化与民族化的统一。

张岱年在 30 年代写了《中国哲学大纲》一书，他一方面认为哲学作为研讨宇宙、人生之究竟原理及认识此种原理之方法的学问，中西哲学在问题、对象以及在诸学术中的位置上有相似之处，因此参照、借鉴西洋哲学来研究中国哲学不仅是可能的，而且也是必要的；另一方面，他又指出："中国哲学，在根本态度上很不同于西洋哲学或印度哲学，我们必须了解中国哲学的特色，

① 余英时说："从思想史的观点看，胡适的贡献在于建立了库恩所说的新'典范'。而且这个'典范'约略具有库恩所说广狭两义：广义地说，它涉及了全套的信仰、价值和技术的改变；狭义方面，他的具体研究成果（如《中国哲学史大纲》）则起了'示范'的作用，即一方面开启了新的治学门径，而另一方面，又留下了许多待解决的新问题。"（《重寻胡适历程：胡适生平与思想再认识》，广西师范大学出版社 2004 年版，第 172 页。）

② 梁启超：《评胡适之〈中国哲学史大纲〉》，《饮冰室合集·文集之三十八》，中华书局 1989 版，第 60—61 页。

③ 冯友兰：《中国哲学史》（上），《三松堂全集》第二卷，河南人民出版社 2001 年版，第 245 页。

④ 冯友兰：《论民族哲学》，《三松堂全集》第五卷，第 273-274 页。

然后方不至于以西洋或印度的观点来误会中国哲学。"①他将中国哲学的特色概括为"合知行""一天人""同真善""重人生而不重知论""重了悟而不重论证""既非附属科学亦不依附宗教"六点,以此与西洋哲学也与印度哲学区别开来。他还指出:"求中国哲学系统,又最忌以西洋哲学的模式来套,而应常细心考察中国哲学之固有脉络。"②因此该书不论在名词概念的使用上,还是在一些问题的提法和排列次序上,都与西洋哲学有所不同,而是更多地体现了中国哲学的民族特点。

马克思主义的中国思想史家侯外庐、赵纪彬等人在抗战时期就明确地提出了"学术中国化"的口号,新中国成立后马克思主义的中国哲学史工作者也在中国哲学的现代化和民族化、本土化方面作了大量工作。比如,在1957年的中国哲学史问题讨论中和"文革"后的反思中,就有不少学者对哲学史研究中的教条主义学风和简单化的做法提出了尖锐批评,半个多世纪以来,也有不少学者在揭示中国哲学的特殊性和主体性方面作了一些很有价值的探索。举一个例子:不久前去世的刘文英教授,在对中国古代梦的迷信与梦的探索的研究中,就明确"反对用现代世界梦说简单地剪裁中国古代的梦说,或把中国古代梦说作为一种插图,简单地去注释现代世界的梦说"③,而是在研究了弗洛依德等西方学者的有关著作后,既充分肯定其学术成就,也指出了其严重的理论缺陷,在前人探索的基础上提出了自己的新梦说,被钱学森先生称为"中国人的胜利"。中国大陆的马克思主义学者是一个群体,出现刘文英教授的"梦论"这样的研究成果并非个别偶然现象;正是通过群体的努力,才使中国哲学史学科不断地朝着科学化的方向发展。

此外,港台新儒家学者的中国哲学史研究也是值得重视的。牟宗三、唐君毅等人都是既通晓西方哲学而又反对依傍西方哲学,并企图超越西方哲学的学者,他们在揭示中国哲学的民族性和特殊性方面也作出了自己的贡献。④

---

① 张岱年:《中国哲学大纲》序论,《张岱年全集》第 2 卷,河北人民出版社 1996 年版,第 5 页。
② 张岱年:《中国哲学大纲》自序,《张岱年全集》第 2 卷,河北人民出版社 1996 年版,第 3 页。
③ 刘文英:《梦的迷信与梦的探索》前言,中国社会科学出版社 1989 年版,第 3 页。
④ 牟宗三在《中国哲学的特质》一书中批驳了"中国无哲学"论,并指出:"以西方哲学为标准,来在中国哲学里选择合乎西方哲学的题材与问题,那将是很失望的,亦是莫大的愚蠢与最大的不敬。"(台湾学生书局 1987 年版,第 10 页)唐君毅也曾尖锐地批评有些人"唯以西方之思想为标准,幸中国前哲所言者与之偶合,而论中国前哲之思想"的奴隶主义态度和学风(《中国哲学原论·原道篇》卷一,台湾学生书局 1984 年版,第 9 页)。徐复观认为学习西方哲学的意义主要在于磨砺理论思考能力。他说:"我常常想,自己的头脑好比是一把刀,西方哲人的著作好比是一块砥石。我们是要拿在西方的砥石上磨快了的刀来分解我国思想史的材料,顺着材料中的条理来构成系统;但并不要搭上西方某种哲学的架子来安排我们的材料。"(《徐复观文集》第二卷,湖北人民出版社 2002 年版,第 19 页)

不过在价值评判上他们又认为中国哲学高于、优于西方哲学，认为世界哲学的最后归宿是向着中国哲学"生命的学问"走。这也未必是公允之论。马克思主义与现代新儒学这两派有不同的哲学观、哲学史观和方法论，但都趋向于现代化与民族化统一的方向，不能把它们简单地归入"以西释中"的研究范式。

近百年来，中国哲学史学科尽管发展道路并不平坦，目前也还存在着不少问题，但不能说它始终没有摆脱"以西释中"的模式，始终被西方哲学所笼罩。不能否认学者们曾经作过多个方向的探索和努力。综观它的百年发展历程，近（现）代化与民族化相结合的方向和道路始终是主流，是它在二者的张力即对立统一中不断取得新进展的主要动力，也是这个学科之所以能够成立的合法性根据。

关于第三个问题即要不要坚持马克思主义在中国哲学史学科中的指导地位的问题。我们知道，在中国哲学史学科的百年发展历程中，长期居于主导地位的并不是胡、冯模式，而是马克思主义的哲学史观和方法论。1949 年前郭沫若、侯外庐、张岱年等学者就已经开始用唯物史观和辩证唯物论来分析研究中国古代的哲学思想，新中国成立后半个多世纪马克思主义在中国大陆更处于明确的指导地位，大量中国哲学史研究论著都是在这种理论和方法的指导下写出来的。能不能把马克思主义哲学史观和方法论简单地说成是一种西学模式？这当然首先涉及对马克思主义作为我国哲学社会科学的普遍指导理论的认识，对马克思主义哲学本身的认识，承不承认它的产生是人类认识史上的一次大革命。如能从这个意义上来了解马克思主义哲学，那么它就不仅是从西方哲学传统中产生的，而且也总结了全人类的哲学智慧，是体现了时代性与民族性、革命性与科学性高度统一的真理性认识。马克思主义哲学史观和方法论的基本原则，包括社会存在决定社会意识、逻辑的与历史的统一、哲学基本问题和哲学的党性原则、历史主义和批判地继承历史遗产的方针等等，都是从整个人类认识史概括总结出来的，因此对于研究各民族的哲学史就具有普遍的指导意义。例如，哲学基本问题反映的是哲学这门学问的基本矛盾，它在不同民族、不同时代的哲学中有不同的表现形式，所以冯契先生根据恩格斯的论述将哲学史定义为"根源于人类社会实践主要围绕着思维和存在关系问题而展开的认识的辩证运动"①，中国哲学史也不例外。哲学

---

① 冯契：《中国古代哲学的逻辑发展》上册，上海人民出版社 1983 年版，第 11 页。

基本问题在中国传统哲学中通常表现为天人之辩（中国哲学亦称"天人之学"），有时也表现为名实、有无、形神、理气、心物之辩，也就是说，马克思主义关于哲学基本问题的理论对于中国哲学史研究是完全适用的，不过必须了解它的各种具体表现形式。我们在哲学史研究中还要贯彻马克思主义的实事求是的学风，具体问题具体分析这一"活的灵魂"，共性寓于个性之中、个性与共性统一的原则。教条主义、公式主义恰恰是与马克思主义的本性相违背的。应该说，揭示哲学史的民族特点也是马克思主义哲学史观和方法论的内在要求，是其题中应有之义。不能把在运用马克思主义哲学史观和方法论的过程中曾经出现过的一些教条主义和简单化的做法归咎于这种理论和方法本身，从而否定其科学性与合法性。关于在中国哲学史研究中如何正确贯彻马克思主义方法论的问题，张岱年先生在《中国哲学史方法论发凡》一书中有系统论述①，其中包含着他数十年的经验和体会，在今天对我们仍有重要的参考价值。

在座各位都是中国哲学史方面的专家，面对本学科遭到的空前尖锐的合法性质疑，我想每个人都不可能无动于衷。事实上许多同志都以不同的方式作出了回应，积极参与了这场讨论。鉴于这个问题在学科建设中的特殊重要性，我认为应该把它放到基础和前提的地位来加以重视，而不能当作一个"伪问题"等闲视之。中国哲学史是一个很年轻的学科，我们既要看到在其初创时期不得不借鉴西方哲学的概念、问题、框架来构成自己的学科体系②，因而缺失了中国哲学的内在精神与个性特征的先天不足之处，同时也要看到近百年来几代哲学史工作者为了找回中国哲学的民族自性、彰显其精神特质，为该学科的科学化所作的不懈努力。他们不是放弃现代哲学的形式而走回归传统国学、中学、经学或子学之路，而是走的一条中西结合即现代化与民族化相结合（统一）的道路。事实证明在近现代中国，这也是唯一走得通的一条道路，但要达到重建民族主体性的目标实任重而道远。我个人的看法是，在

① 张先生说："我们用马克思主义的方法来研究哲学史，应该坚持哪些原则呢？我以为应该坚持四点：第一，坚持哲学基本问题的普遍意义，注意考察唯物主义与唯心主义的对立斗争与相互转化；第二，重视唯物主义的理论价值及其在哲学发展过程中的重要作用；第三，坚持社会存在决定社会意识的观点，对于阶级社会中的哲学思想进行切合实际的阶级分析；第四，坚持发扬马克思主义实事求是的学风，对于哲学史中的具体问题进行具体分析。"（《中国哲学史方法论发凡》，《张岱年全集》第 4 卷，第 210 页。）

② 蔡元培在《胡适〈中国哲学史大纲〉序》中说："中国古代学术从没有编成系统的记载。……我们要编成系统，古人的著作没有可依傍的，不能不依傍西洋人的哲学史。"（胡适：《中国哲学史大纲》，商务印书馆 1919 年版，第 1 页。）

中国大陆，中国哲学史学科今后的发展，还是要坚持以马克思主义哲学史观和方法论为指导，坚持现代化与民族化、世界化与本土化、普遍性与特殊性相结合（统一）的方向和道路，以把握中国哲学的特殊性、丰富性、生动性为切入点（普遍指导下的特殊），并进而揭示其中所蕴含的普遍意义和价值。因此就必须从原始资料出发，从中国哲学固有的问题意识、义理结构和思想脉络出发，在解读与诠释方法上不排除多样化的探索，包括借鉴西方哲学的方法和创造性地运用某些传统治学方法，使中国哲学史学科在自立宗主与综合创新中不断成熟起来，让中国哲学的原创性智慧也能够参与现代世界哲学文明的共同创造，为解决人类面临的普遍性问题作贡献。中国哲学史是要不断重写的，后代人写的中国哲学史并不一定要全部否定前辈的工作，前人在中国哲学的近（现）代化与民族化方面所作的一切有价值的探索都应该得到尊重，完全可以作为后来者继续前进的阶梯。合法性讨论的积极意义在于促进了中国哲学史学科建设中的方法论自觉，它所表现出来的强烈的民族性和主体性诉求，若能落实到今后中国哲学史研究的可操作层面中去，那也是一件好事情，我们乐观其成。

甲申之年的文化反思*

——评大陆新儒学"浮出水面"和保守主义"儒化"论

去年（2004）是甲申年，在学界被称为"文化保守主义年"。在这一年中发生的文化事件有：4 月陈明挑战南开刘泽华学派，引发了刘门弟子与"原道"派的一场争论①；5 月高等教育出版社出版中华孔子学会组编、蒋庆选编的《中华文化经典基础教育诵本》一套 12 册，并由此引发了持续数月的读经之争；7 月蒋庆邀请陈明、盛洪、康晓光等大陆新儒家代表人物，以"儒学的当代命运"为题会讲于贵阳阳明精舍，又称为"中国文化保守主义峰会"；9 月许嘉璐、季羡林、杨振宁、任继愈、王蒙等 70 余位文化名人签署并发表《甲申文化宣言》，引发了一场如何看待全球化时代的民族文化的思想论争，有人讥其为 1935 年"本位文化宣言"的翻版②；11 月 24 日康晓光在中国社会科学院研究生院作题为《我为什么主张"儒化"——关于中国未来政治的保守主义思考》的演讲，除继续宣传"立儒教为国教"的观点外，还明确提出了"用儒学取代马列主义""儒化共产党"的主张；12 月号称"中国文化保守主义旗舰"的《原道》辑刊，以"共同的传统——'新左派'，'自由派'和'保守派'视域中的儒学"为题举办创刊 10 周年纪念座谈会，并将其舆论

---

* 本文是作者 2005 年 9 月 20 日给中山大学文化研究所两位教授一封信之主要内容。原载《中山大学学报》2005 年第 6 期。

① 刘泽华学派的基本观点是在认同唯物史观的基础上强调思想与社会的互动。这场争论可以说是唯物史观与文化史观之争。

② 2005 年 2 月 4 日，我在一封信中谈了一点对《甲申文化宣言》的看法："我认为发表该宣言的初衷是好的：在全球化时代强调各民族文化都有平等的权利，主张文明对话，反对文化霸权主义，捍卫世界文明的多样性。但有些理论问题讲得不全面，不通透，容易引起误解。如'反对以优劣论文明'的提法就有问题。人们可以反问：难道文化没有优劣、先进与落后之分吗？不能否认文化是发展的，先进文化取代落后文化是历史规律，特别是在物质文化和制度文化层面，我们不能拒绝接受现代先进文化。讲保护文明的多样性一定要同文化相对主义划清界限。"

阵地扩展到"原道"文丛、"原道"译丛和"儒学联合论坛"网站。有人还把去年 9 月 28 日曲阜首次官方祭孔和对外汉办计划在海外办 100 所孔子学院（对外汉语教学基地）也说成是"文化保守主义抬头"的表现。其实情况非常复杂，不可一概而论，不能把重视本土文化资源、弘扬民族文化的一切活动都叫作文化保守主义。文化保守主义是包含着一整套路线、方针、政策和观念体系的意识形态，在中外历史上都不罕见，它在中国再度活跃起来是有深刻的社会原因和背景的。2004 年文化保守主义"抬头"最典型的事件是大陆新儒家组成团队集体亮相的贵阳 "峰会"。我从现代新儒学发展史的角度把它看作中国的现代新儒学运动进入第四阶段的标志，也就是进入了大陆新生代新儒家唱主角的阶段。这派学者积极入世的姿态是很明显的，一出场就奋力争夺话语主导权，并且很受媒体青睐。甲申年的许多文化论争都是由他们引发的，起而与之对阵、与之互动的主要是自由派人士，马克思主义派学者反而处在比较边缘化的地位。

2004 年本应是中国马克思主义凯歌行进的一年：3 月中共中央发出了《关于进一步繁荣发展哲学社会科学的意见》，强调必须坚持马克思主义在哲学社会科学中的指导地位；接着中宣部又组织实施了规模宏大的马克思主义理论研究和建设工程，覆盖了哲学、政治经济学、科学社会主义和政治学、社会学、法学、史学、新闻学、文学等学科领域。马克思主义文化学者去年也召开过几次重要的文化会议，如 10 月在上海召开的"马克思主义与当代文化建设"学术研讨会。去年张岱年、王朝闻等前辈学者相继辞世，在有关纪念活动中也表彰了他们为马克思主义文化理论所作出的贡献。但是，在自由派与保守派争辩得热火朝天、备受媒体关注的那些文化论争（如读经之争、《甲申文化宣言》之争等等）中，却很难听到马克思主义派学者的声音。也许他们都为完成重大工程著书立说去了，而无暇顾及这些现实的思想文化论争，但在意识形态领域里确实还有个"守土有责"的问题，有个争夺人心、争夺青年的问题，不巩固和强化自己的思想文化阵地，看着异己思潮坐大渐成气候，则更增加了中国特色社会主义先进文化建设的困难和复杂性。

在以马克思主义为主导意识形态的社会主义中国，在一些重要的学术思想领域里，马克思主义反而处于边缘化地位的还不是个别情况。刘国光同志最近有一个关于经济学教学和研究问题的重要谈话，从教育方针、教材、教师队伍和领导权四个方面，指出"西方经济学的影响上升，马克思主义经济学的指导地位削弱和边缘化的状况令人堪忧"。西方经济学特别是新自由主义经济学现在好像倒成了我国的主流经济学，不仅在高校的经济学教学中普遍存在这个问题，而且在我国的经济决策工作和经济研究工作中都有所渗透，"包括国家的财经系统的一些领导岗位特别是一些研究机构的领导岗位还掌握在非马克思主义者手里"，这当然就是关系到我国经济改革方向的一个大问题了。在经济学领域是新自由主义力图掌握话语主导权，在儒学和传统思想文化研究领域则表现为保守主义的势力和影响在上升，马克思主义的指导地位削弱甚至边缘化。通过总结历史经验，人们现在越来越重视本土文化资源的价值，一些人因此误认为马克思主义的唯物史观、阶级分析方法和批判继承的方针都不行了，文化保守主义、文化民族主义、儒家原教旨主义的主张纷纷登台并占有一定市场，他们断言中国只有走"儒化"之路才有民族复兴的光明前景。自由主义西化派、保守主义儒化派在我国的学术思想领域里各有其阵地和市场，马克思主义的指导地位受到严峻挑战，这种情况在其他学科也不同程度地存在着。这是我们不得不面对的现实。刘国光同志关于克服经济学领域一些倾向性问题的意见带有普遍意义，除了硬措施外，还要营造良好的学术氛围，马克思主义者要说得起话，要有阵地意识和责任意识，才能使中央关于繁荣发展哲学社会科学的意见能够得到有效的贯彻落实。

　　最近各单位都在开展保持共产党员先进性的教育活动。共产党员的先进性主要表现为有坚定的共产主义理想和中国特色社会主义事业必胜的信念，从事哲学社会科学工作的共产党员则应有坚定的马克思主义理论持守。我很奇怪我们同行中的一些共产党员也宣称自己是"儒家"。儒家是中国封建地主阶级知识分子的代表，其理想、信念、立场、世界观和价值观与共产党员能是一致的吗？过去人们避"儒"惟恐不及，现在当儒家又成了一种时髦，以致共产党员也要去赶这个时髦。共产党人应该怎样对待儒学和儒家呢？刘少奇同志在《论共产党员的修养》中批判地吸取和借鉴了儒家人生修养学说中的许多有价值的内容，这说明共产党人并不排斥而是十分珍视儒学中的精华。李一氓同志说："马克思主义和孔子教义，无论如何是两个对立的体系，而不是可以调和的体系（折中主义），或者并行不悖的体系（二元论）。我们无法把马克思主义的地位轻易地让给孔子，因为我们的世界观无法接受一个唯心主义的哲学体系。"[1]这说明共产党人是不能认同和接受儒家的价值立场与世界观的。匡亚明同志在研究孔子思想时提出了一个"三分法"：一是对其封建

---

① 李一氓：《给蔡尚思教授的一封信》，《文汇报》1990 年 12 月 26 日。

性糟粕进行批判和清除；二是对其人民性精华进行继承和发扬；三是对其封建性和人民性相混杂的部分进行批判分析，去其糟粕，取其精华，即扬弃。①这个"三分法"归根到底还是毛泽东讲的"剔除其封建性的糟粕，吸收其民主性的精华"的二分法。我们一贯主张对儒学要一分为二：对于作为封建意识形态的儒学，即直接为维护、巩固封建经济基础和宗法专制统治秩序服务的那些东西，如"三纲六纪"等等，绝不可能让它在现时代全面"复兴"，而是需要继续深入批判的封建主义的重要内容；对于作为中华文化载体的儒学，则要把它当作人类知识宝库的重要组成部分和民族文化的瑰宝倍加珍惜，精心保护，深入研究，批判继承，综合创新，使之成为建设中国特色社会主义先进文化的重要思想资源。"儒家"这个概念，是一种立场、观点、方法的人格化，或者说是一套世界观、历史观、人生观、价值观的人格化，它是与儒学的意识形态特征紧密联系在一起的。作为中华文化重要载体的儒学，则存留于包括文化典籍、生活方式和精神传统在内的大、小传统中，其内容博大精深，而又精糟并存，所以给我们留下了弃糟取精、批判继承的巨大任务。从事思想文化研究的共产党员、儒学研究中的马克思主义学派是可以在这项工作中大显身手、大有作为的。

现在再来谈谈武汉会议那封贺信。有人说我称蒋庆、康晓光等人为第四代新儒家是过分地抬举了他们，拔高了他们的历史地位。前面已经提到，我是从中国现代新儒学运动发展史的角度来考虑这个问题的。进入21世纪以来，港台、海外新儒学还在继续发展，但其基本格局、气象、规模已定，不可能有什么新的突破性进展了。新儒学归根到底是要解决中国的发展前途问题、中国文化的发展前途问题，考虑问题不能不以日渐强盛的中国大陆为主体、为中心。在20世纪90年代以来极其宽松的思想环境下，经港台新儒学"反哺"和10多年酝酿准备，大陆新儒学已渐成气候，其代表人物提出了一整套"儒化中国"的理论、方针、原则和策略，比港台新儒学显得更有创造性，也具有更强的意识形态性和现实针对性，实已成为当今中国保守主义的中心话语，成为一面政治和文化旗帜。所以我认为，中国的现代新儒学运动已进入大陆新生代新儒家唱主角的阶段，并相应地提出了现代新儒学研究的新课题和新任务。至于大陆新儒家代表人物是否已经成熟，是否应该有这样的历史地位，我想还是要发展地看问题，他们都还在发展变化之中嘛！从年

① 匡亚明：《孔子评传》，南京大学出版社1990年版，第9页。

龄来看，蒋庆、盛洪 50 出头，陈明、康晓光 40 多岁。20 世纪 80 年代，第三代新儒家登台唱主角时，余英时 50 岁，杜维明 40 岁，刘述先、成中英都是 40 多岁。第二代新儒家代表人物牟宗三、唐君毅 50 年代初才 40 出头，1958 年发表《港台新儒家宣言》时二人都是 49 岁。第一代新儒家就更早慧了：梁漱溟发表《东西文化及其哲学》时只有 28 岁，张君劢发表《人生观》演讲时是 36 岁，熊十力出版《新唯识论》（文言文本）时是 47 岁，冯友兰写贞元六书时也是 40 多岁。所以，不能说大陆新生代新儒家年轻稚嫩就不能当代表人物，而要看他们所起的实际历史作用。

大陆新儒学作为一个新阶段，也确实有新发展，有一些新的特点。一个重要特点就是把前辈新儒家力图从封建意识形态中解脱出来的儒学①，即心性化、形上化了的儒学，重新政治化和宗教化，强调要从"心性儒学"走向"政治儒学"，从"复兴儒学"走向"复兴儒教"。蒋庆 1989 年发表了政治性很强的《中国大陆复兴儒学的现实意义及其面临的问题》一文，以后几年他在公羊学方面下了一点工夫，致力于建构、论证、宣传其"政治儒学"体系。②他近年来发表的一些谈话也有很强的针对性，如用"王道政治三重合法性"理论来否定民主政治（包括社会主义民主）的合法性；用儒家文化先进论来否定中国特色社会主义文化先进论，否定中国共产党始终"代表着中国先进文化的前进方向"。他还企图用"通儒院""庶民院""国体院"三院制来取代我国的人民代表大会制度，认为只有儒家的"王道政治"才是当今中国政治发展的方向。康晓光也以大胆敢言著称。他在我所在学校发表了《儒化中国》的著名演讲，我竟一点也不知道，以后是在网上看到的。他也用儒家的"仁政"学说来否定我国现政权的合法性，明确提出了在中国实行"儒化"的原则和策略："在上层，儒化共产党；在基层，儒化社会。""儒化共产党"的关键是要"用孔孟之道来替代马列主义"，把共产党变成一个"儒士共同体"。"儒化社会"的关键是要"立儒教为国教"，包括把儒家经典课程纳入国民教育体系等等。他明确地说："儒化的原则就是和平演变。"一些人企图用"西化"的办法来把社会主义中国和平演变成一个资本主义国家，另一些人则企图用"儒化"的办法来把中国和平演变成一个"儒士共同体专政"的国家。大陆新儒家"儒化中国"的政治目标和行动方针是非常明确的。

① 用他们的话来说是"解纽"。如杜维明将"儒家传统"与"儒教中国"区分开来。

② 蒋庆出版了两本书：《公羊学引论——儒家的政治智慧与历史信仰》，辽宁教育出版社 1995 年版；《政治儒学——当代儒学的转向、特质与发展》，生活·读书·新知三联书店 2003 年版。

"立儒教为国教"是康晓光前几年就提出的主张,近年来影响迅速扩大,蒋庆、陈明等人都起而响应,"复兴儒教""重建儒教"的呼声很高。社科院今年成立了儒教研究中心,我没有参与其事,不知道它的宗旨是什么。社科院作为党中央要求的"马克思主义坚强阵地",儒教研究也应坚持以马克思主义立场、观点、方法为指导,我想院领导会关注这个问题的。在宗教问题上,我党明确地提出了"积极引导宗教与社会主义社会相适应"的理论和方针,这是中国化马克思主义宗教观的最重要的内容,对任何宗教都适用。"儒教"要复兴,要重建,也首先要解决"与社会主义相适应"的问题。与社会主义相适应就要"拥护社会主义制度,拥护共产党的领导"①,而不是要社会主义来适应你,按照你的"儒化"原则来改造社会主义,改造共产党。康晓光的"儒化"论与我党的宗教政策显然是相冲突的。"儒教"如果不能与社会主义相适应,怎能指望社会主义中国的执政党即共产党来把它立为"国教"呢?在今日中国,任何思想学说想要宗教化,都应该吸取"法轮功"的教训,不要走到与社会主义相对抗的道路上去。

儒学政治化和宗教化都表现了大陆新儒家对儒学改造社会和转化现实的功能的重视,表现了其积极有为的姿态,但这里面有一个要与马克思主义争指导地位的问题,要改变我们国家和社会性质的问题,因此就不能抽象地肯定其实践功能的合理性了。大陆新儒家的积极有为还表现在他们对舆论宣传工作的极其重视,开会、出书、办杂志、办网站,应邀到各高校演讲,频繁接受媒体采访,善于利用儿童读经、弘扬国学、儒教讨论等活动来为自己造势,在各种文化论争中都是高调出场的一方,去年以来声势造得很大,吸引了一批青年和同情地理解传统文化的学者跟着他们走,拉一些知名专家来做"顾问"②,给人以崛起了一大"学派"的印象。有人把港台新儒家称为"寂寞的新儒家"③,大陆新儒家则是不甘寂寞的新儒家,是喧腾的新儒家和很会造势的新儒家。这也是大陆新儒学不同于港台新儒学的特点之一。

为什么甲申年会被称为"文化保守主义年"?为什么大陆新儒学一出场就影响那么大?这是因为很多人分不清弘扬优秀民族文化与"复兴儒学(教)"的界线,分不清在马克思主义指导下对传统文化批判继承、综合创新与无批

---

① 江泽民:《高度重视民族工作和宗教工作》,见《新时期宗教工作文献选编》,宗教文化出版社 1995 年版,第 254-255 页。

② 如蒋庆读经课本后面的"顾问"和"学术专家委员会"班子。

③ 台湾学者林镇国有一篇纪念唐君毅先生的文章,题目就叫作《寂寞的新儒家》。

判地认同传统、颂古非今的界线。有些媒体记者并不全面了解大陆新儒家代表人物的学术观点和政治主张，就廉价地做了他们的义务宣传员。许多同志对自由主义"西化"思潮有一定警惕，而对保守主义"儒化"思潮同样可以颠覆、毁灭社会主义却认识不足，警惕性不高。这种情况继续发展下去，确实是十分令人担忧的 。

今年9月上旬武汉会议后，有人问我这个或那个学者是不是大陆新儒家，我说没有考虑过这个问题。我只关注了被邀参加贵阳"峰会"集体出场的几个代表人物，对他们的思想和言行作了一点考察，形成了一些初步的看法。我的认识还很不深入，所以提出来希望有更多的人关注和研究。大陆新生代新儒家作为现代新儒学第四阶段的代表人物虽有其特殊历史地位，但他们并不是十分成熟，还在发展变化之中；如同前三代新儒家一样，他们彼此之间也有差异，有不同的风格和个性。因此，要求把研究工作做得更深入细致一些，宏观审视与个案研究都是需要的。这个课题提出来，科学可靠的研究结论可能要到数十年后，大陆新儒学的命运也有待历史来证实，但对这个新生事物很有必要从现在起就给予关注，因为这不仅仅是一个思想史课题，而且还密切关联着现实的思想斗争。

甲申年我因为健康状况不佳基本上没有参与外界活动，很多情况不知道。今年春天开始感到"甲申之年的文化反思"是一个重要课题，找了一些资料来看，陆续发表了一点意见。但人微言轻，并没有产生多大影响。身体状况也不允许我做很多事情，有时只能干着急。我希望有关主管部门和思想文化战线的共产党员能够重视这件事情，认真分析和对待当前意识形态领域里的复杂情况，加强阵地意识和责任意识，大家一起来改变目前这种不太正常的局面。在今天，我们要大力推动马克思主义指导下的儒学研究和中国传统文化研究，弘扬优秀民族文化；同时要旗帜鲜明地反对保守主义的"儒化"论，因为它是反民主反社会主义的。只有划清了这条界线，儒学研究和弘扬民族文化的活动才能健康地向前发展。

费孝通与"和而不同"文化观*

　　1998 年前，我与费孝通先生没有什么接触。他是大学者，又是国家领导人，是我们仰望的人物。不在同一个学科领域，也没有接触的机会。费老担任中华炎黄文化研究会会长后，我作为会里的一个工作人员，有了向他学习、请教的机会，虽然直接的接触也不多，但可以感受到他是一个非常平易、宽厚的长者，也是一个非常渊博、求实的学者，很容易接近，可以平等地交流、讨论问题。

　　费老是著名的社会学家、人类学家和民族学家。他对社会问题的研究，直接目的是为了解决民富国强的现实经济、政治问题；他的研究方法，除了重视田野考察、调查研究之外，也很重视历史、文化的考察，注意从文化积淀方面去找社会现象的根源。在文化研究这一点上，原来看似不同的学科，完全可以整合到一起来，各显其资源优势并收不同研究视角互补之益。费老的文化研究，以其人类学家、社会学家的宽阔视野和求实精神而对学界极有启发。

　　费老担任会长 7 年，对中华炎黄文化研究的贡献很大。他不是挂名的会长，而是亲自参加了会里的一系列重要活动，提出了自己对文化问题的思考，从理论与实践的结合上指导了炎黄文化研究的健康发展；特别是"21 世纪中华文化世界论坛"系列国际学术会议的召开，大大扩大了研究会在海内外的影响。

　　我认为费老晚年最大的贡献就是提出了"文化自觉"的理论，回答了在全球化时代应该怎样发展我们的民族文化，怎样处理与其他民族文化的关系问题。费老指出，要做到"文化自觉"，一是对自己的文化要有"自知之明"，

　　* 本文是作者 2005 年 10 月 29 日在纪念费孝通教授诞辰 95 周年"费孝通文化思想座谈会"上的发言。原载《中国社会科学院研究生院学报》2006 年第 6 期。

二是在处理不同民族文化的关系问题时要树立"和而不同"文化观。他注意到："21 世纪要解决的主要问题之一是：各种不同文化的人，也就是怀着不同价值观念的人，怎样能在这个经济上越来越息息相关的世界上和平共处？人类在 21 世纪怎样才能和平地一起住在这个小小的地球上？"①经过认真思考和研究，他郑重地说："我用'和而不同'来概括我国文化传统中人文价值的基本态度，也用'和而不同'来展望 21 世纪的人文世界可能出现的面貌。"②可以说，"和而不同"就是费老的"文化自觉"理论的要义和精义之所在。

我们知道，当今世界上有两种最有代表性的文明关系理论：一种是西方学者亨廷顿提出的"文明冲突"论；另一种就是以费孝通为代表的中国学者所主张的"和而不同"论。这两种文明关系理论正好是互相对立的，反映了不同的思维方式和文化价值观。它们给当今国际政治所带来的影响是很不一样的，给人类文明所展示的前景也是大不相同的。现在已有越来越多的人，越来越多的国家和民族，都明确表示不赞成"文明冲突论"，都希望在不同的文明之间，能够以交流代替歧视，以兼容代替排斥，以对话代替对抗，以共处代替冲突，承认和维护文明的多样性，努力实现"美美与共""和而不同"的世界文明格局。费孝通先生作为中国学者的代表，在全球化时代大力倡导"和而不同"的文化观，对世界文明的贡献是很大的。

2002 年 12 月，在香港召开的"21 世纪中华文化世界论坛"第二次会议上，我提交了《"和而不同"：作为一种文化观的意义和价值》③一文，中心主旨就是阐述费老所倡导的"和而不同"文化观。

"和实生物，同则不继"是古老的中国哲学智慧。"和而不同"是世界的本来面貌和状态，它也是正确处理人与人之间的关系，不同国家、不同民族、不同文化之间的关系的基本原则。"和而不同"作为一种文化观，不仅反映了文化发展的动力、途径和规律，而且在今天具有特别强烈的现实意义，它是在全球化时代促进不同的文明交流对话、化解文明冲突的最重要的指导原则。所以费老近年来特别强调"和而不同"文化观的价值和意义，在许多文章和谈话中都讲到了这个问题。可以将他的看法归纳为以下几个要点。

一、"和而不同"文化观的涵义。费老认为，"和而不同"就是容纳多元

① 《费孝通文集》第 11 卷，群言出版社 1999 年版，第 527 页。

② 《费孝通文集》第 15 卷，群言出版社 2001 年版，第 409—410 页。

③ 刊载于《中国社会科学院研究生院学报》2003 年第 1 期。

文化的共存，就是提倡和鼓励多种文化在相互接触、相互交流、相互融合、求同存异、取长补短中共同发展、共同繁荣，简单地说，"'和而不同'就是'多元互补'"①。

二、"和而不同"是多元一体的中华文化形成的基本经验。费老指出："在中华文化的发展过程中，多元的文化形态在相互接触中相互影响、相互吸收、相互融合，共同形成中华民族'和而不同'的传统文化。"②"中华文化的包容性和中国古代先哲提倡'和而不同'的文化观有密切的关系。"③

三、将中国的经验推而广之，创造一个"和而不同"的世界文明格局。在费老看来，"'和而不同'是世界上成功的文明体系的主要特征"④。"中国人从本民族文化的历史发展中深切体会到，文化形态是多种多样的，丰富多彩的，不同的文化之间是可以相互沟通、相互交融的。推而广之，世界各国的不同文化也应该相互尊重、相互沟通，这对各个不同文化的进一步发展也是有利的。"⑤因此，他响亮地提出了"创建一个'和而不同'的全球社会"⑥的口号，并用"和而不同会有日"⑦这句话来表达他对"和而不同"的世界必然会到来的坚定信念。

四、"文化自觉"与"和而不同"的关系。费老说："全球化过程中的'文化自觉'，指的就是世界范围内文化关系的多元一体格局的建立，指的就是在全球范围内实行和确立'和而不同'的文化关系。"⑧"文化自觉就是在全球范围内提倡'和而不同'的文化观的一种具体体现。"⑨

五、"美美四句"与"和而不同"的关系。费老在讲到人类学要为世界文化的"各美其美，美人之美，美美与共，天下大同"作出贡献时说："实际上，这也是中国的传统经验里面一直强调的'和而不同'的思想所主张的倾向。"⑩在另一篇文章中，他在对"美美四句"分别作了解释后，也明确地说："总而言之，这一文化价值的动态观念就是力图创造出一个跨文化界限的研

---

① 《费孝通文集》第 14 卷，群言出版社 1999 年版，第 407 页。
② 《费孝通文集》第 14 卷，群言出版社 1999 年版，第 407-408 页。
③ 《费孝通文集》第 14 卷，群言出版社 1999 年版，第 407 页。
④ 《费孝通文集》第 15 卷，第 286 页。
⑤ 《费孝通文集》第 14 卷，第 408 页。
⑥ 《费孝通文集》第 15 卷，第 290 页。
⑦ 《费孝通文集》第 15 卷，第 411 页。
⑧ 《费孝通文集》第 15 卷，第 287-288 页。
⑨ 《费孝通文集》第 15 卷，第 329 页。
⑩ 《费孝通文集》第 15 卷，第 327 页。

讨，让不同文化在对话、沟通中取长补短，达到我们的老话'和而不同'的世界文化一体。"①

六、用"和而不同"文化观来抵制、批评、消解"自我中心主义"和"文明冲突论"。费老认为，"和而不同"就是要求摆脱"唯我独美"的自我中心主义，而采取多元并存的观点。他说："近几百年来，西方文化一直处于强势地位，造成了其社会中某些势力的自我膨胀，产生了殖民主义、种族主义、极端民族主义、文化沙文主义、单线进化论等形形色色的自我中心主义思潮。……从另一方面看，非西方的各种文明，在经历了几百年来的殖民主义、世界大战、冷战、民族解放运动等等磨炼后，其社会成员的思想和心理都起了十分复杂的变化，产生了多种多样的社会思潮，其中不乏与'西方至上主义'相对立甚至相对抗的思潮。这个状况，被一些人称作是'文明的冲突'，这种冲突已经影响到了今天的世界局势。目前所谓的'恐怖主义'和'反恐斗争'，就是这种冲突的表现之一。"②特别是"9·11"事件后，费老对"以暴制暴、冤冤相报""以恐怖手段反恐、越反越恐"的当今国际政治现实深感忧虑，更加强调各民族文化的平等相待、和谐共处，加大了宣传"和而不同"文化观的力度。在他看来，"'和而不同'是人类生存的基本条件"。"现在人类拥有的武器能量已经可以在瞬间毁灭掉自身。如果只强调'同'而不讲求'和'，纷争到极端状态，那只能是毁灭。"③

正是由于对当今国际关系中"文明的冲突"愈演愈烈的忧虑，以及对人类文明进程中"和而不同"规律的深刻体认，费孝通先生才在晚年明确地提出了"文化自觉"的理论，并对人类文明的前途必然会实现"和而不同"的人文理想有坚定信心。他说："我们的老祖宗曾经提出过'和而不同'的社会理想，我们应该让这个古老的社会理想在新的时代发挥新的建设性作用。"④"和而不同"作为一种社会理想，所谓"和而不同会有日"，就是指他所期盼的"天下大同"理想社会的到来。大家知道，费老在他80岁生日时提出了著名的"美美四句"，即："各美其美，美人之美，美美与共，天下大同。"这是他对人类学的前途，也是对整个人类社会发展前途的乐观瞻望，同时也是对他提出的"文化自觉"历程的生动概括。

---

① 《费孝通文集》第 15 卷，第 68 页。

② 《费孝通论文化与文化自觉》，群言出版社 2005 年版，第 535-536 页。

③ 《费孝通文集》第 15 卷，第 328 页。

④ 《费孝通文集》第 15 卷，第 408 页。

在《"和而不同"：作为一种文化观的意义和价值》一文中，我曾根据学习费老的"文化自觉"理论与"和而不同"文化观的体会，提出也可以对"美美四句"作另一种表述，即："各美其美，美人之美，美美与共，和而不同。"这样就形成了"美美四句"的第二种版本。我认为，把"天下大同"改为"和而不同"，将"和而不同"直接引入"美美四句"，既不伤费老提出"文化自觉"的本意，而且作为一种当今的文明关系理论，意义可能更加明确，也更具有现实性。因为不同文化价值观念互相尊重、互相欣赏的"美美与共"，虽然只有在"天下大同"的理想社会才能真正、完全地实现，但它也是我们在争取实现"天下大同"的过程中，正确处理多元文化关系的唯一现实选择。它是奋斗目标，是结果；同时也是过程，是手段。"美美与共"的意涵正好可以用"和而不同"来准确地加以诠释。

在香港会议前，会里把我的文章送给费老看过。听说费老在庆祝他从事教育和学术活动 65 周年纪念会上，讲到了我的这篇文章，认为这个意见提得很好。费老真是大家风度，虚怀若谷，这种胸襟使我很受感动。他不是把自己放在"权威"的位置上，认为自己讲的话就是绝对真理，谁要改动就是不敬，甚至是"大逆不道"！他的心摆得很平。在他看来，我是从一个角度来讲这个问题，你从另一个角度来讲这个问题，可能也有一定的道理，两说或可兼容、并存；你说的即使不对，也可聊备一说，说明有人曾经作过这样的思考。他是鼓励学生提出不同的意见，通过讨论来使认识深化。中国传统讲"教学相长""弟子不必不如师"，费老是身体力行中国传统的师道，所以更值得我们尊敬。

很有意思的是，在 2002 年 12 月香港会议上，美国威斯康星大学的周策纵教授在《五四时期中国的文化自觉》一文中，也对费老的"美美四句"提出了一种修改意见。他一方面说费老说的"各美其美，美人之美，美美与共"这几句话"说得真好"，同时又建议将最后一句"天下大同"改为"求同异，存同异"。他提出的理由是："中国过去常有人说：'世界大同'或'天下大同'，后来又有人说：我们应该'求同存异'。这些话都有它们的深意。尤其后面这一句，当这二十一世纪开始时，资讯容易沟通，世界各种不同的文明、文化，接触频繁，如果都要相同起来，有些不愿放弃不同的文明怎么办？难道都要强迫它们相同吗？既然说'求同存异'，可见'求同'不必能完全达到目的，倘使'求同'能够完成，那就到了世界上只有一个文明、文化。""我们很难想象，未来的理想世界或天下，只有'同'而没有'异'。只有'同'而没有

'异'的境界，是个死寂的境界，也是个不可能长期存在的境界。如果要大家都说真话，我们应该说：我们要'求同异，存同异'。"①

在我作大会发言后，周教授表示赞成我的意见，说他讲的"求同异，存同异"也是"和而不同"的意思。"美美四句"中每句话都是四个字，如果将最后一句改成"求同异，存同异"，那就是六个字了；"和而不同"正好是四个字，而且押韵。他说这样改好。

周教授认为在文化上只能讲"求同存异""和而不同"，即使到了未来的理想社会，也不可能只有"同"而没有"异"，不可能"世界上只有一个文明、文化"。这个意见我是赞同的。但他似乎未能充分理解费老讲文化自觉历程的"美美四句"的深意，就是要通过文化上的"美美与共，和而不同"，去争取实现"天下大同"的理想社会。"天下大同"是消灭了剥削和私有制的"天下为公"的社会制度，是人类向往的美好社会理想。所有制上的"大同"并不等于文化上的"一统"（"世界上只有一个文明、文化"），这是需要明确区分的，但不能否认"天下大同"也是人类"文化自觉"所追求的最终目标。费老概括文化自觉历程的"美美四句"之所以能够引起广泛的共鸣，正是由于它反映了人们对"和而不同"文化观的普遍认同和对"大同"理想社会的共同向往。

因此，我与周教授的认识不同之处是：在我看来，"美美四句"的两种表述方法、两个版本都是可以成立的，二者是可以并存的。它们回答的是不同层面的问题，在内容和作用上可以互相补充。对于概括文化自觉历程的"美美四句"（"各美其美，美人之美，美美与共，天下大同"），可以依据费老的解说对它作历时性的理解："'各美其美'就是不同文化中的不同人群对自己传统的欣赏。这是处于分散、孤立状态中的人群所必然具有的心理状态。'美人之美'就是要求我们了解别人文化的优势和美感。这是不同人群接触中要求合作和共存时必须具备的对不同文化的相互态度。'美美与共'就是在'天下大同'的世界里，不同人群在人文价值上取得共识以促使不同的人文类型和平共处。"②对于作为一种文明关系理论的"美美四句"（"各美其美，美人之美，美美与共，和而不同"），则可以对它作并时性的理解：在多种文化并存、共处的时代，要求各种文化在自我认同的同时，也能够尊重、欣赏其他

---

① 周策纵：《五四时期中国的文化自觉》，《文化自觉与社会发展——二十一世纪中华文化世界论坛论文集》，商务印书馆（香港）2005年版，第12页。

② 《费孝通文集》第14卷，第196页。

民族的文化，在求同存异、取长补短、相互交流融合中达到"美美与共，和而不同"的境界。这是现时代处理不同民族文化关系的唯一现实的选择，也是在当今得到最广泛认同的一种文明关系理论。费孝通先生就是提倡这种文明关系理论的一个主要代表人物。

我们注意到，费老在不是讲文化自觉的历程，而是在讲文化、文明关系问题时，也经常只引用"美美四句"中的前三句，如说：

> 在全球经济一体化的形势下，多元的世界文化怎样才能持续发展？……这些不同的文化怎样能互相尊重、互相理解；相互补充、相互促进，共同发展，做到我多年前提出的"各美其美、美人之美、美美与共"呢？看来当今的世界距此目标还甚远。①

> 要知道，不论哪种文明，都不是完美无缺的，都有精华和糟粕，所以对涌进来的异文化要有所"选择"。这就是我说的"各美其美，美人之美，美美与共"。②

在所有这些场合，"各美其美，美人之美，美美与共"的文化或文明关系，其实质涵义都是要求做到"和而不同"。所以我认为，提出"美美四句"的第二个版本，或第二种表述方法，也是对费老的文化思想的发挥，是对当今最适切的一种文明关系理论（与"文明冲突"论相对立的"和而不同"论）的简要概括。在全面论述费老的文化思想时，也应该注意到这个方面。

费老以其关心国家、民族和人类前途命运的博大胸怀，在晚年着重探讨了全球化时代各民族的文化自觉问题，大力倡导"和而不同"的文化观，为中国文化走向世界和人类文明的健康发展作出了重要贡献。党的十六届四中全会提出了"构建社会主义和谐社会"的重要目标和任务。今年9月，胡锦涛同志在联合国成立60周年首脑会议上又提出了各国共同努力创建持久和平、共同繁荣的"和谐世界"的倡议。"和而不同"的辩证理念正是构建"和谐社会"与"和谐世界"的哲学根据和理论基础，由此我们看到费老在多年前就提出"创建一个'和而不同'的世界"的口号具有多么重要而深刻的意义。在今天，我们要继承费老的事业，加强对他的文化思想的学习、研究和宣传，让"文化自觉"理论与"和而不同"文化观深入人心，进一步扩大其影响，为人类文明作出更大的贡献。

---

① 《费孝通文集》第15卷，第43页。

② 《费孝通论文化与文化自觉》，第542页。

关于文化的体用问题*

今年 4 月下旬，纪念张岱年先生逝世二周年"中西文化交汇下的中国哲学重建"学术研讨会在长沙岳麓书院召开，我应刘鄂培同志之约给会议写了一封贺信，在信中提出了可以把张岱年先生的中、西、马"三流合一、综合创新"文化观概括为"马魂、中体、西用"的新思路，引起一些质疑和讨论。会后中国海洋大学陆信礼博士来函介绍了会上讨论的情况，我于 5 月 7 日复函说明我为什么有这种看法以及思考、研究此问题的过程。此后陆信礼博士又多次来函讨论这个问题，并有若干颇具挑战性的"进言"。我于 5 月 28 日再次复函阐述自己的观点，可以看出已经明显地处在牵补架漏、力争自圆其说的"防守"地位了。不过我仍然觉得这些讨论是有一定学术价值的。

关于文化的体用问题，20 世纪 40 年代贺麟先生写了《文化的体与用》一文，80 年代张岱年先生写了《试谈文化的体用问题》《文化体用简析》等文章，对这个富有民族特色的文化理论问题作了现代阐释。而在事实层面，一个多世纪以来中西体用之争从来就没有停止过，它所包含的理论内容和现实意义是很值得认真研究的。著名文化学家、《中国文化研究二十年》（人民出版社，2003 年）一书主编邵汉明同志表示愿将我的看法在《社会科学战线》杂志发表，以期引起进一步的讨论。我也希望它能起到抛砖引玉的作用。在这里要特别感谢陆信礼博士，我们在电子邮件中的讨论促使我写了后两封信，他的热情与颇有思想力度的提问是主要动力。

* 本文原载《社会科学战线》2006 年第 4 期。

一 致刘鄂培、朱汉民

鄂培、汉民同志：

　　24 日在岳麓书院召开的纪念张岱年先生逝世二周年国际学术研讨会，我本来是打算去的，不料最近医院化验结果不太好，加之今年南开和社科院有三个博士生毕业，他们的论文修改正处在关键时刻，主客观条件都不允许我从容赴会，我不得不为失去这次学习交流的机会而感到十分遗憾。

　　张岱年先生是现代中国哲学界的泰斗，也是我们永难忘怀的敬爱的师长。他去世后，我首先思考的是张先生在 20 世纪中国哲学史中应有之地位的问题，已经写了文章；后来考虑得更多的则是他对当今中国哲学和文化发展的意义问题。我曾在一篇文章中提道："他所倡导的以马克思主义哲学为基础和主导的中、西、马'三流合一'、综合创新之路，在 20 世纪中国哲学史中未能充分实现，至今仍然是中国哲学发展的正确方向和现实道路。"[①]张氏兄弟在 20 世纪 30 年代就指出了一条"孔子、列宁、罗素三流合一"，"将唯物、理想、解析综合于一"的哲学新路，70 年后，我们仍在热烈讨论中哲、西哲、马哲的关系问题，如何打破它们之间的"学科壁垒"的问题，如何建设充分吸收了人类文明成果的中国化的马克思主义哲学新形态的问题，这些讨论所趋向的结论，实际上又回到了 70 年前张先生所倡导的中、西、马"三流合一"、综合创新的思路。凡是多少经历过这一段历史的人，无不在深切的反思中对此感慨系之。

　　20 世纪 80 年代，张岱年先生明确提出了"文化综合创新论"。综合创新论一方面得到了学术界的广泛认同和支持，同时也受到一些批评和质疑。批评者把它看作是没有原则的"文化融合论"。其实张先生在讲中国的新文化建设和中、西、马关系问题时是有着明确的坚定的原则性的。他反复强调中国文化的综合创新必须坚持以下基本原则：

　　一、必须坚持以马克思主义的世界观和方法论为指导，坚持中国新文化建设的社会主义方向，积极发挥先进文化的引领作用。

　　二、中华民族是中国社会主义新文化建设的主体，必须坚持文化的民族

[①]《中国社会科学院学术委员会集刊》第 1 辑，社会科学文献出版社，2005 年 3 月版，第 94 页。

主体性。"民族主体性即是民族的主体意识，亦即民族的自觉能动性，其中包含民族的独立意识、民族的自尊心等等。……民族的主体性还含蕴着民族文化的独立性、民族文化的自主性。"①

三、对中西文化都要采取分析的态度，要以开放的胸襟学习、借鉴、吸收西方文化和人类文明中一切有价值的成果，作为"他山之石"，为我所用。

最近我受经济学界讨论中、西、马关系问题的启发②，觉得似乎也可以把张先生的新文化建设理论概括为"马魂、中体、西用"论。"马学为魂"即以马克思主义和社会主义的思想体系为指导原则；"中学为体"即以有着数千年历史积淀的自强不息、变化日新、厚德载物、有容乃大的中华民族文化为生命主体、创造主体和接受主体；"西学为用"即以西方文化和其他民族文化中的一切积极成果、合理成分为学习、借鉴的对象。这一概括主要以张先生的有关论述为依据，其解释内容与经济学家的类似提法还不完全相同，"中学为体"也显然不是张之洞和现代新儒家讲的那种意义。

关于新文化建设的方针，如何处理不同文化、文明的关系，中国人喜欢讲"体用"模式。而"体""用"范畴的涵义又可以作多种解释，因此认识分歧往往很大。张先生在80年代也写过几篇讨论文化上的体用问题的文章。一般而言，他是以胡瑗讲的"君臣父子，仁义礼乐，历世不可变者，其体也；举而措之天下，能润泽斯民，归于皇极者，其用也"③为文化上的体用范畴之本义，认为"体"就是指导原则，"用"就是原则的具体应用。所以他有"社会主义的基本原则是'体'，科学技术、文化艺术是'用'。社会主义的根本原则就是社会主义民主……可以说'民主为体，科学为用'"④；"社会主义文化以社会主义的基本原则为'体'，亦即以马克思主义的理论原则为'体'"⑤等提法。从这种认识出发，他对"中体西用"论和"西体中用"论都有所批评。中国哲学中体用范畴的另一重要涵义是指实体与作用、属性的关系，张先生在这个意义上也讲过"社会存在是体，社会意识是用""民族的存在是体，文化的内容是用"⑥。但他认为文化上的体用，一般不是这种意义，而是前一种意义，因为所谓体用都属于"学"或文化的范畴。大家知道，张先生另外

① 《张岱年全集》第 6 卷，河北人民出版社 1996 年版，第 261 页。

② 《用科学发展观统领中国经济发展》，《高校理论战线》2006 年第 2 期，第 62 页。

③ 《宋元学案》卷一《安定学案》，《宋元学案》第 1 册，中华书局 1986 年版，第 25 页。

④ 《张岱年全集》第 6 卷，第 170-171 页。

⑤ 《张岱年全集》第 6 卷，第 208 页。

⑥ 《张岱年全集》第 6 卷，第 203 页。

还有"今中为体，古洋为用"①的提法，古今中外（洋）显然都是讲的"学"或文化。

把马、中、西的关系看作是"魂""体""用"的关系，既是对传统的文化体用观的继承，又是对它的变通和发展。引进作为精神指导原则的"魂"这个概念，实际上取代了文化体用观中"体"的涵义，而用"体"这个概念来表现文化的民族主体性。这样就将文化体用观与关于民族主体性的论述结合起来了，我以为是符合张先生的中、西、马"三流合一"、综合创新文化观（含哲学观）的精神实质的。

以上是我近日学习体味张先生的思想，思考它对当今中国哲学和文化发展的意义的一点心得，虽然很不成熟，但是愿意提出来同热心于张先生思想研究的朋友们交流讨论，也表示我对这次会议的关注和参与。

祝会议圆满成功，取得丰硕的学术成果，成为推动张岱年思想研究的一次标志性的会议。

方克立
2006 年 4 月 20 日

二 致陆信礼（一）

小陆：

谢谢你来信介绍岳麓书院会议讨论的情况，这些讨论对我很有帮助。

我将张岱年先生的中、西、马"三流合一"、综合创新文化观概括为"马魂、中体、西用"论是否确当，完全可以讨论，有不同意见是正常现象。希望这个讨论能够继续下去。

有人问方克立所说的"马魂"之"马"，到底是哪个"马"？是正统马克思主义之"马"，是苏联之"马"，还是中国化马克思主义之"马"？这样提问题就完全脱离开了具体的语境。我讲的"马学为魂"是概括张岱年先生的思想，具体说就是他的"必须坚持以马克思主义的世界观和方法论为指导，坚持中国新文化建设的社会主义方向"的思想，也就是他所说的"社会主义文化以社会主义的基本原则为'体'，亦即以马克思主义的理论原则为

---

① 《张岱年全集》第 6 卷，第 129 页。

'体'"①的思想。日本有与"中体西用"论相类似的"和魂洋才"论，引进与"体"同义的"魂"这个概念，可以说是对传统文化体用观的继承和坚持，也是对它的发展和变通，就是强调在一个文化体系中，必须有一个精神指导原则，要发挥先进文化的引领作用。

我用"中学为体"来概括张岱年先生关于文化的民族主体性的思想，很容易引起误会和争议，因为在语言上与清末的"中体西用"论没有划清界限。但我说的"中学为体"，"体"的涵义已不是指精神指导原则，而是指文化的民族主体性，即在一种文化中，它的运作主体、生命主体、创造主体和接受主体到底是什么；"中学"已不是清末"中体西用"论者所讲的"中国之伦常名教"或"尧舜禹汤文武周孔之道"，也不是现代经济学家所讲的"中国化的发展着的马克思主义"②，而是指有着数千年历史传承的，经过近现代变革和转型的，走向未来、走向世界的活的中国文化生命整体。只有中国文化生命整体才能够作为自强不息、变化日新的"创造主体"和厚德载物、有容乃大的"接受主体"，某一阶段、某种形态、某个流派的中国文化都不足以担当此任。

"西学为用"既是对于作为指导原则的马克思主义来说的，也是对于作为接受主体的中国文化来说的；对于指导原则来说它是"应事之方术"即原则的具体应用，对于接受主体来说它是为我所用的"他山之石"。它并不限于西方文化，而是指其他民族文化或外域文化中的一切对主体文化有学习、借鉴价值的东西。中国文化有善于学习、借鉴、吸收外来文化的营养以发展、充实、更新自己的优良传统，继承和发扬这种优良传统也是"综合创新"论的一个重要内容。

我在贺信中提出的这个初步构想，受到了经济学家讨论中、西、马关系问题的启发，但主要是学习张岱年先生的文化思想的体会。程钢说"可能是方先生与干春松一起讨论而得出的结论"，应该说也有一定的道理。干春松正在做一个关于张先生的"综合创新"文化观的课题，我们在讨论中涉及了如何给民族主体性思想定位的问题，"马魂、中体、西用"论试图回答这个问题，但已超出传统的文化体用观的思路，恐怕一时还很难得到大家的认同。当然，更内在地说，关于文化的体用问题也是 20 多年来一直萦绕于我脑际的一个

---

① 《张岱年全集》第 6 卷，第 208 页。
② 杨承训：《中国经济学的发展方向》，《人民日报》2004 年 11 月 25 日。

理论难题，现在不过是提出了一种解决问题的新尝试。

我对这个问题的思考，有文字轨迹可寻的可见下列文章。

1984 年发表的《论中国哲学中的体用范畴》一文全面考察了体用范畴的由来、涵义以及体用观上的哲学斗争，指出体用范畴的主要涵义有二：一是本体（实体）与其作用、功能、属性的关系；二是本体（本质）与现象的关系。文章对这两种涵义的区别和联系作了详细的辨析，以同一个哲学家（如王船山）有时讲"器体道用"，有时又讲"道体器用"说明区分清楚两种涵义是正确把握中国古代体用思维模式的关键。（1982 年写的《王船山道器论浅析》一文也用翔实的资料阐析了这个问题）

1987 年发表的《评"中体西用"和"西体中用"》是一篇讨论文化体用问题的专文，以下辨析都有一定的理论意义：

一、以胡瑗的"明体达用"之学和李颙的"明体适用"之学为代表阐明传统文化体用观的涵义，得出了两点结论："（一）以体用区分'明道存心'的内学和'经世宰物'的外学，以'体'为精神之主导，以'用'为应事之方术，这同哲学上以本体（本质）和现象言体用的观点是一脉相承的。（二）他们都十分强调体用、内外的统一。……他们所说的'体用合一'或'体用不二'，实际上就是中国封建文化内部的理论和实践一致的原则。"①

二、清末的"中体西用"论者继承了以体用区分"经义"和"治事"、内在的精神原则和外在的应事方术的传统观点，主张"中学为内学，西学为外学；中学治身心，西学应世事"②。但他们不是在一种文化的内部区分体用、内外之学，而是在两种（中西）文化之间讲体用关系，好像是中学有体而无用，西学有用而无体，分别割裂了二者之体与用的统一，从而陷入了严复所批评的"牛体马用"论。

三、李泽厚的"西体中用"论偏离了以"治心"的内学为体、以"治事"的外学为用的传统文化体用观，认为"体是社会存在的本体，即生产方式、生活方式"③。这与冯友兰讲的"在一个社会类型中，生产力等经济基础是体，政治、文化等上层建筑是用"④的观点类同，都是对哲学史上崔憬、王船山等人的"器体道用"说的复归。但是，这种体用观不是就文化（"学"）自身的

① 《方克立文集》，上海辞书出版社 2005 年版，第 280 页。

② 张之洞：《劝学篇》。

③ 李泽厚：《论西体中用》。

④ 冯友兰：《三松堂全集》第 1 卷，河南人民出版社 2001 年版，第 220 页。

内部关系而言，而是讲的文化及其存在的基础，或文化及其所反映的社会存在的关系。

四、"西体中用"论与"中体西用"论似乎十分对立，但在思维结构上十分相似，二者都陷入了中西对立、体用二元的思维模式。文中有一段话从正面论述中国社会主义新文化建设的方针，其中特别强调"必须抛弃中西对立、体用二元的僵固思维模式"①。

五、文章不赞成笼统地以"中学"或"西学"为体，但又认为文化建设事实上还是有一个精神主导或指导思想的问题，批判地继承民族文化遗产和吸取外来文化，也有一个区分精华和糟粕的标准问题。中国是一个社会主义国家，中国的社会主义新文化建设只能以马克思主义为指导。②

1988 年在《略论现代新儒家之得失》一文中专门论述了文化的民族主体性问题，首次提出"接受主体"这个概念，并认为"马克思主义的传入不是中国文化的危机，而是给伟大中华文明的复兴带来了生机。马克思主义只是提供了一种新的世界观和方法论，为人类文明发展指出一条通向大同的道路，它并不否定也不能代替民族文化的主体性"③（这里已有"马魂"与"中体"可以并存的思想）。

1996 年发表的《评大陆新儒家推出的两本书——〈理性与生命〉〔1〕、〔2〕》中有一段专论文化的体用问题，不仅重申了"马克思主义文化派主张超越中西对立、体用二元的思维模式""以马克思主义为指导，并没有否定民族文化的主体性原则"等观点，还尝试着提出一个新的看法："如果说，体用范畴已为中国人所习用，一定要把中国社会主义新文化建设方针套进一个体用模式的话，我认为首先应对'体''用'概念明确界定，从文化发展的源泉、动力和创造主体的角度来确立'体'的优先地位，那么或许可以说是'以中国社会主义现代化建设实践为体，而以古今中外的优秀文化为用'。"④

以上检讨说明文化体用观是我长期关注的一个问题。我的思考始终坚持一些东西，但确实也有一些变化。

会上一位朋友的发言对我的观点颇能同情地理解，但他又说："对于体用的讲法，我也不赞成。"我认为他说到了问题的关键所在：体用作为中国传统

---

① 《方克立文集》，第 288 页。
② 《方克立文集》，第 289 页。
③ 《方克立文集》，第 211 页。
④ 《方克立文集》，第 325 页。

思维模式,我们在今天还能不能用? 具体说,能否用来分析现实的文化问题? 众所周知,"体用一源,显微无间"是传统哲学最常见的一种本体论论证方式,体用范畴的多义性使相关讨论往往陷于概念混乱和理论上的不相应,近代以来的"中体西用"论和"西体中用"论都有明显的割裂体用的缺点,这很容易使人们自觉或不自觉地排拒和讳言体用模式,生怕掉到这个"陷阱"中去。"抛弃中西对立、体用二元的思维模式"当然是对的,但在传统体用思维中是否还包含着某些科学、合理的内容呢? 我们既然已经认定"体用范畴产生和发展的根源在于社会实践","有体有用、体用统一是对客观世界的某种真实关系,即实体和作用(属性)、本质和现象的关系的反映","体用范畴鲜明地表现了中华民族理论思维方式的特点"[1],那么就不能把它完全否定和抛弃,而是需要认真考虑如何批判继承和创新发展的问题。我们要慎言体用,而不必讳言体用。从自觉不自觉地讳言体用到主张正确地理解和运用体用模式,也是我曾经有过的一个认识变化过程。(从"一定要把……套进一个体用模式的话"一语就可以看出说这话时是多么勉强,多么不理直气壮!)这个变化在很大程度上是受到了张岱年先生的启发 。

张先生在青年时代就反对"妄谈"体用。[2]在他与程宜山合著的《中国文化与文化论争》一书中,也主张"抛弃中西对立、体用二元的僵固思维模式"[3]。刘鄂培同志论述张先生的"文化综合创新论"的意义和价值,其中有一条就是"超越近代中国的文化观'体用'说"[4]。但是,张先生并不讳言文化的体用问题,他在 20 世纪 80 年代还专门写了《试谈文化的体用问题》《文化体用简析》等文章。在他看来,体用范畴的两种含义对于处理文化问题都有一定的意义。体用的第一种含义是体指实体,用指作用,从这个意义上可以说"民族的存在是体,文化的内容是用"[5],"中华民族是建设社会主义中国新文化的主体"[6]。张先生关于文化的民族主体性的论述通常是与这个意义相联系的。体用的第二种含义是体指原则,用指应用,从这个意义上可以说"社会主义的基本原则是'体',科学技术、文学艺术是'用'";"民主为体,

---

① 《方克立文集》,第 108-109 页。

② 《张岱年全集》第 1 卷,第 247 页。

③ 张岱年、程宜山:《中国文化与文化论争》,中国人民大学出版社 1990 年版,第 390 页。

④ 刘鄂培主编:《综合创新——张岱年先生学记》,清华大学出版社 2002 年版,第 19 页。

⑤ 《张岱年全集》第 6 卷,第 203 页。

⑥ 《张岱年全集》第 6 卷,第 129 页。

科学为用"①。不过，张先生指出："一般所谓文化的体用……不是体用的第一含义。清末洋务派提出'中学为体，西学为用'，其所谓体用都属于'学'的范围，应是体用的第二含义。"②在他看来，"每一文化系统都有其指导原则，有其具体设施。就文化系统中，分别体用，这具有一定的理论意义"③。这显然是讲第二种含义，体和用都在"学"的范围内。张先生认为运用体用范畴来研讨文化问题"具有重要的理论意义和实际意义"，并把它上升到"处理文化问题的中国方式"④的高度来认识，这一点对我极有启发。

中国的新文化建设所面临的问题自然要比过去复杂得多，张先生已运用体用观念作出了初步的回答。"马魂、中体、西用"论试图把张先生的"马学为体，西学为用"的思想与关于民族主体性的论述结合起来，而又作了若干变通：一是引进"魂"的概念来取代"体"；二是用"体"来表现文化的民族主体性；三是把"魂""体""用"看作一个文化系统中的三"学"，即三种文化资源或要素的关系。张先生曾经把"民族"看作文化之体，我也说过"文化的创造主体和接受主体是人，是人的实践活动"⑤，从体用的第一种含义来说当然没有问题，但却不能把"民族""人""人的实践活动"纳入"学"的范畴。从中、西、马三"学"的关系来说，体现民族主体性的是"中学"或中国文化。它是中国新文化建设的运作主体、生命主体、创造主体和接受主体，中、西、马"三流合一"、综合创新所创造出来的新文化还是中国文化，所以说只有它才是主体文化。

近代以来人们为了探索中国文化发展的道路提出过各种思路和方案，大体上都是围绕着中、西、马三"学"的关系问题，有"中体西用""西体中用"、"儒体西用"（贺麟）、"马体西用"（张岱年、程恩富）、"儒体马用"（韩星）、"马魂中体西用"（杨承训）、"中西互为体用"（傅伟勋）、"今中为体，古洋为用"等等，形成了思想界"百家争鸣"的局面。这些提法有一个共同特点，就是都借助于中国传统哲学的体用思维模式，表述简明而往往意见针锋相对，有的提法相同而解释不同；由于体用范畴的多义性和灵活性，有的一人有多种提法，也并不见得互相矛盾。我个人是比较认同张岱年先生的中、西、马

---

① 《张岱年全集》第 6 卷，第 170-171 页。
② 《张岱年全集》第 6 卷，第 203 页。
③ 《张岱年全集》第 6 卷，第 127 页。
④ 《张岱年全集》第 6 卷，第 202 页。
⑤ 《方克立文集》，第 325 页。

"三流合一"、综合创新文化观的,在提法上受到经济学家杨承训同志的启发,但对"中体"的解释与他不同。"马魂、中体、西用"论作为一家之言,优点是兼顾到了中、西、马三个方面,弱点是"魂""体""用"的关系还没有形成为一个有很强的解释力、有相当的普适性、为大家所认可的经典模式,它能否成立还要在"百家争鸣"和历史实践中经受考验。我很高兴这次它一上会就引起了讨论,听到了各种批评和指教意见。你的综述文章发表后,估计会受到更多的批评和质疑,引发更深入的讨论。对此我有思想准备,并且衷心欢迎。你说要系统地研究一下这个问题,我当然很赞成。需要我配合做点什么,请来函直言。

专此　顺颂

教祺

方克立

2006 年 5 月 7 日

三　致陆信礼(二)

小陆:

你最近二函(5 月 14 日、5 月 21 日)提出的问题都很有意思,不但促使我检讨新说与过去所言是否自相矛盾、能否自圆其说,而且要认真考虑"魂""体""用"模式的理论有效性和普遍性问题。现将我近日对有关问题的思考,再作简要说明如下。

一、关于综合创新文化观,我过去曾经作出过"古为今用,洋为中用,批判继承,综合创新"的十六字概括,现在又提出"马魂、中体、西用"论,你问二者有无扞格之处?我只能这样回答:这两个提法都是在思考中国的新文化建设方针时提出来的,但它们针对的是不同的具体问题,回答也不可能完全一致;而就其精神实质来说应该是相通的,或许还能互相补充。关于这个问题,我过去至少从以下三个角度发表过意见:

在中国的新文化建设中如何处理"源"与"流"的关系?我试图作出的回答是:"以中国社会主义现代化建设实践为体,而以古今中外的优秀文化为用。"①

在中国的新文化建设中如何处理中、西、马三"学"或三"流"的关系？我试图作出的回答是："马学为魂，中学为体，西学为用，三流合一，综合创新。"

在中国的新文化建设中如何处理古今、中外（文化）的关系？我试图作出的回答是："古为今用，洋为中用，批判继承，综合创新。"②

这些提法都涉及体用范畴，而且分别用的是"体"与"用"的不同涵义。这样就难免引起混淆，似乎彼此不相应，甚至"互相矛盾"。我深深体会到要讲清楚文化的体用问题是很不容易的，必须从辨析体用范畴的基本涵义做起，要认识它的多义性与灵活性的特点。用简单的公式化的几句话来概括我们的文化方针总是有很大局限性的，但是为了回应"中体西用""西体中用""全盘西化""全盘儒化"等论，又确实有必要这样做，因此就只能针对不同的问题来分别作出回答，并把每一个提法中所用的概念的涵义都交待清楚。

二、中、西、马三"学"的魂、体、用关系显然已经超出了传统文化体用观的范畴，把文化的民族主体性问题也考虑进去了。那么这种"魂""体""用"模式到底有没有客观根据和现实的普遍性呢？关于这个问题，我想用王船山的"形而上者谓之道，形而下者谓之器，统之乎一形"③的思路来加以回答。中学、西学和马克思主义作为各自独立的文化系统，本来分别各有其体用，而且一般来说体和用都是统一的。我们现在是讨论中国新文化建设中的中、西、马三"学"的关系问题，它们已成为同一个文化系统中"和而不同"的三种文化资源或要素，"马学"和"西学"都已不是外在于中国文化、与之不相干的东西了。由于中国的新文化建设有明确的社会主义方向，因此它必须以马克思主义为指导，特别是要以马克思主义的科学世界观和方法论为指导。西方文化中与马克思主义相对立的意识形态和价值体系自然就不能作为我们的文化选择，但世界各国先进的科学技术、管理经验和思想文化仍可以作为"他山之石"为我所用。体现"以我为主"的民族文化主体性的"中学"，既是中国新文化建设的运作主体、生命主体和创造主体，对于外来文化来说它又是接受主体，它就是统一"形而上之道"与"形而下之器"的那个"形"。这样"魂"（"道"）、"体"（"形"）、"用"（"器"）三者就有机地联结、

①《方克立文集》，第325页。
② 方克立：《现代新儒学与中国现代化》，天津人民出版社1997年版，第585页。
③《周易外传》卷五，《船山全书》第1卷，岳麓书社1988年版，第1029页。

统一起来了。

用"魂""体""用"的关系来考察各国的文化发展模式有没有一定的普遍性呢？越南、古巴是与中国社会性质、文化发展方向相近的国家，它们可以说分别是走"马魂、越体、西（洋）用"和"马魂、古体、西（洋）用"的发展道路。一方面，西方资本主义国家的文化之"魂"是基督宗教和自由、民主价值观，也就是韦伯所说的"资本主义精神"；另一方面，美、英、法、德等国又各有其国情和文化传统，它们之间的文化差异亦不可忽视。西方文化虽然以人类先进文化自居而瞧不起其他民族的文化，但在全球化时代也不能不受到其他民族文化（包括移民国家文化）的影响，其文化战略中也有一个"魂""体""用"的关系问题。特别是"用"的内涵极其丰富，从某种意义上说，想用自己的文化来把其他民族的文化"化"掉也是"用"的一种方式。

三、有人可能会问："马魂、中体、西用"论到底是你的看法还是张岱年先生的思想？你有什么根据把张先生的中国新文化建设理论概括为"马魂、中体、西用"论？我的回答是：它确实是我在学习张先生的综合创新文化观时有所体悟，并受到经济学家讨论中、西、马关系问题的启发而提出来的，我本人当然认同这种提法，并愿意为它作进一步的探索和论证。

张先生的中国新文化建设理论的一个重要特点，就是既强调要以马克思主义的基本理论为指导，又格外重视文化的民族主体性，并力图把二者结合起来。他在不同场合曾分别给二者以"体"的地位，不过"体"的涵义并不相同。"以马克思主义的理论原则为体"①，"体"是指导思想、基本原则的意思。"民族的存在是体"②、"中华民族是建设社会主义中国新文化的主体"③，"体"是物质实体、社会存在的意思。不论从哪个意义来说，"体"对于"用"都有明显的优先性，"用"是为"体"服务的。张先生说："中华民族是建设社会主义中国新文化的主体，而社会主义是中国新文化的指导原则。科学技术等等都是为这个民族主体服务的，也都是为社会主义服务的。"④在这里我们已经看到了"马魂、中体、西用"论的雏形。但"中体"在这里并不是"学"，

---

① 《张岱年全集》第 6 卷，第 208 页。
② 《张岱年全集》第 6 卷，第 203 页。
③ 《张岱年全集》第 6 卷，第 129 页。
④ 《张岱年全集》第 6 卷，第 129 页。

以后他提出"文化综合创新论"时，就明确是讲三"学"的关系了，即主张"在马克思列宁主义原则的指导下，以社会主义的价值观来综合中西文化之所长而创新中国文化"①。在他看来，"马克思主义与中国文化优秀传统相结合，应是中国文化发展的主要方向"，这就是正在建立之中的"中国文化的新统"②。

我之所以说"马魂、中体、西用"论是符合张岱年先生的新文化建设理论之精神实质的，是由于在张先生 70 余年的学术生涯中，始终倡导"三流合一"、综合创新，他对中、西、马的定位是明确的、一贯的；把活用文化体用观与突出民族主体性结合起来也一直是他试图解决的理论课题。现在找到了"马魂、中体、西用"这样一种表述方式，我首先想到的是其思想应归于张先生，故在长沙纪念会上提出。当然我也力图对它作出较为圆满的解释。

四、你 5 月 21 日来函主要谈了对李泽厚"西体中用"论的一些看法，也对我 20 年前写的《评"中体西用"和"西体中用"》③一文有所评论，我认为基本上是符合实际的。张岱年先生认为"西体中用"论的主要错误是"忽视了民族的主体性"④，我则指出李泽厚对"中""西""体""用"等概念的解释与传统的文化体用观完全不相应，并非都在"学"的范围内。这些辨析都有一定的理论意义。但李的"西体中用"论主要并不是讲文化问题，而是直接提出了一种从生产方式、生活方式、上层建筑、科学技术到意识形态都要全面学习西方，不过需要经过"转化性创造"并取得民族形式才能运用于中国的政治主张。我还是把它与全盘西化论区别开来，认为是一种"比较温和的、带有折中色彩的西化派观点"⑤。"西体中用"论的名声虽然很大，但界定模糊的文化体用论形式似乎并没有使它获得多少真正的支持者。

你提出的问题我不能一一回答，有的回答也可能言不及义（如没有直接回答李泽厚思想是否"什么都有一点"的问题），这是限于我目前的认识状况和程度，没有认真思考和研究过的问题自然就答不出来。这些讨论都非常有意思，对我的帮助很大，谢谢你！

---

① 《张岱年全集》第 6 卷，第 253-254 页。
② 《张岱年全集》第 7 卷，第 451 页。
③ 该文写于 1986 年 12 月，发表于《哲学研究》1987 年第 9 期。
④ 《张岱年全集》第 6 卷，第 208 页。
⑤ 《方克立文集》，第 257 页。

你这学期上好几门课，还要联系博士后单位、参加学术会议、读书思考问题写文章，一定相当紧张。年轻时给自己多加点压力是必要的，但也要有张有弛才能可持续发展。

专此　顺颂

教祺

方克立

2006 年 5 月 28 日

关于和谐文化研究的几点看法*

我对和谐文化问题没有作过深入的思考和研究，有几点不成熟的想法，提出来向大家请教。因为时间关系，在这里只摆基本观点，不作详细论证。

一、中华和谐文化有着非常丰富的内容，可以多方面、多角度、多层次地去揭示，为我们今天的和谐文化建设提供宝贵的思想资源和历史借鉴，但笼统地讲"中国人从'和'而来"是不合适的。

我读到过一些文章，有的是从宇宙之和（天地、阴阳、四时之和）、天人之和、人际之和、身心内外之和、内心之和等角度来阐述中华和谐文化的丰富内容的；关于人际之和，又可以从人与社会、人与人的关系分别论述，具体表现为家庭和睦（父子、夫妻、兄弟之和，"家和万事兴"）、邻里和顺、上下和敬（君臣、君民、官民之和）、政通人和、协和万邦、天下和平等等，都是讲的"人和"问题。中国人做事情，经营工商业讲究"和气生财"，用兵之道讲究"内和而外威"，解决民族矛盾往往采取"和亲"政策，这些也是讲的"人和"问题。

有的学者是从以"和"为贵、以"和"为善、以"和"为美的价值论角度来阐述中华和谐文化的政治学、伦理学、美学内容的。有的学者则集中论述了中国古代"适中为和"的"中和"思想。

有的文章分别研究了儒家、道家、墨家、易学、佛教的和谐思想，还有分别对某一个人、某一本书或某一作品的和谐主题进行个案研究的。

总之，这些研究都有助于揭示中华和谐文化的内容和特征，我认为还可以研究得更深入细致一些，更加系统化一些，因为中国传统文化中的和谐思

* 本文是作者 2007 年 4 月 28 日在中华炎黄文化研究会学术委员会召开的"建设和谐文化与文化创新"学术座谈会上的发言。原载《高校理论战线》2007 年第 5 期。

想资源实在是太丰富了。党中央提出的社会主义和谐社会理论是马克思主义中国化的最新理论成果，"中国化"当然首先是要解决中国的现实问题，同时也吸收了传统文化中有价值的和谐思想资源。比如胡锦涛同志 2006 年 4 月 21 日在美国耶鲁大学的演讲中就指出："中华文明历来注重社会和谐，强调团结互助。中国人早就提出了'和为贵'的思想，追求天人和谐、人际和谐、身心和谐，向往'人人相亲，人人平等，天下为公'的理想社会。"

中华文化有"贵和"的思想传统是不争的事实。过去受"左"的思想影响，在很长时期里对传统文化中的"贵和"思想重视不够，肯定阐扬不够，甚至不加分析地简单斥之为"调和论"。这是应该纠正的。但也要防止走向另一极端，在讲这个问题时也不能绝对化。抽象地孤立地讲"中国人从'和'而来"是没有意义的，因为它的反命题也可以成立，我们也可以说"中国人从'斗'而来"。不同大自然作斗争，不从事艰苦的创造性的劳动，包括原始中国人在内的人类能够产生吗？神农氏"斫木为耜，揉木为耒"，教老百姓进行农耕；他还尝百草，察咸苦之味，"一日而遇七十毒"。黄帝种植五谷，做宫室舟车，采铜铸鼎，制定天文历法，但仍"迁徙往来无常处"；因"诸侯相侵伐，暴虐百姓"，于是"修德振兵""习用干戈"，曾与蚩尤大战于涿鹿之野。在炎黄始祖生活的时代，不与天斗、与地斗、与人斗就生存不下来。说他们是从"和"而来，看不到他们艰苦奋斗的一面，显然是不符合历史实际的。中国人从哪里来？光和不斗不行，光斗不和也不行。和谐与斗争是分不开的。我们现在需要探讨的问题是中国人的和谐思想、中华和谐文化是从哪里来的。它是中国人认识世界、改造世界的经验总结，包括对生产斗争、阶级斗争、社会生活实践和科学艺术实践经验的总结，总结出来后又运用到社会生活的方方面面，用以指导实践。哲学家的任务就是要阐明和谐的本质内涵及其与差异、矛盾、斗争的关系。

二、中华和谐文化的理论基础、哲学根据是"和而不同"，是"兼和"，而不是"和合"。

在中国哲学中，"和"是与"同"相对的一个哲学范畴，它的涵义很明确，就是包含着差异、矛盾、互为"他"物的对立面在内的事物多样性的统一（"以他平他谓之和""和羹""和声"）。它是一个辩证的同一性概念。而"同"则是指无差别的同一，相同东西的简单相加（"若以同裨同，尽乃弃矣""若以水济水，谁能食之"）。中国哲学有"和与同异""尚和去同"的辩证思维传统，孔子就明确主张"和而不同"而反对"同而不和"。

中国以和为贵、以和为善、以和为美的和谐文化，其理论基础、哲学根据就是"和而不同"或"不同而和"，即包含着"不同"、差异、矛盾在内的多样性的统一。张岱年先生提出"兼容多端而相互和谐""兼赅众异而得其平衡"的"兼和"概念，也是包含着差异（"众异"）、矛盾在内的多样性（"多端"）的统一，可以说准确地表达了中国哲学中"和"这个概念的辩证涵义。

"和"的涵义本来很明确，把它与"合"连在一起，并称"和合"或"合和"，其意义不是更清楚了反而模糊了，其辩证性不是强化了反而弱化了。大家知道，中国哲学中的"合两为一""合同异""合异以为同"（《庄子·则阳》）等概念、命题都带有取消差异、矛盾的意味，特别是惠施的"合同异"理论，在中国哲学史上是很有影响的一家之言，带有明显的相对主义倾向，从它可以引申出"万物毕同毕异""天地一体"等一系列抹杀事物的质的差别的论辩。

我们通常"和谐"连用。"八音克谐"是多种声音（音律）的协调、谐和，也是多样性统一的意思。"谐"与"和"同义，两个字叠加在一起，就强化了"和"这个概念的辩证性，突出了它是包含着差异、矛盾的多样性统一的意义。所以我认为中央提出"和谐社会""和谐世界""和谐文化"的概念很好，意义十分明确，大家都能理解，不仅有重要的现实意义，而且把握住了中华"和"文化的精髓。如前所述，"合"有合异为同的意思（至少有这么一种理解），与"和而不同"的"和"并不完全同义。"合"与"和"两个概念只有部分意义重合，"合"还有汇合、合并、相同等多种涵义。"和合"或"合和"连用，不但模糊、弱化了"和"的辩证性，而且还容易产生误解和歧解。人们自然会提出问题："和"与"同"是相异的两种同一性，"和"与"合"怎么就变成一回事了呢？

当然，对事物发展中的"同"也不能简单全盘否定，就像肯定质变也不能完全否定量变一样。"和"与"同"异，这两种不同的"同一性"之间的关系也是辩证的统一。"和"与"合"两个概念之间的关系就更复杂了，有同又有异，对这种组合需要更加仔细地辨析。

中国古典文献中确实有"和合""合和"的提法，数量也不少，但"和合"并不是中国哲学中的重要概念、范畴，在哲学史上也没有产生过重要影响。《中国大百科全书·哲学卷》，韦政通、冯契等人主编的中国哲学辞典中都没有"和合"这个辞条，而有"和"、"和与同"（"和同之辨"）、"和而不同"、"中和"等辞条，说明它不如这些概念、范畴、命题的哲学意义明确，使用范围广和影响大。

我赞成对中国古代的"和合"思想加强文献学的研究和意义解读，但不赞成轻言它为我们的和谐社会理论、和谐文化建设提供了哲学根据和理论基础。在我看来，它是不是中华传统和谐文化的哲学根据和理论基础还是一个问题。对于这类学术问题，学者之间有不同看法是正常现象，一些似是而非的认识也只有通过讨论才能得到澄清。

三、社会和谐是社会主义社会的本质属性，在阶级对抗的人际关系中不可能实现真正的社会和谐，对那个时代的社会和谐思想要作具体分析。

《中共中央关于构建社会主义和谐社会若干重大问题的决定》中有一个重要论断："社会和谐是中国特色社会主义的本质属性。"大家都知道，和谐是人类社会共同的理想目标，但是，只有在社会主义社会才有可能真正达到这个理想目标，所以说社会和谐是社会主义的本质属性，也是其基本特征。建立在阶级剥削与阶级压迫基础上的奴隶社会、封建社会和资本主义社会，在本质上是不和谐的，因为公平正义是社会和谐的基础，没有社会平等、公正就不可能有真正的社会和谐。那个时候也有一些关于社会和谐的思想，对它们要作具体分析，其中有的反映了被剥削、被压迫的人民对"大同"和谐社会的向往与追求，有的体现在统治阶级为了缓和阶级矛盾、保持社会安定而采取的各种"惠民""安民"措施中，有的则是最高统治者为了掩盖社会不和谐的现实而制造的关于"和谐""安宁"的假象。对这些思想的实质和历史作用要作具体的分析和评价。

有人喜欢用故宫的三大殿取名为"太和""中和""保和"来说明中国古代崇尚和谐的政治思想。大家知道，清顺治二年（1645 年），当时的最高封建统治者将故宫的三大殿改名为"太和殿""中和殿""保和殿"，将三个宫门改名为"太和门""协和门""雍和门"。与这"六和"相应，又将皇城的六个城门命名为"天安门""地安门""东安门""西安门""长安左门""长安右门"。"六和"配"六安"，可谓"六六大顺"，象征着封建王朝的长治久安。我们都知道最高封建统治者所期望达到的"长治久安"到底意味着什么，它是建立在一种什么样的社会经济、政治制度基础之上的。毋庸讳言，它是建立在对占全国人口百分之九十以上的农民进行的残酷的经济剥削和政治压迫的基础之上的，最高封建统治者的和平、安宁是建立在"朱门酒肉臭，路有冻死骨"

的极不和谐的社会关系和社会制度基础之上的，显然那并不是真正的和谐社会。对封建统治者的这种"和谐"思想应该怎样评价？对破坏他们和谐、安宁的大小数百次农民起义应该怎样评价？这是研究者不能不考虑的问题。

四、"和实生物，同则不继"是宇宙的普遍规律，和谐是人类共同的理想追求，世界各民族文化中都有崇尚和谐的思想，不能简单地说中华文化是和谐文化，西方文化是斗争文化。

有的学者在阐扬、表彰中华和谐文化的意义和价值时有点绝对化，认为崇尚和谐是中国文化的特点，崇尚斗争是西方文化的特点。其实，"和实生物，同则不继"是宇宙的普遍规律，世界各民族在生产和生活实践中对此都有一定的认识；和谐是人类社会共同的理想追求，世界各民族文化中都有一些崇尚和谐的思想。以古希腊哲学为例，毕达哥拉斯是第一个提出"美是和谐"的哲学家，他认为宇宙是一个和谐的整体，"和谐起于差异的对立，是杂多的统一，不协调因素的协调"。柏拉图提出了"公正即和谐"的命题，他把自己设计的理想国称为一首"和谐的交响曲"。被称为"辩证法的奠基人之一"的赫拉克利特提出了"对立和谐"观，他说自然"是从对立的东西产生和谐，而不是从相同的东西产生和谐"。从对"和"（"和谐"）这个概念的把握来看，中西辩证法在源头处就有一些相似点，即都是把它了解为包含着差异、矛盾、对立的多样性统一。

中国古代有"大同"社会理想，西方也有空想社会主义的种种"乌托邦"方案，其共同特征都是希望建立一个消灭了阶级剥削与压迫，人们在经济、政治、文化、社会地位上完全平等，"老吾老以及人之老，幼吾幼以及人之幼"，讲信修睦、互助友爱的新社会。比如傅立叶就使用了"和谐社会"这个概念。马克思和恩格斯在《共产党宣言》中高度评价空想社会主义者"提倡社会和谐"是"关于未来社会的积极的主张"，并指出未来社会将是这样一个联合体，在那里，每个人的自由发展是一切人的自由发展的条件。

世界各大宗教都有摆脱了现实苦难的关于"天国"的种种设想，虽然是虚幻不现实的，但也曲折地反映了人们对和谐社会的向往与追求。

西方古代、近代、现代文化中都有不少关于和谐的哲学论述和社会思想资源。最近我读到一篇文章，讲到海德格尔不仅关心各个具体存在者的此在和共在，而且还对人类与人类赖以生存的星球之间的关系加以评说，以期达到人与人、人与环境的和平共在。可以说，和谐是人类文化关怀的普遍主题

和永恒主题，世界各民族文化中的和谐思想资源，都可以为我们提供参考和
借鉴。

对中西哲学思维方式、价值观念、审美情趣进行比较研究当然是有必要
的。前人从不同的视角出发，对中西文化之异提出过种种论断，比如说西方
哲学强调主客二分、中国哲学重视"天人合一"，西方人长于分析思维方式、
中国人惯于系统整体思维，等等。但这些都只是就一般意义或主流倾向而言
的，都不能绝对化。我们不能只见同不见异，也不能只见异不见同，关键是
要实事求是，就具体问题进行具体的分析比较，得出全面的符合实际的结论。
在做结论时要谨慎，特别要避免仅根据片面的资料和推理，就得出"中国文
化崇尚和谐，西方文化崇尚斗争""中国文化是王道文化，西方文化是霸道文
化"之类的简单化、绝对化的结论。

五、我更不能赞成这么一种观点，说中华文化是和谐文化，马克
思主义是斗争哲学，现在就是要用中华和谐文化来取代马克思主义的
斗争哲学。我认为用党中央提出的和谐社会理论来反对其指导思想马
克思主义是很荒唐的。

这种观点冯友兰先生在《中国哲学史新编》第 81 章"总结"中就讲过了，
我在《全面评价冯友兰》一文中曾明确表示不赞成这种观点。现在发表这种
议论的人更多了，以所谓"斗争哲学"来否定马克思主义辩证法的全面性、
科学性和真理性。我在那篇文章中指出，马克思本人就对辩证法的实质作过
精辟的论述："两个相互矛盾方面的共存、斗争以及融合成一个新范畴，就是
辩证运动的实质。"（《哲学的贫困》）马克思明明讲辩证法包括"共存""斗争"
"融合"三项内容，怎能把它歪曲成只讲"斗争"的斗争哲学呢？列宁也强调
辩证法是"研究对立面怎样才能够同一，是怎样（怎样成为）同一的——在
什么条件下它们是相互转化而同一的"的学说，在他看来，发展就是对立面
的统一（《哲学笔记》）。正确理解的对立统一规律，既包含着差异、矛盾、对
立、斗争等要素，也包含着依存（共存）、和谐、平衡、融合、转化等内容，
它是斗争性和同一性两个方面的辩证统一。和谐是同一性的重要内容，它是
对立统一规律即马克思主义辩证法的题中应有之义。

马克思主义辩证法是中西传统辩证法思想的继承和发展，中华和谐文化
中的合理内容自然也可以为这种最全面的发展学说提供有价值的思想资源。
中国的马克思主义者提出建设和谐社会、和谐世界、和谐文化的理论，就是

既坚持了马克思主义的全面发展观，又继承和发展了"和而不同"的民族哲学智慧，是马克思主义中国化的最新理论成果。

现在有人说中央提倡和谐文化就是向中国传统文化回归，是用儒家的和谐文化来取代马克思主义的斗争哲学，甚至给我党领导人与时俱进、顺应民心、推进马克思主义中国化的一系列积极举措，戴上了"仁政""禅让""民本主义"等一项顶"儒化"的帽子，把党的理论创新说成是"复古更化"的转向。这是毫无根据的，是用抹杀事物质的区别的胡乱表象联系来混淆视听，是对社会主义和谐社会理论的极大歪曲。十六届六中全会《决定》明确地说："构建社会主义和谐社会，是我们党以马克思列宁主义、毛泽东思想、邓小平理论和'三个代表'重要思想为指导，全面贯彻落实科学发展观，从中国特色社会主义事业总体布局和全面建设小康社会全局出发提出的重大战略任务。"《决定》还强调指出，社会主义核心价值体系是建设和谐文化的根本。构成社会主义核心价值体系的基本内容有四项，第一项就是"马克思主义指导思想"，同时还有"中国特色社会主义共同理想，以爱国主义为核心的民族精神和以改革创新为核心的时代精神，社会主义荣辱观"等内容。我们要建设的是以马克思主义为指导、以社会主义核心价值体系为根本的和谐文化，怎能用儒学来取代马克思主义作为指导思想的地位，搞核心价值体系的错位呢？

中国传统和谐文化的核心价值体系是什么？由于它包含着不同历史时代各家各派丰富复杂的内容，似不宜笼统言之。就拿在中国封建社会影响最大的"礼之用，和为贵"的儒家文化来说，礼是维护宗法等级制度的一套社会生活规范和行为道德规范，其更深层的核心价值观念是"仁"，形成了"以仁为魂，以礼为体，以和为用"的文化价值体系，主要表现为"三纲六纪"等社会伦常要求。这一套文化价值体系，从精神、观念的层面维护了两千多年的包括政权、族权、神权、夫权在内的封建统治秩序。

我们党在今天提出建设社会主义和谐社会、和谐文化的理论，就核心价值体系而言，与中国传统和谐文化是有本质区别的。区别就在于指导思想不同，社会建设的目标不同，所服务和维护的社会制度不同，包括荣辱观在内的价值观念不同，还有时代精神不同，等等。作为马克思主义中国化最新成果的社会主义和谐社会理论，需要从本民族的传统文化中吸取有价值的思想资源和得到历史的借鉴，但是决不能在核心价值体系上丢掉自己的根本，不能搞历史的错位。把和谐社会理论说成是向儒家文化回归，实际上是对社会主义核心价值体系的否定。我们要建设的社会主义和谐社会是民主法治、公平正义、诚信友爱、充满活力、安定有序、人与自然和谐相处的社会，仅靠传统和谐文化资源显然是不够的。

综合创新之路的探索与前瞻[*]

　　张岱年先生 1987 年提出"文化综合创新论",到现在整整 20 年了。这次会议以"综合创新与中国哲学的现代走向"为主题,我想谈谈自己对这个问题的思考以及涉及的一些主要方面,同时也借此机会深切怀念已经辞世三年的张岱年先生。

　　20 世纪中国哲学的基本态势是中国传统哲学、西方哲学和马克思主义哲学三种哲学资源各显精彩,文化保守主义、自由主义、马克思主义三大思潮对立互动。70 年前,也就是 20 世纪 30 年代,张申府、张岱年兄弟就提出了"孔子、列宁、罗素三流合一""将唯物、理想、解析综合于一"的主张,他们不仅提出了一种"新综合哲学"的设想,而且在方法论上提出了"创造的综合"与"辩证的综合"的新观念。但是,这样一种指明了 20 世纪中国哲学和文化发展正确方向的主张却没有引起人们的重视,只能作为"解析的辩证唯物论"学派的一家之言而昙花一现。半个世纪后,中国又出现了新一轮文化大讨论,张先生于 1987 年正式提出了"文化综合创新论"。作为 80 年代文化讨论中的多种主张之一,它起初也没有引起学界的特别重视,经过若干年后,"综合创新"论才在与其他各种文化主张的比较和论争中,逐渐显示出其真理性和现实性,逐渐被人们所接受,成为关于中国哲学和文化发展方向、道路的一种主流观点。

　　在 80 年代的文化讨论中,应该说站在马克思主义文化立场上的学者还是不少的,但是这一派讲"批判继承",往往被看作老生常谈,缺少新意。当时"新启蒙""彻底重建""西体中用""儒学复兴"等各种文化主张纷纷亮出了自己的旗帜,而马克思主义文化派却缺少一面非常有号召力的旗帜,在各派

---

　　[*] 本文是作者 2007 年 11 月 24 日在天津召开的"综合创新与中国哲学的现代走向"学术研讨会上的发言。卢兴、吴倩根据录音记录整理。原载《哲学动态》2008 年第 3 期。

文化观点的比较和论争中能够明显地胜出，成为一种得到普遍认同的主流观点。当时学界对 80 年代文化讨论中的各派观点有种种概括，有概括为四派的，也有概括为五派、六派的，但在这些概括中，不但显示不出马克思主义的主导地位，而且很难反映出文化讨论的全面真实的情况。张先生的"综合创新"论提出后，我觉得情况发生了重要变化，可以说它为马克思主义文化派树立起了一面鲜明的旗帜。

我是在 20 世纪 80 年代中期开始研究现代新儒学时才意识到，只有把现代新儒学放到 20 世纪三大思潮对立互动的格局中，才能准确地把握它的实质及其在中国现代思想史上的地位和作用。三大思潮首先是对于中国现代化道路的三种不同的选择：马克思主义派坚持走社会主义现代化的道路，自由主义西化派要走西方资本主义发达国家走过的老路，现代新儒家则希望走一条所谓"儒家资本主义"的道路。1990 年春，我在一次谈话[①]中又提出，三大思潮不仅是对于中国现代化道路的三种不同的选择，而且也是"五四"以后直至 80 年代文化讨论中的三个最主要的思想派别。这三派就是自由主义的"全盘西化"派、保守主义的"儒学复兴"派和马克思主义的"综合创新"派。这种概括大概是第一次把"综合创新"论看作 80 年代文化讨论中的三大主流观点之一，而且把它当作中国马克思主义文化派的代表。也是在这个谈话中，我还将中国马克思主义派的文化主张概括为"古为今用，洋为中用，批判继承，综合创新"四句话。大家知道，"古为今用，洋为中用"和"批判继承"是我党一贯倡导的文化方针，把"综合创新"与党的文化方针联系在一起，就意味着它不只是张岱年先生个人的观点，而且也是中国马克思主义派的基本文化主张。这在当时确实是一种"新说"，自然有人赞成，也有人不赞成。张先生本人也看到了这个谈话，并意识到这是对他的综合创新文化观的最有力的支持，所以希望我在这方面多做一些工作。1991 年 10 月 21 日，张先生在给我的一封信中说："我们主张'综合创新论'，既符合马克思主义，又符合国情，但响应的人似乎不多。美籍华人林毓生提出'创造性的转化'，却受到多人注意。外来的和尚会念经，自古如此。希望您大力宣传'综合创新'之义。"[②]写这封信时张先生提出"文化综合创新论"已经四年了，他的感受是"响应的人似乎不多"，所以才有"外来的和尚会念经"的感慨。这种情况

---

① 关东：《现代新儒学研究的回顾与展望——访方克立教授》，《哲学研究》1990 年第 3 期。

② 陈来编：《不息集——回忆张岱年先生》，北京大学出版社 2005 年版，第 139 页。

到 90 年代中期已得到改变，标志性事件是 1995 年在澳门召开的综合创新文化观研讨会。

"希望您大力宣传'综合创新'之义。"——这是张先生对我的嘱托，我也感到是一种责任，所以 90 年代以后我做这方面的工作就更加自觉了。1992 年 1 月，《光明日报》发表了我读张先生与程宜山同志合著的《中国文化与文化论争》一书的读后感：《大力宣传我们的主张——"综合创新"论》①。1994 年 9 月，我在一个国际学术研讨会上作了题为《批判继承 综合创新》②的发言。以后在多篇文章、多次谈话中都讲到这个问题，也意在大力宣传"综合创新"之义。这方面思考所涉及的一些问题，我想归纳为以下几个方面。

一、综合创新文化观产生的历史必然性

主要从两个角度进行历史的考察和论证：一是回顾 16 世纪以来，即自有中西文化交流以来，我们是怎样处理中西文化关系问题的。400 年间发生过多次中西文化论战，有抵制、排斥西学的观点，也有全盘西化的观点。但应该说，在此期间也有一些先进的中国人，既有强烈的民族主体意识，又有一定的世界眼光，既不赞成盲目排外，也不赞成全盘西化，而是主张综合中西文化之长来建设发展中国的新文化。从明末的徐光启，到 20 世纪初的孙中山、蔡元培，都是主张中西文化兼收并蓄的。"综合创新"论正是对于这样一种正确的文化主张和文化心态的继承、总结和发展。二是回顾和总结中国共产党人、中国的马克思主义者是怎样处理中西文化关系，怎样制定自己的文化方针的。从李大钊的"中西调和"说到 30 年代的"新启蒙运动"和张氏兄弟的辩证综合观，再到毛泽东的"古今中外法"，以至新中国成立后制定的一系列发展社会主义文化的方针政策，说明综合创新文化观与其精神是完全一致的，所以它又是中国马克思主义派一贯的文化思想的概括和总结。

二、综合创新是文化发展的规律

首先，可以用中外文化史、学术史的大量历史资料和例证来说明综合创新是学术文化发展的必然规律，现在已有一些学者在做这方面的工作，他们整理的历史资料很有说服力。其次，从道理上说明学术文化是在百家争鸣、

---

① 《光明日报》1992 年 1 月 27 日。
② 《传统文化与现代化》1995 年第 3 期。

多种思潮和学派交汇碰撞中，往往是以一种思想为主而兼容其他各家思想的部分内容，也在一定程度上消解了它们之间的对立紧张，在既有"扬"也有"弃"的批判继承过程中得到创新发展的。中国古代思想家讲的"异以贞同""杂以成文""推故而别致其新"就是综合创新，所谓诸子百家"其言虽殊，辟犹水火，相灭亦相生也；仁之与义，敬之与和，相反亦相成也"（《汉书·艺文志》），还有黄宗羲在《明儒学案》中提倡的"一本万殊之学"，都是讲的综合创新的道理。"杂以成文""杂以成家"是新学说、新学派得以生成和发展的规律。我后来在阐述费孝通先生的文化自觉与"和而不同"理论时①，也讲到了这个问题：学术领域的综合创新要以不同学说、学派的存在为前提，以承认多样性统一、"和而不同"为前提。

三、综合创新论的基本理论内容

张岱年先生对"文化综合创新论"的内容有简明精要的说明。他说我们今天讲文化综合创新，就是在马克思主义原则指导下，以社会主义价值观来综合中西文化之长，而创新中国文化。后来他又明确指出："文化综合创新的核心是马克思主义和中国文化优秀传统的综合。"可以说张先生把综合创新的指导思想、价值目标、核心内容和基本方法都讲到了。在理论上，他不仅提出"兼和"说作为综合创新论的哲学基础，而且还阐明了文化综合创新之所以可能的根据：一是文化系统的可解析性与可重构性；二是文化要素之间的可离性与可相容性。我在《批判继承　综合创新》这篇文章中，也就自己的理解，从综合创新的对象和时空视野、综合创新的目的和主体要求、综合创新的方法论特征和基本要素、环节之间的关系，将其内容概括为四个要点，这就是后来洪晓楠同志进一步概括的开放性、主体性、辩证性和创新性"四性"。我在《哲学动态》发表的那篇访谈②中，也谈到要深入研究综合创新文化观的一些基础理论问题，比如文化到底是可分的还是整全不可分的？当年张先生与西化派人士沈昌晔就争论过这个问题，到今天还是有人用"文化是不可分割的整体"的观点来反对"取其精华、弃其糟粕"的提法，说明像这样的基础理论问题并没有得到很好的解决。

综合创新论与其他两派文化主张，除了反映出文化立场、文化取向不同

---

① 方克立：《"和而不同"：作为一种文化观的意义和价值》，《中国社会科学院研究生院学报》2003 年第 1 期；《费孝通与"和而不同"文化观》，《中国社会科学院研究生院学报》2006 年第 6 期。

② 《深化对"综合创新"文化观的研究——访方克立教授》，《哲学动态》2002 年第 4 期。

之外，它在方法论上的最大特点就是用唯物辩证法来处理文化发展中的各种关系问题，包括古今中西文化关系、各种构成要素之间的关系、各个发展环节之间的关系，都要作辩证的处理。很明显，它与那种要么"全盘性反传统"、要么全面复归传统，要么"全盘西化"、要么"全盘儒化"的排他性的一元单线进化的两极思维方式是不同的，也与"中体西用""西体中用"之类的折中主义不同，而是力图超越中西对立、体用二元的形而上学思维方式，坚持全方位开放的辩证综合观。有人把这种辩证的综合观曲解为无原则的文化融合论、矛盾融合论，我们也要从理论上作出回答。

四、综合创新的具体方法和可操作程序研究

人们往往认为综合创新只是一种文化选择，只是提出了文化发展的一个可能方向，或者说是一种理想化的文化建设方案，而很难进入具体的操作程序。因此解决怎样综合创新的具体方法、途径问题也很重要。综合创新不是古今中外文化中一切好东西的简单相加，而是为了解决现实问题（矛盾），满足主体的需要，充分利用现存的一切有价值的文化资源，在分析、取舍（扬弃）、重释和重构中实现创造性的转换，使其取得新形态，获得新意义。这里除了要明确主体目标、价值取向、资源对象之外，还有一个方法运用问题。在综合创新过程中可以运用归纳法、演绎法以至理性直觉等多种方法，也可以借鉴西方的解释学方法、现象学方法和中国传统的经典诠释方法，但是要充分发挥认识的能动性，真正做到"创造的综合"而不是"平庸的调和"，最重要的还是要善于运用辩证法。辩证法的逻辑有一些基本规律和范畴，但是并没有一成不变的思维定式，经典诠释、科学发现和理论创新的方法都是多种多样的。既然综合创新是文化发展的规律，那么研究综合创新方法的一条重要途径，就是通过中外文化史、学术史去总结和发现，一些综合创新的成功范例也可以给我们许多启发。这方面研究深入后，有可能建立一门"综合创新思维学"这样的逻辑科学，它应该属于辩证逻辑的范畴。

五、哲学和文化上走综合创新之路的典型个案研究

张岱年先生一生的哲学和文化道路可以说是走中、西、马"三流合一"、综合创新之路的典范。他在40年代创立的"天人新论"哲学体系，就是"将唯物、理想、解析综合于一"、建立"新综合哲学"的一次非常可贵的尝试，虽然没有完成，但已开辟了一条用辩证唯物论的基本观点回答天人、理事、

心物、两一、反复、知实、能所、群己、义命等中国传统哲学问题的道路，说明建立马克思主义的天人新学是有可能的。张先生当时还是一个青年哲学家，已经显示出了超凡的哲学见识和大家气象。我在一篇小文章《中国哲学的综合创新之路》①中，对张先生 20 世纪三四十年代的哲学见识，曾经总结了四点"难能可贵之处"，其中每一点都表现出了综合创新的眼光和理论锐气。

冯友兰先生的哲学道路也是一个很有说服力的个案。冯先生一生致力于中西哲学互相阐明、互相补充、互相融合的工作，晚年归宗于马克思主义哲学。他认为马克思主义哲学对客观真理的揭示与前人的认识成果是相通的，马克思主义哲学也是接着中外哲学史讲的。在他看来，不仅"东哲西哲，心同理同"，而且中国哲学中的各家也是相通的。当有人说他是新儒家时，他说："儒家也好，道家也好，这个界限对我来说已经打通了。"晚年冯友兰自认为已经进入了这样一种境界，就是把儒、释、道和中、西、马都打通了，人类认识史上一切好的东西都吸收包容到马克思主义哲学中来了。当代中国的许多哲学大家，都是非常自觉地在走中、西、马"三流合一"、综合创新之路，比如像冯契先生、张世英先生等等，这些个案都应该好好研究。

六、综合创新论研究的深化——"马魂、中体、西用"论

去年我在给纪念张岱年先生逝世两周年的长沙会议写的贺信中，讲了"马学为魂，中学为体，西学为用，三流合一，综合创新"这样五句话，后来与陆信礼又有几封书信讨论，一起发表在《社会科学战线》杂志②上。关于文化的体用问题，近代以来讨论很多。由于中国哲学中的体用范畴具有多义性的特点，用来讨论文化问题时往往歧义丛生。体用范畴的一个主要涵义是讲本质与现象或原则与应用的关系，另一个涵义是指实体与作用、功能、属性的关系。我们讲文化的体用问题通常是在前一个意义上讲的，有时也从后一个意义上讲，包括张岱年先生也是从不同意义上讲的，所以关于文化的体用问题他有多个论断。很明显，要用体、用二元模式讲清楚中、西、马三者的关系是有困难的。我就想能不能对传统的体用模式做一个变通，引进"魂"这个与作为精神指导原则之"体"意义相近的概念，而将"体"专门用来指称主体、实体，即联结形而上与形而下的那个"形"，用"魂、体、用"三元模

---

① 刊于《光明日报》2003 年 2 月 11 日。
② 方克立：《关于文化的体用问题》，《社会科学战线》2006 年第 4 期。

式把体用范畴的两种涵义在一定程度上综合起来，来解决中、西、马"三流合一"的问题。这里的实质问题或核心问题是要把坚持以马克思主义为指导与挺立民族文化的主体性二者结合起来，统一起来，放在同一个三维结构的模式中。当然这个想法还很不成熟，有不同意见是正常现象。我之所以提出这个问题，是觉得后人在张岱年先生开辟的这条道路上应该有所前进，"马魂、中体、西用"的思想在张先生的有关论述中已见端倪，把马克思主义的指导地位与中国文化的主体地位统一起来也是他想解决的问题。彰显主题、拓宽论域和加强研究深度是后继者的责任。

七、综合创新与中国哲学的"合法性"问题

中国哲学的"合法性"问题最初是从西方哲学的特殊性立场，也就是以西方哲学为普遍哲学的立场上提出来的，对中国是否有哲学提出质疑。一个明显的现象是，欧美大学的哲学系过去都不开中国哲学课，现在开这门课的学校也很少，这方面课程主要是在汉学系或东亚系开。20世纪90年代，日本东京大学原来很有点影响的中国哲学研究室改名为"中国思想文化学研究室"，其背景也是对中国是否有哲学表示怀疑。这件事情直接引发了国内关于中国哲学"合法性"问题的讨论。

从国内学界来说，讨论这个问题主要是对近代以来中国哲学史这个学科的合法性提出质疑。我们充分理解提出这个问题所表现出来的学科自觉，特别是它表现出了一种建立和强化中国哲学主体性、民族性的诉求，对这个学科今后的发展无疑是有积极意义的。但是，目前的讨论中也存在一些问题，就是我们的前辈近百年来在中国哲学史学科建设方面所作的工作，特别是他们为现代性与民族性相结合所作的努力，我们能不能全盘否定，一概说成是"以西律中""以夷变夏""汉话胡说""反向格义"，甚至说成是"嫖妓哲学"？参照借鉴西方哲学的认识成果与确立中国哲学的主体性是不是绝对不相容的？其实在这个讨论中还隐含着一个问题，就是马克思主义哲学史观和方法论对中国哲学史研究还有没有指导意义？能不能把它看作是必须突破的"紧箍咒"？这些问题当然都是很重要的，应该讨论清楚。此外，在合法性讨论中又提出了一些口号，像"重写中国哲学史""回归中国哲学的原生态""以中国解释中国""以夏变夷"等等。它们的确切涵义是什么？怎样用来具体地指导今后的中国哲学史研究？有什么建设性的、可操作的思路和方案？比如说"中国哲学的原生态"，到底是指什么？我们对它是否已经有很明确的认

知?"重写中国哲学史"本来是很高的要求，应该是创造性地重写，绝不是简单地回到传统经学和义理之学，回到传统学术史那种写法和讲法。冯友兰先生上北大时，讲中国哲学史的那位教授，从三皇五帝讲起，讲了半年才讲到周公。如果这就是"原生态"的话，那么他自然竞争不过胡适之的中国哲学史课堂。近百年中国哲学史学科的发展是随着时代的进步和学术的发展而不断向前发展的，应该说也是有规律可循的，它发展到今天也不容易。所以我觉得很有必要加强对近百年"中国哲学史学史"这门学科的研究，既看到前人艰辛探索所作出的贡献，也指出存在的问题，明确改革和前进的方向，把"合法性"讨论的积极成果落实到今后的学科建设中去。

我个人的看法是，中国哲学的"合法性"问题不能只从方法论的层面来解决，它首先是一个哲学观问题。只要坚持社会存在决定社会意识、哲学是民族精神和时代精神的精华、共性寓于个性之中的原理，尊重客观历史事实，中国有没有哲学、应该怎样研究中国哲学的问题是不难解决的。从研究方法来说，首先要从中国哲学自己的文本、话语和问题意识出发，揭示按照问题自身的逻辑和不同的时空条件所提出的各种解决之道，来展开中国哲学的全部丰富内容。在自立宗主的前提下，参考借鉴西方哲学的认识成果和进行中西比较应该说都不是问题。所以我认为，挺立中国哲学的民族主体性，与贯彻马克思主义哲学史观和方法论的基本原则、借鉴西方哲学的认识成果，这三者并不是绝对不相容的，而是有可能辩证地综合在一起，有机地统一起来。也就是说，中国哲学学科的发展也要走综合创新之路。

八、综合创新中的"一元主导"与"多元兼容"问题

前面提到综合创新论起初响应的人并不多，后来情况很快发生了变化，人们意识到"综合创新"是一个很有解释力的概念，它不仅符合文化发展的规律，而且也非常符合我们这个时代思想文化发展的特征。现在不仅马克思主义派讲综合创新，而且文化保守派、自由派都讲"综合创新"，有的虽然不这样讲，但实际上也是走的一条多种文化资源互相借鉴、互相利用、互动互补的道路。比如杜维明就多次说他赞成张岱年先生的"综合创新"论，他讲儒家传统的批判继承和创造转化就是综合创新，主张儒学要同马克思主义、西方基督教神学、弗洛伊德主义对话，要从这些学说中吸取资源。现在自由派中明确主张"全盘反传统""全盘西化"的人也不多，他们中间也出现了所谓"中道自由主义"和"儒家自由主义"，即自由主义与保守主义的合流。自

由主义的左翼也赞成社会主义的公平原则，他们讲的"通三统"，就是要打通社会主义、保守主义、自由主义三种传统，试图把三者结合起来。在今天多元化的时代，持排他性的一元单线进化观念的是极少数，许多人都表现出了某种意义、某种程度上的"兼容""综合"趋向，只是在"指导思想一元化"的问题上，三派明显地区别开来，在处理"一元主导"与"多元兼容"的关系问题上各派的取向不同。马克思主义综合创新派是非常明确地以马克思主义为"一元主导"的，但是它并不排斥科学、民主、法治、现代化，以及自由主义和儒学中的某些思想资源，它们都可以作为"支援意识"而被兼容，或者说辩证地综合进来。另外两派呢，只不过是主导意识不同，西化派是以自由主义为"一元主导"，新儒家是以儒学为"一元主导"，比如杜维明就强调儒学是"文法"而不是"词汇"，有的人则强调儒学是"体"而不是"用"，主张"儒体西用""儒体马用"。在"指导思想一元化"的问题上，三派都旗帜鲜明，毫不含糊，所以才有对立和紧张。

九、中国特色社会主义理论体系中的文化综合创新问题

"中国特色社会主义理论体系"是党的十七大提出的新概念。这个理论体系是几代中国共产党人探索中国特色社会主义道路的理论结晶，它既坚持了马克思主义和科学社会主义的基本原理，又总结了国际共产主义运动正反两个方面的经验教训，特别是总结了我们自己进行社会主义建设和社会主义改革的经验；它既吸收了中国传统文化的精华，同时也吸收了人类先进的文明成果，所以应该说，中国特色社会主义理论体系本身就是综合创新的产物。

中国特色社会主义理论体系包括经济、政治、文化、民生（社会建设）、国防、外交等多方面内容。就中国特色社会主义文化来说，它的一个重要特征就是综合创新。过去我在文章中提到过 1986 年制定的关于社会主义精神文明建设指导方针的决议，也提到过江泽民同志 1991 年的"七一"讲话，其中都强调社会主义新文化建设要以马克思主义为指导，批判继承历史传统而又充分体现时代精神，立足本国而又面向世界，古今结合，中外结合，充分体现了综合创新的精神。[①]十七大报告讲要推动社会主义文化大发展大繁荣，也强调要巩固马克思主义的指导地位，弘扬中华文化，加强对外文化交流，吸收各国优秀文明成果，同样体现了综合创新的精神。在此之前十六届六中全

① 参见《批判继承　综合创新》《大力宣传我们的文化主张——"综合创新"论》二文。

会关于构建社会主义和谐社会的决定，讲到社会主义核心价值体系的四项内容：马克思主义指导地位，中国特色社会主义共同理想，以爱国主义为核心的民族精神和以改革创新为核心的时代精神，社会主义荣辱观，这也是理论上的综合创新；讲到社会主义和谐社会是民主法治、公平正义、诚信友爱、充满活力、安定有序、人与自然和谐相处的社会，这六个方面基本特征统一在一起，当然也体现了综合创新的精神。中国传统文化中有不少和谐思想资源，但有些资源就不足，比如民主法治，就需要学习借鉴西方文化。没有综合创新的眼光和气度，就难以建成六个方面基本特征统一的社会主义和谐社会。可以说综合创新是建设和发展中国特色社会主义文化的世界观和方法论基础，是它的灵魂。

十、综合创新与科学发展观

综合创新是作为一种文化发展观提出来的，它在推动学术理论、文学艺术、科学技术发展方面已经发挥了重要的积极作用，在今天已是一个使用频率相当高的概念。类似的提法还有"融合创新""整合创新""集成创新""扬弃创新"等等，钱学森先生的"大成智慧学"也是一种综合创新理论。除了文化学的意义之外，综合创新对经济社会发展和各方面事业发展也有重要的方法论指导意义，因为它是建立在对事物发展本质的科学认识基础上的发展战略思想。举一个例子：我们南开哲学系毕业的一位同学，是北京一家国有企业党委办公室的负责人，他在为公司党代会起草的主题报告中，就是以"综合创新"作为企业发展的核心战略口号，来全面落实科学发展观，争取实现跨越式发展的目标。报刊上也提供了许多这方面的信息，比如 2005 年大连市委提出一个口号，"综合创新是大连城市发展的灵魂"，并在这一战略思想指导下提出了制度创新、结构创新、发展空间创新、技术创新的目标和具体实施方案。贯彻落实科学发展观要站得高，看得远，总揽全局，统筹兼顾，才能推动经济社会全面协调可持续发展。在一定意义上说，综合创新就是充分发挥认识和实践的能动性，促使事物朝着符合人的需要的方向发展的一种科学发展观。关于发展，我们知道有两个最重要的辩证法命题：（一）发展是对立面的统一；（二）发展是新事物代替旧事物。古人讲"和而不同""和实生物"，讲"异以贞同""杂以成文"，都是讲发展是对立面统一或多样性统一的道理；没有"两"、没有"异"、没有"多"就无所谓"综合"，就无所谓对立面统一或多样性统一。从时间维度来说，发展就是我们通常讲的"推陈出新"，王夫之讲的"推故而别致其新"。没有创新，不能"出新"，还是那个旧东西，挪个地方，或者简单数量增加，都不是发展。综合创新论是揭示了发展的辩证本性的科学认识论和方法论，同时也可以说是一种科学的发展观。

上面讲的十个问题，只涉及了综合创新论的若干方面，还远未形成系统的理论认识。中国哲学和文化发展要求深化对综合创新文化观的研究，特别是中国特色社会主义建设和改革实践进入新阶段，党中央作了一系列新的理论概括，广大干部群众在落实科学发展观的过程中又有许多新创造、新成就，相比之下综合创新的理论研究已经落在后面。即将到来的社会主义文化大发展大繁荣需要有正确文化观的指导，看来能担当此任的只有马克思主义综合创新文化观，所以我们要有紧迫感，加强这方面研究工作的力度。

关于综合创新文化观的前景，我个人是持乐观态度的。五年前，在《哲学动态》记者做的那次访谈①中，最后提的一个问题是：中国进入了全球化时代，随着社会更加开放，西化思潮的影响可能会进一步扩大；随着中国经济快速发展，国人自信心的提高，文化保守主义可能会有更大的市场，在这种情况下，"综合创新"文化观会不会被边缘化呢？这些年来确实出现了记者讲的某些情况，新自由主义和文化保守主义思想都有所抬头，但我仍坚持当时的看法，认为真正符合人类理性和中国先进文化前进方向的文化选择是会得到多数人的支持和认同的。前面已经提到这样一些事实：在我国思想界，"综合创新"这个概念出现的频率越来越高，使用的范围越来越广，包括某些新儒家和自由派代表人物也表示赞同综合创新的提法，这不是说明它的影响正在逐渐扩大吗？我相信，随着时间的推移，综合创新文化观将会得到越来越多的人的理解和支持，形成日益壮大的综合创新文化学派，在中国社会主义文化大发展大繁荣中发挥越来越重要的作用。16 年前，张岱年先生曾感叹"外来的和尚好念经"，因为他们有某种传播学的优势：新鲜。但张先生对"综合创新"论实际上是有信心的，因为它"既符合马克思主义，又符合国情"，这一优势是外来的和尚所不具有的。我想还可以补充说：综合创新论既符合文化发展的规律，又符合当代中国先进文化的前进方向，符合科学发展观的要求，因此这种理论的生命力一定会越来越充分地显示出来，在中国特色社会主义文化建设中将处于无可置疑的中心和主导地位。

---

① 《深化对"综合创新"文化观的研究——访方克立教授》，《哲学动态》2002 年第 4 期。

创建适应时代需要的新国学*

　　中国社会科学院"国学研究论坛"今天举行第一次活动，我们首先请了两位院外嘉宾发表高见并分别介绍北大和人大开展国学研究的情况。袁行霈教授是北大国学研究院院长，也是中央文史馆馆长；纪宝成教授是人大校长，也是人大国学院的院长。他们的精彩演讲对我们很有启发。

　　中国社会科学院是我国人文社会科学的最高研究机构。学部委员和荣誉学部委员中三分之一是国学研究专家。社科院学者过去在这方面作了许多实实在在的工作，今后也将在把握国学研究的正确方向、推出国学研究的高端成果、培养国学研究的高层次人才等方面继续作出贡献。

　　下面就我对本次论坛主题的理解谈点个人的看法。

"国学热"审视

　　据我观察，近年来持续升温的"国学热"，具有民间发动、学院响应、媒体助阵、官方谨慎认可并力图用社会主义核心价值体系积极引导的特点。

　　总的说，新世纪出现的这次国学复兴运动，是合乎时代之潮流、顺乎人心之所向的。第一，它反映了经济迅速发展、国家日益强盛的中国民族文化的自觉，民族自信心的提高，再不把过去的贫穷、落后简单地归咎于自己的文化，而是意识到源远流长、博大精深的传统文化恰恰是综合国力竞争时代中华民族特有的资源优势之一。今后的世界如能以"各美其美，美人之美，美美与共，和而不同"为文明共存的原则，那么，文化资源丰厚的国家和民

---

　　* 本文是作者 2008 年 7 月 4 日在中国社会科学院首次"国学研究论坛"的发言。原载《高校理论战线》2008 年第 8 期。

族自然具有更强的软实力，也理应对人类文明作出更大的贡献。第二，回顾中国走向近、现代的历程，怎样对待传统文化始终是古今中西之争的焦点之一，一百多年来我们在这个问题上有太多的经验教训，中西对立、体用二元的思维方式以不同形式表现出来并深刻地影响着社会思潮，亟须用辩证理性去进行科学的清理和总结。特别是经过"文革"的反思，重估国学的价值和对它进行恰当的功能定位已经提上了日程。第三，当代中国先进文化建设离不开传统文化的根基，作为科学世界观和方法论的马克思主义也只有与本土文化相结合才能在中国生根、发芽、开花、结果，我们今天要坚持和发展的中国特色社会主义理论，大力倡导的以人为本、与时俱进、社会和谐、人与自然协调发展的理念，都从传统文化中汲取了丰富的营养。积极健康地开展国学研究，有利于社会主义文化的大发展大繁荣。第四，中国在发展社会主义市场经济的同时也带来了加强社会主义法制建设和精神文明建设的双重任务，中国传统文化历来重视廉洁奉公、敬业乐群、诚实守信、见利思义、知荣明耻的道德人格教育，可以为今天的反腐倡廉工作和对青少年进行思想道德教育、在全社会树立社会主义荣辱观提供有力的支援意识，人们对国学的呼唤是与对道德社会的期盼联系在一起的。第五，在复杂多变的国际环境中，中华民族还有一个统一祖国的历史任务，海峡两岸同胞以及全世界华人除了同祖同根、血脉相连之外，共同的语言、文字、历史和文化是联结他们的天然精神纽带，大力弘扬国学有利于增强民族凝聚力，维护国家的文化安全，促进祖国统一大业的实现。因此，在今天出现复兴国学、重建国学的强烈要求，绝不是偶然的，而是中华民族伟大复兴事业的内在的必然的要求。

"国学热"之所以只得到官方的谨慎认可并且需要引导，是由于在自发兴起的文化运动和社会思潮中，也出现了一些令人担忧、值得警惕的现象：一是少数人以弘扬国学为名，行"复古更化"、历史倒退之实，企图把国学意识形态化，用来抵制和取代当今中国的主流意识形态，这种企图从他们提出的"重建'政教合一'的儒教国家""以儒学取代马克思主义""儒化共产党""儒化中国"的口号中可以清楚地看得出来；二是在市场经济大潮中，有些人把国学当作了一种用来牟利的特殊商品，充斥图书市场的国学出版物良莠不齐，出版商和粗制滥造者更多的是关注经济利益，某些高校办的"天价国学班"也在群众中造成了不良影响，这种商业化运作与国学所标举的道德人文精神显得很不协调；三是媒体过分的炒作、造势使"国学热"中有许多虚热的成分，引导受众盲目追逐戏说新解的"快餐国学"，不利于提高国学研究的学术水平，鼓励人文学者拿出"十年磨一剑"的具有真知灼见的精深研究成果来。国学研究需要长期积累和沉潜的功夫，不能靠追逐时潮、搞"短平快"而见速效。上述值得忧虑的现象都不利于国学运动的健康发展，而是有损其声誉，甚至有可能把它引上邪路，因此对"国学热"进行正确引导是十分必要的。

党的十七大提出要用社会主义核心价值体系引领社会思潮，建设中华民族共有精神家园，这就为复兴国学、弘扬中华优秀文化指出了正确方向。国学研究和国学传播都要坚持以马克思主义为指导，大力弘扬以爱国主义为核心的民族精神和以改革创新为核心的时代精神[1]，为用中国特色社会主义共同理想凝聚人心、用社会主义荣辱观引导社会道德风尚作出积极的贡献。

"国学"概念界定

何为国学？学术界有各种不同的看法，从 20 世纪起就争论不休。有的学者认为，国学这个概念太笼统、太模糊，从"科学"的意义上说本不可用（"学无分中西"），作为一时代约定俗成的概念又边界不清，因此建议不用或"缓行"。然而事实上这个概念已广泛流行，我们不可能视而不见、听而不闻，与其建议不用或"缓行"，不如在约定俗成的意义上争取对其内涵和外延达成基本的共识。在我看来，学界目前所讲的"国学"，就其指称对象和时空范围来说，多数学者实际上已取得基本一致的看法，即以其指称中国传统的学术文化，这就是狭义的国学概念。

广义的国学是"一国所有之学"[2]，除了中国传统学术文化之外，还包括西学和马克思主义传入后的中国近现代学术文化，与海外"中国学"或"汉学"研究的对象、范围大体相同。我们知道，国外的中国学研究机构，多数是重点研究中国现当代的政治、经济、文化、社会、军事、外交等情况的，少数继承了或兼有注意研究中国古代历史、语言、民族、宗教、哲学、文学、艺术的汉学传统。"国史"是国学的重要组成部分，我们社科院当代中国研究所写的"国史"是中华人民共和国史，不同于钱穆《国史大纲》所写的"中

---

[1] 中国传统文化中有丰富的"自强不息""与时偕行""革故鼎新""苟日新、日日新、又日新"的改革创新思想。

[2] 邓实说："国学者何？一国所有之学也。有地而人生其上，因以成国焉，有其国者有其学。学也者，学其一国之学以为国用，而自治其一国也。"（《国学讲学记》，1906 年）

华全史"，但仍可涵括在广义的国学概念之内。

将国学界定为中国传统的学术文化，其实也是一个相当笼统、内涵十分丰富复杂的概念，略同于"古学""旧学"或"国故学"，是中国传统学术文化之总和、总称。我们通常说的国学，是指近代分科之学形成之前的经、史、子、集"四部"之学，传统的义理、考据、辞章、经世之学，或者如马一浮先生所言"六艺统四部"，"国学者六艺之学也"①。中国古代的学问是"通人之学"，主张天地人贯通、文史哲贯通、儒释道贯通、真善美贯通、道学政贯通……而以成人之道为中心。"通"是以类分为前提的，中国传统学术分类集中体现在图书典籍分类中。《汉书·艺文志》将中国古代的书籍分为六艺、诸子、诗赋、兵书、数术、方技六类，《隋书·经籍志》形成了经、史、子、集四部分类法的雏形，以后不断调整、完善，至清代编定《四库全书总目》，已形成一套完整的中国传统学问的知识系统。

台湾诗人余光中说：国学是一座山，我等不过是蚍蜉而已。不仅国学是山，而且其中的每一类都是一座山。就其内容之宏博而言，事实确实如此。就以四部中的"子部"来说，《四库全书总目》又分为儒家、兵家、法家、农家、医家、天文算法、术数、艺术、谱录、杂家、类书、小说家、释家、道家十四类，涵盖了哲学、宗教、政治学、军事学、自然科学、艺术、类书等多方面的内容。其中每一类都内涵丰富，比如"医家"，最近出版的一部《中国中医古籍总目》，收录历代中医古籍13000余种，其中蕴含着祖国医学的大量宝藏，说它是"一座山"，并非夸张之言。

有两个问题涉及对"国学"概念的理解以及对其功能的认识，我想谈一点不同的看法。

一是我不赞成将国学与文学、史学、哲学等并列设立为一级学科。因为国学不是一个学科，而是一个学科体系，一个不同于现代学科体系的传统学科体系。它有自己独特的学术分类，现代学科体系是从它转型发展而来的，因此就学术内涵来说，二者大量的是交叉重合的。国学中除了有小学、经学、文学、史学、哲学等传统人文学科的内容之外，还包括政治学、经济学、法学、军事学、民俗学等社会科学，天文、地理、历法、算学、医学等自然科学，农学、水利、工艺、建筑等实用技术科学的内容，甚至把琴、棋、书、画，诗、词、歌、赋，京剧等传统艺术和武术、杂技等等都包括在内。如果

①《泰和会语·楷定国学名义》。

将国学与文、史、哲并列设为一级学科，似乎连逻辑上的种属关系都忽略了，不是提高而是降低了国学的地位。如果国学只是一个与文、史、哲并列的"一级学科"，其学科范围势必要大大窄化，难以将国语、国文、国史、国医、国剧、国画等等都涵括于其中，不能使人们对国学有一个全面的认识。研究生教育阶段是以分科学习、研究为主，传统国学中的内容都有大体对应的现代学科，因此学位授予应该不成问题，比如小学可归入汉语言文字学，经学可归入专门史。以做人为中心的传统学术的会通精神，需要在基础教育阶段（包括大学的通识教育）培养涵育，比如加强国文、国史等课程学习，加强成人之道的教育，提出学行一致的要求等。

二是我不能同意这样一种观点，就是认为国学的本质属性和核心内涵，主要是指意识形态层面的传统思想文化，这是我们今天所要抽象继承和积极弘扬的重点之所在。我认为这样讲至少有表述模糊不清的问题。

对内涵丰富复杂的国学采取分析的态度无疑是正确的，我们不仅要把意识形态层面的传统思想文化与非意识形态层面的古代语言文字、自然科学、实用技艺、文献考据等学术内涵区别开来，而且尤其需要对"意识形态层面的传统思想文化"本身作进一步的科学分析，不能忘记马克思、恩格斯讲的"任何一个时代的统治思想始终都不过是统治阶级的思想"[1]，"支配着物质生产资料的阶级，同时也支配着精神生产的资料，因此，那些没有精神生产资料的人的思想，一般地是受统治阶级支配的"[2]；要像列宁那样区分"两种民族文化"[3]，像毛泽东指出的那样"必须将古代封建统治阶级的一切腐朽的东西和古代优秀的人民文化即多少带有民主性和革命性的东西区别开来"[4]，而不能笼统地继承和弘扬"意识形态层面的传统思想文化"。即使是传统思想文化中多少带有民主性和革命性的东西，也不能"抽象继承"，而是要批判地继承。我之所以要把这个问题提出来，是由于在当前的"国学热"中有一种倾向，就是过于强调国学的意识形态性和价值导向功能。比如有人认为国学就是求道之学、义理之学，主要是解决信念和信仰问题，其他如考据、辞章、技艺等等皆不足道也。还有人将国学直接等同于儒学，大力鼓吹"儒学救世论"。对国学内涵的这类偏狭理解，与对国学的功能定位密切相关。他们不是

---

① 《共产党宣言》，《马克思恩格斯选集》第1卷，第270页。

② 《德意志意识形态》，《马克思恩格斯选集》第1卷，第52页。

③ 《关于民族问题的批评意见》，《列宁全集》第20卷，第15页。

④ 《新民主主义论》，《毛泽东选集》第2卷，第707页。

把作为民族文化遗产的国学当作今人批判继承、古为今用的历史资源，而是赋予它以挽救世道人心的特殊的意识形态使命，这就不是一个简单的概念界定问题了。

20 世纪前期国学运动回顾

1913 年，以蔡元培为总长的教育部公布《大学令》，规定取消经学科，在大学设文、理、法、商、医、农、工七科，标志着在学科体制上传统国学已被近代分科之学所取代。这一历史性转折是在晚清"经世"思潮和西学东渐大潮的影响下发生并逐步实现的，总的来说推动了中国学术和教育的发展进步，但也使传统国学面临着生存危机及其"贵通"精神丧失的问题。正是由于对"旧学将亡之患"的忧虑，才激发了 20 世纪与"救国""保种"相联系的国学复兴运动。

国粹派最早提出"保存国粹""复兴古学"的口号。其代表人物章太炎、刘师培等人都不是保守派人士，而是清末著名的资产阶级革命家。他们复兴古学的目的，是用来为"兴民权、反专制"的资产阶级民主革命服务。比如将"国学"与"君学"区别开来，以先秦诸子学为未受"君学""异学"浸染之前纯正而健全的中国学术文化，即"古学""国学"，因此，复兴古学就具有了"激励种性""排满革命"的意义。他们认为先秦诸子学与近代西学是相通的，保存国粹与引进西学并不矛盾，藉西学之新理、新法来发明古学新义是他们研究国学的基本思路。被称为"20 世纪独当之无愧的国学大师"的章太炎，就在用西学和佛学来研治诸子学方面成绩卓著。

虽然章太炎等人早以"整理国故"为职志，但真正形成一场声势浩大的国学运动，还是在"五四"以后。1919 年 11 月，胡适发表《新思潮的意义》一文，正式标举"研究问题，输入学理，整理国故，再造文明"的旗帜，即以"整理国故"为新文化运动不可或缺的一个组成部分。关于"整理国故"的方法，胡适将其归纳为"历史的眼光""系统的整理""比较的研究"，进而化约为"大胆假设，小心求证"八个字，即以杜威的实用主义来整合宋学的怀疑精神和清代考据学的求证归纳法。这种被认为是汇通了古今中西思想精华的科学方法，很快得到"古史辨派""文学研究会"等新文化派人士的认同和响应，出现了一场参与者众多、影响深远的"整理国故"运动。同时它也受到国粹派、学衡派和新文化运动内部激进派的尖锐批评和质疑，形成一场长达十余年的国学大论辩。国粹派、学衡派批评胡适等人对国学缺乏同情的了解，过分强调"以西衡中"导致了民族文化主体性的丧失；新文化运动中的激进派则批评"整理国故"的倡导者是要把青年引向故纸堆，为腐朽、落后的思想文化涂脂抹粉，"在粪秽里寻找香水"，客观上阻碍了中国革命和新文化运动的进程。关于"整理国故"的争论集中反映了当时各派文化理念的矛盾和冲突，但在他们之间也有一些基本的共识，那就是都不赞成将国学运动引向复古主义，都赞成对西学采取开放的态度，都意识到重建国学是再造中华文明的一个重要组成部分。

20 年代清华国学研究院和北大《国学季刊》存在的时间都不长，但颇能代表 20 世纪前期国学研究与国学教育的特点和方向。《国学季刊》是北大国学门办的学术刊物，创刊于 1923 年，影响最大的是胡适写的那篇《发刊宣言》，他明确说这是一篇"主张以新的原则和方法来研究国学的宣言"①，实际上概括地说明了他所倡导的"整理国故"运动的原则和方向。发表于该刊的文章大都是这个时期比较重要的国学研究成果。1925 年创办的清华国学研究院只招了四届学生，共计 74 人，其中包括王力、高亨、罗根泽、刘盼遂、谢国桢、徐中舒、吴其昌、姚名达、刘节、陆侃如、姜亮夫、蒋天枢等一大批后来在我国人文学术领域里作出了重要贡献的知名学者，堪称 20 世纪国学研究生教育之典范。其实研究院除了王国维、梁启超、赵元任、陈寅恪四大导师外，只有讲师一人，助教三人，加上主任吴宓和两个工作人员，总共不过十一人。清华研究院开的课程，包括王国维的"古史新证""说文练习""尚书""仪礼"，梁启超的"中国古代史""中国文化史""儒家哲学""历史研究法"，陈寅恪的"西人东方学之目录学""梵文""佛经翻译文学"，赵元任的"普通语言学""方言学""音韵学"，李济的"普通人类学""考古学""中国人种考"等，都不是传统的经筵讲席，"所讲或为国学根柢之经史小学，或治学方法，或本人专门研究之心得"②，重在介绍新发现、新学理和新方法，包括海外汉学、东方学的研究成果，赵元任、李济两位哈佛博士更是把现代语言学和人类学的方法直接引到国学研究中来。清华研究院国学教育的成功，与这种新眼光、新的办学模式是分不开的。今天人大、北大和其他高校办的

---

① 唐德刚译注：《胡适口述自传》，广西师范大学出版社 2005 年版，第 205 页。
② 《研究院章程》，《清华周刊》第 360 期。

国学院，都很重视其办学经验，从中得到启示和借鉴，争取在新时代把国学教育办得更好、更有成效。

简单回顾 20 世纪前期的国学运动，是为了说明这个时期不论是国学研究、国学教育还是国学讨论，都不主张复古，走回归传统国学之路，而是力图借用西方近现代的学术方法，对中国传统学术文化进行系统的整理、比较的研究，其中虽然不无比附之弊，但根本宗旨是要发明古学新义，为再造中华文明提供有价值的历史资源。这个时期的国学复兴论者，对于作为民族文化根源和血脉的国学多有同情的了解，但是并没有将其意识形态化，比如对于为专制帝王统治服务的"君学"，就把它与"国学"明确区分开来并给予有力的掊击。他们虽然也反对"醉心欧化"，但总的来说对西学还是采取开放的态度，将他者作为认识自己的一面镜子，并试图从中找到整理国故、重建国学的"科学方法"。这个时期的国学研究和国学教育，相对于传统国学来说，无疑是一个历史的进步。

创建社会主义时代的新国学

今天我们再次面临着复兴国学和重建国学的问题。历史的经验告诉我们，国学研究必须与时俱进，它必须与时代的主题以及我们所承担的历史任务相适应，因此，在今天复兴国学、重建国学就是要创建适应中国特色社会主义事业发展需要的新国学。

按照约定俗成的狭义国学概念，新国学研究的对象仍然是中国传统的学术文化，如前所说这是一座蕴藏着丰富资源和宝藏的大山，是一个几千年积累、传承下来的知识宝库。我们必须以虔诚、敬畏的态度来对待这个研究对象，首先要把包括古典文献、出土文物和非物质文化遗产在内的祖先的丰厚馈赠保护好，保存下来，然后才谈得上对其进行整理、研究与合理利用。当然，保存、掌握资料并不是最终目的，还须在此基础上对中国传统学术文化进行深入研究和具体分析，揭示其发展规律，形成服务于当代中国文化建设和积极参与人类文明对话的新国学理论体系。

怎样创建适应社会主义时代需要的新国学，或者说，怎样建立国学的当代形态，我认为袁行霈教授讲得比较平实，就是要有三个"态度"：分析的态度，开放的态度，前瞻的态度。

所谓分析的态度，就是要分清国学中的精华和糟粕，吸取其精华，剔除其糟粕。大家知道，这就是毛泽东讲的"学习我们的历史遗产，用马克思主义的方法给以批判的总结"，"剔除其封建性的糟粕，吸收其民主性的精华"[①]的批判继承方针。20世纪的"整理国故"运动，也声称要用科学的方法、分析的态度，来补救传统国学过于笼统杂芜、没有条理系统之弊。他们采取的分析方法，主要是近代西方的进化论、实用主义和实证主义等资产阶级的世界观和方法论。科学与哲学的发展以及历史实践都证明这些并不是正确认识社会历史和传统思想文化的科学方法，只有马克思主义的辩证唯物论和历史唯物论，才为国学研究提供了真正科学的世界观和方法论。所以，创建适应社会主义时代需的新国学，就是要用马克思主义的分析方法对中国传统学术文化进行系统的清理、批判、重释与重构，弃糟取精，推陈出新，形成真正科学的、传统与现实贯通的人文学术体系，充实中国特色社会主义新文化的内容。

所谓开放的态度，就是要处理好中外文化的关系，既要树立民族文化主体意识，又要善于学习、吸收世界各民族的优秀文化成果，博采众长，为我所用，使中华文化不断获得新的发展生机。这就是立足本国、面向世界、洋为中用的方针。几千年国学传承与发展中有丰富的对外开放的历史经验，印度佛教的传入对中国哲学、宗教、文学、艺术的发展产生了深刻影响，16世纪末叶以来的中西文化大交流更是全面改变了中国政治、经济、文化、社会的面貌。但同时，我们也有闭关自守、拒绝学习外国先进文化而使自己落后挨打的历史教训[②]，在经济全球化时代把自己封闭起来更加不可想象。因此，新国学必须坚持中国文化中的天下主义理念，拒绝狭隘民族主义和文化封闭主义，以更加自信和开放的心态来对待外来文化。同时新国学也要把经过科学阐释的"天人合一""和而不同""己所不欲，勿施于人"等具有普世意义的中国传统智慧贡献给全人类。

所谓前瞻的态度，就是要正确处理古今关系。国学研究的对象是中国传统的学术文化，是"古学""旧学"或"国故"，但国学研究的目的并不是要复古，让历史倒退回去，不是抱残守缺，迷恋于故纸堆，而是要立足现实面

---

① 《毛泽东选集》第2卷，第533-534页，第707-708页。

② 18世纪20年代以后，清朝政府采取闭关自守政策，结果导致科技落后、经济凋敝、国势衰微，在外国侵略者面前投降称臣，割地赔款，丧权辱国，使曾经是世界上先进国家的中国落伍到后发展中国家的行列。

向未来,为中国当前的现实和未来的发展提供历史智慧和有价值的思想资源。传统思想文化中哪些是民主性的精华,是与当代社会相适应、与现代文明相协调的东西,哪些是封建性的糟粕,是落后的要被历史淘汰的东西,只能以中国特色社会主义现代化建设实践为试金石和取舍、扬弃的标准。这就是立足现实、理解传统、古为今用的方针。新国学作为中国特色社会主义文化的一部分,还要面向现代化、面向世界、面向未来,为加快我国的社会主义现代化建设、争取早日成为世界经济强国和文化大国作出贡献。

迄今为止的国学研究大体上可以分为三个阶段:一是传统国学研究阶段;二是用资产阶级世界观和方法论来"保存国粹""整理国故"的阶段;三是以马克思主义为指导的新国学研究阶段。所谓分析的态度、开放的态度、前瞻的态度,正是以马克思主义为指导的新国学所应具有的基本品格。

新国学是在吸收前人一切有价值的研究成果,包括乾嘉学派和"疑古""信古""释古"学派,以及章太炎、梁启超、王国维、胡适等人的有价值的国学研究成果的基础上,以马克思主义世界观和方法论为指导原则,全面总结和清理前人给我们留下的学术文化遗产,构建中国传统人文学术,包括中国古代史、中国文学史、中国哲学史、中国经学史、中国政治思想史、中国宗教思想史、中国科学思想史等等的新学科体系,形成对于中国古代社会和传统思想文化的真正科学的认识。新国学不可能再回到笼统囫囵的传统国学,而是要与现代分科之学相结合,深化各学科的研究内容,同时加强与相关学科的沟通,重释和重建中国传统人文学术,使它呈现出当代形态,获得新的文化生命。只有唯物史观才能使这些学科真正成为科学。

这项工作并不是今天才开始做的,中国前辈马克思主义学者已经做了许多开创性的工作,我们不过是继承他们的事业,利用历史给予的复兴国学、重建国学的新机遇,把新国学的研究和理论建设再向前推进一步。就拿中国哲学史、思想史学科来说,侯外庐学派从 20 世纪 40 年代起,就以注重"实事求是"和"独立自得"的马克思主义学术精神,在清理中国传统思想的发展脉络、建立思想史与社会史的密切联系、发掘被埋没的"异端"思想资料等方面做了大量工作,使我们对国学的内涵和发展轨迹有了更全面的认识。匡亚明先生主持编写的"中国思想家评传丛书",也是用马克思主义观点总结研究中国传统思想文化的一项系统工程,丛书宗旨在匡老亲自执笔写的《孔子评传·导论》中讲得很清楚,它所阐明的正是新国学的的基本原则。我还想提到张岱年先生的未完成著作《天人新论》,它对天人、理事、心物、两一、知实、能所、群己、义命等中国传统哲学问题力图作出辩证唯物论的新解，提出了"天人本至""物统事理""物源心流""知通内外""以兼和易中庸"等一系列重要命题，无疑也是创建新国学的一次有意义的尝试，给后人留下了诸多启发。其他如在文学、史学等学科，中国马克思主义的先贤们在创建新国学方面也有筚路蓝缕之功，他们的事业在今天同样得到了继承和发展。我们注意到，中央最近把中国哲学史、中国政治思想史等学科教材编写列入了"马克思主义理论研究和建设工程"，这一举措对新国学的建设和发展将起到重要的理论导向作用。

新国学是实事求是之学，也是与时俱进之学。随着时代的发展，资料积累的丰富，理论和方法的成熟，其古为今用的任务可能还会不断有所调整和发展变化，在创建新国学的过程中出现认识分歧和"百家争鸣"的情况也是很正常的，但它作为中国特色社会主义文化重要组成部分的地位不会改变，中国人永远需要到它那里去寻找自己的文化根源和民族身份认同，到它那里去汲取智慧和力量。我们相信，经过若干代人的努力，在近现代学术转型中曾经被边缘化的国学必将以新的面貌重新进入中国学术文化的主流和中心，它的命运与国家的兴衰是紧密联系在一起的。

以上是我对本次论坛主题"何为国学，国学何为"的粗浅理解。我认为在今天要大力提倡和支持承接中华文化慧命、适应时代发展需要的新国学，充分发挥它在先进文化建设中的积极作用，抵制国学运动中的复古主义和否定国学的历史虚无主义思潮。

关于马克思主义与儒学关系的三点看法*

一、马克思主义与儒学的关系是社会主义意识形态建设中不可回避的问题，是当前意识形态论争的前沿问题之一。这是我对本次论坛主题的意义和重要性的基本认识。

儒学是在中国两千年封建社会中长期占统治地位的意识形态。马克思主义是当今中国的主导意识形态。二者在同一个国度里先后居于主导意识形态的地位，它们之间有没有关系呢？是什么关系呢？在"独尊儒术"的时代，还没有马克思主义，当然不存在二者的关系问题。但是到20世纪中期以后，工人阶级领导的以工农联盟为基础的新中国确立以马克思主义为主导意识形态，就存在一个与历史上曾经长期居于主导意识形态地位的儒学的关系问题了。这个问题的实质是马克思主义怎样对待传统的思想文化，也涉及马克思主义本身的本土化即中国化的问题。

在这个问题上，我们曾经有过"左"的教训，突出地表现为"文革"期间的批林批孔、评法批儒，对孔子和儒学全盘否定，实际上是把马克思主义与儒学绝对对立起来。党的十一届三中全会以后回到实事求是的思想路线，也包括要实事求是地对待中国传统思想文化，重新评价孔子和儒学。新时期的儒学研究，不论是评价高一点还是低一点，一般都采取了一分为二的分析态度，把作为封建意识形态的儒学与作为中华文化重要载体的儒学区别开来，对后者也要进行具体分析。当代中国马克思主义十分重视发掘和批判继承儒学中的精华，包括道德价值、人文理想、民本主义、社会和谐思想等等，都受到执政党和学术界的重视，注意研究马克思主义与儒学的相容相通问题。这是当前中国思想界的主流。但是也有极少数人，继续持一种二者不相容、

---

* 本文是作者2008年10月19日在中共中央党校哲学部与中国孔子基金会联合主办的"2008·马克思主义与儒学高层论坛"的发言。原载《高校理论战线》2008年第11期。

不两立的观点，他们自称"儒家"或"新儒家"，把马克思主义看作一种非我族类、入主中国的外来文化，坚持"华夷之辨"的立场，明确提出了"以儒学取代马克思主义""儒化共产党""儒化中国"的口号。他们的典型言论是"要马统则不能有儒统，要儒统则不能有马统，两者不可得兼"[①]。还有人提出"鹊巢鸠占"说[②]，意思是中国的国家意识形态这个位子，本来应该是儒学的，现在被外来的马克思主义占领了，所以他们极力要恢复儒学在古代的那种"王官学"地位，希望重新回到"独尊儒术"的时代。要与马克思主义争夺"王官学"地位，争夺主导意识形态的地位，这就不是一个简单的学术问题了，反映了当今中国意识形态领域斗争的复杂性和尖锐性，也说明马克思主义与儒学的关系已成为思想斗争的前沿问题之一。

二、当代中国马克思主义已经从理论和实践上找到了一条解决马克思主义与儒学关系问题的正确途径，不论是中国特色社会主义理论体系还是社会主义核心价值体系，都从包括儒学在内的中国传统文化中吸取了不少思想资源作为古为今用的支援意识。不过有一个重要前提，就是必须坚持以马克思主义为指导。马克思主义与儒学的关系是主导意识与支援意识的关系。马克思主义的一元主导地位越明确、越巩固，就越能以开放的胸襟吸收传统文化和外来文化的精华为我所用，综合创新，与时俱进。

除了前面提到的两种把马克思主义与儒学绝对对立起来的观点之外，大多数学者都认为二者是可以并存、相容、互补的，特别是要推进马克思主义的中国化，自然就会把研究的重点放在"异中之同"上。但具体观点差别也很大。肯定二者有相容性，还有一个以哪一种思想学说为主导的问题。有人明确提出了"儒体马用"论[③]，用海外新儒家代表人物杜维明的话来说，就是儒学要取得"文法"的地位而不只是"词汇"。有人以儒学发展史来涵盖甚至代替整个中国思想史，认为马克思主义不过是儒学发展的一个阶段。在他们看来，儒学是"常理""常道"，是神圣天道的体现，其他思想学说都不过是它的一个分殊形态。这是我们最常见的一种唯心主义思想史观，在今天仍有

---

① 《丙戌阳明精舍之行——蒋庆等人谈儒学当下发展路线》，《儒学联合论坛》网站，2006 年 9 月 4 日。

② 见《天热，来点轻松的》一文的跟帖，《儒学联合论坛》网站，2008 年 8 月 6 日。

③ 韩星：《当代新形态儒学的建构、发展过程中如何处理儒学与马克思主义的关系》，《儒学联合论坛》网站，2006 年 7 月 10 日

一定市场。在主张二者可以并存的学者中，还有人提出了"现代社会基本价值体系二元化"的理论，认为马克思主义作为国家意识形态和儒学作为民族主体价值可以二元并存、相辅相成，不存在谁为主导的问题。这与我们党倡导的社会主义核心价值体系一元化理论显然是不相应、不一致的。主张马克思主义与儒学可以相容、相通、相结合的学者很多，有人还以"合则两利，离则两伤"来说明二者的关系，但论证的角度各不相同。比如美籍华裔学者窦宗仪主要是从哲学认识论和辩证思维方法方面去找二者的相似性、结合点；有的学者则主要是以中国古代"均贫富""天下为公"的大同社会理想来接引马克思的共产主义学说；有的学者认为马克思主义要在中国生根和发展，就不能不重视儒学主张入世、崇尚道德、追求社会和谐、以人为本、重视经世济民的人文价值取向；有的学者则更加注重儒学中的某些具有普遍意义和超越性的思想内容，认为这些是可以与马克思主义相契合的主要之点。我认为这些研究和探讨都是有意义的，前提是对儒学采取有"扬"有"弃"的分析态度，继承和发扬其中能够"与当代社会相适应、与现代文明相协调"的那部分思想内容，而不是肯定儒学的整个思想体系。

在讲马儒结合的文章中，还有一种抽象地谈论"马克思主义儒学化"和"儒学马克思主义化"，认为二者是同一个过程的观点，我认为是不可取的，有混淆二者界线之嫌。马克思主义与儒学有相容相通之处，并不能否定二者还各有其本质的规定性，不能抹杀二者之间的本质区别和界线。马克思主义中国化不等于马克思主义儒学化，马克思主义要是儒学化了它就不是马克思主义了，就失去了其本真面目。同样，儒学也不可能马克思主义化。用马克思主义观点研究儒学是分析儒学，解构儒学，取其精华，古为今用，同时也要批判其中的封建主义糟粕。大概不能把这叫作儒学马克思主义化。

"主导意识与支援意识关系"说主要是从古今关系立论，从坚持先进文化的前进方向立论，强调立足现实，顺应历史发展规律，而又不割断历史，将有价值的历史资源转化为支援意识，古为今用。"通古今之变"就要有历史发展的观点，思想意识形态的更替首先要从社会存在去找原因，不是"天不变道亦不变"，而是世异则道变，"洪荒无揖让之道，唐虞无吊伐之道，汉唐无今日之道"①。社会主义时代也不可能继续沿用封建时代的主导意识形态。用这样的观点来看今日马克思主义与儒学的关系，我认为将其定位为主导意识

---

① 王夫之：《周易外传》卷五。"今日"是指王夫之生活的明末清初时代。

与古为今用的支援意识的关系是符合实际的。不是把儒学看成是完全消极过时的负面意识，而是把它的积极内容转化为支援意识，这对社会主义意识形态建设是有利的。

　　三、能不能把中国特色社会主义说成是"儒家社会主义"，或者用所谓"儒家社会主义"来提升甚至取代我国现行的社会主义制度，是中国思想界必须正视和严肃回答的一个重要理论问题，也是马克思主义与儒学关系研究中现实性最强的一个问题。

　　经过 30 年的探索和实践，中国特色社会主义道路和理论体系已深入人心，这面旗帜也成了各种思潮争夺和曲解的对象。有人把它曲解为"民主社会主义"，已有不少文章进行辨析和批评；也有人把它说成是"儒家社会主义"，而有关讨论和辨析的文章却很少，说明这个问题还没有引起足够的重视。

　　从《礼记·礼运》篇到康有为的《大同书》，中国历史上确有不少空想社会主义或农业社会主义的思想资料，但这些思想与科学社会主义都不可同日而语。近年来利用这些思想资料讲"儒家社会主义"的人很多，情况也比较复杂。除了对这个问题进行历史考察的学术论析文章之外，大都有强烈的现实关怀，可以将其区分为三种类型。一是把中国特色社会主义直接解释为儒家社会主义。其论证逻辑一般是：所谓"中国特色"就是中国历史文化特色，中国传统文化是以儒学为主体，所以中国特色社会主义实质上就是儒家社会主义。这种论证在逻辑上的不周延是很明显的，特别是对中国经济、政治、文化、社会的近现代走向视而不见，怎么能把"中国特色"讲清楚呢？二是自由左派的"儒家社会主义共和国"说。大家都知道这是指甘阳，他提出要"通三统"，即打通以孔夫子为代表的中国古典文明传统、毛泽东时代的平等和正义传统、邓小平时代的市场和自由传统，形成"新改革共识"；并认为中国的软实力在于儒家和社会主义，"中华人民共和国"的含义就是"儒家社会主义共和国"。他的"新改革共识"带有批评只强调市场、效率、自由和权利的"旧改革共识"的意义，所以要用社会主义的平等、公正原则和儒家的"和谐"理念来补正；其整合三种传统的"儒家社会主义"也不同于十七大讲的改革开放以来形成的中国特色社会主义理论体系。还有，"中华"这个概念本来包含地域、民族、历史、文化等多方面内容，把它诠释为"明贵贱，别同异""严华夷之辨"的儒家，能够得到 56 个民族和社会各阶层的一致认同吗？三是大陆新儒家的"儒家社会主义"论。其代表人物蒋庆在"政治儒学"中提出了"通儒院""庶民院""国体院"三院制的"王道政治"方案，并主张重建以儒教为国教的"政教合一"国家。他明确说这不是中国现行的社会主义制度，但又自称接近马克思的社会主义理想。这一派的势力和影响不可低估。有两个蒋庆的追随者：一个叫周北辰，他写了"一论""二论""三论"儒家社会主义；一个网名叫"菜根书生"，他写了《从马克思到孔夫子：中国历史必然的选择》等攻击性更强的文章，也自称"儒家社会主义者"。还有一个外国人，在清华大学当教授，他写了《中国的新儒家》①一书，力挺蒋庆等人复兴儒学、重建儒教的活动，称其为"左派儒学"。他在研究了中国当前的意识形态格局后作出了这样的政治预言，"在未来几十年，中国共产党被贴上中国儒教党的标签并不完全是天方夜谭"，为"儒化共产党""儒化中国"大造舆论。

上述三种"儒家社会主义"论中，在舆论界影响最大的是第三种，与社会主义最不沾边的也是第三种，其现实目的和理论实质是什么，值得认真研究。从蒋庆 1989 年发表 35000 字长文，对马克思主义和我国的社会主义政治、经济、文化、教育制度进行全面攻击②，到他近年来提出"复古更化"的系列主张，包括在三院制中，"通儒院"议长要由儒教公推之大儒担任，终身任职；"国体院"议长由孔府衍圣公世袭，议员由衍圣公指定的历代圣贤后裔、历代君主后裔等人士担任……这样一些听起来像是隔世之梦话，但又确实是他们梦寐以求的"儒士共同体专政"的重要内容，如果这就是所谓"儒家社会主义"的话，那么很容易叫人想起马克思、恩格斯在《共产党宣言》中对"封建的社会主义"的评论："其中半是挽歌，半是谤文；半是过去的回音，半是未来的恫吓……它由于完全不能理解现代历史的进程而总是令人感到可笑。"③可笑的是还有人把它叫作"左派儒学"！

目前全党全国都在认真学习十七大文件精神，深入落实科学发展观，我们不仅要从正面认识中国特色社会主义作为旗帜、道路、理论体系和实践运动的深刻意义，而且也要看到它在思想战线上遇到的来自两个方面的严峻挑战：一个是"民主社会主义"论，一个是"儒家社会主义"论。从事思想理论工作的共产党员，有责任根据科学社会主义原理和中国的实际，有力地回应这些挑战，捍卫党的创新理论。

---

① 贝淡宁：《中国的新儒家：变革的社会中的政治和日常生活》，普林斯顿大学出版社 2008 年版。
② 蒋庆：《中国大陆复兴儒学的现实意义及其面临的问题》，台湾《鹅湖》第 170、171 期，1989 年 8、9 月。
③《马克思恩格斯选集》第一卷，人民出版社 1972 年版，第 274 页。

学习张岱年先生的"兼和"思想与品格*

今年 5 月 23 日是张岱年先生百岁诞辰纪念日。他老人家离开我们刚刚五年，其"刚毅木讷近仁""自强不息""厚德载物"的人格风貌仍清晰地留在我们的记忆中。当然，更加值得珍视的和将在历史中产生久远影响的则是他给我们留下来的思想遗产。

"兼和"思想贯通两大成果

张岱年先生是 20 世纪中国好学深思、最有远见的哲学家之一。他在青年时代就确信辩证唯物论是"当代最伟大的哲学"，始终牢牢把握这一时代精神的精华和先进文化的前进方向，把它与民族精神的精华以及中国文化的优良传统有机地结合起来，在哲学研究、文化研究、国学研究（特别是其中的中国哲学研究）等方面作出了一系列开创性的贡献，有力地推动了当代中国哲学和文化的发展。

张先生给我们留下来的思想遗产，最重要的有两大成果：一是他在 20 世纪三四十年代创立的"天人新论"哲学体系；二是他在八九十年代所着力阐明的"综合创新"文化观。而贯穿于两大成果中的一个核心观念就是"兼和"。张先生总结自己"平生致思试图加以阐明的基本观点"，把"兼和为上——兼容多端而相互和谐是价值的最高准衡"①当作一条重要的原则，就鲜明地表现了其价值观和方法论的基本倾向。

"五四"后中国形成了马克思主义、自由主义和文化保守主义三大思潮并

---

* 本文是作者 2009 年 5 月 30 日在纪念张岱年先生百岁诞辰学术研讨会上的发言。原载 2009 年 6 月 15 日《北京日报》。

① 《张岱年全集》第 7 卷，河北人民出版社 1996 年版，第 410 页。

存的格局，许多人只看到它们之间的分歧和对立，互相批评、激烈论战、"道不同不相为谋"的一面，而张申府、张岱年兄弟却同时看到了兼综三者之所长，创造一种"将唯物、理想、解析，综合于一"①、"列宁、罗素、孔子，三流合一"②的新综合哲学的可能性。张岱年40年代写的"天人五论"(《哲学思维论》《知实论》《事理论》《品德论》和《天人简论》)，就是以辩证唯物论为基础和主导，吸收西方哲学的逻辑分析方法，改造并重建中国传统哲学中的道德理想主义，而建立一种"新综合哲学"即中国化马克思主义哲学体系的初步尝试。由于当时国家正在艰难之秋，受种种主客观条件限制，他的这一工作并没有完成，"大纲仅具，论证未晰"，但它已为中国现代哲学开启了一条中、西、马"三流合一"、综合创新的宽阔道路，对后来者极富启迪并预示着中国哲学的未来发展方向。

20世纪最后20年的文化大讨论，是"五四"以来历次文化论争的继续和延伸。自由主义西化派坚持认为"现代化就是西化""全球化就是西化"，文化保守派提出了"复兴儒学"的口号，此外还出现了"新启蒙""西体中用"等文化主张。耄耋之年的张岱年先生再次挺身而出，于1987年正式提出"文化综合创新论"，强调要"在马克思列宁主义原则的指导下，以社会主义的价值观来综合中西文化之所长而创新中国文化"③，成为当时中国马克思主义文化派的一面旗帜。在各种文化主张中，"综合创新"论也成为最有力地支持中国特色社会主义新文化建设的一种主流文化观点。

显然，不论是张先生早年创建"新综合哲学"的尝试，还是他晚年倡导的"综合创新"文化观，都有一种哲学观念作为理论支撑，作为其世界观和方法论的根据，这种哲学观念就是他的"兼和"论。

"兼和"范畴形成过程

"兼和"是张先生根据唯物辩证法的根本精神，吸取中国传统哲学的精华而独创的一个哲学范畴。他在30年代关于中国古代辩证法、"创造的综合"

①《张岱年全集》第1卷，第262页。

②《张岱年全集》第1卷，第133页；第8卷，第549页，第585页；《张申府文集》第3卷，河北人民出版社2005年版，第434页。

③《张岱年全集》第6卷，第253-254页。

和"方法论上的多元主义"等论述中已有"兼和"思想的萌芽，从他 40 年代写的"天人五论"中则可以清晰地看到一个新哲学范畴产生和思想成熟的过程。

在 1942 年写的《事理论》中，张先生首先提出了"兼体"这个概念。"兼体"与"单体"相对，"单体即内中不含物体之物体，兼体即内中含有物体之物体，即由较小之物体构成之物体。物体中含物体，可有多层，皆为兼体。兼体有简与赜之不同"①。也就是说，"兼体"是一中有多之物体，即内中包含着矛盾和或简或繁之多样性的物体，它是一与多的统一。正如有的学者所指出的，这可以说是张先生"兼和"思想的一个本体论根据。兼体与单体之辨实蕴含着古代"和同之辨"的要义于其中，即兼体是"和"，单体是"同"，将二者区分开来还是有实质意义的。

在 1944 年写的《品德论》中，张先生又提出"兼""和""通""全"四个互相关联的概念。他说："品值之大衡曰兼，曰和，曰通，曰全。合多为一谓之兼，既多且一谓之和，以一摄多谓之通，以一备多谓之全。兼和通全四者，其指实一，直所从言之异尔。"四个概念都用一多关系来界说，是从不同角度来讲多样性统一的问题。他又说："兼和通全，亦即富有日新而一以贯之。""既富且多，复相顺而一贯，是谓之兼，亦谓之和，亦谓之通，亦谓之全。"②富有言其大，日新言其久，可久可大则有相顺一贯之发展。张先生虽然是从"价值之准衡"的角度提出问题的，但同时也深刻地阐明了以对立统一为核心的辩证法的宇宙发展观。兼、和、通、全首先是宇宙自然之理，人知其然后才能在行为中自觉选择，把它当作当然之则。所以他又说："自然恒有二方面：一方面兼而和，一方面别而乖。扩充其兼而和，以克服其别而乖，即由自然归于当然。"③人掌握了宇宙发展的辩证规律，就可以在实践活动中自觉地"扩充其兼而和，以克服其别而乖"，这就是所谓"由自然归于当然"。

在 1948 年写的《天人简论》中，张先生把上述思想进一步概括、提炼、升华为"兼和"范畴。核心范畴的形成使"兼和"哲学臻于成熟，并在宇宙观、价值观、方法论等方面展开了其丰富内容。

首先，他将"兼和"范畴简明地界定为"兼赅众异而得其平衡"④，准确

---

① 《张岱年全集》第 3 卷，第 130 页。
② 《张岱年全集》第 3 卷，第 203 页。
③ 《张岱年全集》第 3 卷，第 205 页。
④ 1987 年又表述为"兼容多端而相互和谐"，二者含义相近且可互相补充、互相发明。

地表达了多样性统一的含义。张先生明言"兼和"范畴是对中国古代重"和"思想的继承（"简云兼和，古代谓之和"），而古代重"和"思想的精义在于尚"和"去"同"，主张"和而不同"。如西周末年的史伯说："和实生物，同则不继。以他平他谓之和，故能丰长而物归之。"（《国语·郑语》）孔子说："君子和而不同，小人同而不和。"（《论语·子路》）这都是强调"和"是多样性的统一。"兼和"范畴可谓深得中国传统重"和"思想之精义。

其次，作为宇宙发展原理和最高价值准则的"兼和"，其伟大的作用、功能和价值意义就在于"富有日新而一以贯之"。这是对"和实生物""如无和谐则新物不成"①的生动说明：因多样性统一才有新事物的产生，因生生而日新，因日新而富有，因生生、日新、富有而有可久可大、一以贯之的永续发展。所以他又说："惟日新而后能经常得其平衡，惟日新而后能经常保其富有。""兼和"范畴的创造性、多样性、统一性特征集中表现在"生生""日新"义上。

再次，他提出"以兼和易中庸"的命题，突出地体现了"兼和"辩证法的彻底革命精神。由于"兼赅众异而得其平衡"是在日新发展中的一种动态的平衡，而不是无条件的绝对平衡和停滞不进，所以张先生又明确提出："古昔哲人常言中庸，中庸易致停滞不进之弊，失富有日新之德。今应以兼易中，以兼和易中庸。"②他并不否认"执中""适度"在日常生活中的意义，但不赞成把"中"和"度"绝对化，使之成为阻碍事物永续发展的限制，因此主张以具有"富有日新之德"的"兼和"来取代"中庸"。这是他用唯物辩证法来改造、提升中国传统思想的一个典型范例。

以上是张先生在四十岁之前所达到的思想境界和水平。作为一个掌握了"当代最伟大的哲学"和时代精神的精华的青年哲学家，其独立思考的成果在当时虽不为人们所知，但却是与国家民族的命运紧密联系在一起的，有些理论思考甚至是很超前的，对后人亦有所启发。比如，他关于"兼和通全""兼赅众异而得其平衡，富有日新而一以贯之"的精湛思想，在我们今天看来，就是全面、协调、可持续发展的科学发展观。联系今天面对的种种问题和矛盾，我们也可以说"兼和"之道就是日新富有、可久可大的科学发展之道。

---

① 《张岱年全集》第 3 卷，第 194 页。

② 《张岱年全集》第 3 卷，第 220 页。

"以兼和易中庸" 的革命意义

"天人五论" 直到 20 世纪 80 年代后期才出版面世。此后,张先生早期哲学思想受到了学界的重视和高度评价,同时也受到一些质疑,比如 "以 '兼和' 代 '中庸'" 的思想,就有人持不同看法。对此张先生曾多次作出回应,坚持其一贯的辩证唯物论哲学立场。

1987 年 1 月他在《天人简论》的 "又记" 中说:篇中 "提出以 '兼和' 代 '中庸' 的观点,自审尚非过时"[①]。在 1989 年写的《八十自述》中,他谈到了独抒己见的六个哲学观点,其中之一就是 "主张以 '兼和' 易 '中庸'"。他认为:"在日常生活中提倡中庸是必要的,但专讲中庸,往往陷于庸俗。我以为中庸作为原则不如 '兼和'。兼者兼容众异,和者包含多样而得其平衡。兼和可以引导品德事业日新永进而不陷于停滞。"[②]

张先生肯定 "中庸观念在中国文化史上产生了巨大而深远的影响"[③],但又认为 "不能把 '中庸' 看作中国文化的基本精神。因为 '中庸' 观念包含着一种认识,即许多事情都有一定限度,超过了这个限度,就和没有达到这个限度一样,这就是 '过犹不及'。有些事情,确实如此,如饮食衣着以及睡眠之类,确实是 '过犹不及'。但是,许多事情的限度是随时代的演进而改变的。……在历史上,在一定的范围内,超越传统的限度,往往可以实现巨大的飞跃。如果固守 '过犹不及' 的中道,就不可能大步前进了。"[④]众所周知,张岱年先生是最早提出以《周易大传》中的两句名言 "天行健,君子以自强不息""地势坤,君子以厚德载物",为中国文化基本精神的,在他看来,"'厚德载物' 即以宽厚之德包容万物,这与 '和同之辨' 有一定联系。……厚德载物有兼容并包之意"[⑤]。也就是说,他认为 "兼和" 之德比 "中庸" 更能反映中国文化的基本精神。其实,"兼和" 不仅有 "厚德载物" 之义,而且同时包含着 "自强不息" 的思想在内,强调 "和实生物""富有之谓大业,日

①《张岱年全集》第 3 卷,第 216 页。
②《张岱年全集》第 8 卷,第 602 页。
③《张岱年全集》第 5 卷,第 422 页。
④《张岱年全集》第 6 卷,第 225 页。
⑤《张岱年全集》第 6 卷,第 223-224 页。

新之谓盛德""久者一之纯，大者兼之富""富有日新而一以贯之"，这种生生、日新、富有而一贯的思想不就是"自强不息"吗？所以，"自强不息""厚德载物"之义还可以用一个更加精严的哲学范畴来概括，它就是"兼和"。

"兼和之为德也，其至矣夫"

什么是中国文化的基本精神？是"主静"，是"中庸"，是"和合"，还是"兼和"？张先生的回答很明确："兼和为上。"[1]他在晚年总结自己平生学术要旨时一再重申这个价值论的命题，强调兼和是"最高的价值准则"，也即是说："兼和之为德也，其至矣夫！"他的看法与孔子有所不同，但与孔子"君子和而不同"的思想亦可相通。我们可以说"兼和为上"就是张先生的晚年定论。

据刘鄂培同志记述，1999 年 6 月 9 日，他曾当面请教张岱年先生："兼和是您的文化观'综合创新'的哲学基础，是您的治学和待人接物之道，是您的哲学中的精髓。"张先生回答说："你解释得很对，现在还很少有人是这样来理解我的哲学的。"刘又问："以兼和思想作为贯穿在您的哲学和文化观中的核心思想如何？"张先生说："可以这样。"[2]这段记述可以印证"晚年定论"之说不虚。

张岱年先生的"兼和"理论是 20 世纪中国化马克思主义哲学的一大创获。从形式上看，它是对中国传统"贵和""日新"思想的继承和发展，对"中庸"停滞、保守思想的纠正，也是用典型的中国风格的民族语言表述出来的。从理论实质来看，它以"永恒两一"即对立统一为内在精神和价值标准，是唯物辩证法的中国化。它是接着中西辩证法思想传统讲的，但其问题意识却是来源于现实生活，比如对"五四"后中国思想界三大思潮对立互动形势的关注，对抗日战争中民族统一战线问题的关注。张先生曾深刻地指出："凡物之继续存在，皆在于其内外之冲突未能胜过其内部之和谐。如一物失其内在的和谐，必由于内部冲突而毁灭。生命之维持，尤在于和谐。如有生机体之内部失其和谐，则必致生之破灭，而归于死亡。人群亦然，如一民族内部斗

---

① 《张岱年全集》第 7 卷，第 410 页；第 8 卷，第 627 页。

② 刘鄂培：《岱宗青长在，光华耀千秋》，《不息集》，北京大学出版社 2005 年版，第 71 页。

争过甚则必亡国、灭族。"①显然，这是以哲学的方式表达了他对抗日民族统一战线的坚定支持。应该看到，在历史新时期还会出现许多新问题和新矛盾，对这些问题和矛盾要具体分析和具体解决，"兼赅众异而得其平衡，富有日新而一以贯之"的"兼和"辩证法也会随着历史实践的发展而不断发展，表现出自己强劲的生命力。

历史地看，张岱年的"兼和"论与毛泽东的《矛盾论》，可以说是20世纪三四十年代中国马克思主义辩证法的"双璧"，都有很高的理论价值，二者完全可以互相发明，互相补充，互相辉映。特别是在以建设社会主义和谐社会为主要任务的今天，《矛盾论》的基本原理并没有过时，"兼和"论的价值指向和方法论意义更加值得重视，我们为现代中国能够产生这样广大悉备、深刻精微的辩证法理论而感到庆幸和振奋。

凝道成德　学行一致

在张先生那里，"兼和"不仅以理论的方式表现出来，而且还表现为其治学和待人接物之道。这就是冯契先生所说的"化理论为方法，化理论为德性"。真正的马克思主义哲学家都必然会表现出世界观和方法论统一、"凝道成德"、学行一致的品格。

创建"将唯物、理想、解析，综合于一"、中西马"三流合一"的新综合哲学之所以可能，建设和发展"以社会主义的价值观来综合中西文化之所长"的中国新文化之所以可能，除了要有追求真理的诚心之外，还要有尊重人类文明的一切智慧成果、力求"连一切'见'，去一切'蔽'"②、"兼取众长而相资互益"的眼光、胸怀和思想境界，正确处理坚持"一元主导"和"兼容多元"的关系，而与教条主义、宗派主义、关门主义没有任何共同之处。学问上的"兼和"之道不仅表现在张先生的学术成果中，而且表现在其治学过程中的方法运用上，可以看出，他是力图把"方法论上的多元主义"真正落到实处。

"兼和"的德性表现在张先生之立身处世、待人接物上，则是大家都能亲

①《张岱年全集》第3卷，第194页。
②《张岱年全集》第1卷，第132页。

切感受到的谦虚、宽和的美德。陈来编的《不息集》一书，保存了他的同事、朋友、学生、亲属写的大量真切感人的文字，生动地记述和发自内心地盛赞了这位当代哲人忠厚慈祥、宽容豁达、谦虚谨慎、平等待人、无私扶掖后学的人格风范，用许多真实故事和具体事例诠释了他的"兼和"品德，我们读后都深受教益。

汉语中"兼"与"谦"通。古代文献中首次出现"兼和"一词是在《管子·五行》篇："通天下，遇者兼和。"张佩纶说："兼当作谦。《说文》'谦，敬也。'言以谦且和，故能服诸侯合天下也。"李勉在《管子今注今译》中也说："兼与谦通，谓与所遇者皆谦和待之。"《管子》中的"兼和"一词还没有"兼赅众异而得其平衡，富有日新而一以贯之"的现代涵义，但从人的处世之道来说，兼容多端包括认真听取不同意见，要有虚心、宽容的态度。兼容众异且能达到平衡与和谐更是一种大智慧，是很高的人生境界，显然，只有具备谦和品德之人才能达到这种智慧和人生境界。

张岱年先生深刻地认识和把握了"兼和"之道，在他那里，这种认识已经"凝道成德"，内化为其道德人格和观察处理问题的思维方式、待人接物的行为方式，而这一切表现出来又都是自然而然、不待勉强的。因此，张先生成为20世纪中国马克思主义"兼和"哲学的首倡者和身体力行者绝不是偶然的。我们今天纪念张先生百岁诞辰，最好的实际行动就是学习他的"兼和"思想与品格，提高思想境界，努力为中国特色社会主义事业，为中国哲学和文化的发展添砖加瓦，略尽绵薄。

关于儒学的精华*

　　儒学中有一些对自然现象的观察和认识，但自然科学非其所长。古人讲"正德、利用、厚生"三事，后二者也非儒学之所长。儒学主要是一种"正德"之学，是一种道德伦理、政治和教育学说。

　　也可以说儒学是一种"人学"，是教人如何做人的学问，包括怎样修身律己、成就理想人格，怎样善待他人、和谐人际关系，怎样治国理政、使天下长治久安。儒学中包含着我们的先哲探索宇宙、社会、人生真谛的丰富智慧成果，其中有许多是可以批判继承、古为今用的思想精华。

　　儒学的精华、精义、精髓是什么？可以从以下四个方面去认识和把握。

　　一、儒学是一种修身立德、培养高尚情操、成就理想人格的人生哲学。

　　儒家最讲求修身做人之道。修身的目的在于以德润身、"以美其身"，培养高尚的道德情操，成就理想人格。个人的修身需要反求诸己，"吾日三省吾身"，"深造之以道而自得"，所以儒家的修身立德之学，也就是所谓的"为己之学"。如孔子讲"修己以敬"、涵养智仁勇"三达德"，孟子讲存心养性、善养浩然之气，《大学》讲"正心诚意"，《中庸》讲"至诚尽性"，荀子讲"以诚养心、以礼正身"，等等。这些都体现了儒家反求诸己、以德润身的修身为己之学的精义。儒家要求"士志于道""居仁由义"，具有博施济众、仁民爱物、"先天下之忧而忧，后天下之乐而乐"的博大胸怀和历史使命感，以经世济民为职志，以担当道义为己任；具有"三军可夺帅也，匹夫不可夺志也""富贵不能淫，贫贱不能移，威武不能屈"的独立人格和坚强意志，以及杀身

　　* 本文是 2009 年 9 月作者应一位老朋友之邀而作。原载《国际儒学研究》第十八辑，九州出版社 2011 年版，第 339—345 页。

成仁、舍生取义的大智大勇，为实现社会、人生理想而不懈奋斗。历代志士仁人包括一些近现代革命家都深受儒家人生哲学的影响，吸取并践行了其中的思想精华，为国家、民族以至为人类作出了巨大贡献。刘少奇同志在《论共产党员的修养》中也借鉴了儒家"慎独""吾日三省吾身"等修养方法，说明这些方法运用于个人德性修养具有一定的普遍适用性。在社会主义精神文明建设特别是在我们的干部教育中，儒家人生哲学中的优质资源，经过创造性的转化仍然可以为我所用。

二、儒学是一种宅心于仁、善待他人、和谐人际关系的社会伦理学说。

儒家重视"礼"即社会制度建设，但"礼"不只是外在的形式，而是要以"仁"为内在精神。"仁"是一种本源于孝亲之心的关心人、爱护人、体恤人的感情和态度，在与他人相处时要与人为善、成人之美，"己欲立而立人，己欲达而达人""己所不欲，勿施于人"。"礼"是按照"仁"的精神制定一系列社会制度、规范和道德原则，来明分定伦，处理各种人际关系，达到社会和谐的目的。比如在家庭中，如能做到父慈子孝、兄友弟恭、夫义妇顺，这个家庭就和睦了。扩大到社会，就是要建立起"父子有亲，君臣有义，夫妇有别，长幼有序，朋友有信"的基本伦常秩序，每个人都要按其名分尽到一定的道德责任，如君有君德，臣有臣德，父有父德，子有子德，朋友有交友之道。从事各种职业的人也有职业道德，如为政者有政德，从商者有商德，教师有师德，医生有医德，等等。每个人各守其分，各尽其责，依礼而行，整个社会就能够和谐安定。孔子说："礼之用，和为贵。"儒家最看重的是社会人际关系的和谐，认为"天时不如地利，地利不如人和""众心成城，人和为贵"。"和"是儒家追求的最高价值目标。这种以"仁"为魂、以"礼"为体、以"和"为用的社会伦理学说，虽然有其特定的时代和阶级内涵，但它所体现的道德理性精神，包括善待他人的仁爱精神、尊重秩序的守礼原则、以和为贵的价值追求，经过科学阐释和现代转换，在社会主义和谐社会建设中亦能发挥重要的积极意义。

三、儒学是一种修己安人、以德治国、富有民本思想传统的政治学说。

儒家经典《大学》提出了"三纲领""八条目"的系统的政治学说。三纲领即"明明德、亲民、止于至善",八条目即"格物、致知、正心、诚意、修身、齐家、治国、平天下"。这是一个"壹是以修身为本"、由内圣而外王、以德治国的路线图。政者正也。在孔子看来,正人先要正己,君子"修己",近可以"安人",远可以"安百姓",乃至博施于民而济众,才是一个好的政治家。孟子主张保障民生的"仁政"、以德服人的"王道",荀子主张"养人之欲,给人之求"的礼治,特别是古典儒家的那种旨在"以善养人"、提升国民道德品质与文明教养的教化治国理念,都可以说是一种道德政治。这种政治要求统治者"君"给予被统治者"民"以一定的道德关怀,怀着"爱民如子,视民如伤"的感情,采取一些"惠民""安民""富民""恤民""与民休息"的政策和措施,减轻老百姓的负担,让他们能够生活得下去,从根本上来说也是符合其长远统治利益的。这就是儒家的民本主义政治观。许多儒家学者都认识到了"君者舟也,民者水也,水能载舟,亦能覆舟""得民心者得天下""民惟邦本,本固邦宁"的道理,先后提出了"民贵君轻""民本君末""天下为主君为客"等君臣关系理论,虽然目的都是为了"存社稷、固君位、达邦宁",但客观上对于改善人民的生存状况、发展社会生产力也有一定的好处,不能否认其中包含着民主性的精华。儒家"以德治国""民为邦本"的治国理念,经过批判改造和创造性发展,可以成为中国特色社会主义民主政治建设理论的重要历史来源之一。

四、儒学是一种尊师重教、学思结合、知行统一的教育学说。

尊重知识,尊重人才,把教育看作是化民成俗、提高人的素质、推动社会进步的重要手段,是儒学的一大特点。历史上有影响的儒家学者大多是著名的教育家,他们通过长期教学实践所总结出来的教育经验和方法,包含着许多超越时空的真知灼见。儒家"六艺"之教注意德、智、体、美全面发展,但强调"德教为先",首先要教会学生如何做人。教师必须具备丰富的知识和高尚的品德,身教重于言教,"经师易得,(既会教书又会育人的)人师难求"。历代儒家学者总结出了许多卓有成效的教育和教学方法,如有教无类、因材施教、举一反三、循序渐进、温故知新、由博返约、学思结合、知行统一、教学相长、寓教于乐等等,都在一定程度上反映了教育和认识发生发展的规律,不会因为时代变迁和教育对象发生变化而失去其价值和意义。比如学与思的关系,孔子说"学而不思则罔,思而不学则殆",认为学是思的基础,思是学的深化包括所学知识的融会贯通,主张学思结合、学思并重,其真理性至今不能否认。我们注意到，匡亚明同志和谷牧同志提出的"三分法"，在讲到可以"直取而用之"的儒学精华时，所举例子多为关于教育和学习方面的精湛论述。在现代教育的综合创新中，应该更加注意吸收儒家传统教育思想中的合理内容。

由于儒学是流传了两千多年、经历了若干重要发展阶段、包含着许多不同学说和学派的复杂思想体系，其中既有精华，也有糟粕，而且精华与糟粕往往是纠缠在一起的，所以我们在讲儒学的精华时，不能忽视它的具体表现形态一般都打上了阶级的烙印，具有明显的时代局限性。比如儒家的民本思想与王权主义就有着复杂而微妙的关系，我们必须采取具体问题具体分析、有扬有弃的批判继承态度。

虽然儒学主要是一种道德伦理、政治和教育学说，但在中国古代社会中，它作为长期占统治地位的意识形态，其价值观念已经渗透到社会生活的一切方面，包括文学艺术和民间习俗等领域，形成了一套全面安排人间秩序的思想系统，所以要讲儒学的精华，也不只限于上述几个主要方面，在儒学涉及的各个思想领域，都是精华与糟粕并存，只要采取分析的态度，从中都能找到一些有价值的思想精华。比如儒家哲学是"天人合一"之学，固然有以"天人感应""性天相通，天人合德"来解说"天人合一"的，儒学中也有一派是以"天"为自然界，认为人不但可以认识自然规律，而且可以通过人的实践力量来引导、调节自然的变化，即所谓"参赞""裁成""辅相"之说。这种天人协调论就是儒学中的精华，既积极改造自然、发展生产，又注意保持生态平衡，与我们今天建设环境友好型社会的思想颇能契合，可惜它并没有成为中国古代"天人合一"思想的主流。又如儒学的宇宙发展观，既有"天不变道亦不变"的形而上学思想，也有主张"一阴一阳之谓道""阴阳相推而生变化""生生日新""相反相成""与时偕行"的朴素辩证法思想传统。后者就是儒学中的精华，对于推动中华民族生生不息地进步发展、革故鼎新起了重要作用。儒家贵义贱利、重道轻器的价值观虽然不利于科学技术和社会经济的发展，但在儒家经济伦理中也不乏勤劳节俭、诚实守信、"和气生财"、重教尚贤、精英管理、团队意识等有正面价值的思想资源。有人认为"儒商精神"不但造就了"东亚四小龙"的经济奇迹，而且也是当代中国经济发展的主要推动力量。我赞成儒家伦理对于东亚国家经济发展是助缘而不纯粹是阻力的观点，但对其作用的评价要实事求是、恰如其分。另外，儒家一直怀抱着"为万世开太平""天下大同"的政治理想，在处理国家、民族关系问题时主张"协和万邦""天下一家",在处理不同文化之间的关系时主张互相尊重、互相学习、"和而不同",这是我国政府提倡建设和谐世界的重要本土历史资源,当然也是儒学的精华。从建设和谐社会到建设和谐世界,是儒家不懈的政治追求,我们也可以把它看作是儒家"修齐治平"的政治学说的一部分。

【作者附记】

去年9月,有位朋友出了一个题目:"我们今天研究儒学,要取其精华、弃其糟粕,儒学中到底有些什么精华,方教授你是怎么看的,学术界都有一些什么看法?"为了回答他的问题,我写了这个文稿。

我历来主张:对儒学要作一分为二的分析和评价,既要看到它是在中国长期封建社会中占统治地位的意识形态,是为那个时代的经济基础、社会关系和政治制度服务的,从总体上来说已不适合今天社会的需要;又要看到它作为中华文化的重要载体,其中包含着我们民族认识宇宙、社会、人生的许多根源性的智慧,有些是能够"与当代社会相适应、与现代文明相协调"的,经过批判改造和创造性的转换,这些内容是可以作为古为今用的历史资源,融化到中国特色社会主义新文化中去的。正是在这个意义上,我们高度重视儒学中有价值的人生智慧、政治智慧和教育经验,把它们当作"民主性的精华",与需要剔除的"封建性的糟粕"区别开来,把它们当作民族文化的优秀传统自觉地传承下来。这就是我们今天研究儒学的重要的现实意义之所在。

(2010年4月20日)

"马魂、中体、西用"：中国文化发展的现实道路*

北京大学是"五四"新文化运动的发源地，也是最早在中国传播马克思主义的地方。将近一个世纪以来，中、西、马三大文化思潮在这里相互激荡、交流融会，出现了张岱年先生所说的"三流合一、综合创新"的局面，北京大学一直高举爱国、进步、民主、科学的旗帜，走在中国现当代文化发展的最前面。今天，由北大马克思主义学院牵头，整合中、西、马三个方面的学术力量，成立中国文化发展研究中心，必将为推动马克思主义指导下的中国文化研究，建设当代中国新国学，促进社会主义文化大发展大繁荣作出重要贡献。

中国文化发展的现实道路就是中国特色社会主义文化的建设和发展之路。它的实质内容就是要解决中、西、马三种文化传统、三大文化思潮的关系问题，其核心是马克思主义与中国文化的关系问题。

1988年，我在新加坡的一次儒学会议上作了题为《略论现代新儒家之得失》的发言，一方面充分肯定了现代新儒家在挺立民族文化主体性方面所做出的贡献，同时也批评了他们认为马克思主义与中国文化根本不相容的观点，指出："马克思主义的传入不是中国文化的危机，而是给伟大中华文明的复兴带来了生机。马克思主义只是提供了一种新的世界观和方法论，为人类文明指出了一条通向大同的道路，它并不否定也不能代替民族文化的主体性。马克思主义作为一种外来文化，要在中国生根，不能没有中国文化这个接受主体。在肯定民族文化主体性这一点上，马克思主义和现代新儒家并没有根本的分歧。"①

这是一次国际学术会议，实际上是新儒家唱主角，也有自由派学者和马

---

* 本文是作者 2010 年 3 月 26 日在"马克思主义与中国文化发展"学术研讨会暨北京大学中国文化发展研究中心成立庆典大会上的发言。原载《北京大学学报》2010 年第 4 期。

① 方克立：《现代新儒学与中国现代化》，天津人民出版社 1997 年版，第 48 页。

克思主义学者参加，三派进行了直接的交流与交锋。我在会上坦率地表明了自己的观点，认为中华文化在新世纪必然要复兴，但这个复兴不能以儒学和新儒学为指导，而必须以当代先进文化马克思主义为指导。首先需要明确一点，就是在对待历史遗产的问题上，马克思主义从来不主张割断传统，而是明确宣称："无产阶级文化应当是人类在资本主义社会、地主社会和官僚社会压迫下创造出来的全部知识发展的必然结果。"（列宁）"中国现时的新文化也是从古代的旧文化发展而来的，因此我们必须尊重自己的历史，决不能割断历史。"（毛泽东）现代新儒家指责五四运动造成了民族文化认同的危机，马克思主义的传入割断了中国文化传统，这至少是一种误解。马克思主义中国化的历程充分证明，它要在中国生根、发芽、开花、结果，就必须与中国革命实际相结合，与中国文化优秀传统相结合。马克思主义并不否定也不能代替民族文化的主体性。

我在发言中提出了"接受主体"这个概念，实际上就是对于中国文化主体地位的明确肯定。因为中国文化首先必须是充满活力与自信的、富有包容性的生命主体和创造主体，它才具有接受外来文化的能力。有的新儒家学者说"中国文化……在马克思主义派那儿，是没有原则意义、没有体的层位的，其体是马列"，这种说法是不符合实际的。

中国哲学中的体用范畴有多重涵义，近代以来谈文化体用问题往往不加区分，所以众说纷纭，歧义丛生。传统文化体用观认为："君臣父子，仁义礼乐，历世不变者，其体也；举而措之天下，能润泽斯民，归于皇极者，其用也。"（胡瑗）这是以精神指导原则为"体"，而以原则之具体应用为"用"。晚清的"中体西用"论就是在这个意义上使用体用范畴的，即以中国的纲常名教为体，以西方的船坚炮利为用。现代新儒家讲"以儒家精神为体，以西洋文化为用"，不过是其翻版而已。这是从以本体（本质）与现象的关系谈体用的观点沿袭下来的，运用到文化上，一般是以精神文明为体，以物质文明为用。在中国哲学中，体用范畴不只具有这一重涵义，它还有更加原本的一重涵义，就是指本体（实体）与其作用、功能、属性的关系。朱熹说："用是他用处。"王船山说："用者，用之于天下也。"形质神用（范缜）、器体道用（王船山、谭嗣同）、"物质为体，精神为用"（孙中山）、"社会存在是体，社会意识是用"（张岱年）、"生产力等经济基础是体，政治、文化等上层建筑是用"（冯友兰）等等，都是在这个意义上讲的。李泽厚"西体中用"论中的体用范畴，也接近这个意义。他说："体是社会存在的本体，即生产方式、生活方式。"西方在这个方面有明显优势，而"中用"则是把代表西方文明的生产方式、科学技术、政经制度等等运用于中国。"西体中用"论与"中体西用"论表面上看似乎针锋相对，其实体用范畴的涵义并不一样。除了上述两种基本涵义之外，体用范畴还有必然与偶然、内容与形式、因与果、常与变、主与辅等多重涵义。不论从哪个意义上来谈体用关系，其本来精神都是强调二者的连接贯通、对立统一，但也都预设了"体"的优先地位，中西体用之争争的正是这个优先地位即所谓"体"的层位。

正是由于体用范畴具有多义性的特点，所以我们在谈文化问题时宜慎用体用范畴，如果要用也首先要将其涵义界定清楚，否则就会公说公有理，婆说婆有理，争论双方可能完全不相应。比如马克思主义与中国文化的关系，从古今、中西等不同角度来考察，我们就会发现其体用关系大不一样，甚至会出现王船山所说的"相与为体"或"相为体用"的情况。

一方面我们肯定中国文化是"接受主体"，从"洋为中用"的意义来说，马克思主义也是一种被主体所接受并为主体所用的外来文化，是一种"他山之石"，因此也可以归入"西用"的范畴。但马克思主义作为我们这个时代的先进文化，对主体文化的发展能够起到指引方向的重要作用，它决定了中国新文化的社会主义方向，这与现代科学技术、管理经验等其他"西学"之用又是不同的。按照以精神指导原则为"体"、以原则之具体应用为"用"的传统文化体用观，又可以说马克思主义是体，现代科技等西学是用。张岱年、程恩富等学者正是在这个意义上讲"马体西用"的。

另一方面，从"古为今用"的意义来说，马克思主义是当今中国的主导意识形态，是"今"，处于"体"的地位；国学、儒学、中国传统文化是"古"，经过科学分析，区分"民主性精华"与"封建性糟粕"，其中的精华部分也可以作为历史资源，为社会主义新文化建设所用。正是在这个意义上，我把国学、儒学都看作是古为今用的支援意识。

以上分析说明，马克思主义与中国文化的关系，很难套进一个固定不变的体用模式，确定哪个是体，哪个是用。因为在不同的意义上，它们分别具有"体"的优位性。现在我们需要找到一种理论模式，不是把它们放在体用二元、互相对立的位置上，而是要把二者的优势都充分发挥出来，统一起来，这就使我们想到了张岱年先生的中、西、马"三流合一、综合创新"理论。

从20世纪30年代起，张先生就注意研究中、西、马三大思潮的关系问题，先后提出了"创造的综合"说与"文化综合创新"论，在这项研究中一直处于领先地位。四年前，我在学习张先生的文化思想时曾将其概括为"马学为魂，中学为体，西学为用，三流合一，综合创新"五句话，试图以"魂、体、用"三元模式代替"体、用"二元模式，并在一定程度上将体用范畴的两种涵义综合起来，来说明中、西、马三种文化资源各自的价值与作用，以及它们之间的相互关系。我认为，所谓"马学为魂"就是以马克思主义的科学世界观和方法论为指导，坚持中国新文化建设的社会主义方向。所谓"中学为体"就是以有着数千年历史积淀的自强不息、变化日新、厚德载物、有容乃大的中国文化为运作主体、生命主体、创造主体和接受主体，坚持民族文化主体性的原则。所谓"西学为用"就是以西方文化和其他民族文化中一切对主体文化有学习、借鉴价值的东西为"他山之石"，为我所用，坚持对外开放的方针。①"马魂、中体、西用"论既肯定了马克思主义在中国新文化建设中的指导思想地位，又突出地强调了民族文化的主体性，同时坚持面向世界、对外开放的方针，我认为是一种比较符合今天中国实际的文化发展方针和理论模式。正是因为有马克思主义的科学世界观和方法论作为指导，所以才能激活传统文化中的优质资源，充分吸收外来文化的营养，使中国文化走上"综合创新"的康庄大道。

这种看法得到了一些学者的支持，包括北京大学的董学文教授；也有学者提出一些问题，对于这种认识的完善和深化非常有帮助。肯定的意见主要是：面对中、西、马三大思潮对立互动的当代中国文化格局，"魂、体、用"三元模式确实比"体、用"二元模式有更强的解释力，"马魂、中体、西用"的概括也比"中体西用"或"西体中用"更准确地揭示了当代中国文化发展的实质内容。一个比较普遍的问题是："魂、体、用"三元模式有没有学理的和现实的根据呢？我是受到王船山讲"形而上者谓之道，形而下者谓之器，统之乎一形"（《周易外传》卷五）的启发，而考虑到作为主体文化的中国文化，它实际上就是统一"形而上之道"（马克思主义）和"形而下之器"（科技等现代西学）的那个"形"。因为马克思主义和西方文化都必须为中国文化所接受，成为现代中国文化的一个有机组成部分，才能在三大思潮对立互动和中国的新文化建设中起作用。按照王船山"道器无易体""统之乎一形"的理论，统一形上与形下的那个"形"也就是统一道与器的"物之体"，我们用"中体"（"中学为体"）来表示民族文化主体性的涵义是十分恰当的。为了把

---

① 方克立：《关于文化的体用问题》，《社会科学战线》2006 年第 4 期。

两种不同涵义之"体"区分开来，我们可以用另一个概念"魂"来表示作为精神指导原则的"体"，类似日本"和魂洋才"思想中"魂"的概念。概念上的这一区分和变通使用，恰恰是将体用范畴的两种涵义在"魂、体、用"三元模式中结合起来了。至于这种理论模式的现实模型，我们已经找到许多，在思想史上也不乏其例。比如孔子讲"人而不仁如礼何"，他的学生有子讲"礼之用和为贵"，放到儒家"以仁为魂，以礼为体，以和为用"的文化价值体系中，都是顺理成章、很容易理解的。

人们提得较多的另一个问题是："马魂、中体、西用"论仍然沿用了"中体西用"的提法，其涵义与晚清的"中体西用"论有什么区别呢？前面已经提到，晚清的"中体西用"论是以中国的纲常名教为体，以西方的船坚炮利为用，它是一种企图用西方先进的科学技术来维护中国封建的旧文化、旧制度的保守主义理论。正如严复等人所批评的，其割裂体用的错误非常明显。因为中学和西学都各有其体用，其"体"与"用"都是统一的，就像牛有负重之用、马有致远之用一样；现在非要把西学之用与中学之体嫁接在一起，那么也就像"牛体马用"一样可笑。一百多年来，"中体西用"作为一种典型的文化保守主义理论曾一再受到批判，但我们也注意到一个现象，就是它总是批而不倒，其影响至今犹存，这是为什么呢？我以为这种情况正是由于体用范畴的多义性所造成的。因为"中体西用"虽然是晚清人提出来的，其本意是要用西方的科学技术来维护中国的封建旧文化，但是它作为一个处理中西（外）文化关系的思想模式提出来，除了这种特定意涵之外，还包含着肯定中国文化主体地位的意义。就作为生命主体、创造主体和接受主体的中国文化与被接受的外来文化的关系来说，这个命题是可以成立的。在肯定民族文化主体性的意义上，我们可以理直气壮地讲"中体西用""洋为中用"实际上就是"中体西（洋）用"。"马魂、中体、西用"论正是在否定了晚清"中体西用"论的保守意涵的前提下，而突出地强调了其肯定民族文化主体性的意义。

试图用一个简明的理论模式对中国文化发展的现实道路作出准确概括是很不容易的，但是又很有必要。因为一百多年来，"中体西用""西体中用""全盘西化""复兴儒学"等口号影响很大，实际上就是打出了一面面文化旗帜，力图影响甚至决定中国文化发展的方向和道路。从这个意义来说，我们也需要有自己的文化旗帜。张岱年先生倡导的中、西、马"三流合一、综合创新"就是我们的文化旗帜，马克思主义的"综合创新"论就是我们的文化旗帜。"马魂、中体、西用"论就是在这面文化旗帜下，对中、西、马在文化综合创新中的地位和作用进一步定位，因此也可以说是"综合创新"论的深化。在无限丰富的现实生活中，任何理论模式都是有局限性的，"体、用"二元模式有局限性，"魂、体、用"三元模式也有局限性，它们都只能有条件地说明一定的事物、现象和关系，而不能夸大其适用范围和解释效力。"马魂、中体、西用"还是一种需要发展、完善和在实践中检验的理论，所以我非常愿意与北大中国文化发展研究中心的学者们共同研讨，也非常希望得到在座各位学者的批评和指教。

"马魂、中体、西用"论的由来、涵义及理论意义*

近代以来，中西文化体用之争从来没有停止过。张岱年先生说，用中国哲学的体用范畴来讨论文化问题，是"处理文化问题的中国方式"①。也就是说，文化体用论是一种有中国特色的文化理论。

文化体用论在中国由来已久。比如北宋哲学家、教育家胡瑗说："君臣父子，仁义礼乐，历世不可变者，其体也；举而措之天下，能润泽斯民，归于皇极者，其用也。"②就是传统文化体用观的一种典型表述。在胡瑗那里，"体"是指不变的精神指导原则，"用"是指原则的具体应用，即"举而措之天下"。

近代以来影响最大的文化体用观是"中体西用"论。从早期改良派到洋务派，以至康有为、梁启超等人，都深受此论之影响。20世纪的现代新儒家也是"中体西用"论者。到80年代，黎澍、李泽厚等人提出"西体中用"论来同它唱对台戏。由于双方使用的体用范畴涵义不同，你说你的，我说我的，因此这场对台戏实际上并没有真正唱起来，不过是在语言上刺激性地相对立而已。这种情况倒是暴露了体用论模式存在的一些问题和缺陷，主要是由于体用范畴的多义性和使用的灵活性所造成的。后来以张岱年先生为代表的一些学者，力图超越体用二元的思维模式，提出了"文化综合创新"论。而张先生本人恰恰又是最喜欢讲文化体用问题的学者之一，在20世纪八九十年代，他至少写过四篇专论文化体用问题的文章。他看到了文化体用论中存在的问题和矛盾，并且力图找到一条新的思路来解决这些问题和矛盾。他在探索中实际上已经相当接近于我们讲的"马魂、中体、西用"论了，但在语言表达上仍受体用二元模式的束缚，所以很难把问题讲清楚。

---

* 本文是作者2010年6月29日在上海师范大学哲学院举办的学术讲座之讲演记录整理稿。原载谢青松编：《马魂中体西用：中国文化发展的现实道路》，人民出版社2015年版，第42-65页。

① 张岱年：《文化体用简析》，《张岱年全集》第6卷，第202页。

② 《宋元学案·安定学案》。

2006 年 4 月 20 日，纪念张岱年先生逝世二周年国际学术研讨会在长沙岳麓书院召开，我没有出席这次会议，但是应刘鄂培教授之约写了一封贺信。我在信中提出一个看法，就是认为可以将张岱年先生的中、西、马"三流合一、综合创新"文化观，概括为"马学为魂，中学为体，西学为用，三流合一，综合创新"五句话，这就是所谓"马魂、中体、西用"论。我的解释是："'马学为魂'即以马克思主义和社会主义的思想体系为指导原则；'中学为体'即以有着数千年历史积淀的自强不息、变化日新、厚德载物、有容乃大的中华民族文化为生命主体、创造主体和接受主体；'西学为用'即以西方文化和其他民族文化中的一切积极成果、合理成分为学习、借鉴的对象。"①这个解释是以张岱年先生的思想为基础,或者说是接着张岱年先生的思想讲的。

"马魂、中体、西用"论提出后在学界引起了一些讨论，长沙岳麓书院会议上就有讨论，会后在报刊上也发表了一些讨论文章，包括《上海师范大学学报》2007 年第 6 期发表的一组四篇文章。我很感谢上海师大的学者对这个问题较早地予以关注。今年 3 月 26 日，我在北京大学中国文化发展研究中心成立大会上作了题为《"马魂、中体、西用"：中国文化发展的现实道路》的发言，认为"马魂、中体、西用"是"五四"后不同于"中体西用""西体中用""全盘西化""复兴儒学"等文化道路选择的，唯一现实可行的中国现当代文化发展道路。这个结论好像有点绝对，但是它的真理性已被近百年来的历史实践所证明。

前天我在华东师大参加高瑞泉教授主持的一个学术会议，在会上也着重讲了一下文化体用论思维方式的现代境遇问题。关于这个问题，上海的学者作过一些很好的研究。首先是陈旭麓先生，他在《近代中国社会的新陈代谢》中对"中体西用"论有精辟的分析和评论。②后来我又读到过童世骏同志的《中国现代化过程中的"体用"范畴新解》一文。他对中国传统哲学中"体用"范畴的涵义及其在近现代的衍化，现代思想家运用"体用"论模式解决中国现代化问题，以及中国文化与现代化关系问题的几种尝试，作了颇有新意的探讨。这些论著对我都很有启发。

下面讲我对这个问题的基本看法。首先要了解"马魂、中体、西用"论是在什么情况下提出来的，都经过了哪些不可逾越的思考环节。

---

① 方克立：《关于文化的体用问题》，《社会科学战线》2006 年第 4 期。
②《陈旭麓文集》，华东师范大学出版社 1996 年版。

体用范畴的两种主要涵义

20 世纪 80 年代，我就意识到"体"与"用"是在中国哲学中有着特殊重要地位的一对范畴，是最能表现中华民族思维方式特点的范畴之一。中国人在考察宇宙、社会、人生和精神文化问题时，"恒言有体有用"（孙中山语），于是就构成了一种思维模式，具有指导人们认识世界、解决各方面的问题，甚至用以组织学说体系的重要的方法论意义。《中国社会科学》1984 年第 5 期发表了我的《论中国哲学中的体用范畴》一文，对体用范畴的由来、涵义以及体用观上的哲学分歧与论争，作了较为全面的考察。文章否定了体用"本乎释氏""出于佛书"的说法，指出在中国哲学中，"体"与"用"的观念形成很早，先秦已有体用并举的提法，"有体有用"的观念在汉代已经运用到比较广泛的领域，但到魏晋时期，才成为一对有确定涵义并对后世有重要影响的哲学范畴。

文章考察了体用范畴的涵义及其演变，认为它的本来意义是指本体（主体、实体）及其作用、功能、属性的关系。中国古代学者对这种关系讲得最清楚的是唐代的崔憬，他在注解《周易·系辞》"形而上者谓之道，形而下者谓之器"时说：

> 凡天地万物，皆有形质，就形质之中，有体有用。体者，即形质也；用者，即形质之妙用也。言有妙理之用以扶起体，则是道也；其体比用，若器之于物，则是体为形之下，谓之器也。假令天地圆盖方轸为体为器，以万物资始资生为用为道；动物以形躯为体为器，以灵识为用为道；植物以枝干为器为体，以生性为道为用。①

崔憬明确指出有形质的物质实体即"形而下之器"是体，而"形而上之道"不过是从属于体并用来"扶起体"的妙用。后来，范缜的"形质神用"说，王船山"道者器之道，器者不可谓之道之器"的观点，孙中山"物质是体，精神是用"的观点，都与之一脉相承。朱熹、王船山等学者也经常在"器体道用"的意义上来使用"体用"范畴，比如朱熹说："假如耳便是体，听便

---

① 《周易探玄》，李鼎祚《周易集解》引。

是用；目是体，见是用。"①"譬如此扇子，有骨有柄，用纸糊，此则体也；人摇之，则用也。"②王船山说："无车何乘？无器何贮？故曰体以致用。不贮非器，不乘非车，故曰用以备体。"③这是体用范畴的第一种涵义，也可以说是它的"本义"，即以有形质的物质实体为体，以实体的作用、功能、属性为用。这种涵义概括地说就是"器体道用"。

但是，在中国哲学史上，并非所有哲学家，在任何情况下，都是在本体（实体）及其作用、功能、属性的意义上来使用"体用"范畴的，古代哲学家在更多的情况下，是在本体（本质）与现象的关系的意义上来理解和使用这对范畴。特别是在把它当作构筑其本体论哲学的重要支柱或架构时，通常都是用"体"来表示宇宙万有存在的根据和共同本原（本质），而"用"则是作为其具体呈现的纷繁复杂的事物现象。唯心主义哲学家总是把"无""道""理""心""识""法性""真如"等精神性的东西说成是宇宙的最高本体，而以"有""物""事""法相"等为精神本体的派生物或其外在表现。比如程朱经常讲"体用一源，显微无间"。他们所谓"体"，是指至精至微的"理"，即最高的精神本体；他们所谓"用"，是指至著至显的"事"或"象"，即现实世界中呈现出来的一切事物现象。他们认为体是先在的或本然存在的东西，而用则是由体派生出来的。唯物主义哲学家也在本体（本质）与现象的意义上来使用体用范畴，他们是以"有""气""物质"为世界本体，而以"理""心""精神"等为本体的作用和功能，以"无"为"有"的特殊表现形式。比如张载说："太虚无形，气之本体；其聚其散，变化之客形尔。""太虚不能无气，气不能不聚而为万物，万物不能不散而为太虚。"④物质实体"气"与万物（"客形"）的关系就是本体与现象的关系。以形而上之道为本体（"体"），以形而下之器为现象（"用"），这是体用范畴的第二种涵义。这种以本体（本质）与现象言体用即"道体器用"的观点，后来逐渐成为哲学史上占主导地位的一种体用论模式，一般讲文化的体用关系，基本上都是在这种意义上讲的，以至后来有人背离这种体用观回归"器体道用"论时，贺麟先生竟批评其为"体用颠倒说"。

在哲学史上，也有一些哲学家对体用范畴的这两种涵义辨析得很清楚，

① 《朱子语类》卷一。
② 《朱子语类》卷六。
③ 《周易外传》卷五。
④ 《正蒙·太和》。

在不同情况下或针对不同的问题，分别在"器体道用"和"道体器用"的意义下来使用这对范畴。最有代表性的例子就是王船山。他在讲"道者器之道，器者不可谓之道之器""无其器则无其道""据器而道存，离器而道毁"①的时候，是明确的"器体道用"论者。当他讲"道，体乎物之中以生天下之用者也"②、"道为器之本，器为道之末"③、"无恒器而有恒道也""器敝而道未尝息也"④时，就是在本体与现象的意义上来使用这对范畴，明确地主张"道体器用"了。他本人对"此一义也"和"又一义也"是分辨得非常清楚的，所以又把这种情况叫作"相与为体"或"相为体用"。我在 20 世纪 80 年代对这种思想史现象作过一点考察，有兴趣的同志可以参看《王船山道器论浅析》和《论中国哲学中的体用范畴》两篇文章⑤。

在中国传统哲学中，体用范畴除了上述两种基本涵义之外，还有必然与偶然、原因与结果、内容与形式、全体与部分、主要与次要、未发与已发、常住性与变动性、第一性与第二性等多重涵义。它不仅是属于本体论、自然观的范畴，而且被广泛地运用到认识论、人性论、历史观、社会政治伦理等各个领域，很自然地也被用来说明文化现象，所以，传统文化体用观才能成为一种独具中国特色的文化理论。

"内圣"与"外王"统一的传统文化体用观

前面已经提到，中国传统文化体用观的典型表述是胡瑗讲的"明体达用"之学。他说：

> 君臣父子，仁义礼乐，历世不可变者，其体也；举而措之天下，能润泽斯民，归于皇极者，其用也。⑥

以"君臣父子""仁义礼乐"等万世不变的封建主义基本原则为体，以这

---

① 《周易外传》卷五。
② 《周易外传》卷一。
③ 《读四书大全说》卷七。
④ 《张子正蒙注》卷一。
⑤ 二文均见《方克立文集》，上海辞书出版社 2005 年版。
⑥ 《宋元学案·安定学案》。

些原则的具体运用即"举而措之天下"为用，体用结合就可以达到"归于皇极"、巩固封建王权统治的目的。这是中国传统文化体用观的基本涵义。它不仅是胡瑗的"明体达用"之学的基本内容，而且也是整个封建主义意识形态的基本理论框架。明代李二曲（李颙）有"明体适用"之学，其意义与胡瑗的"明体达用"之学相近。他说："何谓明体适用？穷理致知，反之于内，则识心悟性；实修实证，达之于外，则开物成务，康济群生。夫是之谓明体适用。"①他把这种体用观精练地概括成两句话："明道存心以为体，经世宰物以为用。"②胡瑗、李颙对体用范畴的界定是一致的，都是以精神指导原则为体，以原则的具体运用（"举而措之天下""经世宰物"）为用。

李二曲还讲到体用有内外之别，体是"反之于内"，用是"达之于外"。其实，早在东汉时期，魏伯阳在《周易参同契》中就有"内体"与"外用"对举的提法。以后人们就常以"体"为内学，以"用"为外学；以"体"治心，以"用"治事。二者结合就是中国传统的所谓"内圣外王之道"，即以内圣为体，外王为用。体用、内外之学的统一表现在：一方面，由体达用，在根本原则的指导下举而措之天下，经世宰物，利济群生；另一方面，用不能离开体，一切具体举措都不能离开"经义"所规定的根本原则。所以李二曲说："明体而不适用，失之腐；适用而不明体，失之霸。腐与霸，非所以言学也。"③他们所说的"体用合一"或"体用不二"，实际上就是中国封建意识形态内部理论与实践统一的原则。

清末的"中体西用"论就是继承了上述传统文化的体用观，也继承了以"体"为明道存心的内学、以"用"为经世宰物的外学，以"体"治心、以"用"治事的思想，比如张之洞说："中学为内学，西学为外学；中学治身心，西学应世事。"④后来牟宗三讲"内圣开出新外王"，则是以中国的儒家传统、道德理性为"内圣"之体，而以民主、科学等"新外王"为用，实际上也是一种"中体西用"论，是这种文化体用论模式在现代的运用。

---

① 《二曲集》卷十四。
② 《二曲集》卷十六。
③ 《体用全学序》。
④ 《劝学篇》。

"中体西用"论对传统文化体用观的继承和偏离

张岱年先生在《试谈文化的体用问题》一文中，对洋务派如何接续传统文化体用观而加以运用，曾经有清楚的说明。他说："清末洋务派提出'中学为体，西学为用'，其实际意义是，以封建主义的思想体系为体，以近代西方的科学技术为用。这里所谓'体'指原理原则，所谓'用'指原则的应用。这个意义的'体用'观念源于宋代教育家胡瑗。胡瑗提倡'明体达用之学'，以为'君臣父子，仁义礼乐，历世不可变者，其体也；……举而措之天下，能润泽斯民，归于皇极者，其用也'（见《宋元学案·安定学案》）。洋务派所谓'体'也就是胡瑗所谓'体'。每一文化系统都有其指导原则，有其具体设施。就文化系统中，分别体用，这具有一定的理论意义。"①

人们通常以张之洞在《劝学篇》中讲的"旧学为本，新学为用""中学为内学，西学为外学；中学治身心，西学应世事"为清末"中体西用"论之典型表述，因为他把这种体用观"以尊朝廷、卫社稷为第一义"的实质讲得最清楚。其实，在19世纪下半叶，包括早期改良派、洋务派、维新派在内的许多重要代表人物，都有"中体西用"的思想和言论，诸如：

> 以中国之伦常名教为原本，辅以诸国富强之术。②
> 形而上者中国也，以道胜；形而下者西人也，以器胜。③
> 器则取诸西国，道则备自当躬。盖万世不变者，孔子之道也。④
> 今诚取西人器数之学，以卫事尧舜禹汤文武周孔之道。⑤
> 中学其本也，西学其末也。主以中学，辅以西学。知其缓急，审其变通，操纵刚柔，洞达政体，教学之效，其在兹乎！⑥
> 道为本，器为末；器可变，道不可变。庶知可变者，富强之术而非

---

① 《张岱年全集》第6卷，第127页。
② 冯桂芬：《校邠庐抗议·采西学议》。
③ 王韬：《弢园尺牍》卷四。
④ 王韬：《弢园尺牍外编》卷十一。
⑤ 薛福成：《筹洋刍议·变法》。
⑥ 郑观应：《盛世危言·西学》。

孔孟之常经也。①

    应以中学为主，西学为辅；中学为体，西学为用。中学有未备者，以西学补之；中学有失传者，以西学还之。以中学包罗西学，不能以西学凌驾中学。②

在 19 世纪下半叶，中体西用的思想和言论广为流行，"张之洞最乐道之，举国以为至言"（梁启超语），情况确实如此。这种思想对后世的深远影响也不可忽视。20 世纪的现代新儒家就继承了晚清的中体西用论，比如贺麟先生说："以儒家精神为体，以西洋文化为用。"就是一个非常典型的"中体西用"命题。熊十力先生说"中学以发明心地为一大事，西学唯是量智的发展，如使两方互相了解，而以涵养性智为天下之大本，则量智皆成性智之妙用"（《新唯识论》），即以性智为体，量智为用，中学为体，西学为用。

以上这些说法都继承了传统文化体用观"以不变的精神指导原则为体，以原则的具体运用为用""以形而上之道为体，以形而下之器为用"的基本涵义，主张"道本器末""道体器用"，认为"器"是为"道"服务的。这是讲清末以来的"中体西用"论对传统文化体用观的继承，这是很明显的实质性的继承。但是，它还有另一面，就是对传统文化体用观又有所偏离。这主要表现在，传统文化体用观是在一种文化的内部区分体用、内外之学，而"中体西用"论者虽然继承了以体用区分"经义"与"治事"、内在的精神原则与外在的应事方术的观点，但他们却是在两种文化（"中学"与"西学"）之间来讲体用关系，主张"中学为内学，西学为外学；中学治身心，西学应世事"，这显然违背了传统文化体用观体用、内外之学统一的精神。正如严复所指出的：在"中体西用"的公式中，似乎是中学有体而无用，西学则有用而无体，而事实上"中学有中学之体用，西学有西学之体用"，其体用、内外之学都是统一的。"夫西人立国，自有本末。……育才于学堂，论政于议院，君民一体，上下一心，务实而戒虚，谋定而后动，此其体也；大炮、洋枪、水雷、铁路、电线，此其用也。"而我们中国人是"遗其体而求其用"，"不揣其本而末是求"，这样学西方当然是学不好的。所以严复批评"中体西用"论就像"牛体马用"一样不通和可笑（《与外交报主人论教育书》）。应该说，严复的批评是击中了"中体西用"论之折中主义与形而上学要害的，有很强的逻辑力量。但是严复

---

① 郑观应：《危言新编·凡例》。

② 孙家鼐：《议复开办京师大学堂折》。

并没有找到一种方法，来有效地解决"融中西之学"这个时代课题，所以，"中体西用"在当时仍不失为一条现实可行的途径，得到许多人的认同，对后世也产生了深远影响。

回归"器体道用"的"西体中用"论

李泽厚对"中体西用"论有尖锐批评，并提出"西体中用"论来与它相对抗。他指出，清末的"中体西用"论以中国的伦常名教为体，而以西方的科学技术为用，这是颠倒了社会存在与社会意识的关系。"中体西用的最大错误就在于认为科技是用而不是体，其实科技恰恰是体，因为科技理论是与社会存在，与生产力、生产方式联系在一起的。"在他看来，"体"首先应该是社会存在的本体，人类存在的本体，应以物质文明为基础。他说："我认为，体是社会存在的本体，即生产方式、生活方式。"也就是说，他是以社会存在为体，社会意识为用。这显然不是用的以精神指导原则为体、以原则之具体运用为用，以"治心"的内学为体、以"治事"的外学为用的传统文化体用观之本义，而是回到了崔憬、王船山等人的"器体道用"论。尽管他有时把本体意识，如科技思想、意识形态（包括马克思主义），即那些被称为"学"和"文化"的东西，也包括在"体"的范畴之内，造成了一些概念混淆，但其"器体道用"的基本意涵还是非常明确的。李泽厚对"西体中用"还有一个很特别的解释："西体者，社会主义现代化是也。而所谓'中用'，就是怎样结合实际运用于中国，这也就是马克思主义的中国化。"①在他看来，将西体运用于中国就是西体中用，马克思主义中国化就是西体中用，在这里，"用"主要是一个动词。

20 世纪 40 年代，冯友兰先生在《新事论》中早已提出过与李泽厚类似的观点。他说："从学术的观点说，纯粹科学等是体，实用科学、技艺等是用。但自社会改革的观点说，则用机器、兴实业等是体，社会之别方面底改革是用。"40 年后，他为《新事论》作了一个重要的辩护，就是强调指出："我认为，在一个社会类型中，生产力等经济基础是体，政治、文化等上层建筑是

---

① 李泽厚：《中国思想史杂谈》，《复旦学报》1985 年第 5 期。

用。"①冯友兰和李泽厚都强调发展生产力的重要，主张回归"器体道用"的观点，应该说有唯物史观的因素。但这种体用观不是就文化（"学"）自身的内部关系而言，而是讲的文化及其存在的基础，或文化及其所反映的社会存在的关系，与"中体西用"讨论的问题不在一个层面上，因此，两个命题并没有直接的针对性。

恰恰是这种观点，曾经被贺麟先生批评为"体用颠倒说"。贺先生在 20世纪 40 年代写过《文化的体与用》一文，他坚持"以本体与现象言体用"的传统文化体用观，认为这是不可改易、不可颠倒的"绝对的体用观"。他同时也坚持"体用不可分离"的原则，认为"没有无用之体，亦没有无体之用"。贺先生说："体是本质，用是表现。体是规范，用是材料。不能以用为体，不能以体为用。……所谓冠履不同位，各部门文化皆截然有其应有的逻辑地位，决不能因一时实用，个人好恶，而可以任意颠倒的。持体用颠倒说，认形而下之用为本体，认形而上之体为虚幻，便陷于形而上学的割裂。"②把"道体器用"的体用观绝对化，贺先生是一个代表人物，这与他当时所持的"以精神或理性为文化之体"的唯心主义文化观是分不开的。

张岱年先生的文化体用观

在 20 世纪八九十年代的文化讨论中，中西体用之争是一个热点问题。张岱年先生热心地参与了这一讨论，先后发表了《试谈文化的体用问题》（1986年 2 月）、《文化体用简析》（1986 年 10 月）、《现代中国文化的体与用》（《社会科学家》1987 年第 1 期）、《评所谓"西体中用"》（《文艺理论与批评》1991年第 5 期）四篇专论文化体用问题的文章，另外在《中国文化的历史传统及其更新》（1986 年 8 月）等文章中也谈到了这个问题。张先生是持马克思主义理论立场的著名哲学家和哲学史家，对中国哲学中体用范畴的来龙去脉和多重涵义了如指掌，对近代以来中西文化体用之争的问题症结所在也十分清楚。他在青年时代就"不妄以中学与西学对待""不妄谈什么体用"③。半个世纪后当这个问题重新成为争论焦点时，他力图用唯物辩证法和社会主义价

---

① 冯友兰：《三松堂全集》第 1 卷，河南人民出版社 2001 年版，第 220 页。

② 贺麟：《哲学与哲学史论文集》，商务印书馆 1990 年版，第 350 页。

③《张岱年全集》第 1 卷，第 247 页。

值观来系统清理文化的体用问题，同时肯定这个问题在今天还有一定的理论意义，对它进行了创造性的诠释，力图使之适合于今天中国社会主义新文化建设的需要。张先生做的工作主要是：

（1）厘清体用范畴的两种主要涵义。张先生说："在中国古代哲学中，所谓体用，基本上具有两种不同的含义。第一种含义是，体指实体，用指作用，体用是实体与作用的关系。第二种含义是，体指原则，用指应用（原则的运用），体用是原则与应用的关系。"他还指出："一般所谓文化的体用，其所谓体用不是体用的第一种含义。清末洋务派提出'中学为体，西学为用'，其所谓体用都属于'学'的范围，应是体用的第二含义。所谓体指文化的最高指导原则，所谓用指实现原则的具体措施。"①

（2）在讲到文化的内部关系、同一个文化系统中不同要素之间的关系时，特别是在讲到马克思主义和社会主义原则在中国新文化中的主导地位时，张先生通常是用体用范畴的第二种含义，即原则与应用的关系，或者说"道体器用"的体用观来加以说明。比如他说："社会主义人际关系的基本原则，可以称之为社会主义文化之'体'；社会主义繁荣昌盛的科学艺术，可以称为社会主义文化之'用'。""社会主义文化以社会主义的基本原则为'体'，亦即以马克思主义的理论原则为体。"②在《中国文化的历史传统及其更新》一文中，他又说："我们现在讲体用，应该确定：社会主义的基本原则是'体'，科学技术、文学艺术是'用'。社会主义的根本原则就是社会主义民主。可以说民主为体，科学为用。"③这些都是在"道体器用"的意义上来讲的。张先生还根据大家都能接受的"古为今用，洋为中用"的说法，提出了"今中为体，古洋为用"的命题。他说："今中为体，就是以社会主义思想体系为体，其中包含对于中国固有的优秀传统的批判继承的问题；古洋为用，就是在科学技术方面尽力学习西方，同时在艺术方面兼采民族形式。"④"古学""洋学"为"今学""中学"所用，为其服务，在本质上也是一种"道体器用"的关系，当然它还兼有主辅、本末、整体与部分、内容与形式等多重意义。我们不难发现，以上这些论述，体与用都属于"学"即文化的范畴。

（3）张先生有时也用体用范畴的第一种含义来讲文化问题，这个时候他

①《张岱年全集》第 6 卷，第 202、203 页。
②《张岱年全集》第 6 卷，第 207、208 页。
③《张岱年全集》第 6 卷，第 170-171 页。
④《张岱年全集》第 6 卷，第 129 页。

就不是讲文化的内部关系，而是讲文化与其创造主体的关系、文化与其所依存和反映的社会存在的关系，特别是强调文化的民族主体性、独立性、能动性和主体意识。他说："按照体用的第一含义，文化的体用应如何理解呢？一切文化都是某一民族的文化，民族是文化的主体。文化的各种内容，即民族的精神生产的全部内容都是为民族服务的。如此，应该肯定，民族的存在是体，文化的内容是用。"又说："在人类社会生活中，社会存在是体，社会意识是用。每一时代的社会存在即当时的生产方式。每一时代的社会意识构成当时文化的内容。如此，应该肯定，每一时代的文化都应以当时的生产方式为体。"[1]这些论述与冯友兰、李泽厚就相当接近了，张先生不但不排斥"器体道用"的体用观，而且从民族主体性的角度充分肯定它的重要意义。

（4）"道体器用"论突出的是"体"的主导性，"器体道用"论突出的是"体"的主体性。张岱年先生已经注意到这两个"体"的区别，并在一定程度上将这两个"体"结合起来、统一起来，把它们放到同一个中国新文化建设的公式（事业）中去。他说："应该承认，中华民族是建设社会主义中国新文化的主体，而社会主义是中国新文化的指导原则。科学技术等等都是为这个民族主体服务的，也都是为社会主义服务的。"[2]中华民族是主体性之"体"，社会主义指导原则是主导性之"体"，科学技术等等（"用"）是为这两个"体"服务的。我曾经说过，张先生的上述论断（公式），离"马魂、中体、西用"论只有一步之遥了，只是还没有从体用二元的思维模式中完全摆脱出来，所以不得不借助于体用范畴的多种涵义。

超越体用二元的思维模式

20世纪80年代，我对文化体用问题也很感兴趣，1987年发表了《评"中体西用"和"西体中用"》一文，曾经引起一些讨论。该文认为，李泽厚的"西体中用"论在思维结构上与清末的"中体西用"论并无二致，都没有超出中西对立、体用二元的思维模式。无论是"中体西用"还是"西体中用"，都不能正确解决古今、中西问题，都不能作为中国新文化建设的指导方针。这篇

---

[1] 《张岱年全集》第6卷，第203页。
[2] 《张岱年全集》第6卷，第129页。

文章带有结论性的一段话是：

> 在今天，必须抛弃中西对立、体用二元的僵固思维模式，排除盲目的华夏优越感和崇洋媚外等狭隘感情因素，以开放的胸襟，从中国社会主义现代化建设的实际需要出发，批判地借鉴和吸取古今中外一切有价值的文化成果，经过辩证的综合和扬弃，努力创造出一种"以马克思主义为指导的，批判继承历史传统而又充分体现时代精神的，立足本国而又面向世界的"高度发达的社会主义新文化。

张岱年先生对"中体西用"论和"西体中用"论也多有批评。1990年7月，他与程宜山合著的《中国文化论争》一书由中国人民大学出版社出版，其中讲道：百余年来，人们在文化的体用问题上绞尽了脑汁，其实只要摆脱了中西对立、体用二元的思维模式，这个问题并不难解决。在两位作者看来，无论是"中体西用"还是"西体中用"，也无论是国粹主义还是"全盘西化"，在中国都走不通，中华民族文化的复兴只能走辩证的综合创造之路。对此他们解释说：

> 我们所说的辩证的综合创造是指：抛弃中西对立、体用二元的僵固思维模式，排除盲目的华夏中心论与欧洲中心论的干扰，在马克思主义普遍真理的指导下和社会主义原则的基础上，以开放的胸襟、兼容的态度，对古今中外的文化系统的组成要素和结构形式进行科学的分析和审慎的筛选，根据中国社会主义现代化建设的实际需要，发扬民族的主体意识，经过辩证的综合，创造出一种既有民族特色又充分体现时代精神的高度发达的社会主义中国新文化。

人们不难看出，上引两段话的基本精神是完全一致的，都是主张用马克思主义综合创新文化观来超越中西对立、体用二元的思维模式。所谓马克思主义综合创新文化观，就是要正确处理中、西、马三"学"即三种思想文化资源的相互关系问题，这是"五四"后中国文化发展道路选择面对的新的时代课题，中西对立、体用二元的思维模式对此显然已经捉襟见肘、无能为力了，时代课题的转换呼唤着理论思维模式的创新。

怎样超越体用二元的思维模式？有两种思路：一是彻底摆脱传统体用思维，另走新路；二是在传统体用思维的基础上，找到问题的症结所在，加以发展和变通。刘鄂培教授曾经提出一个看法，认为张岱年先生的综合创新文化观是"超越于传统的'体用'之说，彻底摆脱'体用'之说束缚的文化观"。还说："形而上学的'体用说'已被历史淘汰，唯有张岱年先生提出的新文化观——'文化综合创新论'才能适应建设中国未来的新文化的要求。"①我觉得这话说得有点过了。张先生不赞成"中体西用"论和"西体中用"论，主张超越中西对立、体用二元的思维模式，但是他并没有全盘否定中国传统的"体用"之说，将其一概视为"形而上学"。在张先生看来，"文化的体用问题是运用中国哲学的范畴来研讨文化问题，可以说这是处理文化问题的中国方式"②。他还明确说过："每一文化系统都有其指导原则，有其具体措施。就文化系统中，分别体用，这具有一定的理论意义。"③张先生曾经在体用范畴的第一种涵义即"器体道用"的意义上，提出过"社会存在是体，社会意识是用""民族的存在是体，文化的内容是用"等命题，也在第二种涵义即"道体器用"的意义上，提出过"社会主义的基本原则是体，科学技术、文学艺术是用""民主为体，科学为用""今中为体，古洋为用"等命题。这些都说明他并没有彻底抛弃对我们民族理论思维发展起过重要作用的"体用"范畴，而是认为它仍"具有一定的理论意义"。因此，超越中西对立、体用二元的思维模式，并不一定必须全盘否定传统的"体用"之说，而是有可能保留它的某些合理内容，克服由于概念的多义性而造成的认识混淆，以它为基础而加以发展和变通，创造出一种适应"五四"后中、西、马对立互动格局的新的理论思维模式。

"五四"前后中国文化发展道路之争的主题转换，即从此前的古今中西之争转换成如何处理中、西、马三"学"的关系问题，已经在客观上提出了用一种新的三元模式取代中西对立、体用二元思维模式的要求。通过辨析、整合体用范畴的两种主要涵义，又为变通、发展出这种新模式提供了逻辑上的可能性。这时我感觉到一种新的思维模式已经离我们不远了。2004 年 11 月 25 日，经济学家杨承训教授在《人民日报》上发表了《中国经济学的发展方向》一文，其中写道："我国社会主义经济建设的成功实践证明，中国经济学的发展方向是：'马学'为魂，'中学'为体，'西学'为用。'马学'就是马克思主义，'中学'就是中国化的发展着的马克思主义，'西学'就是西方经济学。"当我读到这段话时，就觉得眼睛一亮，感到甚契吾心，这不就是我们

---

① 刘鄂培：《论张岱年的文化观——"综合创新"论》，《中国社会科学院研究生院学报》1997 年第 2 期。

② 《张岱年全集》第 6 卷，第 202 页。

③ 《张岱年全集》第 6 卷，第 127 页。

正在探索、求解的中、西、马关系新模式吗？"魂、体、用"三元模式超越了中西对立、体用二元的思维模式，用来说明当代中国文化中的中、西、马三"学"关系问题不但可能，而且非常贴切，它不仅是中国经济学的发展方向，而且也是"五四"后整个中国文化发展的方向。

"马魂、中体、西用"的基本涵义

应该说，杨承训教授是"马魂、中体、西用"论的最早提出者。我受到他的启发，才用"魂、体、用"三元模式来思考"五四"后中国文化发展的道路问题，并进而把它当作带有一定普遍意义的思维模式，来说明客观世界的某一类事物、现象和关系。我对"马魂、中体、西用"的解释，与杨承训教授还不完全相同。他是讲当代中国经济学发展中的中、西、马关系问题，我是把"马学为魂，中学为体，西学为用"三句话与张申府、张岱年先生的"三流合一，综合创新"思想联系在一起，来认识"五四"后中国文化发展的基本格局、基本走向和基本道路，进一步阐明和深化"综合创新"文化观。"五四"后出现了分别倚重中、西、马三"学"的文化保守派、自由主义西化派和中国马克思主义派"三足鼎立"的格局，在人们只看到三派之间相互论战、"道不同不相为谋"这一面的时候，张申府、张岱年先生却看到了"三流合一"、辩证综合与创新的可能性，从20世纪30年代到80年代，逐渐形成和明确提出了以马克思主义为基础和主导的"综合创新"文化观。"五四"后近百年的历史实践证明，二张先生的眼光是正确的，我们今天走的仍然是一条中、西、马"三流合一"、综合创新的文化发展道路。"马魂、中体、西用"论则把三者各自的地位和相互关系，进一步界定得更加清晰和准确。

我按照自己的理解对"马学为魂，中学为体，西学为用"三句话重新进行了解释。

（1）我讲的"马学为魂"，首先是概括张岱年先生的思想，具体说就是他的"必须坚持以马克思主义的世界观和方法论为指导，坚持中国新文化建设的社会主义方向"的思想，也就是他所说的"以社会主义的基本原则为'体'，亦即以马克思主义的理论原则为'体'"的思想。这个"体"，是"道体器用"之"体"，是作为精神指导原则的主导性之"体"，我觉得用"魂"这个概念来标识非常贴切。大家知道，日本近代有与"中体西用"类似的"和魂洋才"

论，"魂"这个概念与精神指导原则之"体"大体上同义。引进"魂"这个概念，就是强调在一个文化体系中，必须有一个精神指导原则，作为"灵魂"，发挥先进文化的引领作用。用"魂"这个概念来指称主导性之"体"，有利于把它与主体性之"体"区分开来，避免概念的混淆。

为什么要以"马学为魂"？在今天中国学界的大多数人看来，这个道理很明白，因为马克思主义是宪法规定的社会主义中国的指导思想，宪法之所以作出这个规定，是尊重历史的选择、人民的选择。当代中国文化发展必须顺应历史发展规律和时代潮流。从学理上讲，我认为最重要的是两点：一是马克思主义作为科学的世界观和方法论，对于我们认识世界和改造世界具有指导意义；二是它坚持无产阶级只有解放全人类才能解放自己的价值立场，在价值观上优于、高于一切传统的思想体系。马克思主义是我们时代的真理和良心，所以能够成为当代中国文化之"魂"。

（2）我们讲"中学为体"，首先要与清末洋务派讲的"中学为体"划清界限。它已经不是指某种精神指导原则，不是指"中国之伦常名教"或"尧舜禹汤文武周孔之道"，而是指民族文化的主体性，即以"中学"、中国文化为主体、实体、载体。它不是主导性之"体"而是主体性之"体"，不是"道体器用"之"体"而是"器体道用"之"体"。已有学者注意到，提出"运作主体""生命主体""创造主体""接受主体"四个概念来挺立和强调民族文化的主体性，一方面强调它"自强不息"的能动创生义，一方面显示它"厚德载物"的博大包容义，主体与载体统一，这是前所未有的。其中"接受主体"这个概念，我在1988年写的《略论现代新儒家之得失》一文中就提出来了，它不仅是对于作为"他山之石"、为我所用的西学来说的，也是对于已经成为当代中国文化之指导思想的马克思主义来说的。"马克思主义作为一种外来文化，要在中国生根发展，不能没有中国文化这个接受主体。在肯定民族文化主体性这一点上，马克思主义和现代新儒家并没有根本的分歧。"①我说这个话，在当时是为了澄清新儒家对马克思主义的误解，同时也说明，作为当代先进文化的马克思主义，如果不被中国文化所接受，那么它再先进也起不到"魂"即指导思想的作用。中国文化就是接受"西学"和马克思主义的主体文化，无疑也是它们的载体。

张岱年先生曾经把"民族"看作文化之体，我也说过"文化的创造主体

---

① 方克立：《现代新儒学与中国现代化》，天津人民出版社1997年版，第48页。

和接受主体是人，是人的实践活动"①，从体用的第一种涵义来说当然没有问题，但是却不能把"民族""人""人的实践活动"纳入"学"的范畴。从中、西、马三"学"的关系来说，体现民族主体性的是"中学"或中国文化。它是中国新文化建设的运作主体、生命主体、创造主体和接受主体，中、西、马"三流合一"、综合创新所创造出来的新文化，还是"中学"或中国文化，所以说只有它才是主体文化。

我们在讲"中学为体"的时候，还要注意一个问题，就是这里讲的"中学"或中国文化，不是指某种特定的中国学问，而是指有着数千年历史传承的，经过近现代变革和转型的，走向未来、走向世界的活的中国文化生命整体。只有中国文化生命整体，才能够作为自强不息、变化日新的"创造主体"和厚德载物、有容乃大的"接受主体"，某一阶段、某种形态、某个流派的中国文化，如历史上的儒学、道学或佛学，现代经济学家讲的"中国化的发展着的马克思主义"，都不足以担当此任。有的人把"中学为体"解释为"以儒学为体"，这就与新儒家贺麟的公式差不多了。

（3）按照一般的了解，"西学为用"就是以西方文化和其他民族文化中的一切积极成果、合理成分为学习、借鉴的对象。在"马魂、中体、西用"的思维结构中，"用"的涵义有两个：一个是相对于作为指导原则的"魂"来说的，它是"应事之方术"即原则的具体应用；二是对于作为生命主体、创造主体和接受主体的主体文化来说，它是为我所用的"他山之石"。张岱年先生讲"科学技术等等都是为这个民族主体服务的，也都是为社会主义服务的"②，这两个"服务"，就是两种意义的"用"。不论是在"经世宰物以为用"即"道体器用"的意义上，还是在"扶起体之妙用"即"器体道用"的意义上，"用"都是为强"魂"健"体"服务的。历史经验证明，中国越是对外开放，博采众长，自己就发展得越好，就越有理论自信、道路自信和制度自信，这里生动地体现了"魂、体、用"有机统一的辩证法。

有一个问题不可回避：马克思主义本来是一种外来文化，也可以归入"西用"的范畴。这种"西用"为什么能在当代中国文化中起到"魂"即指导思想的作用呢？外来文化的范围很广，包括一切外国的科学技术、文学艺术、管理经验、理论学说，对于主体文化来说，它们都是"用"，但是有不同的用

---

① 方克立：《现代新儒学与中国现代化》，天津人民出版社 1997 年版，第 408 页。
② 《张岱年全集》第 6 卷，第 129 页。

途、用处。中国从近代以来，曾经选择、学习、借鉴过各种西方资产阶级的理论学说和治国方案，结果都失败了，历史最后选择了马克思主义，证明只有社会主义才能救中国和发展中国。所以马克思主义这种"西学"，与现代科学技术、管理经验等"西学"还不一样，它作为我们这个时代的先进文化，对主体文化的发展能够起到指引方向的重要作用，决定了中国新文化发展的社会主义方向。因此，按照以精神指导原则为"体"、以原则之具体运用为"用"的传统文化体用观，又可以说马克思主义是"体"，现代科技等西学是"用"。张岱年先生就明确表达过"马体西用"的观点。我们现在是用"魂"这个概念来表示作为精神指导原则的"体"，"马学为魂"就是在这个意义上说的。由此可以看出，"魂""体""用"的概念需明晰，但它们之间也没有绝对不可逾越的界限。

"魂、体、用"三元模式成立的学理根据

用"魂、体、用"三元模式超越中西对立、体用二元的思维模式，应该说是一个重要的理论创新，也可以说是一种范式创新。但它并不是哪个人凭空想出来的，而是许多学者在研究过程中，都对传统体用思维之利与弊有深刻了解，才探索出了一种不离体用而又超越体用二元的"魂、体、用"三元模式。当然它首先要在客观世界有事实的根据。众所周知，世界上的事物、现象并不都是一分为二的，也存在着大量"一分为三"、以中和之道来包容两极的情况，因此，有的事物、现象可以用"体用"二元模式来说明，有些更加复杂的事物、现象和关系，就需要用"魂、体、用"三元模式或其他多元"兼和"模式来加以解释和说明，思想必须反映和符合客观实际。

就"魂、体、用"三元模式的逻辑生成来说，它是通过辨析、整合体用范畴的两种主要涵义而变通、发展出来的，其中的关节点是将主导性之"体"与主体性之"体"区别开来，将"道体器用"之"体"与"器体道用"之"体"区别开来，分别用"魂"与"体"两个概念来表示。在客观世界中，有些物质是有精神生命的，其体是有魂之体；有些物质是无精神生命的，其体是无魂之体。有精神生命的物质都是"魂""体"并存、"魂""体"相依的。文化就是一种有"魂"即有精神价值的生命体。在一个文化系统中，"魂"与"体"不仅可以并存，而且互相依存、相辅相成、不可或缺。离开了"魂"，"体"

就缺乏精神原则指引方向而不知所归，丧失了主心骨和生命力；离开了"体"，"魂"就成为无所依附的"游魂"，其精神价值也无从发挥。只有"魂""体"相依，二者有机结合、辩证统一，才能有效发挥文化的作用和功能。

在当代中国文化中，"马魂"与"中体"的关系就是这样。有着数千年历史传承的中国文化由于引进了当代先进文化马克思主义而激发出了新的生命活力，马克思主义由于得到中国文化丰厚土壤的滋养而结出了新的硕果——中国特色社会主义理论。二者是相需互补、相得益彰的关系。张岱年先生早就说过，"文化综合创新的核心是马克思主义与中国文化的优秀传统的综合"，也就是要处理好"马魂"与"中体"的关系。

不仅在一个文化系统中"和而不同"的三种文化资源之间，比如中、西、马三"学"之间，有"魂、体、用"的关系问题，而且在一种文化中，也有精神指导原则与文化载体的关系问题，处理好文化之"魂"与"体"的关系，就能充分发挥其"以文化人""以文育人"的作用。我曾经讲到过儒学是一个"以仁为魂，以礼为体，以和为用"的文化价值观念体系①，其"魂、体、用"关系就是在一种文化（学说）内部来说的。

在传统体用范畴的基础上发展出"魂、体、用"三元模式，也可以说是在传统文化体用观即"道体器用"论的基础上，把文化的民族主体性问题也考虑进去，就像张岱年先生那样，一方面讲"马体西用""社会主义的基本原则是体，科学技术、文学艺术是用"，同时又十分强调文化的民族主体性，"把活用文化体用观与突出民族主体性结合起来"②。就"魂、体、用"三元模式的逻辑生成来说，这也是一种思路，即体用论与主体论相结合的思路，它与上述整合体用范畴两种涵义的思路基本上是一致的。

关于这个问题，我还曾经受到古代先哲王船山的启发。王船山说："形而上者谓之道，形而下者谓之器，统之乎一形。"又说："上下无殊畛，道器无易体。"③这个统一"形而上之道"与"形而下之器"的"体"就是"形"。所以他又说："物之体则是形。"④这个"形"即"物之体"，显然是在主体、实体、载体的意义上说的。在王船山看来，这个"形"与形上之"道"、形下之"器"一样都是客观存在的。"形而上者，非无形之谓。既有形矣，有形而

① 方克立：《关于和谐文化研究的几个问题》，《高校理论战线》2007 年第 5 期。
② 方克立：《关于文化的体用问题》，《社会科学战线》2006 年第 4 期。
③《周易外传》卷五。
④《读四书大全说》卷二。

后有形而上。无形之上，亘古今、通万变，穷天穷地、穷人穷物，皆所未有者也。"①

　　王船山关于"道器无易体""统之乎一形"的思想，或者说，他提出的"道""形""器"三元统一模式，并不是就个别事物、现象来说的，而是提出了一个普遍的哲学命题或思维模式，它至少适合于某一类事物、现象和关系。对于那些表现为"一分为三"、无法用"体用"二元思维去解释和说明的情况，客观上需要有某种三元"兼和"模式作为解释工具，"道""形""器"三元模式或"魂、体、用"三元模式，就正好适应了这种需要。

　　"五四"后中国文化发展道路选择一直面临着如何处理中、西、马三"学"的关系问题，在近代广为流行的中西对立、体用二元模式，显然已不能回应和解决这个新的时代课题，而"道"（魂）、"形"（魂）、"器"（用）三元模式，就成了非常有力的解释工具。作为精神指导原则的"马魂"就是形而上之"道"，作为他山之石的"西用"就是形而下之"器"，体现民族文化主体性的"中体"就是接受和承载"马魂"与"西用"的那个"物之体"即"形"。这样，中、西、马三"学"在"魂、体、用"（"道、形、器"）三元模式中就统一起来了。"五四"以后，用"魂、体、用"三元模式取代中西对立、体用二元的思维模式，实已成为历史的必然，然而做到这一点却经过了几代人的探索，近百年的努力。中国马克思主义者在这方面进行思想探索的轨迹，我们可以大略地窥见一点。

　　前面已经提到，张岱年先生在关于文化体用问题的论述中，经常提醒人们不要陷入中西对立、体用二元的形而上学思维方式，他在肯定传统文化体用观"具有一定的理论意义"之同时，格外重视和强调文化的民族主体性，在说明中国社会主义新文化之"体"与"用"的关系时，力图把文化体用论与民族主体论结合起来，他的探索实际上已经相当接近于社会主义之"魂"、中华民族之"体"、科学技术之"用"三者统一的结论了。有学者指出，中国前辈马克思主义者李大钊的"民彝"说也是一种将体用论与主体论相结合的尝试。李大钊说："民彝者，悬于智照则为形上之道，应于事物则为形下之器；虚之则为心理之征，实之则为逻辑之用也。"他把"民彝"即人民群众的内在本性、"固有之本能""生民之常态"作为统一体与用、形上之"道"与形下之"器"的基础，虽然还没有达到唯物史观的高度，但是却有力地批判了英

———————————
　　① 《周易外传》卷五。

雄史观和圣人史观，张扬了"唯民主义"即人民主体论的思想。从李大钊的
"人民主体论"到张岱年的"中华民族主体论"，再到我们讲的"中国文化主
体论"，都是为了给文化之"体"与"用""道"与"器"的统一找到一个坚
实的基础，超越近代以来的中西体用之争。"马魂、中体、西用"论正是在这
一思路下提出来的，它不离体用而又超越了体用二元的思维模式，可以说是
对传统体用论之继承与创新的统一。

"马魂、中体、西用"论的理论意义和价值

"马魂、中体、西用"论问世的时间不长，从杨承训教授的文章算起，至
今还不到六年时间。但它却是几代中国马克思主义学者，围绕着"五四"后
中国社会和文化发展道路选择这个时代主题，进行长期思考和探索的结果。
它一问世就引起了广泛关注，显示出有很强的理论解释力，可以用来说明当
今中国的许多社会政治和思想文化现象，成为哲学社会科学的一个前沿课题。
它与"中体西用""西体中用""全盘西化""复兴儒学"等主张一样，都代表
着一种文化道路选择，具有文化旗帜的意义。道路关乎国家前途、民族命运、
人民幸福，旗帜指引未来，所以这个问题的重要性是不言而喻的。关于"马
魂、中体、西用"论的理论意义和价值，可以从多个角度去考虑，我想主要
从以下几个方面来说明。

（1）"马魂、中体、西用"是对"五四"后近百年来中国文化发展道路的
科学概括和总结，与主导这段历史的中国共产党的文化建设指导方针是高度
契合的。

"五四"时期就有东西文化之争，西化派向往西方物质文明，要求走西方
资本主义国家走过的老路；东化派鼓吹东方精神文明优越论，坚持走"中体
西用"的道路。以李大钊为代表的中国马克思主义者则超越两派对立，主张
东西文明调和论。他所谓"调和"，是要求"二种文明各有彻底之觉悟，而以
异派之所长补本身之短"。只有这样，以大同团结与个性解放统一为特征的"第
三新文明"，即社会主义文明，才有焕扬光彩、发育完成之一日。在民主革命
时期，毛泽东将新民主主义文化界定为"人民大众反帝反封建的文化"和"民
族的科学的大众的文化"，指出这种文化"只能由无产阶级的文化思想即共产
主义思想去领导"；同时十分强调民族文化的主体性，指出"我们必须尊重自

己的历史"，批判地清理和继承古代文化"是发展民族新文化提高民族自信心的必要条件"；并且主张"大量吸收外国的进步文化，作为自己文化食粮的原料"。这些论述都充分体现了"马魂、中体、西用"的精神。我们党在新时期提出了发展和繁荣中国特色社会主义文化的任务，1986年党的十二届六中全会通过的《中共中央关于社会主义精神文明建设指导方针的决议》，明确指出我们要建设的是"以马克思主义为指导的，批判继承历史传统而又充分体现时代精神的，立足本国而又面向世界的"高度发达的社会主义文化，既阐明了这种文化的性质和指导思想，又高屋建瓴地回答了古今中西问题，"立足本国"就是强调民族文化的主体性。在不同历史时期，我们党都坚持以马克思主义为指导，为"灵魂"；以本民族文化为根基，为主体文化；以西方文化为借鉴，为资用，"马魂、中体、西用"的文化方针是一以贯之的。只要中国还是共产党领导的国家，只要中国共产党还是马克思主义政党，这个文化方针就不会改变。

（2）"马魂、中体、西用"是综合创新文化观的发展和深化。

20世纪30年代，张申府、张岱年先生就主张"孔子、列宁、罗素，三流合一""将唯物、理想、解析，综合于一"。在他们看来，中、西、马"综合于一"是以辩证唯物论为基础和主导的"综合"，是"有机的综合""辩证的综合"和"创造的综合"，所以又叫作"文化的创造主义"。半个世纪后，在80年代的文化讨论中，张岱年先生又明确提出了"在马克思列宁主义原则的指导下，以社会主义价值观来综合中西文化之长"的"文化综合创新论"，它明显地优于当时众说纷纭的"彻底重建""复兴儒学""西体中用""新启蒙"等各种文化主张，成为在新时期得到最广泛认同的一种主流文化观点。21世纪初出现的"马魂、中体、西用"论，继承了二张先生中、西、马"三流合一"、综合创新的文化立场，它的创新发展主要表现在把主导性之"体"与主体性之"体"区分开来，把马克思主义与中国文化的关系明确地界定为"魂"与"体"相互依存、相需互益的关系，有力地回应了那些把二者割裂开来甚至对立起来的观点，指出马克思主义与中华文化精华的有机结合，正是当代中国文化充满生机活力的根本原因所在。"魂、体、用"三元模式显然比"体、用"二元模式能够更好地说明中、西、马三者在当代中国文化中的地位和相互关系，有利于促进它们的良性互动，推动中国特色社会主义文化的大发展大繁荣。

（3）"马魂、中体、西用"是当今中国人文社会科学发展的正确方向。

最早提出以"马魂、中体、西用"为中国经济学发展方向的是杨承训教授，经济学家程恩富教授也有实质内容相近的"马学为体，西学为用，国学为根，综合创新"的提法。他不过是坚持传统文化体用观"道体器用"的涵义，以"国学为根"来体现本民族文化知识体系的作用，而就坚持以马克思主义为中国经济学发展的指导方针这一点来说，与"马魂、中体、西用"论是完全一致的。我和张岱年先生是从哲学与文化的角度来思考中、西、马关系问题的，张先生的"综合创新"文化观早已在学术界产生广泛影响，"马魂、中体、西用"论也引起了其他人文学科学者的关注。比如文艺理论家董学文教授在一篇文章中说："哲学界最近提出'马魂、中体、西用'的理论模式，力促文化体系中三种资源'综合创新'地发展到新的形态。这对我们文学理论建设是有指导作用和启发意义的。"①一位研究中医哲学的青年学者也意识到，"马魂、中体、西用"论对该学科发展同样具有指导意义，认为中医哲学今后的发展也要走中、西、马"三流合一"之路。这条道路就是，要以马克思主义哲学的科学世界观和方法论为指导，以传统中医哲学为根基，以有着数千年历史积淀的中华医道为中华民族医药卫生事业传承和创新的主体，而以西方以及世界各民族生命科学和医疗实践的丰富资源为有选择地学习、借鉴的对象。②不只是以上几个学科，"马魂、中体、西用"作为一个理论模式，或者说作为一种学术范式，对于当今中国各门人文社会科学的建设和发展，都具有指导意义或重要启发意义。

（4）"马魂、中体、西用"是一些成就卓著的中国马克思主义学者共同走过的学术道路。

马克思主义传入中国后，就有一些先进的中国知识分子接受了这种科学的世界观和方法论，用它来观察、理解、诠释中国的历史与现实，探索中国未来的发展道路，从知到行发动了一场前赴后继地改造中国的伟大的斗争，从根本上改变了中国的面貌。这主要是中国共产党的政治领袖们所作的工作。他们都是极具世界眼光的人，善于把世情、国情、党情作为一个整体来考虑，在思想路线上，这个事业的每一步成功，都是"马魂、中体、西用"有机统一、综合创新的结果。还有一些中国前辈马克思主义学者，他们的工作，主要是用马克思主义的唯物史观、剩余价值学说和科学社会主义理论，

---

① 董学文：《文学理论研究的指导思想问题》，《高校理论战线》2008 年第 3 期。

② 程雅君：《中医哲学史》第 1 卷，巴蜀书社 2009 年版，第 10 页。

在哲学、经济学、政治学、历史学等学科领域进行创造性的探索和研究，说明今天中国所发生的社会变革，是合乎历史发展规律、代表广大人民群众利益的，具有充分的合理性与合法性。这些学者所走过的学术道路，也体现了"马魂、中体、西用"的统一。这样的例子可以举出很多。就我们比较熟悉的中国哲学史学科来说，张岱年先生和冯契先生都是极好的范例。

张岱年先生受到其长兄、曾经是中国共产党创始人之一的张申府先生的影响，在青年时代就坚信辩证唯物论是"当代最伟大的哲学"，力图以它为基础来创造一个"将唯物、理想、解析，综合于一"的"天人新论"哲学体系。为此他在早年就写出了《中国哲学大纲》和"天人五论"等著作，晚年更成为一代学术大师，成为马克思主义"综合创新"文化观的一面旗帜。冯契先生青年时代曾到延安抗大学习，并到抗战前线工作，成为一个真诚的马克思主义者。他在西南联大是金岳霖先生的学生，一直思考怎样在实践唯物主义辩证法的基础上，科学地解决知识与智慧的关系问题，哲学上可信与可爱的矛盾如何解决的问题，真、善、美统一的理想人格如何培养的问题。他以中国哲学为主要对象进行了长期研究，晚年出版了《中国古代哲学的逻辑发展》和《中国近代哲学的革命进程》两部哲学史著作，又完成了"智慧说三篇"即《认识世界和认识自己》《逻辑思维的辩证法》《人的自由和真善美》三本哲学理论著作，构筑了一个史论结合，真、善、美统一，理论、方法、德性统一，"马魂、中体、西用"统一的较为完备的创新马克思主义哲学体系，在20世纪中国哲学史中占有重要地位。前辈学者在探索中走出来的学术道路，对于后辈有很强的示范意义和引领作用，自然会有更多的后继者沿着他们开辟的通向真理的道路前进。

"马魂、中体、西用"不论是作为党和国家文化建设的指导方针，还是作为一个学科的发展方向，乃至一个人的学术道路，都是与中、西、马三"学"并存的时代特点，历史选择了社会主义方向这个中国现实国情联系在一起的，都是时代精神和历史发展规律的反映。把马克思主义的指导思想地位、本民族文化的主体地位和对外来文化的开放态度三者有机地结合、统一起来，正是文化自觉和自信的表现。

"五四"后近百年来纷繁复杂的思想文化现象，那么多次思想论战和文化讨论，基本上都是在自由主义、保守主义和马克思主义三派之间展开的。就三派分别倚重的思想文化资源来说，好像是在唱"三岔口"，各唱各的调，各走各的道。这种"三国演义"的结局将会如何？谁能把它们统一起来？谁想到过要把它们统一起来？只有马克思主义综合创新文化观一开始就确定了中、西、马"三流合一"的目标，只有"马魂、中体、西用"论才把三种思想文化资源统一到一个"兼和"理论模式中，力图吸收各家之长，综合创造出一种新的文化形态，这就是我们今天正在建设的中国特色社会主义文化。越来越多的人认识到这是中国文化发展的一条康庄大道,也是一条必由之路。我们对此充满信心，但"马魂、中体、西用"还只能说是大方向正确，在理论上还有待充实和完善，这需要我们大家共同努力。我很高兴能就这个问题与上海的学者进行交流，希望听到有启发的批评意见，当然也希望扩大这种新文化观的影响。

开创二张研究新局面*

　　河北师范大学成立"张申府张岱年研究中心"，以研究二张思想与马克思主义中国化为宗旨、为主题，我认为是把准了时代脉搏、具有前瞻性眼光的。它一起步就得到了许多同志、朋友的热烈祝贺、支持与合作，说明大家都看好这件事情，也说明我们做对了，这件事情是应该做的。怎样不负众望、做好这件事情呢？河北师大的同志们很谦虚，专门召开这个会议来听取大家的意见。我在这里也讲几点个人的想法。

　　（一）明确和确立二张思想在 20 世纪中国哲学史、思想史上，特别是在马克思主义中国化进程中应有的历史地位。

　　关于这个问题，我想提出这样一个观察和比较的视角：中国在 11 世纪出现了著名哲学家程颢（1032—1085）、程颐（1033—1107）兄弟，他们的贡献是开创了宋明理学，在"北宋五子"中占有重要地位。英国汉学家葛瑞汉写了一本书：《中国的两位哲学家——二程兄弟的新儒学》，任继愈先生为中译本作序，是一本名著。中国在 20 世纪又出现了一对著名的兄弟哲学家张申府（1893—1986）、张岱年（1909—2004）先生，对他们的理论贡献和学术地位，能不能与历史上的二程作一个比较呢？我认为这是一个可以尝试的思路。

　　二程生活在中国思想文化的一个转折时代，他们吸收了佛、道二教的思想资源，实现了儒学发展史上一次重要的综合创新，创造了体现"三教合一"精神的宋明新儒学。二张先生生活在一个更加伟大的百家争鸣、综合创新的时代，中国思想舞台上不只是有儒、释、道三教，而且有中、西、马三种文化系统，自由主义、保守主义、马克思主义三大文化思潮相互碰撞，对立互

---

　　* 本文是作者 2011 年 4 月 26 日在河北师范大学"张申府张岱年研究中心"成立大会暨"张申府张岱年与马克思主义中国化"学术研讨会上的发言。原载《河北师范大学学报》（哲学社会科学版）2011 年第 4 期。

动。问题与主义论战、科玄论战、中国社会性质和中国社会史问题论战、中国本位文化论战、唯物辩证法论战，一个接着一个。在人们一般只看到三大思潮之间的分歧、对立、"道不同不相为谋"这一面的时候，二张先生却看到了将三者之精华"综合于一"的可能性，在 20 世纪 30 年代就提出了中、西、马"三流合一"的思想，到 80 年代更形成为系统的"综合创新"文化观。他们早就认识到，辩证唯物论是"当代最伟大的哲学"，代表了先进文化的前进方向，中、西、马"三流合一"必须以马克思主义哲学为基础和主导，综合创新出来的新文化必然是社会主义的中国文化。他们指出的中国文化发展的方向和道路，不仅已为 20 世纪中国的历史进程所证实，而且在 21 世纪，甚至在更加长远的未来，都具有指导意义，将成为一种主导的哲学和文化理论。二程在中国哲学史、思想史上的地位已经十分确定，经过上述比较，二张在中国哲学史、思想史上应该占有什么地位，我们心里就比较有数了。有一本书写"当代中国十哲"，张岱年先生是其中之一，马克思主义哲学家在"十哲"中只有四位。还有人认为 20 世纪中国马克思主义哲学家中，理论贡献最大的是五个人：李达、艾思奇、毛泽东、张岱年、冯契。这些说法都充分肯定了张岱年先生的历史地位。

今天成立张申府张岱年研究中心，首先要明确和确立二张先生在中国哲学史、思想史上应有的地位。"明确"是我们认识上要明确。"确立"是通过我们扎实的研究工作和有效的宣传工作，使这种认识能够得到学术界、思想文化界和社会各界的广泛认同，成为一种共识。

从籍贯来说，二程兄弟是河南人，二张兄弟是河北人。二程作为河南地方文化名人的地位早已确立，各种学术研讨、宣传、纪念活动经常举行。1988 年，我与张岱年先生等一起去河南洛阳出席"洛学与传统文化"学术研讨会，就深刻感受到了这一点。二张先生作为地方文化名人的地位，我想河北省、地、县领导和学术界、文化界、新闻出版界也会逐渐重视起来，以河北出了这两位现代著名思想大师为荣。推动各方面对此予以重视，也是中心要做的工作之一。

（二）把"张申府张岱年研究中心"建设成为二张思想与生平活动的研究中心、资料中心和学术交流中心。

二张先生是哲学家、思想家，对他们的研究当然首先是思想研究。近十年来，关于张岱年先生思想研究的成果比较多，但是否把前辈思想的精义、精髓都充分揭示出来了呢？我觉得还有不小的差距。比如张先生在 40 岁以前，力图"将唯物、理想、解析，综合于一"，创造一个接着中国传统天人之学讲的"天人新论"哲学体系。这是一个中国化的马克思主义哲学体系，它的问题意识、理论框架和概念范畴都来自中国传统哲学，但是以"当代最伟大的哲学"辩证唯物论为世界观和方法论的指导，而又不是照抄照搬当时流行的苏联哲学教科书。应该说它基本上符合民族的、科学的、大众的中国新文化的要求。这个哲学体系虽然没有完成，但已大纲初具，有些重要章节实际上已经写出来了，只是不够完整，当时没有发表。我国哲学界多年来一直在讨论如何创建中国特色马克思主义哲学新形态的问题，哲学史界也提出了中国哲学的"合法性"问题，其实大家心里都明白，之所以没有突破性的进展，难点是在本土化和民族主体性建设上。迄今为止，毛泽东的《实践论》《矛盾论》还是这方面成功的典范。我们不妨设想，张岱年先生在半个多世纪以前创造的"天人新论"哲学体系，如果不受抗战时期极其艰苦的环境困扰，如果 1949 年后不是"存而不论"，而是有条件继续做下去，能够大功告成并顺利问世，那么今天中国马克思主义哲学本土化和中国哲学现代化的局面，可能就会很不一样，至少它又提供了另一个典范，将马克思主义哲学中国化和民族主体性建设向前推进一步。所以我认为在今天，非常需要有人能够把"天人新论"哲学体系的整体思路和学理精义研究透彻，全面准确地揭示出来，它不只是具有思想史的意义，而且对于现实理论的创新和发展，对于马克思主义哲学中国化，也具有建设性的意义。如果有人能像刘心武续写《红楼梦》那样，以张先生的文字和内在思想理路为依据，续写出以"天人本至""物统事理""物原心流""永恒两一""大化三极""知通内外""真知三表""群己一体""人群三事""拟议新德"十论为基本框架的"天人新论"哲学体系，我们亦应表示欢迎。

由于历史形成的原因，对张申府先生思想的研究，至今还是一个薄弱环节。他是公认的罗素研究专家，在中国大力推介、阐扬逻辑分析方法，并且同唯物辩证法、孔子"仁"的学说结合起来。最早提出"孔子、列宁、罗素，三流合一"的就是申府先生。但至今除了舒衡哲的访谈录、郭一曲的博士论文外，很少见到专门的研究成果。今年是中国共产党建党 90 周年，申府先生是中共创建时期的重要人物之一，他和刘清扬同志同为周恩来的入党介绍人。20 世纪 30 年代，张申府先生还是进步阵营"新启蒙运动"的主要倡导者之一。他不仅发表了大量政治、社会、哲学、文化方面的论著，而且重视对数学、物理等自然科学的研究，大力提倡科学方法。张申府先生和刘清扬同志都是河北师大的校友，从表彰先贤的功业和发扬他们的革命精神与科学精神的角度，加强对他们的研究也是中心义不容辞的责任。

中国史学的传统从来重视"知人论世"。要对二张思想有深刻理解和把握，必须了解他们生活的时代、他们的家世、他们求学和工作的经历、他们的社会交往等等，也就是说，还要加强对他们生平活动的研究。研究工作要以掌握大量第一手资料为前提，包括二张先生的论著手稿、往复信函、生前留影、谈话录音、访谈记录等等，哪怕是片言只字，都十分珍贵。中心除了作思想研究外，还要组织力量写他们的传记、年谱，编制影视专题片，请有才华的作家、艺术家创作以他们为题材的文艺作品等等，需要做也可以做的事情很多。总之，要把思想研究与生平研究结合起来。

一个好的研究中心，应该同时也是资料中心和学术交流中心。我们对河北师大二张研究中心的期望，就是办成这样一个"三位一体"的学术单位。在这里不仅出成果，出人才，而且也是二张资料收集最齐全、使用最方便的地方，全国以至世界各国想要做这一课题的学者，都要到这来学习，来查阅资料，来交流研究心得。今天到会有一位韩国学者，中心成为"张学"研究重镇，将来可能还会为你们学校吸引来一些外国留学生。

（三）开门办研究中心，争取得到二张先生的家属、弟子门人、全国学术界、文化界、新闻出版界、地方政府和各界人士的广泛支持，与他们建立良好的合作关系，为各项研究与交流活动的开展提供平台，提供优质服务。

事实上我们一开始就已经这样做了，这要成为坚定不移的办中心的方针和指导原则。一方面我们自己要实干，另一方面还要争取得到多方面的支持、合作与帮助。有些工作是必须广结善缘、各方面精诚合作才能办成功的。大家比较关心的是以下几个方面。

①二张先生的手稿、书信、影像等第一手资料的收集和整理，必须得到他们的子女亲属、生前友好、弟子门人的大力支持与合作。

②二张先生本人的著作和有关研究论著的出版，必须得到出版部门的大力支持与合作。我们有一个有利条件，河北人民出版社对出版二张先生的著作非常重视，非常支持，《张岱年全集》八卷本、《张申府文集》四卷本都是他们出版的。《张岱年全集》出版于1996年，此后八年张先生还发表了一些

文章；过去的文章也收集得不全，现已发现未收入全集的文章还有 100 多篇；张先生的书信都没有收进去。将来势必要出收罗更全、编辑整理更加科学合理的新的《张岱年全集》，我们希望这项工作能够由河北师大二张研究中心与河北人民出版社合作承担起来。除了二张先生本人的著作外，也希望你们能够合作编辑出版一套高质量的二张研究丛书，为弘扬既具有现实性也具有前瞻性的综合创新文化观作出贡献。

③建议河北师大二张研究中心与北京的张岱年哲学研究会（即中国哲学史学会张岱年哲学专业委员会）合作办一个二张研究的专业网站，作为全国开展这方面研究的成果发表和信息交流平台。刘鄂培教授是中心的名誉主任，也是张岱年哲学研究会的会长，这就非常有利于这一合作的顺利开展。

（四）开始注意和逐渐加强对以张岱年先生为旗帜的"综合创新"学派的研究。

不论在历史上，还是在当前中国思想界、学术界，学派现象都是客观存在的。"百家争鸣"是学术文化发展的规律。春秋战国时期，儒、墨、道、法、名、阴阳等诸子峰起，成就了我国思想史上的第一个黄金时代。《宋元学案》《明儒学案》中写了那么多学案，实际上就是一个个以案主为中心的大小学派，除了主要记载、论述案主的思想外，还有师承、家学、弟子门人、学侣、同调、讲友、交游等等，弟子中有亲炙弟子、私淑弟子，还有再传、三传弟子，形成一个有大体相同或相近的学说主张、有某种思想传承关系的学术群体，这就是学派现象。今天中国思想界有没有学派现象呢？当然也是有的。"五四"以来我国出现了"三分"的思想格局，形成了三大思潮，所谓现代新儒家学派、自由主义西化派、中国马克思主义等就是不同的学派。马克思主义中也有思想倾向不同或学科领域不同的各种学派，比如在中国思想史研究领域，就有著名的侯外庐学派，最近还有文章关注刘泽华学派。在社会政治领域和经济学领域，都有不同的学派。在 20 世纪 80 年代的文化讨论中，全盘西化派、彻底重建派、儒学复兴派、西体中用派、新启蒙派等等一齐登场，众声喧哗，以张岱年先生为代表的"综合创新"派也是在这个时候正式出场的。

从大的学派归属来说，二张思想属于中国的马克思主义学派。其核心理念是中、西、马"三流合一"、综合创新，其哲学基础是张岱年先生继承传统"和而不同"思想，并且把它上升到唯物辩证法高度的"兼和"理论。他们在新中国成立前倡导的"解析的辩证唯物论"哲学，在当时不是中国马克思主义的主流派，而是被称为"学院派马克思主义"，认同的人并不多；张岱年先生在这种哲学指导下创造的"天人新论"体系也没有完成，这里面就包括他在 40 年代提出的"兼和"范畴。时移世迁，到 80 年代张先生重新提出"文化综合创新"论时，情况就大不一样了，它在与上述各种文化理论的比较和论争中显示出了巨大的优越性，中国马克思主义派的文化学者迅速集合到这面旗帜下，事实上已经形成了张岱年学派，或者叫作"综合创新"学派。

张先生是 1987 年正式提出"文化综合创新"论的，一开始就得到刘鄂培、羊涤生、衷尔钜等早期弟子的高度认同、大力支持。张先生关于"天人新论"的未刊手稿，1988 年以《真与善的探索》为书名正式出版，他在"文革"后培养的一批研究生如程宜山、李存山等人，还有中央党校研究生范学德等人，倾力研究和加以表彰，使"综合创新"思想得到更系统的阐述和广泛的传播。1995 年在澳门召开的综合创新文化观研讨会，可以看作是这种文化理论已经得到广泛认同、"综合创新"学派已经形成（确立）的标志。以后在全国各地还召开了多次综合创新学术研讨会，主要有：1999 年张先生 90 岁时，在北京大学召开的纪念研讨会和出版的纪念文集；2004 年在清华大学召开的纪念张先生 95 诞辰学术研讨会和出版的文集；2006 年在长沙岳麓书院召开的纪念张先逝世两周年学术研讨会；2007 年在天津南开大学召开的"综合创新与中国哲学的现代走向"学术研讨会；2009 年在北京召开的纪念张岱年先生百岁诞辰学术研讨会。这些学术活动都深化了对综合创新文化观的研究，扩大了综合创新学派的影响。

对于这样一个客观存在的思想史现象，二张研究中心现在就要开始注意并逐渐加强研究力度。中心的这些研究活动本身，将来也可能会成为思想史的一部分。因为二张先生的思想，特别是中、西、马"三流合一"、综合创新的思想，虽然产生于 20 世纪，但真正发扬光大得到广泛认同、成为一种主流的哲学和文化理论，恐怕是在 21 世纪，其影响甚至会更加久远。因此目前我们首先要做好基础性的研究工作，同时也要做一些拓展性的研究，眼光更加长远一些，自觉地承担起传承和弘扬先进文化的重任。

以上几点是我个人的想法，或者说是愿望，提出来仅供参考。我与在座各位学者一样，十分期盼在后二张时代能够出现一个二张研究的新局面。

"文明以止"：中华文化的精华与精神*

　　中华民族是在特殊的自然地理环境和生存条件下生息繁衍和不断奋斗进取的，它在历史上发展出了一条独特的文明生成和演进路径，创造了令世人赞叹的丰硕的文明成果与厚重的历史遗产。中华民族是一个有着博大的包容胸怀和强大的生命力的伟大民族。它的博大胸怀和强大生命力就深深地扎根于其源远流长、博大精深的文化传统中，体现在它的语言文字、文学艺术、宗教信仰、哲理智慧、工艺技术、价值观念和生活方式等方方面面，其中蕴涵着丰富的思想精华、珍贵的价值理念和深邃的哲学智慧，滋养和孕育了中华民族优秀的道德品质和精神特性。我们认为，对中华文化独特的价值理念、思想精华、哲学智慧和精神特性给以科学的总结、反思、梳理与发掘，对于促进中华民族的文化自觉和自我认同，提升自身的精神品质和文明特性，正确认识和处理与其他民族文化的关系，都具有深远的自我教育意义和启迪来者的意义。

一、中华文化的思想精华

　　中华文化是世界上最古老的文明传统之一，它的最大特点就是历史悠久而又从来没有中断过，如同长江大河滚滚而来、奔流不息，虽历经艰难险阻而具有顽强的生命力，同时具有汇聚众流的博大的包容胸怀。那么，中华文化可久可大的精神支柱和内在动力是什么呢？它具有什么与其他民族文化、特别是与近现代西方强势文化不同的文明特性呢？本文即试图从这两个角度

　　* 本文是两位作者（与林存光合作）提交2011年5月在苏州召开的太湖文化论坛首届年会"加强文明对话与合作，促进世界和谐与发展"研讨会的报告论文。原载《中国文化的综合创新之路》，中国社会科学出版社2012年版，第130-153页。

来探讨中华文化的思想特质，以彰显其思想精华之所在。兹分述如下。

（一）"旧邦新命"的"中国"意识、"与时偕行"的通变思想和自强不息的进取精神

如所周知，中华民族已有五千年的文明史。如果说传说中的炎黄尧舜时代或三代之前的五帝时代"还只是初露文明的曙光"的话，那么夏商周三代则可以说是中华文明真正发端并日趋繁荣的时代①，尤其是在中华民族的自我认同意识中，这个时期已经形成了最能体现我们的文化身份和特性的"中国"意识或观念。据于省吾先生考证，"以金文与典籍相互验证"而可以肯定的是，"中国这一伟大的名称"，起源于西周武王时期，不过，"自商代以迄西周，中国与四夷还没有完全对称。自东周以来，才以南蛮、北狄、东夷、西羌相对为言"②。然而，中国之所以为中国，并非是指一个具有某种固定边界的独立民族国家意义上的地理、政治或种族的概念，而主要是一个文化的概念，即所谓："中国有礼义之大，故称夏；有服章之美，故谓之华。"（《左传》定公十年"裔不谋夏，夷不乱华之孔疏"）③另如元人王元亮所说："中华者，中国也。亲被王教，自属中国，衣冠威仪，习俗孝悌，居身礼仪，故谓之中华。"④也就是说，所谓的"中国""中华""华夏"，其实质性的含义是：居住在中原之国或中央之国的人们的礼义化的生活方式，对于四方夷狄之民来说具有一种"文明"典范的意义。而且，通过这样一种方式，以"中国"为中心，由近及远、由内及外地对周边四夷产生一种文化上辐射性的影响作用，从而建立起和平、统一的天下秩序，乃是中华民族始终坚守的一种"文化中国"的理想目标追求。正是在作为一种文明理想和文明典范意义上的"文化中国"信念的指引和感召下，华夏与夷狄在历史上可以不断地跨越地理、政治和种族的界限而实现文化和民族的大融合。

可以说，在中华民族独具特色的"中国"意识或观念中，中华民族自我认同的"中国"并不是一般意义上的"民族国家"，而是一个"文明国家"⑤。毋庸讳言，像其他民族一样，中华民族在历史上也曾有一种强烈的自我中心

---

① 袁行霈等主编：《中华文明史》第一卷，北京大学出版社2006年版，第21页。

② 于省吾：《释中国》，《中华学术论文集》，中华书局1981年版，第2页。

③ 转引自于省吾：《释中国》，《中华学术论文集》，中华书局1981年版，第4页。

④ 《唐律疏议释文》。

⑤ ［英］马丁·雅克：《当中国统治世界：中国的崛起和西方世界的衰落》，张莉、刘曲译，中信出版社2010年版，第161页。

主义的文化优越感，即"认为自己是世界的中心、中央之国和'天下'"，或者"完全将自己置于全球秩序的中心""把中国看作世界的中心、将中华文明视为世界上最先进的文明"①等等。这样一种文化和文明上的优越感，一方面在历史上起到了凝聚中华民族的重要作用，对中华民族和中华文化的历史延续性也起到了重要的支撑作用；然而，另一方面，我们也必须认识到，中华民族的"中国特质"或"中国认同"意识从来就不是"固定不变"的②，它还具有一种在借鉴历史经验教训的基础上，进行自我调整和更新以适应不同生存境遇的强大而坚韧的适应性特点。比如《诗经·大雅·文王》说："周虽旧邦，其命维新。"以旧邦的身份而上承新的天命，或者在新的时代条件下承担和肩负起新的历史使命，重塑或再造一个新的更加文明化的"中国"，这自西周以来就构成了中华民族的"中国"意识中的一项至关重要的思想内涵，而且，至今仍在发挥着它的重要功能和历史作用。因此，中华民族在近代遭遇西方文明的强劲挑战而其文化上的优越感受到重大挫折之后，虽然逐渐改变了自身的"文明"观念，即不再坚持"中央之国"的自我中心主义的文化优越感，而是最终接受了世界上各民族国家一律平等的现代观念，并愿意在此基础上平等地看待和处理各民族国家和不同文明之间的关系，但"旧邦新命"的意识却仍然在支撑和激励着中华民族为建设一个伟大的社会主义新中国的事业而努力奋斗，因此，也可以说"旧邦新命"的意识至今仍然是构筑中华民族强大的凝聚力、适应性和延续性的牢固根基。

与上述"旧邦新命"观念相辅相成的，则是因应时变、"与时偕行"的通变思想和自强不息、刚健有为的进取精神。如《周易大传》所谓的"与时偕行"③、"穷则变，变则通，通则久"和"变通者，趣时者也"④，西汉史学家司马迁所说的"通古今之变"等等，都集中彰显了中华民族独具特色的通变思想和历史观念，这是一种将历史的延续性与时代的变通性有机地融合为一的思想和观念。而《周易大传》所说的"天行健，君子以自强不息"⑤和"日

---

① ［英］马丁·雅克：《当中国统治世界：中国的崛起和西方世界的衰落》，张莉、刘曲译，中信出版社2010年版，第194-196页。

② ［英］马丁·雅克：《当中国统治世界：中国的崛起和西方世界的衰落》，张莉、刘曲译，中信出版社2010年版，第209页。

③ 《乾文言》。

④ 《系辞下》。

⑤ 《乾·象辞》。

新之谓盛德"①，《礼记·大学》所谓"苟日新，日日新，又日新"，则可以说是对中华民族自强不息、刚健有为的积极进取精神的集中概括。与其他民族一样，中华民族也是一个历经多灾多难的民族，历史上同样充满了阶级和民族的矛盾与斗争、国家的分裂与战争、大规模的天灾与人祸，但中华民族却坚忍不拔地生存了下来，成为世界上硕果仅存的一个延续时间最长、从未中断过的伟大民族和文明国家，如果不具备因应时变、"与时偕行"的通变思想和自强不息、刚健有为的进取精神，这一点无疑是不可想象的。

（二）"和而不同"的和谐观念、多元一体的综合智慧和"有容乃大"的包容精神

中华民族和中华文化从来就不是完全同质性的单一实体，而是一种内部包含着差异性和多样性的文明实体。②中华民族不是由单一民族构成的，而是在长期的历史进程中多民族经过不断融合而形成的；中华文化也不是由单一的思想文化因素构成的，而是由多种不同的思想文化因素所构成的一个复杂的文化体系。其内部尽管有矛盾和冲突，但中华民族与中华文化却格外珍视和崇尚和谐统一，因此，在中华民族的历史上和中华文化的内部，整体对多样性的包容和多样性不断趋于融合的走向始终居于主导地位，而中国之所以为中国，正在于她是一个统一的多民族的文明国家，是一个内部富有差异性和多样性而又在长期的调适过程中不断趋于融合的"多元一体"的文明实体。"一个文明，多元存在"的说法，也许可以说是对中华文明基本特征的最好概括。正是由于中华文明的这一基本状况和特征，中华民族在历史上积累了在一个文明内部处理和应对多元化存在的丰富经验，有着深邃的和谐哲学智慧和博大的兼容并包胸怀，如"和而不同""求同存异"的和谐思想，"一本万殊"、多元一体的综合智慧和海纳百川、"有容乃大"的包容精神等。

"和而不同"的观念在中国古代产生很早，可以说是中华文化中具有典型意义的和谐思想与哲学智慧。从现有的文献资料来看，"和"与"同"作为一对区别"同一性"的两种不同涵义的哲学范畴，最早是由西周末年的史伯提出来的。他说："和实生物，同则不继。以他平他谓之和，故能丰长而物归之；

---

① 《系辞上》。

② ［英］马丁·雅克：《当中国统治世界：中国的崛起和西方世界的衰落》，张莉、刘曲译，中信出版社2010年版，第165页。

若以同裨同，尽乃弃矣。"①也就是说，"和"是指众多不同事物之间的和谐，矛盾诸方面的平衡，亦即事物多样性的统一；相反，"同"则是指无差别的同一。春秋时期齐国的晏婴继承和发展了史伯关于"和而不同"的思想，他以"和羹""和声"为例生动地说明了相反相济、相反相成的道理，并运用"尚和去同"的思想来说明君臣上下的关系，指出臣下对君主不应随声附和，而是要"君所谓可，而有否焉，臣献其否，以成其可；君所谓否，而有可焉，臣献其可，以去其否"，只有这样才能"政平而不干，民无争心"②。孔子更把"君子和而不同，小人同而不和"③作为一个处理人际关系的普遍原则提出来，强化了中华民族"尚和去同"的价值取向。

"和而不同"的思想无疑蕴涵着深刻的辩证智慧，但它并不否定"同"在事物发展中的作用，比如在人际合作关系中，同心同德亦能起到凝聚共识的基础性作用。因此，"求同存异"同样十分重要。"和而不同"内含着对多元事实的承认，对事物差异性、多样性的接受和包容的态度，强调的是多样性的统一；"求同存异"注重的则是以"同舟共济"、休戚与共的共同感来构筑人类合作的基础，即在某种远大而共同的理想目标（"大同"）的指引下，或在达成某种基本共识（"小同"）的基础上，暂时将可能导致分歧、矛盾、冲突的"异"搁在一边，通过协商合作来共同推动某项事业的发展。

在历史上，我们的先哲正是灵活地运用"和而不同"与"求同存异"的思想原则，来处理不同民族和地域、不同文化和不同学术思想派别之间的关系，而发展出了一种"多元一体"的综合智慧和"有容乃大"的包容精神。在我国多民族文化交流融汇的过程中，虽然也有过摩擦、碰撞和冲突，但主导方面是和平相处、互相学习、取长补短、共同发展，从而形成了中华民族和中华文化"多元一体"的基本格局。比如，在春秋战国时期，中国出现了儒、墨、道、法、名、阴阳等诸子蜂起、百家争鸣的局面，在一些有宏阔眼光和包容襟怀的学术史家看来，各家之间虽然存在思想主张上的差别、分歧与对立，但它们彼此之间又是互相启发、互相借鉴和互相促成的，正所谓"其言虽殊，辟犹水火，相灭亦相生也；仁之与义，敬之与和，相反皆相成也"④。这也就是《周易大传》所谓"天下同归而殊途，一致而百虑"、《中庸》所谓

---

① 《国语·郑语》。
② 《左传》昭公二十年。
③ 《论语·子路》。
④ 《汉书·艺文志·诸子略》

"万物并育而不相害，道并行而不相悖"的道理。明清之际的思想家黄宗羲在总结中国学术发展的历程时，对"和而不同"的学术文化发展规律亦有深刻认识，故能提出"一本而万殊"的学术史观，肯定学术思想上的各种观点，包括"相反之论""一偏之见"，都有其存在的价值，都可以启发思想，促进学术文化的发展。"和而不同"不仅是处理国内不同地域文化、各民族文化之间关系的基本原则，中华文化还以开放的胸襟，善于吸收、消化域外文化精华来使自己获得新的发展生机，汉唐时期佛教的传入及其中国化，乃至儒、释、道三教的会通合流，16 世纪以来的中西文化大交汇，都是异质文化交流融合、双向互动的典型范例。总之，中华文化之所以能在国内多民族文化融合与中外文化交汇中不断丰富发展，有容乃大，历久常新，显示出可久可大的强大生命力，一个重要原因就在于它具有寻求多样性统一的和谐思想和"厚德载物""有容乃大"的包容精神。

（三）"以人为本"的价值理念、崇仁尚义的道德取向和学行一致的教育思想

以人为本是中华文化的一项重要思想内容，是中华民族核心价值理念的集中体现。无论是儒家以人伦道德为本位的观念，还是道家崇尚天道自然的思想，无论是墨家对天志仪法的信仰，还是法家对霸王道术的阐扬[1]，他们无不将其落实在人自身的努力与作为以及现世人事之成败、得失上，其中，尤以儒家的人本观念最为典型、最具有代表性，诚如张岱年先生所说，他们强调"人事为本"，肯定"人是社会生活之本"[2]。

依据儒家的人本观念，在生存于天地之间的自然万物中，人的生命价值是最可宝贵的，即所谓"天生百物，人为贵"[3]、"天地之性人为贵"[4]；人也是有生中之最灵者，因为"人者，天地之心也"[5]，不仅可以知天地之道，而且可以"赞天地之化育"而与天地"相参"。更为重要的是，人是一种伦理道德性的生物，能够过一种富有道德意义的社群伦理生活，如荀子所言，相比于水火、草木和禽兽，"人有气、有生、有知，亦且有义"，故"最为天下贵

---

① "以人为本"一语最先出自法家之口，如《管子·霸言》篇所言："夫霸王之所始也，以人为本。本治则国固，本乱则国危。"

② 张岱年：《文化与价值》，新华出版社 2004 年版，第 205、215 页。

③ 郭店竹简《语丛一》。

④《孝经·圣治章》。

⑤《礼记》。

也"①。正因为如此，儒家在肯定人的自身价值的同时，也最讲求修身立德、为己做人的"人之所以为人"之道，而崇仁尚义正是儒家人道思想中的基本价值取向。在孔孟儒家的仁义思想中，包含着对人的独立人格和意志的肯定，如孔子说"三军可夺帅也，匹夫不可夺志也"②，孟子说士"尚志"、志于"仁义而已矣"③；包含着对人的道德自主性的强调，如孔子说"为仁由己"④；包含着对人的人格平等和尊严、人的道德价值高于个体自然生命的张扬，如孔子说"杀身成仁"、孟子说"舍生取义"；还包含着人生向善的道德信念和成圣成贤的人格理想。上述儒家人士以人为贵的人本观念和仁义为尚的理想主义道德取向，可以说构成了中华文化传统中最重要的核心观念和精神。此外，道家以自然主义为宗旨的"至仁无亲""至义不物"⑤的仁义观念，墨家以"兼相爱、交相利"为宗旨的功利主义仁义思想，以及佛教慈悲为怀、众生平等的宗教精神等，也作为儒家仁爱道义思想的有益补充而构成为中华文化优秀传统的有机组成部分。

当"以人为本"的价值理念与"和而不同"的和谐思想落实到现实生活和伦理秩序之中时，还体现为一系列独具特色的生活信念、伦理观念和道德理性精神。首先是"贵和尚中"。儒家最为重视的就是社会人际关系的和谐，认为"天时不如地利，地利不如人和""众心成城，人和为贵"。"和"可以说是儒家追求的最高生活目标。而儒家之"贵和"，往往又是与"尚中"联系在一起的。《中庸》说："中也者，天下之大本也；和也者，天下之达道也。致中和，天地位焉，万物育焉。"这里所谓"中"，就是荀子所说的"曷谓中？曰：礼义是也。"⑥故孔子弟子有子说："礼之用，和为贵。"⑦由此可见，儒家以和为贵的生活信念乃是一种以"礼"为标准的"中和""中道"思想。在他们看来，人们只有通过个人仁德的修养，并遵守"礼"的行为规范，才能建构起"父子有亲，君臣有义，夫妇有别，长幼有叙，朋友有信"的和谐的社会人际关系。因此，儒家的根本生活信念可以说是一种以"仁"为魂、以"礼"为体、以"和"为用的伦理秩序观念。"仁"是一种本源于孝亲之心的关心人、

①《荀子·王制》。

②《论语·子罕》。

③《孟子·尽心上》。

④《论语·颜渊》。

⑤《庄子·庚桑楚》。

⑥《荀子·儒效》。

⑦《论语·学而》。

爱护人、体恤人的感情和态度，在与他人相处时要与人为善、成人之美，"己欲立而立人，己欲达而达人"，"己所不欲，勿施于人"。除了崇仁尚义之外，儒家还强调要按照"礼"的秩序来进行社会制度建设，但"礼"不只是外在的形式，而是要以"仁"为内在精神。只有按照"仁"的精神来制定一系列社会制度、规范和道德原则，明分定伦，处理各种人际关系，才能达到社会和谐的目的。上述生活信念和伦理秩序观念虽然有其特定的时代和阶级内涵，甚至包含一些在今天必须批判和抛弃的思想糟粕，但它所体现出来的道德理性精神，包括善待他人的仁爱精神、尊重秩序的守礼原则、以和为贵的价值追求等，在今天对于我们仍然具有重要的启迪意义和借鉴价值。

"以人为本"的价值理念和崇仁尚义的道德取向在中国传统教育思想中亦有重要体现。中华民族有崇德重教的优良传统，《礼记·学记》把教育的作用概括为"建国君民，教学为先""化民成俗，其必由学"十六个字。儒家的"六艺"之教注意德、智、体、美全面发展，但强调"德教为先"，首先应教人以德行和生活智慧。教师不仅要教书，而且要育人，"经师易得，人师难求"，强调身教重于言教。儒学作为一种"为己之学""成德之教"，格外注重学行一致、知行统一。孔子认为只要在德行上做到了，"虽曰未学，吾必谓之学矣"[1]。他主张"行有余力，则以学文"[2]，就是把"行"放在比"学"更加优先的位置上。荀子也说"知之不若行之"，"学至于行之而止矣"[3]。这种重行的"学行统一"思想，无疑属于中华传统教育思想中的精华部分，在今天亦应继承和发扬。

（四）"民为邦本"、以德治国的政治思想和经世济民、天下己任的担当精神

在政治思想方面，最能体现中华文化的特色，又是其"最精彩也最主要之一部分"[4]的是民本思想。在中国历史上，民本思想或民本主义的政治理念发端甚早，它脱胎于《尚书·五子之歌》中的"民惟邦本，本固邦宁"一语，并在周人的尊天、敬德、保民思想中得到了进一步的彰显和发展。如周初统治者强调要体察民情、明德慎罚，他们甚至以民意代天意，认为"天视自我

---

① 《论语·学而》。

② 《论语·学而》。

③ 《荀子·儒效》。

④ 金耀基：《中国民本思想史》，法律出版社2008年版，第6页。

民视，天听自我民听"①，意识到"人无于水监，当于民监"②，把民众当作自己的一面镜子。到了春秋战国时期，在世俗人文政治思潮勃兴的时代潮流下，孔孟儒家更加不遗余力地阐扬重视民生的民本主义政治理念，使中国传统民本思想有了更加充实、丰富和系统的理论内容。面对原先世袭的传统权力日趋蜕变成"暴力"、现实政治日趋于功利化的时代趋向，孔孟儒家从思想上进行了深刻的反省，并发出了强烈的"仁者爱人"的人道呼声。他们反对杀戮，批评暴君苛政，希望统治者能够以仁爱之心施政发教；主张爱惜民力，使民以时，节用而惠民；甚至希望统治者能够敬畏并顺应民心，做到"民之所好好之，民之所恶恶之"③，与民同乐，与民同忧。

儒家重视道德修养和道德教育，以完善主体道德为完善社会道德的基础，将个人修养与对他人、国家、社会应尽的义务和责任联系起来。在孔子看来，"政者，正也"④，正人者必先正己。君子"修己"，近可以"安人"，远可以"安百姓"⑤，只有"因民之所利而利之"⑥，乃至"博施于民而能济众"⑦者，才是一个好的政治家。孟子主张"制民之产"而使民生得到保障，人民衣食无忧、养生送死均无憾的"仁政"和以德服人的"王道"，荀子则主张调节平衡人类欲求和物质资源而"养人之欲，给人之求"的礼治。与此同时，孔孟儒家还主张在利民、富民的基础上对人民实行道德教化，提倡一种旨在提升国民道德品质和文明教养的教化治国或道德政治的理念。孔孟及后世儒家之所以主张保障民生和"以德化民"的治国理念，乃是因为他们认识到了"君者舟也，民者水也，水能载舟，亦能覆舟"和"得民心者得天下"的道理，故先后提出了"民贵君轻""民本君末""天下为主君为客"等君臣关系理论，虽然目的都是为了"存社稷、固君位、达邦宁"，但客观上对于改善人民的生存状况、促进社会生产力的发展也起到了积极作用，尽管我们不能将"民本"混同于现代民主思想，但也不能否认其中也包含着若干民主性的思想精华。

为了把上述民本主义的政治思想和仁政、王道理想落到实处，或使之有所实行，历代志士仁人、杰出的思想家和政治家们以铁肩担道义的大无畏勇

---

① 《尚书·泰誓》。

② 《酒诰》。

③ 《大学》。

④ 《论语·颜渊》。

⑤ 《论语·宪问》。

⑥ 《论语·尧曰》。

⑦ 《论语·雍也》。

气，本着一己的良知理性，常常挺身而出为民请命，而置个人生死安危于不顾。他们以济世安民为职志，胸怀"天下兴亡，匹夫有责"的责任意识，关切国家治乱和民生福祉，期望实现治国平天下的社会政治目标。在他们看来，志士仁人特别是为民父母官者应该"先天下之忧而忧，后天下之乐而乐"①，因为"天下之治乱，不在一姓之兴亡，而在万民之忧乐"②。职是之故，在他们身上，我们看到的是"知其不可而为之"的坚韧和执着，"为生民立命，为万世开太平"的宏愿和抱负，"苟利国家生死以，岂因祸福避趋之"的政治理想和爱国情怀，居安思危、天下己任的担当精神和忧患意识，他们不愧是中华民族的"脊梁"，也是践行、弘扬中华文化精华的优秀代表。

（五）"天下为公"的大同理想和"协和万邦"的天下情怀

将民本主义的政治理念、仁政王道思想和天下己任的担当精神进一步提升和扩展，便是追求实现"天下为公"的大同理想与"协和万邦"的天下秩序，这可以说是历来中国人所追求的"终极"社会政治目标。自先秦以来，历代思想家和政治家心有所系的始终是关切天下兴亡、汲汲于追求平治天下的政治抱负和经世理想，不仅儒家如此，墨家如此，而且道家、法家也是如此。正是基于这种社会政治目标追求，儒家在《礼记·礼运》中描绘了一幅"天下为公，选贤与能，讲信修睦"、货"不必藏于己""老有所终，壮有所用，幼有所长，矜寡孤独废疾者皆有所养"的"大同"社会理想蓝图；而且，在他们那"以德服人"的王道理想中，也蕴含着一种通过和平的方式来实现平治天下的目标的价值诉求和精神祈向。在儒家的心目中，尧帝之所以是理想的圣王，正是由于他是一位能够"克明峻德"而使九族亲睦，乃至能"协和万邦"的统治者③。墨家"视人之国，若视其国"的兼爱非攻思想，道家"小国寡民""至德之世"和"以无事取天下"的无为而治思想，法家"立天子以为天下"④、"为天下位天下"⑤的思想，以至杂家"公则天下平""天下非一人之天下也，天下之天下也"⑥的思想，也都体现了一种"天下为公"的价值诉求与和平主义的精神祈向。建立在农业小生产基础上的"大同"社会理想

---

① 范仲淹：《岳阳楼记》。
② 黄宗羲：《明夷待访录·原臣》。
③《尚书·尧典》。
④《慎子·威德》。
⑤《商君书·修权》。
⑥《吕氏春秋·贵公》。

虽然带有空想的性质，但它却反映了几千年来广大人民群众反对剥削压迫、主张财产公有、人人自食其力、没有等级差别的共同愿望。大同社会理想与"天下一家""遐迩一体""四海之内皆兄弟"的天下主义情怀是联系在一起的，是"以仁义治天下"或"以无事治天下"的结果。在处理与周边四邻和其他国家、民族的关系问题上，中华民族历来主张"亲仁善邻""协和万邦"，与所有国家、民族和睦相处。除了法家力主耕战外，其他学派的思想家虽然不完全反对用兵，但大多主张正义战争，反对以强凌弱的侵略战争。上述"天下为公""协和万邦"的社会政治理想和天下主义的博大胸怀，突出地体现了中华文化崇仁尚义、兼善天下的道德人文主义的特征，它不仅推动了历史上多民族的融合以及与外域文化的交流融汇，而且正在指引着中华民族为实现天下大同、和谐世界的伟大目标而不断地开拓进取、奋斗前行。

（六）"天人合一"的精神境界和天人协调的生态智慧

在修身为本和成圣成贤的人格理想激励下，通过不断地克己修身和下学上达而提升自己的精神境界，追求实现一种"天人合一"的人生目标，可以说是中华文化作为"生命的学问"的最大特色。我们的先哲主要是从体认"天无私覆，地无私载"的廓然大公精神中，汲取了人生向上的力量源泉，认识到人只有效法天地之德、与天合一才能达到人生的最高境界。对于天覆地载之博大、包容、无私品格的体认可以说是先秦诸子的共识。如儒家认为"三王之德，参于天地"，而"天无私覆，地无私载，日月无私照"[1]。《中庸》讲得更加明白，"天地之道：博也，厚也，高也，明也，悠也，久也""博厚，所以载物也；高明，所以覆物也；悠久，所以成物也"，"天地之所以为大也"正在于"天地之无不持载，无不覆帱"，故曰"大哉！圣人之道洋洋乎！发育万物，峻极于天"。墨家也认为："天之行广而无私，其施厚而不德，其明久而不衰，故圣王法之。"[2]道家亦反复申论"天无不覆，地无不载"[3]或"天无私覆，地无私载"[4]的观念。尽管他们对于天地之德的具体内涵和特性的理解并不完全一致，但在对于法天合德、与天为一的精神境界的追求上却是别无二致的。

---

[1]《礼记·孔子闲居》。
[2]《墨子·法仪》。
[3]《庄子·德充符》。
[4]《庄子·大宗师》。

正因为如此，所以在中国文化中虽然也有"制天命而用之""天人交相胜"的思想，但却不占主导地位，占主导地位的始终是"天人合一""性天相通""辅相参赞"等思想观念，即认为人与自然界不是一种疏离以至对立的关系，而是息息相关、互相依存、内在统一不可分离的。道家主要是从人必须因任、顺应自然的角度来讲天人合一，如老子说"人法地，地法天，天法道，道法自然"①，庄子说"天地与我并生，而万物与我为一"②，认为人应该"顺物自然而无容私"③。儒家则认为人性与天道是相通的，人可以通过"尽心""知性"而"知天"④；人的能动性更加突出地表现在知天道后，能够通过"裁成天地之道，辅相天地之宜"⑤而积极地参赞天地之化育。宋明儒者还由对天地生生之德的体认而大力阐扬一种民胞物与、"与天地万物为一体"的泛爱万物的思想，如北宋哲学家张载说："乾称父，坤称母，予兹藐焉，乃混然中处。天地之塞，吾其体；天地之帅，吾其性。民，吾同胞；物，吾与也。"⑥即是说天地犹如父母，人和万物都是天地所生，所以人民都是我的兄弟，万物都是我的朋友。这就充分肯定了人与自然界的统一性，必然导致"仁民爱物"、关心和尊重所有生命的结论。中国的先哲早就认识到："不违农时，谷不可胜食也；数罟不入洿池，鱼鳖不可胜食也；斧斤以时入山林，材木不可胜用也。"⑦因此在中国古代，"天人合一"就不只是一个人文主义的思想原则，而是必须落实到善待自然、保护生态环境的具体行动中去，这从我国上古时期就设有"虞师"之类的生态环境保护官员，战国时期就有《田律》之类的自然资源保护法，以及《礼记·月令》中一系列保护自然生态环境的制度性规定都可以看得出来。在中国古代"天人合一"思想中，认为既要积极改造自然，使其符合人类的需要，又要遵循自然规律，不破坏生态平衡，也就是将改造自然与遵循自然规律有机地结合起来的朴素辩证的"天人协调"说，可以说是最有价值的一种思想成果，也是中华文化对于人类文明的一大贡献。在如何处理人与自然的关系问题上，中华文化不仅提供了"天人合一"这一总的正确的思想原则，而且在几千年文明发展史中积累了丰富的正反两个方

①《老子》第二十五章。

②《庄子·齐物论》。

③《庄子·应帝王》。

④《孟子·尽心上》。

⑤《易·泰·象传》。

⑥《西铭》。

⑦《孟子·梁惠王上》。

面的经验教训，这对于我们今天正确处理人与自然的和谐共生关系、建立环境友好型社会有重要的启发和借鉴意义。

中华文化博大精深，内涵丰富，其中包含着多方面的思想精华和智慧成果，可以从不同角度进行总结和概括。上面列举的六个方面，主要是从这样两个角度来把握中华文化的思想特质：前两点是揭示中华文化可久可大的精神动力，一曰自强不息、革新进取，二曰厚德载物、和谐包容，对此前贤早已言之，可谓不易之论；后面几点是彰显中华文化道德人文主义的性质和特点，从内修文德到治国理政、平天下、一天人的"外王"事业，无不体现了中华文化道德主义、和平主义的性格和"文明以止"的精神。当然，我们从"各美其美"的角度把它们当作"精华"来理解和阐扬，并不否认也有其自身存在的问题和局限性，如果没有这种自知之明，我们就不能在保持自身文明特性的同时虚心学习其他民族文化的优长而使自己不断更新发展。

二、"文明以止"：中华文化的根本精神

关于中华文化的根本精神，我们认为可以用《周易大传》中的"文明以止"一语来准确、生动地概括，即认为"文明"不是无限度地开发、利用和对外扩张，而是要有所节制，"止"其所当止，内修文德以化成天下。这种文明理念在面临着许多威胁人类生存和发展的全球性难题的当今世界显得尤其富有价值，有很强的现实意义。众所周知，这些全球性难题在很大程度上都是与不恰当的文明理念联系在一起的，比如怀着人类中心主义的心态，对自然资源进行无限制地开发、利用、征服和掠夺，从而造成了种种严重的环境问题和生态危机；或者由于不同文明价值观之间的差异，特别是怀着普世主义价值心态的人大搞文明扩张和霸权主义，从而引发了不同国家、民族和地区之间的对抗、冲突和战争。这些都是威胁着全人类可持续地生存和发展的严峻的世界性问题。我们认为，为了回应当今世界人类共同面对的问题，充分彰显中华文化"文明以止"的理念，不仅有助于深刻认识自己的文化特性，提高本民族的文化自觉，而且对于人类文明未来的健康发展亦能作出积极而独特的重要贡献。

诚如英国学者马丁·雅克所言："中国和西方虽然在传统上有着些许相似之处，最明显的就是二者都相信普世哲学，都有一脉相承的优越感，但二者

在本质上却是迥异的。"①那么，中华文明与西方文明在本质上的差异到底是什么呢？这是一个颇耐人寻味、值得引起深思的问题。

如上文所言，"文化中国"的信念内含着一种以华夏民族的礼仪文明来引领、融合与统一不同民族、不同地域风俗习性之多样性差异的文化理想，而在追求实现这一文化理想的过程中，无论是"用夏变夷"还是内部整合，其理想的方式都不是通过粗暴干涉和军事征服来达到文化扩张的目的，而是通过文化示范和道德感化的方式来实现中华礼义文明的和平传播与自愿接受。这与中华民族的人文化成观和"文明以止"的理念是分不开的。

《周易·贲卦·彖辞》说："刚柔交错，天文也；文明以止，人文也。观乎天文，以察时变；观乎人文，以化成天下。"所谓"天文"是指阴阳迭运、刚柔交错的自然变化过程及其法则，而"人文"则是指人类制作的礼乐典章制度及其对人的行为的规范教化作用。由"人文"与"天文"并举对称可知，"人文"与"天文"并不是相隔相离、互相对立的，而是二者紧密地联系在一起。对于天下之治理化成而言，治国平天下者既要"观乎天文，以察时序之变化"，又要"观乎人文，以化成天下之人"②。两者相资为用，不可偏废。也就是说，中华民族虽然重视和强调以"人文"化成天下，但其"人文"意识并不是以支配自然或逆天而行为前提，相反，"天文"或天道自然法则乃是人类应当取象效法的对象，而取象效法"天文"又须以人文化成为目的。因此，在中华民族的"人文化成"观念中，特别强调人之德行应效法天地、顺应时变而普施博化，或者是"其德刚健而文明，应乎天而时行"③，或者是虽"蒙大难"，却能"内文明而外柔顺"④，或者是如"汤武革命"，"顺乎天而应乎人"，故能"文明以说，大亨以正"⑤。"文明"一词在《周易大传》中凡六见，其一见于《乾文言》，其余皆见于《象传》。《象传》的作者可以说是揭示和阐发了一种极富中国特色的"文明"观念，而其中"文明以止"的说法尤其值得重视，在我们看来，用这一说法来概括中华文化的精神特性和文明意识的本质特征是再恰当不过了。

所谓"文明以止"，其本意是说如果一个人（特别是统治者）的德行能够

① [英] 马丁·雅克：《当中国统治世界：中国的崛起和西方世界的衰落》，张莉、刘曲译，中信出版社2010年版，第209页。

② 高亨：《周易大传今注》，齐鲁书社1979年版，第227页。

③《周易·大有卦·象辞》。

④《周易·明夷卦·象辞》。

⑤《周易·革卦·象辞》。

像天地日月一样正大而光明，并用礼乐来教化世人，那么，天下的人民就会被他的光明之德所感召和指引而遵从礼义，以至行其所当行、止其所当止。因此，在中华民族的这一"人文"观念和"文明"意识中，重要的不是通过霸道强权的治理方式来追求实现国家富强的目标或强制人民服从，而是通过充分发挥礼乐对人的文明教化作用来引导人民过一种道德化的伦理文明生活，从而实现社会治理的目标；不是通过武力扩张或威服的方式来胁迫异族人民认同和接受自己的文化，而是通过中国式文明典范的内在吸引力和"修文德以来远人"的方式引导对方实现文化上的自我转化与提升，从而达到"协和万邦"、天下一家的目标；不是通过征服自然或无止境地掠取和消耗自然资源的方式来满足自己不断膨胀的欲望和需求，而是通过节制自身欲望、协调天人的方式来实现物与欲"两者相持而长"①，从而达到人与自然万物可持续地和谐共生的目标。

由此可见，霸道的强权、武力的滥用、自然的征服和文明的扩张皆不为中华民族所称道，反之，中华民族所心仪向往的是敬德保民的治道理念、"以德行仁"的王道理想、天人合一的生命学问、人文化成的道德化境。②相对于霸道强权的文明扩张理念，中华民族"文明以止"的文化性格和人文意识具有一种"止其身有所不为"的道德主义、和平主义的性质，所谓"化成天下"之所以为"化"者即在于此。

对于中华文化崇仁义、贵王道和"尚文不尚武"的道德主义、和平主义性质，许多中外思想家都作过清楚的阐述。雷海宗先生在《中国文化与中国的兵》一书中说："中国自东汉以降为无兵的文化。"梁漱溟先生进而认为中国历史上为"无兵之国"，他说这是中国文化的一大特征。中国历代诗歌中都有反战、厌战的作品，古诗十九首、杜甫的《兵车行》等都是代表作。也有一些诗歌是歌颂反侵略战争的，别人侵略你，起来防御自卫是正义的。"万里长城"是自卫防御工事，而不是对外侵略的象征。许多西方思想家也看到了这一点。明朝万历年间来华的意大利传教士利玛窦指出，明朝的军队是他所见到过的装备最精良的军队，但他发现这支军队完全是防御性的，中国人没有想到过要用这支军队去侵略别的国家。美国学者费正清说："中国历史上没

---

① 《荀子·礼论》。

② 如汉儒刘向曰："圣人之治天下也，先文德而后武力。"（《说苑·指武》）"礼乐者，行化之大者也。孔子曰：'移风易俗，莫善于乐；安上治民，莫善于礼。'是故圣王修礼文，设庠序，陈钟鼓。天子辟雍，诸侯泮宫，所以行德化。"（《说苑·修文》）

有可与英国伊丽莎白时代或者日本的海上冒险海盗制度相比拟的时期，致使中央政府通过海上掠夺而富强。"他发现中国的武力问题基本上是维持国内秩序的"警察问题"。日本学者池田大作也说："中国投入的战争都属于自卫战争，只要不首先侵犯中国，中国是从不先发制人的。"对中国文化有精深了解的英国科学史家李约瑟曾指出：中国长期形成了一种"尚文不尚武"的传统。马克斯·韦伯也明确地说："儒教的理性本质上具有和平主义的性质。"只要不带偏见，尊重基本的历史事实，中外学者得出这些结论来都是自然而然的。总之，反对扩张性的霸权主义，主张通过内修文德的方式来"讲信修睦""协和万邦"，实现国家、民族之间的和平共处，通过行仁政"来远人""王天下"，以达到"兵革不试，五刑不用，百姓无患"的目的，这可以说是对中华文化"文明以止"理念的最好注解和诠释。

基于中华文化的上述精神特性，我们可以将《周易大传》中具有特定含义的"文明"一词转换成今天一般意义上的或作为"文化实体"意义上①的"文明"一词来理解。那么，所谓"文明以止"，以今语释之就是：人类文明的发展和进步不是无节制、无限度的，也不是漫无方向的发展，而是应该有所"止"："止于至善"的价值目标，止于人与自然、社会、他人的和谐相处，止于有益于人类自身可持续地生存和发展的事业，这就是所谓"止其所当止"。"文明以止"并不是反对人类推动社会进步的文明行为，而是要把这种行为限制在符合天道、人性的范围内，越出这个范围的行为就是不文明的了。只有"顺乎天而应乎人"，才能以"人文"化成天下。在中华文化中，这一"文明"理念实具有一种枢轴性的意义，它赋予中华文化以既开放进取又克己内敛、既有文化优越感又有包容平和心态，中道而平衡的内涵、特征和色彩，它贯穿于我们前面所列举的一系列中华文化的思想精华、价值理念和民族精神的方方面面，诸如"贵和尚中""崇德重教""仁民爱物"等等思想观念，都充分体现了"文明以止"的根本精神。

从对自身文化和文明的普世性价值的自信及其一脉相承的优越感出发，中华民族在历史上不断拓展对周边地区、民族和国家的辐射性影响，但其影响主要是文化上的，而且这种影响力或同化力主要是与周边地区、民族和国家自觉自愿地认同和接受中华文化密不可分的，正因为如此，尽管中国与周

---

① [美] 塞缪尔·亨廷顿：《文明的冲突与世界秩序的重建》，周琪等译，新华出版社 1999 年版，第 24-25 页。

边地区的国家和民族在历史上也曾经发生过不少军事上的冲突和战争，但所谓"东亚中国（儒家）文化圈"却是通过和平传播的方式而历史地形成的。与之不同，从对自身文化和文明的普世性价值的自信及其一脉相承的优越感出发，西方文明发展呈现出的却是一种傲慢、自负而极具扩张性的普世主义心态，而且其文化和文明的传播常常伴随着军事上的殖民扩张和武力侵略，如亨廷顿所言："西方的普世主义信念断定全世界人民都应当信奉西方的价值观、体制和文化，因为它们包含了人类最高级、最进步、最自由、最理性、最现代和最文明的思想。"而"帝国主义是普世主义的必然逻辑结果"。因此，"西方的普世主义对于世界来说是危险的，因为它可能导致核心国家之间的重大文明间战争；它对于西方来说又是危险的，因为它可能导致西方的失败"①。

"文明以止"与无限制的文明扩张是两种根本不同的文明观，二者的区别恰恰是中西两种文化和文明之分水岭，是它们的本质区别之所在。中西文化各自植根于性质迥异的两种人文精神：一种是天人合一、物我交融、仁民爱物的人文精神；一种是人类中心主义的征服自然、以"动力衡决天下"的人文精神②。以"动力衡决天下"的文明扩张，必然导致文化殖民主义和"文明间的冲突"；而富有反求诸己的道德理性、"己所不欲，勿施于人"的恕道美德、"和而不同"的和谐理念与"文明以止"，则会"十分自然地从文明的角度来思考问题，并且把世界看作是一个具有各种不同文明的，而且有时是相互竞争的文明的世界"③，乃至努力寻求一种不同国家和民族和平相处的"全球伦理"，通过"文明的对话"来化解"文明的冲突"。西方近代启蒙理性由于对人类自身认知能力的过度自信和"致命的自负"，不但以自然界的立法者自居，而且不断膨胀控制、征服自然的欲望，必然导致人与自然的疏离，对自然资源的贪婪掠夺和攫取，以致造成对自然生态环境的严重破坏而危及人类自身的生存。与之不同，一些中国古代哲人却对人类自身的知识理性持有一种怀疑态度，对人类逐物求知而无限膨胀的物欲抱有天然的警惕意识，对

---

① [美] 塞缪尔·亨廷顿：《文明的冲突与世界秩序的重建》，周琪等译，新华出版社 1999 年版，第 358-359 页。

② 如杜维明先生所言："西方启蒙心态的人文精神，其实是一个强烈的人类中心主义，一方面反神权，另一方面是征服自然，实现自然的人化，把自然变成人类的资源。用梁启超的话来说，这一套思潮是以'动力衡决天下'。"（彭国翔编译：《儒家传统与文明对话》，人民出版社 2010 年版，第 226 页）

③ [美] 塞缪尔·亨廷顿：《文明的冲突与世界秩序的重建》，周琪等译，新华出版社 1999 年版，中文版序言。

人类文明无限制地发展和进步进行了深刻的自我反思和批判，而希望人类能够"知止不殆"①、"知止其所不知"②，乃至能止乎自然本性而不"求外无已"。儒家学者则出于"民胞物与""与天地万物为一体"的仁者情怀，希望人类能够参赞天地之化育而"止于至善"。显然，具有这样一种人文精神和情怀的民族必然会更乐于把宇宙万物都看成是人类的伙伴和朋友，也自然会乐于善待自然万物而与之和谐相处。

当然，需要说明的是，我们既不是狭隘的民族主义者，也不是文化决定论者，我们只是本着唤醒中华民族"文化自觉"的目的，来总结、反思和梳理中华文化的思想精华和精神特性，以期能够在客观认知与同情了解的基础上获得一种"自知之明"。而且，我们也只是从"各美其美"的角度来阐扬中华文化的精华与精神，既不是为了美化本民族的文化而排斥其他民族的优秀文化，更不是"思古之幽情"和为了达到"文化回归"的目的，而是旨在把它们作为一种有正面价值的文化资源，用来促进本民族文化和人类文明的健康发展。而就我们上面所阐述的中华文化的"文明"理念和根本精神而言，也只是从"理想型"的意义上来讲的，历史和现实情况则要复杂得多。如所周知，西方文化已经开始反省和调整自己的文明发展路向，中国文化和文明的现实发展状况也并非尽如人意。因此，无论是中国还是西方，都应该加强文化自觉意识，倍加珍惜地球这个我们共同的生存家园，走保护生态环境的可持续发展之路，重建人与自然之间的和谐共生关系；不同文化和文明之间应该互相尊重、互相学习和交流对话，以期形成"各美其美，美人之美，美美与共，和而不同"的理想文明格局，把我们共同生活的家园建设成为一个持久和平、共同繁荣的和谐世界。

①《老子》第四十四章。
②《庄子·齐物论》。

中国共产党的文化自觉是中华民族之福[*]

　　十年前，我写过一篇文章，题为《经济全球化情势下的中华文化走向》。文章认为经济全球化必然带来文化的全球化，即各民族文化的国际交流、交融、交锋日益频繁，马克思预言的"民族的片面性和局限性日益成为不可能，于是由许多民族的和地方的文学形成了一种世界的文学（文化）"最终将成为现实。但目前主要由少数西方资本主义发达国家主导的经济全球化和文化全球化是极不合理的，并不是"造福于全人类"的经济全球化，也不能代表人类文化全球化的正确方向。现实的经济和文化全球交流格局，对于正在走向世界的中华文化来说，既有发展机遇，同时也面临着严峻的挑战和考验。文章就"西强我弱"情势下中华文化如何自立自强提出了四点看法：（一）坚持对外开放、面向世界的方针，学习世界各国先进的科学技术、管理经验和思想文化，把我国的经济、社会、文化发展水平提高到一个新阶段。（二）加强社会主义精神文明建设，抵制封建主义和资本主义的腐朽文化，坚定不移地走建设有中国特色社会主义文化的道路。（三）大力弘扬中华民族优秀传统文化和近现代革命文化，利用现代传播手段，向世界展示中华文化之博大精美，为世界文明提供一个可久可大的文化范例。（四）在"百花齐放，百家争鸣""批判继承，综合创新"中发展和繁荣有中国特色的社会主义文化，为全球化时代的人类文明作出一个伟大民族应有的贡献。文章最后说：

　　　　中华炎黄文化研究会会长费孝通先生近年来多次讲"文化自觉"问题，我体会所谓文化自觉，就是一方面要有忧患意识，一方面还要有文化自信。对于全球化时代的中国文化来说，就是一方面要看到美国等西方国家主导的经济全球化和文化全球化布下的"陷阱"对我们形成的严峻挑战，另一方面又要看到中华民族文化本身所具有的强大生命力在对

* 本文原载《马克思主义研究》2011 年第 12 期。

外开放环境中发展自己的有利条件,端正自己的心态,勇敢地面对挑战,采取积极慎重的政策和措施,调动 12 亿人民的积极性,经过踏实的工作和长期的共同奋斗,有中国特色的社会主义文化就不仅能自立于全球化时代的世界民族文化之林,而且还将逐渐显示出其作为一种社会主义新型文明的优越性,鼓舞和支持全世界人民为争取实现人类理想的文明社会而奋斗。

十年后来看这篇文章,应该说基本观点还是正确的,也讲到了文化自觉和文化自信问题。但当时对经济全球化时代文化在综合国力竞争中的重要地位和作用,对社会主义市场经济条件下文化发展的规律和文化体制改革的必要性,都还缺乏认识,因此讲文化自觉和自信主要还是从理论上来讲,而没有落实到实践层面,也没有讲清楚"采取积极慎重的政策和措施"具体是指什么。

新世纪十年来,我们党在科学发展观指导下,清醒地把握当今世界经济、政治、文化发展大势,深刻分析我国的基本国情和战略任务,以高度的文化自觉和缜密的制度设计,有步骤地推进我国的文化体制改革,文化事业和文化产业都得到快速发展,初步探索出了一条中国特色社会主义文化发展的自立自强之路。改革实践和党的创新理论的每一步发展,都使我受到深刻教育,对"经济全球化情势下的中华文化走向"这个课题的认识也越来越具体、越来越深入了。

党的十七届六中全会通过的《中共中央关于深化文化体制改革推动社会主义文化大发展大繁荣若干重大问题的决定》(以下简称《决定》),对我党领导文化建设的历史经验,特别是十六大以来文化改革发展的理论和实践进行了全面总结,以前瞻性的战略眼光和高度的责任担当精神,适时地做出了深化文化体制改革、推动社会主义文化大发展大繁荣,进一步兴起社会主义文化建设新高潮的战略决策,提出了建设社会主义文化强国的鼓舞人心的口号。现在全党全国人民都在认真学习这个重要文件,我的学习体会集中到一点,就是中国共产党的文化自觉是带动整个民族文化自觉、真正掌握自己的命运、走上伟大复兴之途的关键。我们党既是中华优秀传统文化的忠实传承者和弘扬者,又是中国先进文化的积极倡导者和发展者,由于有马克思主义科学世界观和方法论的指导,故能深刻洞察社会发展规律和文化的历史走向,始终走在时代的前列,带领全国各族人民为实现文化的历史进步而奋斗,推动党和人民的事业不断向前发展。结合学习十六大以来文化改革发展的理论创新和实践经验，我认为《决定》在以下几个方面都表现出了执政党的高度文化自觉。

一、中国共产党在革命、建设、改革中一贯重视文化的重要地位和作用，在深化改革开放、全面建设小康社会的关键时期，党中央做出加快文化改革发展步伐的重要决策，说明其文化自觉又达到了一个新的高度。这既是客观形势发展的需要，也是由于发展繁荣社会主义文化与党的价值目标的高度一致性所决定的。

党在 90 年的奋斗历程中，一直以思想文化的新觉醒代表着当代中国先进文化的前进方向。无论是革命战争年代还是建设改革时期，每到重要历史关头，我们党都紧密结合时代特点，围绕党的中心任务，提出自己鲜明的文化纲领、目标、政策和口号，引领中国现当代文化朝着健康正确的方向前进。在抗日战争最艰苦时期，毛泽东《在延安文艺座谈会上的讲话》就提出和解决了我们的文艺、文化是为什么人服务的问题，并在《新民主主义论》中深刻阐明了马克思主义的文化观，将新民主主义文化界定为无产阶级领导的人民大众反帝反封建的，民族的科学的大众的文化。新中国成立前夕，他就作出预言："随着经济建设高潮的到来，不可避免地将要出现一个文化建设的高潮。中国人被人认为不文明的时代已经过去了，我们将以一个具有高度文化的民族出现于世界。"新中国成立后，毛泽东又提出了发展繁荣社会主义文化的"百花齐放、百家争鸣"方针。社会主义文化建设经过曲折发展，十一届三中全会后，我们党在总结历史经验的基础上有了新的文化自觉，迎来了社会主义文化发展繁荣的新时代。在社会主义市场经济条件下和国内外复杂的思想环境中，党更加意识到了加强社会主义精神文明建设的必要性和重要性，于 1986 年召开的十二届六中全会和 1996 年召开的十四届六中全会上，分别通过了《中共中央关于社会主义精神文明建设指导方针的决议》和《中共中央关于加强社会主义精神文明建设若干重要问题的决议》，深刻阐述了社会主义精神文明建设的战略地位、奋斗目标、指导思想和基本途径，明确提出"建设有中国特色社会主义的文化，就是以马克思主义为指导，以培养有理想、有道德、有文化、有纪律的公民为目标，发展面向现代化、面向世界、面向未来的，民族的科学的大众的社会主义文化"。两个精神文明建设决议充分体现了文化的本质、时代的要求和人民的意愿，有力地推进了中国特色社会主义文化事业的顺利发展。

党的十六大以来，以胡锦涛同志为总书记的党中央把文化建设作为社会主义现代化建设总体布局的重要组成部分，摆到更加突出的位置上，提出了一系列符合时代要求的新的文化发展理念，作出了一系列关系到文化建设全局的重大战略部署，积极稳健地推进文化改革发展事业，从体制创新、政策扶持、经费投入、基本建设等方面给予有力保证。十七届六中全会的《决定》就是在这种情况下作出来的，它是我们党在世界多极化、经济全球化时代，我国进入全面建设小康社会的关键时期和深化改革开放、加快转变经济发展方式的攻坚时期，集中全党全国人民智慧做出的加快文化改革发展步伐、提高国家文化软实力、建设社会主义文化强国的宣言和纲领。这篇高瞻远瞩、坚强有力的文化宣言，这个目标宏伟、措施具体的文化纲领，标志着我们党在文化的地位认识、规律把握和责任担当上的自觉又达到了一个前所未有的新高度。

《决定》对当前加快文化改革发展步伐之必要性和紧迫性的认识，从客观形势方面来说，突出地表现在四个"越来越"上，即文化越来越成为民族凝聚力和创造力的重要源泉，越来越成为综合国力竞争的重要因素，越来越成为经济社会发展的重要支撑，丰富精神文化生活越来越成为我国人民的热切愿望。从主观决策方面来说，《决定》提出我们必须抓住和用好我国发展的重要战略机遇期，在坚持以经济建设为中心的同时，自觉地把文化繁荣发展作为坚持发展是硬道理、发展是党执政兴国第一要务的重要内容，作为深入贯彻落实科学发展观的一个基本要求，进一步推动文化建设与经济建设、政治建设、社会建设以及生态文明建设协调发展。这种文化自觉是党做出新的战略决策的认识前提和基础。

我们党领导的革命、建设、改革事业，几代人前仆后继、奋斗不息的目的，就是为了让中国人民摆脱物质和精神上的贫穷落后，过上富裕、文明、人格全面自由发展的有尊严的生活。我们党清楚地认识到，物质贫乏不是社会主义，精神空虚也不是社会主义，没有社会主义文化的发展繁荣，就没有社会主义现代化。中国特色社会主义是我们的共同奋斗目标，它要让人民过上殷实富足的物质生活，也要让人民享有健康丰富的文化生活。全心全意为人民服务是我们党的根本宗旨，因此，发展繁荣社会主义文化，既保障人民群众的基本文化权益，又努力满足他们多方面的精神文化需要，就是对我们党履行执政兴国职责的必然要求，也是实现党的价值目标必须要做的事情，是其题中应有之义。

二、社会主义核心价值体系是中国特色社会主义文化之魂，是其精华、精髓、精义之所在。提出社会主义核心价值体系是当代中国马克思主义的一项重要的理论创造，是综合创新文化观的生动体现。它在凝聚共识、引领社会思潮、构筑中华民族共同精神家园方面将起到其他文化体系和价值观念不可替代的作用。

2006 年党的十六届六中全会通过的《中共中央关于构建社会主义和谐社会若干重大问题的决定》，首次提出建设社会主义核心价值体系的战略思想，并将社会主义核心价值体系界定为马克思主义指导思想、中国特色社会主义共同理想、以爱国主义为核心的民族精神和以改革创新为核心的时代精神、社会主义荣辱观四项基本内容。十七届六中全会把社会主义核心价值体系摆到了"兴国之魂"的显著地位，明确坚持中国特色社会主义文化发展道路、建设社会主义文化强国要"以建设社会主义核心价值体系为根本任务"，并对如何坚持马克思主义指导思想等四项基本内容作了一系列重要部署，把它当作社会主义文化建设的主体工程来抓。这对在全党全社会形成统一指导思想、共同理想信念、强大精神力量、基本道德规范起到了动员令的作用。

文化软实力的竞争归根到底是文化价值观的竞争，抓社会主义核心价值体系建设是我们党抓文化价值观念建设的一个重大决策。核心价值体系是一个国家、一个民族的核心价值观念体系，它还不同于某个行业的共同价值观或某个个人的价值观，但却能对行业、个人的价值观产生根本性的影响。社会主义核心价值体系是以马克思主义的世界观、历史观、人生观、价值观为精神旗帜，根据中国的国情和社会主义改革时代的特点提出来的，但是也包涵了人类对平等、均富的"大同"社会的共同理想和价值期待。这显然是一个综合创新的文化价值体系，也是人类价值学说史上没有先例的最进步、最科学的价值体系。马克思主义是人类思想史上最伟大的成果，深刻揭示了社会历史发展的客观规律，也是我们立党立国的根本指导思想，为先进文化建设指明了正确方向。中国特色社会主义集中体现了最广大人民的根本利益和共同愿望，代表了人类社会的历史走向，也是我们党为实现最高理想而确定的现阶段奋斗目标，体现了理想主义与现实主义的统一。以爱国主义为核心的民族精神和以改革创新为核心的时代精神，是中华民族的生命力、凝聚力和创造力的不竭源泉，也是我们全面建设小康社会、加快推进社会主义现代化建设的精神支撑。社会主义荣辱观则体现了社会主义道德的基本价值准则和行为规范，是中华民族传统美德、优秀革命道德与时代精神的完美结合。社会主义核心价值体系把这些体现了真、善、美价值的人类优秀文化成果都整合在一起，最大限度地形成社会共识，凝聚人心，自然具有其他价值体系不可比拟的强大精神力量。

《决定》强调要把社会主义核心价值体系融入国民教育、精神文明建设和党的建设全过程，贯穿改革开放和社会主义现代化建设各领域，体现到精神文化产品创作、生产、传播各方面，要求一切文化阵地、一切文化产品、一切文化活动，都要体现社会主义核心价值体系的内容和要求。这里讲了一个"魂"与"体"的关系问题。社会主义核心价值体系之"魂"只有通过国民教育体系、公共文化服务体系、文化产业体系和各种形式的文化产品的承载与传播，才能发挥其价值引领功能和教育功能，因此加强文化的物质基础和传播形态建设也是十分重要的。当然，我们的文化载体如果失去了精神价值的支撑，也只能变成毫无生命力的空洞无物的形式。所以，"魂"与"体"是互相依存、相辅相成、相得益彰的关系，只有强"魂"健"体"才能充分发挥社会主义先进文化引领风尚、教育人民、服务社会、推动发展的作用。

自从提出以社会主义核心价值体系引领社会思潮以来，我们党在这方面做了许多实实在在的事情。比如组织规模宏大的马克思主义理论研究和建设工程，加强重点学科体系和教材体系建设，推动中国特色社会主义理论进教材、进课堂、进头脑，已经连续进行几年时间，取得了十分明显的成效。又如，为了抵制各种错误和腐朽思想的影响，党的十七届四中全会明确提出要自觉划清四条界限，即马克思主义与反马克思主义的界限，社会主义公有制为主体、多种所有制经济共同发展的基本经济制度与私有化和单一公有制的界限，中国特色社会主义民主与西方资本主义民主的界限，社会主义思想文化与封建主义、资本主义腐朽思想文化的界限，这在以社会主义核心价值体系来作为区分先进与落后、真善美与假丑恶的标准，有效引领社会思潮方面也起到了十分积极的作用。全面贯彻落实《决定》提出的各项措施，把社会主义文化建设的这项主体工程搞好，是我们必须始终抓紧、不能松懈的一项长期任务。

三、深厚的民族文化传统、科学的马克思主义指导思想、丰富的革命文化是我们党固有的宝贵文化资源，是其从创立走到今天的安身立命之本。只有在强基固本的基础上吸收外来文化精华，博采众长、为我所用，党才具有丰厚、坚实的文化内蕴和强大的精神力量，才能领导全国人民完成复兴中华文化的历史重任。

领导一个伟大民族的文化复兴，要求我们党不仅要有高度的文化自觉和历史担当精神，而且自身要有深厚的文化底蕴，要有开放的文化心态和综合创新的能力。

我们党自身固有的优质文化资源主要在三个方面：一是中华民族五千多年博大精深的传统文化，一直滋养、哺育着党的成长，从中获得中华民族最根本的精神基因、自强不息的精神动力和取之不竭、历久弥新的精神财富。我们党作为中华民族的中坚，也一直把传承和弘扬民族优秀文化当作自己义不容辞的责任。毛泽东早就向全党提出了"学习我们的历史遗产，用马克思主义的方法给以批判的总结"，"从孔夫子到孙中山，我们应当给以总结，承继这一份珍贵的遗产"的任务。中国特色社会主义文化也离不开这个精神母体，必须以优秀传统文化为传承创新的基础。二是马克思主义指导思想。我们党一诞生就举起了马克思主义这面旗帜，用它作为观察国家命运和改造世界的工具，并在同中国实际相结合过程中不断推进马克思主义的中国化，形成了毛泽东思想和中国特色社会主义理论体系两大理论成果，成为指引中国文化前进的根本指针。马克思主义给中华文化注入了先进的思想内涵，使中国人民在精神上得到了极大的解放。用发展着的马克思主义引领中国特色社会主义文化建设，才能有效抵御各种错误和腐朽思想文化的影响，不断巩固全党全国人民团结奋斗的共同思想基础。三是90年来党领导人民在革命、建设、改革实践中创造的奋发向上的革命文化传统，包括革命战争时期的井冈山精神、长征精神、延安精神、西柏坡精神，建设改革时期的雷锋精神、大庆精神、两弹一星精神，载人航天精神、北京奥运精神、抗震救灾精神等等。这些富有时代特征和民族特色的宝贵精神财富，不断实现着中华优秀文化的再生再造，是中国共产党和中国人民的伟大创造精神的生动体现，不论现在还是将来，都是激励我们不断奋进的巨大精神力量。

我们讲"老祖宗"不能丢，就是上述宝贵文化资源一个也不能丢，不能忘本，不能割断自己文化的精神血脉。《决定》在制定今后文化改革发展战略时，非常清楚我们的文化是从哪里来的，对自己固有的优质文化资源十分珍惜并充满敬意，就如何传承和弘扬作出了一系列具体部署。马克思主义指导思想作为社会主义核心价值体系的重要组成部分，无疑是当代文化建设的重中之重，《决定》对加强马克思主义理论研究和学科建设等措施的论述十分具体，前面已经提到这里不再重复。《决定》强调要全面认识祖国的传统文化，取其精华、去其糟粕，古为今用、推陈出新，坚持保护利用与普及弘扬并重，明确提出要"建设中华优秀传统文化传承体系"，加强对优秀传统文化思想价值的挖掘和阐发，维护民族文化基本元素，使优秀传统文化成为新时代鼓舞人民前进的精神力量。同时强调要推动中华文化走向世界，开展多渠道、多形式、多层次的对外文化交流活动，广泛参与世界文明对话，增强中华文化的国际话语权和在世界上的影响力、感召力。对于传承和弘扬优秀革命文化，《决定》也提出了加强爱国主义教育基地建设、用好红色旅游资源使之成为培育民族精神和时代精神的重要课堂等具体措施。这些强基固本工程对于保证文化改革发展的正确方向具有决定性的意义。

在珍惜保存和弘扬强化我们固有的文化资源优势之同时，《决定》还提出要以开阔的视野和博大的胸怀来对待外来文化，坚持以我为主、为我所用，辩证取舍、择善而从的原则，学习借鉴一切有利于加强我国社会主义文化建设的有益经验，一切有利于丰富我国人民文化生活的积极成果，一切有利于发展我国文化事业和文化产业的经营管理理念和机制，推动中华文化在同外来文化的交流互动中丰富发展，走向繁荣兴盛。开放包容的胸怀本身就是中华文化在国际交流、交融、交锋中具有自信的表现，这种自信既来自自身的深厚底蕴，也来自社会主义文化的先进性和优越性。

这里有一个中、西、马三种文化资源的关系问题。当代中国文化即中国特色社会主义文化是从中国传统文化和中国近现代文化发展而来的，我们不能割断历史，中国文化的今天与昨天、前天是联结在一起的。前天、昨天、今天生生不息的发展共同构成了中国主体文化（或者说母体文化），它是运作主体、生命主体和创造主体，对外来文化来说也是接受主体。《决定》把马克思主义指导思想确定为社会主义核心价值体系的基本内容之一，就是明确肯定了它作为当代中国文化之"魂"的地位。包括西方文化在内的一切有价值的外来文化，都可以作为以我为主、为我所"用"的他山之石。这就是当代中国文化内涵构成和思想资源上的"马魂、中体、西用"格局，其特点是既坚持马克思主义的指导思想地位，又坚持民族文化的主体性，二者都是强基固本工程不可缺少的内容；同时坚持对外开放的方针，具有吞吐百家、综合创新的气概和能力，这样才能真正建成面向现代化、面向世界、面向未来的，民族的科学的大众的社会主义文化。

四、我们党在十六大以来的文化体制改革实践中，深刻认识社会主义市场经济条件下文化发展的规律，探索出了一条文化事业与文化产业"二分"，一手抓公益性文化事业，一手抓经营性文化产业，两轮驱动、两翼齐飞，社会效益与经济效益双丰收的文化改革发展之路。这是我们在文化建设方面的一个里程碑式的飞跃。

在文化建设中落实科学发展观，就要构建科学合理的文化发展格局。区分文化事业与文化产业，形成两手抓、两加强的文化发展格局，是我们党在社会主义市场经济条件下对文化建设规律认识的一个重大突破，也是一个重要的理论创新。十年来付诸实践的结果是，一方面文化基础设施投入大幅度增加，多项文化惠民工程惠及千家万户，人民群众的基本文化权益得到保证，大大丰富了他们的精神文化生活；另一方面，一大批过去吃皇粮的国有经营性文化单位，转企改制成为工商登记注册的文化产业，在市场经济大海中学会了游泳并成为好手，释放了文化生产力，对国民经济的贡献率越来越大，整体实力和国际竞争力日益增强。实践证明两手抓、两加强的方针是完全正确的，不但开创了我国文化建设的新局面，而且是今后必须坚持的发展繁荣社会主义文化的必由之路。改革实践给我们启发最大的是，近年来涌现出了一批弘扬主旋律的精品力作，不但深受人民群众喜爱，占有了较大的文化市场份额，而且加强了社会主义意识形态的阵地，实现了社会效益与经济效益双丰收。这就真正达到了我们进行文化体制改革的目的。

《决定》以很大篇幅分别论述了大力发展公益性文化事业、保障人民基本文化权益和加快发展文化产业、推动它成为国民经济支柱性产业，即"两手抓"的问题，力图巩固和深化文化体制改革的成果，更加自觉地按照文化发展规律办事。文件强调必须以政府为主导，以公共财政为支撑，按照公益性、基本性、均等性、便利性的要求，加强文化基础设施建设，完善覆盖城乡、结构合理、功能健全、实用高效的公共文化服务体系，让群众广泛享有免费或优惠的基本公共文化服务。文化基础设施建设还体现了向农村和中西部地区、革命老区、民族地区、边疆地区倾斜的精神，是真正的文化惠民工程。文件强调要按照全面、协调、可持续的要求，推动文化产业跨越式发展，构建结构合理、门类齐全、科技含量高、富有创意、竞争力强的现代文化产业体系，形成以公有制为主体、多种所有制共同发展的文化产业格局，使之成为新的经济增长点和转变经济发展方式的重要着力点，为推动科学发展提供重要支撑。这一切都需要进一步解放思想，深化改革开放，加快构建有利于文化发展繁荣的体制机制，建立现代企业制度，培育合格市场主体，并在创新文化管理体制、完善政策保障机制等方面采取一系列改革措施。

大力发展公益性文化事业的惠民性质十分明显，为什么说加快发展经营性文化产业也是满足人民群众对文化的多样化需求、发展繁荣社会主义文化的必然要求呢？这里面有一个对文化产品的两重属性、两种效益及其相互之间关系的认识问题。在文化事业和文化产业都由国家包下来的时代，我们比较重视文化产品的意识形态属性和社会效益，而不太重视其商品属性和经济效益，这样才会出现我国所有出版社的年销售额加起来还不及德国贝塔斯曼集团一家的年收入，我国海外商演的年收入总和还比不上加拿大一个著名马戏团的尴尬局面。有13亿人口的中国无疑是一个文化消费大国，事实上也是一个文化资源大国，但从其文化产品所占有市场份额来看，还远不是一个文化强国。在文化产品国际竞争日益激烈的全球化时代，我国的文化体制改革势在必行。经过十年探索实践，上述情况已经有很大改变。关键是我们对文化产品的意识形态属性与商品属性、社会效益与经济效益的关系有了更全面的认识，对人民群众的基本文化需求与多样化需求有了更明确的区分，形成了一手抓文化事业、一手抓文化产业的发展思路。这一认识转变，极大地解放了文化生产力，我国的文化产业已出现健康向上、迅速发展的势头。比如"十一五"期间新闻出版业总资产、总产出、总销售都比"十五"期间翻了一番，目前中国已成为世界第三大电影生产国和第一大电视剧生产国，这些都说明我国的文化产业蕴藏着巨大的发展潜力，文化软实力转化为经济硬实力也是具有现实可能性的。

文化作为价值形态的东西，它的力量绝不只表现为文化产品的经济效益，而更在于其"以文化人""以文育人"的精神力量。所以在加快发展文化产业的过程中，我们还要防止另一种片面性，就是一味追求经济效益，放弃自己的社会责任，甚至迎合低级趣味，误导和扭曲人们的价值观念。《决定》强调要始终把社会效益放在首位，坚持社会效益与经济效益的有机统一。所谓把社会效益放在首位，就是要把社会主义核心价值体系建设在首位，把这个"魂"融入各种文化产品中去，真正以科学的理论武装人，以正确的舆论引导人，以高尚的精神塑造人，以优秀的作品鼓舞人，充分发挥社会主义先进文化的优越性。坚持社会效益与经济效益的统一，就是要坚持文化发展为了人民、依靠人民，文化发展成果由人民共享的方针，在文化产品创作、生产、流通的全过程中贯彻人民至上的原则，要让人民群众觉得好看、受益、愿意花钱买你的产品并且买得起，他们在得到真、善、美的享受之同时文化产业的出版码洋、票房价值等等也上去了。这就是我们所期望的社会效益与经济效益有机统一的效果。

《决定》在总结实践经验的基础上理清了中国特色社会主义文化发展的思路，其中有两个重点或者说两大亮点：一是提出了社会主义核心价值体系的理论，确立了以马克思主义为指导思想的当代中国文化之"魂"；二是提出了公益性文化事业和经营性文化产业"二分"的思路，分类改革，全面推进社会主义文化事业和文化产业，做大做强当代中国文化之"体"。显然，前者的着力点在增强文化价值软实力，后者包含增强文化经济硬实力的内容，但不仅限于此，文化经济需要文化价值的支撑，而且还包括制度建设、法律保障等内容。这两大亮点都是思想解放、与时俱进的重要成果，也可以说是当代中国马克思主义的两大理论创新，是对马克思主义文化观的新发展、新贡献。二者在内容上又是密切联系的，互相依托、互相支撑、互相辉映，使我们对经济全球化时代与社会主义市场经济条件下文化发展的规律和现实道路有了更加全面准确的把握。我们注意到，当代中国文化改革发展的这两大亮点、两大理论创新，都是在新世纪十年提出来并取得实质性进展的，它说明我们党的这一代领导人政治上坚定成熟，文化上高度自觉，理论上富有创造创新精神，有能力领导一个 13 亿人口的大国在国际风云变幻的形势下坚定不移地走社会主义道路，把党的事业继往开来地推向新阶段。

20 世纪 90 年代后期，费孝通先生多次讲文化自觉问题。他最典型的表述是：文化自觉是指生活在一定文化中的人对其文化有"自知之明"，明白它的来历、形成过程、所具有的特色和它的发展趋向，不带任何"文化回归"的意思，同时也不主张"全盘西化"或"全盘他化"。自知之明是为了加强对文化转型的自主能力，取得决定适应新环境、新时代文化选择的自主地位。这一思想受到学术界的高度重视，2002 年 12 月在香港召开的"21 世纪中华文化世界论坛"第二次会议即以"文化自觉与社会发展"为主题，与会学者都高度认同费老提出的文化自觉观念，此后即广泛传扬并日益深入人心。费老是从个人的文化反思讲到中华民族的文化自觉，提出我们中国人有责任用现代科学方法来完成我们文化自觉的使命，继往开来地努力创造现代中华文化，为全人类的明天作出更大贡献。

一个民族的文化自觉，总是有一部分先进分子首先有所觉悟，然后带动整个民族的觉醒和共同团结奋斗。作为中华民族先锋队的中国共产党，从一诞生就以民族解放和文化复兴为己任，在各个历史时期都表现出了高度的文化自觉，远的不说，前面提到过的两个精神文明建设决议就是改革开放时代文化自觉的产物。文化自觉是我们党始终具有的鲜明特征和显著优势，党的全部历史都可以证明这一点。在十七届六中全会召开之前，党的理论工作者已经对文化自觉问题作了相当深入的研究，连载于《红旗文稿》2010 年第 15、16、17 期的云杉的《文化自觉·文化自信·文化自强——对繁荣发展中国特色社会主义文化的思考》就是一篇代表作。《决定》把这条繁荣发展中国特色社会主义文化的自觉、自信、自强之路开拓得更加宽广，考虑得更加周全，并以中央文件的形式确定下来，成为全党全国人民共同奋斗的行动纲领。我们相信，这个目标明确且具有很强操作性的重要文件，一定会产生精神变物质的巨大力量。中华文化的伟大复兴一定能够实现，中国一定能从文化大国变成让世界瞩目的社会主义文化强国。正如胡锦涛总书记在庆祝中国共产党成立 90 周年大会上讲话所说的："中华民族创造了源远流长、博大精深的中华文化，中华民族也一定能够在弘扬中华优秀传统的基础上创造出中华文化新的辉煌。"

当代中国文化的"魂""体""用"关系*

我曾以"魂、体、用"三元模式来说明中、西、马三种文化资源在中国特色社会主义文化中的地位和相互关系，认为"马学为魂，中学为体，西学为用，三流合一，综合创新"是当代中国文化发展的现实道路①。关于"魂、体、用"三元模式在文化研究中的普遍适用性，我也做过一点探索，比如根据《论语》中的"礼云礼云，玉帛云乎哉"②、"人而不仁，如礼何"③、"礼之用，和为贵"④等论述，说明在我国封建社会影响最大的儒家文化，是一种"以仁为魂，以礼为体，以和为用"的价值观念体系，一种旨在和谐人际关系的社会伦理学说⑤。近日学习党的十七届六中全会通过的《中共中央关于深化文化体制改革推动社会主义文化大发展大繁荣若干重大问题的决定》（以下简称《决定》），从我关注的这一特定角度觉得收获颇大。因为在我看来，《决定》全文都在讲当代中国文化建设的"魂""体""用"问题，从文化在当今世界和我国改革发展关键时期的重要作用，讲到加强中国特色社会主义文化之"魂"与"体"建设的必要性和紧迫性；然后分别论述强"魂"健"体"的各个方面，从指导思想、任务目标、方针政策讲到具体措施、实践步骤，目的都是为了充分发挥社会主义先进文化引领风尚、教育人民、服务社会、推动发展的作用，为夺取全面建设小康社会新胜利、开创中国特色社会主

---

　　* 本文原载《中国社会科学院研究生院学报》2012 年第 1 期。

　　① 参见《关于文化的体用问题》，《社会科学战线》2006 年第 4 期；《"马魂、中体、西用"：中国文化发展的现实道路》，《北京大学学报》2010 年第 4 期；《探索中、西、马三"学"的综合创新之道》，《马克思主义研究》2010 年第 12 期。

　　②《阳货》。

　　③《八佾》。

　　④《学而》。

　　⑤ 参见《关于和谐文化研究的几个问题》，《高校理论战线》2007 年第 5 期；《探索中、西、马三"学"的综合创新之道》，《马克思主义研究》2010 年第 12 期；《关于儒学的精华》，《国际儒学研究》第 18 辑，九州出版社 2011 年 3 月出版。

事业新局面、实现中华民族伟大复兴做出更大贡献。《决定》把"魂""体""用"三者之间相互依存、相辅相成的关系讲得十分透彻、十分到位，而且非常清楚明白，为我们认识有着内在精神生命的人类文化现象提供了有效的、科学的解释工具，格外突显出了它的方法论意义。这里谈一点我的初步学习体会，以求教于各位同志。

社会主义核心价值体系是当代中国文化之"魂"

当代中国文化即中国特色社会主义文化，它是立足于中国特色社会主义实践的，以马克思主义为指导思想、以中华民族优秀文化传统为深厚根基、以外来积极健康文化为有益补充的，面向现代化、面向世界、面向未来的，民族的科学的大众的社会主义文化。这显然是一个综合创新的文化体系，当代中国文化建设也必然是一个有着多方面、多层次、多样化的内容，以及多种文化形式、产品、传播手段和服务方式的复杂的系统工程。

文化是民族的精神血脉，人民的精神家园。一个民族的文化，凝聚着这个民族对宇宙、社会、人生的历史认知和现实感受，积淀着这个民族最深层的精神追求和行为准则，是民族生存发展和繁荣振兴的取之不尽、用之不竭的力量源泉。文化是有生命的活的机体，其源头活水在人民的生活实践中，传承创新或综合创新是文化发展的规律。一种文化必有在其中起主导和决定作用的要素，即文化的灵魂。文化的灵魂就是凝结在文化之中、决定着它的性质和方向的核心价值观。有什么样的价值观，就有什么样的文化立场、文化取向、文化选择。文化软实力的竞争归根到底是核心价值观的竞争，这就是所谓"天下之至柔，驰骋天下之至坚"。当今世界，以美国为首的西方国家成天都在把他们以个人主义为核心的资本主义价值观说成是"普世价值"，强行向全世界推销、向社会主义国家渗透；在国内，随着改革开放和社会主义市场经济的进一步发展，人们的价值取向也呈现出多元化、独立性、差异性和选择性，"一切向钱看"已成为许多消极腐败现象背后深层的价值根源。客观形势要求我们必须铸就能够抵御资本主义价值观的侵蚀和渗透，有效发挥社会主义意识形态的主导、统摄、引领与整合作用的社会主义核心价值观，来保证中国特色社会主义事业沿着正确的方向前进。以胡锦涛同志为总书记的党中央审时度势，正是在这种情况下把社会主义核心价值体系建设提上日程的。

2006 年 10 月，党的十六届六中全会通过的《中共中央关于构建社会主义和谐社会若干重大问题的决定》，首次提出"社会主义核心价值体系是建设和谐文化的根本"，并将社会主义核心价值体系界定为马克思主义指导思想、中国特色社会主义共同理想、以爱国主义为核心的民族精神和以改革创新为核心的时代精神、社会主义荣辱观四项基本内容。2007 年 10 月，胡锦涛同志在十七大报告中指出"社会主义核心价值体系是社会主义意识形态的本质体现"，强调要巩固马克思主义指导地位，坚持不懈地用马克思主义中国化最新成果武装全党，教育人民，用中国特色社会主义共同理想凝聚力量，用以爱国主义为核心的民族精神和以改革创新为核心的时代精神鼓舞斗志，用社会主义荣辱观引领风尚，巩固全党全国各族人民团结奋斗的共同思想基础。2011 年 10 月，十七届六中全会通过的《决定》，又明确提出"社会主义核心价值体系是兴国之魂，是社会主义先进文化的精髓，决定着中国特色社会主义发展方向"，即以社会主义核心价值体系为当代中国文化之"魂"、之"精"的观点；强调坚持中国特色社会主义文化发展道路，深化文化体制改革，推动社会主义文化大发展大繁荣，要"以建设社会主义核心价值体系为根本任务"；并对如何坚持马克思主义指导思想等四项基本内容作了一系列重要部署，把它当作社会主义文化建设的主体工程来抓。这对在全党全社会形成统一指导思想、共同理想信念、强大精神力量、基本道德规范起了动员令的作用。

为了与把"自由""平等""博爱""民主""人权"说成是"普世价值"的资本主义价值观划清界限，充分体现社会主义意识形态的本质特征，我们没有把社会主义核心价值观简单地界定为"富强""民主""文明""和谐"，或"平等""共富""公平""正义"，或"自由"（"每个人的自由发展是一切人自由发展的条件"）、"为民"（"为人民服务""执政为民"）等价值观念，尽管这些内容都是社会主义价值观的题中应有之义。因为正如马克思、恩格斯在《德意志意识形态》中所说的，占据统治地位的剥削阶级总是把代表他们自己特殊利益的思想以"普遍性的形式"表达出来，制造"共同利益的幻想"，来欺骗广大人民。①因此，光凭"平等""民主""自由"等概念的字面意义，还很难区分是形式上的平等还是实质上的平等，金钱控制的虚假民主还是真

---

① 《马克思恩格斯选集》第 1 卷，人民出版社 1972 年版，第 52-54 页。

正的人民民主,不顾他人的个人自由还是以一切人的自由发展为条件的自由。如果不能充分体现社会主义价值观的本质特征,一目了然地与资本主义价值观分清界限,作这样的概括至少是意义不大的,很难真正显示出我们的文化优势。提出以马克思主义指导思想、中国特色社会主义共同理想、以爱国主义为核心的民族精神和以改革创新为核心的时代精神、社会主义荣辱观为基本内容的社会主义核心价值体系,虽然显得不够简洁和凝练,但是却避免了概念混淆不清的缺点,有利于揭示社会主义价值观的本质特征和丰富内涵,也有利于揭露剥削阶级"普世价值"说的虚伪性。

十六届六中全会以后,党的理论工作者发表了许多阐述社会主义核心价值体系的文章,指出它的四个方面基本内容是一个互相联系、互相贯通、层次清晰、逻辑严谨的有机统一的完整理论体系。其中马克思主义指导思想是社会主义核心价值体系的灵魂,中国特色社会主义共同理想是社会主义核心价值体系的主题,以爱国主义为核心的民族精神和以改革创新为核心的时代精神是社会主义核心价值体系的精髓,以"八荣八耻"为主要内容的社会主义荣辱观是社会主义核心价值体系的基础。这对帮助广大干部群众正确理解和把握社会主义核心价值体系的精神实质和科学内涵是有好处的,但是如果往细处深处考虑,还有一些问题需要我们作进一步的探讨和回答。比如马克思主义指导思想中本来就有价值观的内容,马克思主义价值观与社会主义价值观是什么关系?是提供一般价值学说的方法论指导,还是在内容上也有所交叉重合?能否说社会主义核心价值体系是以"实现人的自由、解放和全面发展"为目标的马克思主义价值观与中国特色社会主义实践相结合的产物,二者是一般和特殊的关系?马克思主义价值观与其世界观、历史观、人生观是紧密联系在一起的,因此,它在社会主义核心价值体系中的指导思想地位也应该是指其整个学说体系而言的。又如,包括以爱国主义为核心的民族精神和以改革创新为核心的时代精神在内的中华民族优秀文化传统,也是构建社会主义核心价值体系不可或缺的重要精神资源,因此就有必要加强对中国传统文化价值观的研究,特别是对儒学核心价值观的研究。怎样具体说明社会主义核心价值体系与传统价值观的精神联系,同时指出二者在时代特征和阶级本质上的区别,既不是抽象继承也不能简单割断?把自由、平等、博爱说成是"普世价值"不行,把仁、义、礼、智、信说成是"普世价值"肯定也不行。社会主义核心价值体系是社会主义制度的内在本质在价值观上的体现,与剥削阶级虚伪的"普世价值"说没有共同之处,否则就很难说明它在人类价值学说史上的革命变革意义。诸如此类问题，都有待理论工作者进一步深入研究和阐明。

提出社会主义核心价值体系是当代中国马克思主义的一项重要的理论创造，是对马克思主义文化观、价值学说和意识形态理论的丰富和发展。《决定》对如何加强社会主义核心价值体系建设提出了一系列具体措施，如深入推进马克思主义理论研究和建设工程，推动中国特色社会主义理论体系进教材、进课堂、进头脑；深入开展形势政策教育、国情教育、革命传统教育，组织学习中国近现代史特别是党领导人民进行革命、建设、改革的历史，坚定广大干部群众对中国特色社会主义的信心和信念；建设优秀传统文化传承体系，加强爱国主义教育基地建设，用好红色旅游资源，使之成为弘扬培育民族精神和时代精神的重要课堂；深入开展群众性精神文明创建活动，倡导爱国、敬业、诚信、友善等道德规范，形成男女平等、尊老爱幼、扶贫济困、扶弱助残、礼让宽容的社会风尚，等等。这样就把社会主义核心价值体系建设由虚变实、由软变硬，让它真正能够发挥巩固全党全国各族人民团结奋斗的共同思想道德基础的作用。

深化文化体制改革，做大做强当代中国文化之"体"

当代中国义化之"魂"，必须出当代中国文化之"体"来承载和传播，才能有效地发挥其主导、统摄、教育、引领功能。所以，《决定》强调要把社会主义核心价值体系融入国民教育、精神文明建设和党的建设全过程，贯穿改革开放和社会主义现代化建设各领域，体现到精神文化产品创作、生产、传播各方面，要求一切文化阵地、一切文化产品、一切文化活动，都要体现社会主义核心价值体系的内容和要求。"体"是承载文化精神价值的物质基础和传播形态，主要包括国民教育体系、公共文化服务体系、文化产业体系、各种形式的文化产品和服务等，具体说来，不仅哲学社会科学、文学艺术、新闻出版、广播影视、网络文化产品承载着丰富的文化精神价值，乃至广告、会展、旅游、体育中都有一定的文化含量，我们在加强文化之"体"的建设时都不能忽略。

加强当代中国文化之"魂"即社会主义核心价值体系建设无疑是《决定》强调的重中之重，但是要把它落到实处，又是与加强文化之"体"的建设分不开的。所以《决定》以大量篇幅具体部署了大力发展公益性文化事业、保障人民的基本文化权益和加快发展文化产业、推动它成为国民经济的支柱性产业，即做大做强当代中国文化之"体"的问题。在我看来这是《决定》的另一个重点和亮点，也是《决定》中写得最实的部分。在做出这个战略决策之前，我们曾经有一个重要的认识转变，即对文化产品的意识形态属性与商品属性、社会效益与经济效益的关系有了更全面的认识，对人民群众的基本文化需求与多样化需求有了更明确的区分，形成了一手抓文化事业、一手抓文化产业的发展思路。文化产品国际竞争日趋激烈的客观形势促成了我们的这一认识转变，近十年文化体制改革的成功经验也证明这一认识转变是非常必要的，是完全正确的。

在文化事业和文化产业都由国家包下来的时代，我们比较重视文化产品的意识形态属性和社会效益，而不太重视其商品属性和经济效益，这样才会出现我国 500 多家出版社年销售额加起来还不及德国贝塔斯曼集团一家的年收入，我国海外商演的年收入总和还比不上加拿大一个著名马戏团的尴尬局面。在文化已成为发展最高目标的当今世界，文化在综合国力竞争中的地位和作用越来越重要，许多国家都在千方百计增强本国的文化软实力和国际竞争力，力求在日益激烈的国际竞争中赢得主动权。西方发达国家在文化产品的生产和输出方面明显地居于强势地位，不但从中获得巨大的经济利益，而且起到了输出其意识形态和价值观的作用。全世界每 100 本图书，85 本是由发达国家流向不发达国家；每 100 小时音像制品，74 小时是由发达国家流向不发达国家。全世界 56% 的广播和有线电视收入，85% 的收费电视收入，55% 的电影票房收入，都进了美国人的腰包。我国虽然已经是一个物质产品的生产和输出大国，但在文化贸易方面还有很大逆差，无奈地扮演着文化产品输入大国的角色。这就意味着我们的整体发展水平还不高，对自己丰富的文化资源开发利用得很不够，如果不思改革进取甚至还会严重影响到国家的文化安全。

科学地区分文化事业和文化产业，为我们进行文化体制改革提供了理论依据，也为解放文化生产力、加快发展文化产业清除了认识障碍。不到十年时间，两手抓、两加强的分类改革从试点到稳步推进，已经取得十分明显的成效。一方面国家对文化基础设施的投入大幅度增加，多项文化惠民工程惠及千家万户，人民群众的基本文化权益得到保证，大大丰富了他们的精神文化生活；另一方面，一批国有经营性文化事业单位转企改制，在市场经济大海中学会了游泳并成为好手，对国民经济的贡献率越来越大，整体实力和国际竞争力日益增强。我国的文化产业在 2004—2008 年间的年均增长率为 23.28%，2008—2010 年间的年均增长率为 24.19%，按照这个速度增长，在 2020 年之前达到占国民经济生产总值的 5% 应该没有问题，即达到了作为国民经济支柱性产业的国际标准。

我们过去对文化与经济关系的认识，曾经有一个流行说法，叫作"文化搭台、经济唱戏"，即认为文化是虚的，经济才是硬通货，文化不过是为经济发展"搭台"、提供条件而已。这种认识在今天显然已不合时宜了。方兴未艾的文化产业不仅创造了数量相当可观的经济财富，而且在一切物质产品的生产、流通和服务中，都把增加文化含量和附加值当作产品升级换代的主要方向。也就是说，文化不仅直接贡献于经济增长，而且对提升经济发展质量发挥着重要作用。文化产业具有资源消耗少、环境污染小、产品附加值高等特点，是典型的"低碳经济"和"朝阳产业"，已成为转变经济发展方式和优化经济结构的最佳选择。这说明文化软实力也是可以转化为经济硬实力的，经济发展需要文化支撑，文化与经济相融合已成为现代社会发展的必然趋势。

理论上的清醒是行动上坚决的基础。正是由于对文化的内在力量和文化产品的双重属性有深刻认识，《决定》才果断地做出了文化事业和文化产业两手抓，做大做强当代中国文化之"体"的正确决策，并从管理体制、政策措施、资金投入、法律配套等方面给予有力保证。《决定》在厘清文化与经济的关系，把大力发展文化产业当作抓文化之"体"建设的一个重要方面时，也没有忘记社会主义核心价值体系这个"根本"，强调发展文化产业要始终把社会效益放在首位，坚持社会效益与经济效益的有机统一，提醒人们防止一味追求经济利益、放弃自己的社会责任，甚至迎合低级趣味的错误倾向。我们的文化产品要高扬社会主义核心价值之"魂"，真正以科学的理论武装人，以正确的舆论引导人，以高尚的精神塑造人，以优秀的作品鼓舞人，才会受到人民群众的喜爱，在社会主义文化市场中发挥其竞争优势。

当代中国文化之"体"的建设除了文化事业和文化产业之外，还包括发展国民教育等重要方面。《决定》也讲到了加强学校思想政治教育和德育体系建设、发挥国民教育在文化传承创新中的基础性作用等内容。2010 年 7 月，我国发布了《国家中长期教育改革和发展规划纲要（2010—2020 年）》，对各级各类学校的教育改革和发展进行了全面部署。教育是提高国民素质、促进人的全面发展的根本途径，也是传承和创新文化的重要载体。强国必先强教，教育在建设社会主义文化强国中的重要地位和作用自然也应该得到高度重视。

强"魂"健"体"才能充分发挥当代中国文化之"用"

我们在讲建设当代中国文化之"魂"和"体"时，其实已经一再地讲到了文化之"用"的问题。《决定》对文化的作用、功能、属性、效益、价值、力量（"软实力"）、使命、地位作了多方面、多角度、多层次的论述，这些意涵都可以包括在"用"的范畴内。所谓文化自觉，首先是对文化的作用、功能、地位的自觉，从这种自觉中意识到加强文化建设的必要性和重要性。可以说当代中国文化之"用"是这个文件涉及最多的关键词之一，如何更好地发挥文化在经济社会发展和人的全面发展中的积极作用，也是整个问题研讨的中心。

我们先来看文件中有关这个问题的主要论述：

一、《决定》做出深化文化体制改革、推动社会主义文化大发展大繁荣、建设社会主义文化强国的战略决策，正是基于对文化在当今世界和我国改革开放关键时期的重要地位和作用的深刻认识。这种认识突出表现在四个"越来越"上，即"文化越来越成为民族凝聚力和创造力的重要源泉，越来越成为综合国力竞争的重要因素，越来越成为经济社会发展的重要支撑，丰富精神文化生活越来越成为我国人民的热切愿望"。比如在讲文化越来越成为综合国力竞争的重要因素时，《决定》具体阐述说："当今世界正处在大发展大变革大调整时期，世界多极化、经济全球化深入发展，科学技术日新月异，各种思想文化交流交融交锋更加频繁，文化在综合国力竞争中的地位和作用更加凸显。"在讲到文化与民生的关系时说："我国仍处于并将长期处于社会主义初级阶段，人民日益增长的物质文化需要同落后的社会生产之间的矛盾仍然是社会主要矛盾。全面建成惠及十几亿人口的更高水平的小康社会，既要让人民过上殷实富足的物质生活，又要让人民享有健康丰富的文化生活"，我们必须抓住和用好这个重要战略机遇期，推动文化发展和繁荣，"更好满足人民精神需求、丰富人民精神世界"。

二、《决定》指出，把社会主义核心价值体系融入国民教育、精神文明建设和党的建设全过程，贯穿改革开放和社会主义现代化建设各领域，体现到精神文化产品创作、生产、传播各方面，是为了更好地发挥社会主义先进文化"引领风尚、教育人民、服务社会、推动发展的作用"；鼓励哲学社会科学工作者、文学艺术工作者创作出更多弘扬社会主义核心价值之"魂"的精品力作，是为了让它们能够发挥"以科学的理论武装人、以正确的舆论引导人、以高尚的精神塑造人、以优秀的作品鼓舞人，在全社会形成积极向上的精神追求和健康文明的生活方式"的作用。

三、近十年来我们在文化体制改革方面取得的一个突破性进展，就是区分开文化事业和文化产业，采取分类改革、双轮驱动、两翼齐飞、全面推进的方针。这在很大程度上是得益于对文化产品的意识形态属性与商品属性、社会效益与经济效益，即对其作用、功能的全面认识，以及把人民群众的基本文化需求和多样化需求区分开来，明确公益性文化事业的作用、功能主要是"满足人民基本文化需求"，"保障人民群众看电视、听广播、读书看报、进行公共文化鉴赏、参与公共文化活动等基本文化权益"；发展文化产业的作用和意义则是通过社会主义文化市场来"满足人民群众多样化精神文化需求"。文化产品是多种多样的，其作用和功能也是多方面的。强调把社会效益放在首位就是要求体现正确的思想导向，要求是健康的而不是低俗的，同时也不能忽视文化产品启蒙心智、愉悦身心、陶冶性情、舒缓压力，提高人的生活质量和幸福指数的作用。

四、《决定》对当代中国文化之"用"还从多方面、多角度、多层次进行了论述。比如一开始就讲"文化是民族的血脉，是人民的精神家园"，这是从宏观上讲文化的作用、地位和特性问题。血脉的作用是贯通，家园的作用是安居。这是说文化可以发挥贯通、维系民族精神的血脉作用、纽带作用，同时还具有安顿人的精神的家园作用。接着讲以中华文化为精神血脉和精神家园的中国共产党人，"历来高度重视运用文化引领前进方向、凝聚奋斗力量，团结带领全国各族人民不断以思想文化新觉醒、理论创造新成果、文化建设新成就推动党和人民事业向前发展，文化工作在革命、建设、改革各个历史时期都发挥了不可替代的重大作用"。《决定》对各个方面的文化事业和文化工作，都对其作用、功能有充分了解和清楚的认识，比如在讲到发展哲学社会科学时，就明确说是为了"使之更好地发挥认识世界、传承文明、创新理论、咨政育人、服务社会的重要功能"；在讲到加强和改进新闻舆论工作时，也强调要"发挥宣传党的主张、弘扬社会正气、通达社情民意、引导社会热点、疏导公众情绪、搞好舆论监督的重要作用"。此外，诸如"文化在推动全民族文明素质提高中的作用亟待加强""发挥市场在文化资源配置中的积极作用""要发挥文化和科技相互促进的作用""发挥人民在文化建设中的主体作用""发挥宗教界人士和信教群众在促进文化繁荣发展中的积极作用"之类的论述比比皆是。对"用"的高度重视正是有高度文化自觉的表现。

　　"体"和"用"是中国哲学的一对重要范畴，有体有用、体用统一是中国哲学的基本观念。唐代学者崔憬说："凡天地万物，皆有形质，就形质之中，有体有用。体者，即形质也；用者，即形质之妙用也。"①这是体用范畴的本义，即指物质实体、本体与其作用、功能、属性的关系。著名哲学家朱熹和王夫之都经常在这种意义上使用体用范畴。如朱熹说："假如耳便是体，听便是用；目是体，见是用。"②"如口是体，说出话便是用。"③王夫之说："无车何乘？无器何贮？故曰体以致用。不贮非器，不乘非车，其曰用以备体。"④在他们看来，有其"体"必有其"用"，不同的"体"有不同的作用和功能。有两类事物是需要区分开来的，一类是有精神生命的事物，一类是没有精神生命的事物。有"魂"之体与无"魂"之体的作用、功能是不一样的。有"魂"之体的作用、功能必须"魂"与"体"相结合才能有效地发挥出来，无体可依的"游魂"和无魂支撑的"空体""僵体"都是异化了的东西，都不能发挥其作用和功能。文化是有活的精神生命的有"魂"之体，文化的作用和功能必须"魂"与"体"相结合才能真正发挥出来。

　　正确认识和把握当代中国文化之"魂"与"体"的辩证关系，是有效发挥社会主义先进文化引领风尚、教育人民、服务社会、推动发展的作用的关键。从道理上来讲，文化的内在精神价值不仅要有一定的物质载体来承载，而且要有一定的外在表现形式和传播手段来传扬，才能产生现实影响和显示"以文化人""以文育人"的力量；各种文化活动和文化产品也需要有内在精神价值的充实和支撑，才有主心骨和精气神，才立得起来并取得一定的社会效益和经济效益。"魂"与"体"谁也离不开谁，二者是相互依存、相辅相成、相得益彰的关系。这个道理似乎并不难懂，大家都能接受，但在实践中我们过去确实有对文化载体和传播手段建设重视不够的问题，也有把先进的思想文化讲得太空因而效果不佳的问题；在今天人们对文化产业的关注度极高之

---

① 《周易探玄》。
② 《朱子语类》卷一。
③ 《朱子语类》卷二十七。
④ 《周易外传》卷五。

时，又出现了受"一切向钱看"的价值观影响、部分文化产品的思想格调不高甚至低俗化的不良倾向。这就说明把握文化之"魂"与"体"的辩证关系并不单纯是一个认识问题，同时也是一个需要在实践中探索、遵循、贯彻并通过实践来验证的问题。中国特色社会主义文化建设实践已经证明，强"魂"健"体""魂""体"相依才能成大用，这就是文化之"魂""体""用"三者统一的辩证法。

"魂、体、用"三元模式开辟了认识文化的新视野

中国人一贯重视文化的体用问题，历史上就有"器体道用"和"道体器用"之辨，近代以来又有"中体西用"和"西体中用"之争。在"体、用"二元的思维框架下，一些看似针锋相对的命题，如"中体西用"和"西体中用"，其实并没有直接的针对性，因为其所使用的体用范畴涵义是不同的，二者讲的根本不是一回事。

如前所述，体用范畴的本义是指有形质的物质实体、本体与其作用、功能、属性的关系，与亚里士多德讲的"本体"（"第一本体"）与"数量""性质"等九范畴的关系十分类似。除此之外，中国哲学中的体用范畴还有多重涵义，哲学家们也经常从本质（本体）与现象的关系来谈体用，故有"内体、外用"之说。宋代哲学家胡瑗的"明体达用之学"就是在这个意义上来区分文化之体用的。他说："君臣父子，仁义礼乐，历世不变者，其体也；举而措之天下，能润泽斯民，归于皇极者，其用也。"[1]"体"是指封建文化中不变的精神指导原则，"用"是把这些原则运用于具体实践，即"举而措之天下"的应事之方术。这种说法被看作是传统文化体用观的经典表述。清末的"中体西用"论继承了以体用区分内在的精神原则与外在的应事方术的传统观点，主张"中学为内学，西学为外学；中学治身心，西学应世事"[2]，企图借助西方先进科学技术之"用"，来卫护中国封建纲常名教之"体"。这显然是一种保守主义的文化观。"西体中用"论则采取了釜底抽薪的策略，对体用范畴的涵义作了完全不同的界定，认为"体是社会存在的本体，即生产方式、生活

---

① 《宋元学案·安定学案》。

② 张之洞：《劝学篇》。

方式"。"中体西用论的最大错误就在于认为科技是用而不是体，其实科技恰恰是体。"在他们看来，中国必然要走现代化的道路，而现代化源于西方，所以这是一条将"西体"运用于中国的道路。

90 多年前，一种新的先进文化马克思主义传入中国，并与中国工人运动相结合，催生了中国共产党。此后中国的思想文化格局，就不再是中西对峙而是中、西、马三者对立互动了。由于对中、西、马三种文化资源的态度不同，中国思想界出现了自由主义西化派、"中体西用"的文化保守派和马克思主义的"古为今用、洋为中用、批判继承、综合创新"派三大思潮对立互动的局面。"中体西用"和"西体中用"文化观都不能解决中、西、马三者的关系问题，在长期论争交锋中，一种新的文化观即"马魂、中体、西用"论应运而生。突破"体、用"二元传统思维模式是认识上的一个飞跃，形成"魂、体、用"三元模式的关键在于把主导性之"体"（"魂"）与主体性之"体"区分开来。"马魂、中体、西用"论既坚持了马克思主义的指导思想地位，又坚持了民族文化的主体地位，同时还坚持面向世界、对外开放的方针。应该说这是最切合今天中国实际的一种文化观。

我们高兴地看到，"马魂、中体、西用"论在《决定》中得到了非常有力的支持。《决定》明确说"社会主义核心价值体系是兴国之魂"，马克思主义指导思想是社会主义核心价值体系的四项基本内容之一，而且是"第一要义"，在分别为"灵魂、主题、精髓、基础"的完整理论体系中居于"灵魂"地位，也就是说，它是"魂中之魂"。这就充分肯定和格外强调了马克思主义在当代中国文化中的主导地位和决定性作用。《决定》中也有"以民族文化为主体，吸收外来有益文化，推动中华文化走向世界"的论述，在讲学习借鉴国外优秀文化成果时，强调要坚持"以我为主，为我所用"的原则。这就明确肯定了中国文化（"我"）的主体地位和外来有益文化之"用"的地位、"他山之石"地位。中、西、马三种文化资源在当代中国文化中各自的地位和它们之间的相互关系可谓一目了然。

《决定》除了从当代中国文化内涵构成的角度涉及了"马魂、中体、西用"的定位之外，还从一个更加宏观的视角考察了当代中国文化建设中的"魂""体""用"三者关系问题，即以包括马克思主义指导思想在内的社会主义核心价值体系为"魂"，以承载着文化精神价值的各种文化的物化形态和传播手段为"体"，结合我国文化改革发展实践提出了一系列强"魂"健"体"的具体措施，强调只有处理好"魂"与"体"的相辅相成关系，才能完成当代中国文化坚持社会主义方向、防止资本主义复辟的重大意识形态使命，才能有效配合社会主义经济建设、政治建设、社会建设、生态文明建设为其提供精神支撑，才能满足人民群众日益增长的多方面、多层次精神文化需要，才能发挥提高人的全面素质的作用。这是对"强魂健体才能成大用"的文化发展规律的生动说明。

世界上的事物现象是多种多样的，我们不能用一成不变的思维模式去认识和把握纷繁复杂的事物、现象和关系。中国人尝言"体用一源""体用一如""体用不二""体用相即"，有体有用、体用统一的思维模式在中华民族理论思维中有着深厚传统，今天也不可能完全弃之不用。但在运用时要界定清楚其涵义，以免陷入因概念混淆而造成的"体用困境"。我们不讳言体用，但是要慎言体用。对于"一分为三"或更复杂一些的事物现象，"体、用"二元模式就有明显的局限性了，"魂、体、用"三元模式可能是一条出路，也不排除还有其他的"兼和"模式。"魂、体、用"三元模式并不是什么人设计、创造出来的，它是对客观世界某种事物、现象和关系的真实反映，因此具有一定的普遍适用性。当然这个模式也不能随便套用，而是要根据实际情况，弄清楚问题域（对象、范围）和"魂""体""用"的具体涵义，把具体问题具体分析这个辩证法的"活的灵魂"用好。应该说，"体、用"二元模式和"魂、体、用"三元模式都是可以成立的，不过它们各有其适用范围，都只能用来说明一定的事物、现象和关系。对于文化这一类属于有"魂"之体的事物现象，可能更多地需要用"魂、体、用"三元模式来说明。

关于当代中国文化建设问题，我们是在文化改革发展的实践探索中，在与各种文化主张的长期争论中，才逐渐形成"马魂、中体、西用三流合一、综合创新"和"强魂健体、魂体相依方能成大用"等规律性认识的。从古代"内体外用"的传统文化体用观，到近代以来的中西文化体用之争，再到我们今天对文化之"魂、体、用"辩证关系的认识，反映人们的文化理念是不断发展更新和越来越接近客观真理的。只有用马克思主义世界观、历史观、人生观、价值观武装起来的中国共产党人，才能在自己实践探索的基础上，不受任何固定思维模式的束缚，不断开辟认识文化的新视野，达到对文化的本质、发展规律和作用功能的科学认识。《决定》就是用马克思主义观点创造性地阐明当代中国文化之"魂、体、用"三者统一辩证法的典范。它不仅对文化改革发展实践有很强的现实指导意义，而且具有重要的方法论意义，是指导文化研究的一个重要理论文献。

从曲高和寡到主流话语*

——张申府"三流合一"思想的历史命运

张申府先生是 20 世纪中国政治史和哲学思想史上的一个重要人物。在他诞辰 120 周年之际，我们在这里召开纪念会和学术研讨会，应该能够用更加客观的、理性的、历史主义的眼光，对他一生的是非功过作出评价，功是功，过是过，应该肯定是功大于过，贡献大于失误。我们党对他最后的评价也是非常正面的：著名的爱国民主人士，我党的老朋友。这主要是政治上的评价，而对他在思想史上的贡献和地位并没有提到。他不仅是中国最著名的罗素专家，而且是辩证唯物论世界观、方法论的热情宣传者，将其中国化、具体化的倡导者，是中、西、马"三流合一"的哲学和文化发展道路的首倡者，为中国现当代哲学和文化发展指出了一条现实可行之路。我们今天正在建设的中国特色社会主义文化，仍然是走的一条中、西、马"三流合一"、综合创新的道路。我们希望通过这次学术研讨会，能够引起大家对张申府这个重要历史人物的更多关注，把对二张的生平、著作和思想研究推进到一个新阶段。

我个人关注的主要是哲学思想方面。这里想谈一下张申府先生首倡的"解析的辩证唯物论"和中、西、马"三流合一"的思想，在 20 世纪中国哲学史上应有的地位，以及它对中国现当代哲学和文化发展的深刻影响。

现在人们都热衷于讲中、西、马"对话"，中、西、马"会通"，要求打破学科壁垒，培养中、西、马兼通的学术大家。但是在 20 世纪三四十年代，提出中、西、马"三流合一"的思想是很不容易的，是需要眼光，也需要胆识的。可以说，这种观点直到张申府先生去世以前，始终是曲高和寡，只有

---

* 本文是作者 2013 年 6 月 15 日在石家庄召开的"张申府先生诞辰 120 周年纪念暨学术研讨会"上的发言。原载《河北师范大学学报》2013 年第 5 期。

他的胞弟张岱年先生等少数人对中、西、马"三流合一"的哲学和文化发展道路坚信不疑。申府先生是 1986 年去世的，1987 年秋，张岱年先生就在山东济宁召开的一个全国学术讨论会上提出了"文化综合创新论"，而且迅速成为 80 年代文化讨论中马克思主义派的一面文化旗帜，在今天已成为一种得到广泛认同的主流文化观点，"三流合一"也成为人们耳熟能详的理论话语。我们知道，张岱年先生青年时代就深受申府先生的影响，基本认同其哲学和文化观点，他在 80 年代提出的"文化综合创新论"，实际上是申府先生中、西、马"三流合一"思想在新的时代条件下的继承和发展。无论申府先生的人生经历是多么曲折，我们在今天还是不能不佩服他的"先知先觉"，可以说在 20 世纪，他就是为数不多的中、西、马兼通的思想和学术大家之一。

下面我想就这个问题，分几点来谈一谈。

一、"三流合一"提出者的知识背景

我们从张申府先生的家学渊源和教育背景，以及他不断追求新思想的求知经历，可以看出他在青年时代就打下了中、西、马三个方面很好的学问根底。13 岁前他在家乡接受的是传统教育，主要诵读《诗经》《四书》《礼记》等国学经典。1906 年到北京上新式小学。1908 年入读顺天府高等学堂，一方面学习英文和日文，学习西方的科学、数学和哲学，读过《哲学要领》《泰西学案》等西学教材，以及《天演论》《新民丛报》等宣传新思想的报刊。同时继续学习中国传统文化，对儒家、道家、墨家、名家、佛学以及刘劭的《人物志》等都进行了学习和研究，特别热衷于阐扬孔子的仁学、先秦名辨思想和《老子》《易传》的辩证法思想。1912 年开始读《说文解字》，喜研"小学"。正如张岱年先生所指出的：张申府在接受西方学术时，并没有把自己与中国传统思想隔离开来。

1914 年入读北大数学系，当时他最重视、最集中学习的是数理逻辑。1915年读到了罗素的《哲学问题》一书，深受其影响，于是遍读当时他能找到的罗素著作和文章。正是罗素引导他进入了哲学之门。舒衡哲说张申府的哲学道路是"由数学跳到哲学，又由逻辑跳到唯物辩证论"[①]。大概从 1916 年开

---

① 舒衡哲：《张申府访谈录》，北京图书馆出版社 2001 年版，第 50 页。

始，他受到李大钊先生的影响，开始关注唯物史观，接触到马克思主义理论，并和李大钊、陈独秀一起筹建中国共产党。1920—1923 年间，他在法国、德国等地考察社会主义运动和研究马克思主义、辩证唯物论。1922 年，他读到了列宁的《国家与革命》《左派共产主义——一个孩子病》以及托洛茨基等人的著作，对马克思主义的世界历史意义有了更深刻的了解。以后他也读过斯大林为《联共（布）党史》写的《关于辩证唯物论与历史唯物论》，评价非常之高。张申府对马克思主义的研究特别注重于辩证法（也译为"对截法"）。他把辩证法的基本观点概括为"相反而相成，矛盾之谐和"，读了列宁的《哲学笔记》后，又概括为"相反相成，对立统一"，应该说是抓住了辩证法的根本。我们要考察"三流合一"思想的理论来源，不能不注意到他的上述教育背景和求知经历。这是我想讲的第一点。

二、"三流合一"思想形成的过程

从 20 世纪 20 年代到 40 年代，张申府先生提出"三流合一"思想大体上经过了三个阶段。

20 年代是酝酿阶段，可以 1925 年写的《第三文化之建设》一文为代表。在中国文化发展道路问题上，他提出要超越"保守东方旧化说""移植西洋旧化说""机械地融合东西两化说"三种旧的文化观，在唯物史观的基础上，"将东西所有旧有的东西，都加以重估，评衡，及别择"，创造一种既超越中国旧文化和西洋近代文化，又吸收双方之优长的"第三文化"。"第三文化"的建设，要顺"物质"之可能，建立一种"超资本主义"的新经济制度，还要在精神方面把西洋文明最大的贡献即"科学法"拿来，切实运用活的辩证法（对截法），才有可能成功①。这里面已有"三流合一"思想的萌芽。

30 年代是第二阶段，他正式提出了"三流合一"的思想。申府先生 1932 年 9 月开始主编天津《大公报·世界思潮》副刊，主要介绍当时的新思想，包括辩证唯物论、西方的科学和哲学及其最新进展。1932 年 10 月 22 日，他在一则《编余》中首次提出："我的理想：我愿意，百提，伊里奇（我本曾译伊里赤），仲尼，三流合一。"这是我们最近才弄清楚的"三流合一"说的原

① 张申府：《第三文化之建设》，《张申府文集》第 1 卷，第 61-64 页。

始出处。半年后，即 1933 年 4 月 27 日，《大公报》发表了张岱年先生的《关于新唯物论》一文，其中提到"本刊编者曾云：'我的理想；百提（罗素），伊里奇（列宁），仲尼（孔子），三流合一'"，并作了如下解释发挥："吾以为将来中国之新哲学，必将如此言之所示。将来之哲学，必以罗素之逻辑解析方法与列宁之唯物辩证法为方法之主，必为此二方法合用之果。而中国将来如有新哲学，必与以往儒家哲学有多少相承之关系，必以中国固有的精粹之思想为基本。"[1]张岱年这篇文章是在申府先生提出"三流合一"思想半年后，在同一个报刊上发表的。应该说，开创中、西、马"三流合一"、综合创新的哲学和文化发展道路，张氏兄弟有不可抹杀的历史性贡献。

40 年代是第三阶段，以 1941—1942 年间写的《家常话》为代表，申府先生继续坚持和发挥"三流合一"思想，有些道理讲得更加明确、更加深刻了。他说："我始终相信，孔子、列宁、罗素是可合而一之的。我也始终希望，合孔子、列宁、罗素而一之。"在他看来，孔子代表了中国古代以来最好的传统，即"由仁、忠、恕、义、礼、智、信、敬、廉、耻、勇、温、让、俭、中以达的理想"，这主要是讲人生理想；罗素代表了西洋以来最好的传统，就是西方最进步的科学和逻辑，尤其是他最为看重的数理逻辑；列宁代表了新的正在兴起的、方兴未艾的传统，这就是唯物辩证法、辩证唯物论。他认为"合孔子、罗素、列宁而一之的新体系定是新世界中的新中国的新指标、新象征"[2]。就是说，他认为今后的"新中国哲学"，乃至"新世界学统"，都必然要走中、西、马"三流合一"这样一条道路，他对此充满了信心。在 40 年代，不只是《家常话》，我们看到申府先生还有不少类似的论述，说明这个时期他的"三流合一"思想已经相当成熟和定型了。这是我讲的第二点。

三、"合一"的涵义是什么？

要准确了解张申府的"三流合一"思想，弄清楚其中"合一"的涵义是一个关键。

我们现在的研究有一个薄弱环节，就是不太了解三四十年代提出"三流

---

① 张岱年：《关于新唯物论》，《张岱年全集》第 1 卷，第 133 页。

② 张申府：《家常话》，《张申府文集》第 3 卷，第 434 页。

合一"思想时的舆论环境，以及提出来后在中国思想界有些什么反应。我们可以想见，当时占统治地位的思想营垒，站在国民党方面的学者，无论是自由派还是保守派，对"三流合一"思想都是反对的，因为你宣传辩证唯物论，在他们看来是"乱党的哲学"，不但要口诛笔伐，有人甚至破口大骂。当时报刊上确实有不少这方面的资料。而在革命的思想营垒，共产党方面的学者，对张氏兄弟的"三流合一"思想是不是就非常欢迎呢？像我们今天这样，大家都非常肯定这一思想的价值呢？事实并非如此。我可以举一个例子：1940年，陈伯达在《中国文化》杂志上就"新哲学"问题发表了《致张申府先生的一封公开信》，他就不赞成把辩证唯物论与罗素的实在论、逻辑经验论相提并论。因为在他看来，现在的"新哲学"就是辩证唯物论，将来的哲学领域也只能是属于辩证唯物论。除了辩证唯物论，没有什么"新哲学"。他说近代许多所谓的"新哲学"，基本上都不过是陈腐的唯心论哲学的花样翻新。所以他批评张申府的"三流合一"说是"一种毫无意义的折中主义的企图，而且实际上不过是唯心主义的翻版而已"。这就是把"三流合一"思想看成是模糊思想阵线的折中主义、调和论，是多种异质思想的"大杂烩"。这在当时大概还不只是陈伯达一个人的看法。综合各个方面的情况，从受众方面来说，"三流合一"思想在当时的认同率其实是很低的，尤其是在强调阶级斗争和思想上路线斗争的时代，人们不太容易接受这种富有前瞻性的思想。换一个角度，从提出者这个方面来说，张申府先生的思想有没有批评者所说的"杂"的问题呢？是否也在一定程度上存在着调和论的倾向呢？问题确实也是存在的。申府先生自己就承认他的思想很"杂"。他曾经说过："我一生都喜欢新的思想，总之是新的东西我都爱。……因此我非常分散。在我的学术生命中，我很杂。"①周恩来也说"张申府的思想很杂"。他的思想中也确实表现出一定的调和论倾向，比如在抗战时期，他认为进步阵营推动的新启蒙运动，与蒋介石提倡"四维八德"的新生活运动并没有什么大的区别，"都应了时代的需要"，是可以"互为表里""相辅相补"的。这就是思想上的界限不清。

对于当时思想界的各种反应和评论，申府先生当然是了解的，实际上他也作出了回应，进行了答辩。他主要是从方法论上指出，"三流合一"并不是什么折中主义的调和、混合，而是一种"辩证的或有机的综合"；不是外在凑合的大杂烩，而是"有机的化合"。比如他说："我们的新哲学应该是过去最

---

① 舒衡哲：《张申府访谈录》，第23页。

好的传统与科学与逻辑与辩证唯物论的一个革命的创造的化合体。"①所谓"革命的创造的化合体",就是创造的综合,就是我们现在讲的综合创新。在他看来,"三流合一"并不是从各大家的学术里边,这里取一点,那里取一点,拼凑成一个系统。它不是"混合的综""外表之综",而是在逻辑分析的基础上,经过扬精去糟,"而以逻辑的综合继之"的"化合的综""内里之综"②。他对这两种不同性质的综合作了明确的区分,强调内在的有机化合之"综"不是形而上学,而是辩证法。"三流合一"所要创造的中国新文化,应该是"各种现有文化的一种辩证的或有机的综合"③。然后他进一步指出:所谓"合一"的本质涵义就是对立统一,就是相反相成。所谓"相反的","乃是一个整东西的不同的方面,不可相缺的方面",即矛盾的不同方面,必须"以相反的为分而观其所属的全,而观其会通"④。就是说不但要看到相反的、对立的方面,而且也要看到相反相成、相容相通、相资互益这个方面。我们在申府先生的文章中可以看到,他有许多表述这方面思想的概念,比如"相需相待""相容相通""相融谐通""相需相资""相补相充""相辅相成"等等,这些概念所表达的"合一"的涵义,都可以归属于辩证法的"同一性"范畴。这一点他在理论上非常清醒,自信在方法论上是完全站得住脚的。

四、"三流合一"思想的实质内容

弄清楚张申府讲的"合一"之涵义后,我们对"三流合一"思想的实质内容就比较容易理解和把握了。在他看来,中、西、马三种思想资源之间的关系,相反相成、相容相通、相资互益、相辅相成的情况都有。下面看他是怎样具体论述的。

他首先论述了当今世界两大哲学主潮,即"逻辑解析"与"辩证唯物"之合一、合流。在《现代哲学的主潮》一文中,他说:"现代世界哲学的主要潮流有二:一为解析,详说逻辑解析;二为唯物,详说辩证唯物。"二者似乎是相反的,但相反者常相成。二者有不少相通之处,突出地表现在都要求实

---

① 张申府:《抗战建国文化的建立发端》,《张申府文集》第 1 卷,第 258-259 页。
② 张申府:《现代哲学校论》,《张申府文集》第 2 卷,第 83-84 页。
③ 张申府:《五四纪念与新启蒙运动》,《张申府文集》第 1 卷,第 192 页。
④ 张申府:《自由与组织》,《张申府文集》第 1 卷,第 522 页。

事求是，都要根据科学，都反对承认有不变之本体的玄学。二者不但相通，而且相补。"解析末流之弊是割裂破碎，辩证唯物之弊则是笼统漠忽。因此，解析与唯物，实正相补。"只有"两势会归、相通互补"，才能发扬各自的优长，而避免各自的偏失。因此，他得出结论："最近世界哲学里两个最有生气的主潮是可以合于一的。而且合一，乃始两益；而且合一，乃合辩证之理。"在他看来，"将来的世界哲学实应是一种解析的辩证唯物论"①。这就是他理想中的一种将逻辑解析与辩证唯物"合于一"的哲学形态。

其次，他非常重视辩证唯物论与中国传统哲学精华的会通。在张申府看来，"辩证唯物论，虽成自西洋近代，恰是中国古哲学与方法的真传统"②。他认为中国是一个"尚实"的民族，实是中国最好的传统，凡是中国的长处都在于实。说实话，做实事，讲实学。真实，切实，平实，朴实；实在，实际，实践，实验。朴实无华，充实有力，诚实无欺，脚踏实地，实事求是，等等。承认实在、如实而观就是他讲的"大客观"，就是辩证唯物论的基本方法和态度。他又说：唯物辩证法的第一精义就是活。"中国哲学所见的生活，乃是熙熙融融为其象，而实大刚健为其体。中国哲学的出发点确在是活的。"③这种活的、实在的辩证法包括"一阴一阳之谓易"的观点，物极必反、剥极必复、相反相成的观点，对事物总要作面面观、全面观乃至反面观的观点，关于事物的发展变化和"生生日新"的观点，关于事物的普遍联系和"通"为一体的观点，以及掌握分寸、恰到好处、"执两用中"的观点，等等。在他看来，"中国哲学的言仁、生、易，实深有合乎辩证法，有顺乎大客观"。中国哲学的基本概念：实、活、中、仁、生、易、通等等都是相通互融的，在整体上体现了辩证唯物论的根本精神，所以他说"'实而活'就是辩证唯物论或唯物辩证法的精蕴"④。张申府比李约瑟更早、更明确地提出了辩证唯物论在中国古已有之的观点，他的缺点是没有把辩证唯物论的现代科学形态与古代素朴形态区分开来。一方面，马克思主义哲学的现代科学形态激活了中国传统哲学中内蕴的唯物辩证法的真精神，彰显了其意义和价值；另一方面，马克思主义哲学中国化又需要中国传统哲学提供支援意识，因此二者的合一、合流实具有必然性。

---

① 张申府：《现代哲学的主潮》，《张申府文集》第 2 卷，第 185-186 页。
② 张申府：《论纪念孔诞》，《张申府文集》第 2 卷，第 632 页。
③ 张申府：《续所思·九十六》，《张申府文集》第 3 卷，第 181 页。
④ 张申府：《教实》，《张申府文集》第 1 卷，第 298 页

作为一个革命者和启蒙思想家，张申府先生并不否定五四运动反封建、反迷信、反权威和反对旧礼教的革命意义，但是他不赞成不分精糟地把中国传统思想一概否定，所以在倡导新启蒙运动时提出了"打倒孔家店，救出孔夫子"的口号。他认为孔子的"仁学"和以实、活、中、仁、生、易为代表的中国哲学"真精神"，就是需要抢救出来的传统思想的精华。申府先生说："无论如何，孔子是最可以代表中国的特殊精神的，那么，为什么不应发其精华，而弃其糟粕？……复古是不可能的，但是一个民族，如果知道他自己文化上的成就，认识它文化上的代表人物，总可以增加些自信，减少些颓唐奴性。"①这是对待民族文化应有的一种同情地理解的态度。

再次，中西两大哲学传统的相容相通和相资互补，也是他长期关注的一个重要课题。在他看来，"今日的问题，以及今后整个世界的问题，根本都在把中国古代道德哲学与西洋近代自然科学融合起来，而特别要从双方的方法精髓入手"②。具体地说，"一与通是东方哲学之特长。多与析则西方哲学之所擅。信一与通，邻于神秘。持多与析，必重逻辑，而求最的之知"。他的愿望则是"于多见一，由析达通；一不忘多，析而以通为归宿"③。也就是说，力图在方法论上实现中西哲学的互补和融通。他特别希望用西方的科学、逻辑和唯物辩证法，来纠正中国传统思想笼统、模糊、混沌、不求甚解的毛病。在此之前，他还说过："'仁'与'科学法'：我认为是人类最可宝贵的两种东西。仁出于东，科学法出于西。"科学法的根本精神"本不外乎诚实二字"，他认为这就是孔子讲的"四绝"："勿意，勿必，勿固，勿我"。有了这种精神，就可以避免培根讲的"四妄"："种妄，穴妄，市妄，戏妄"④。在这里他表明中西哲学也有相通之处，孔子和培根都强调观察的客观性，反对违背客观真实的种种主观虚构。他认为英国哲学的传统是重视经验、注重实际、主张实在，这点与中国传统哲学思想是最为接近的，力图在两种哲学传统之间寻找共同点。他沟通"仁"与科学法的基本思路，则是企图以"仁"作为引导科学法的价值体系，认为"今日世界的问题，是如何把仁的生活，与科学或与由科学而生的工业，融合在一起"⑤。这也是一种互动和互补。

---

① 张申府：《续所思·九十七》，《张申府文集》第 3 卷，第 181 页。

② 张申府：《家常话·九十》，《张申府文集》第 3 卷，第 319 页。

③ 张申府：《续所思·四》，《张申府文集》第 3 卷，第 138 页。

④ 张申府：《所思·七》，《张申府文集》第 3 卷，第 64 页。培根讲的"四妄"，近人又翻译为"种族假象""洞穴假象""市场假象""剧场假象"四种假象。

⑤ 张申府：《所思·一一八》，《张申府文集》第 3 卷，第 123 页。

以上内容主要是讲哲学思维方式上的中、西、马"三流合一"。申府先生按照"三流合一"的思路，也形成了自己具有个性的哲学思想，比如"大客观论"和"具体相对论"。他在讲到具体相对论的来源时说："它的最直接的渊源就是罗素的数理逻辑上的类型说。……现代物理学上的安斯坦的相对论，以及马克思主义里的辩证唯物论，也是我的见解的启发者。但是我这个见解也还有一个渊源，那就是中国哲学，特别是孔子的真传统与庄子的一些话。"①这是他把"三流合一"作为一种方法而加以实际运用的一个例证。

除了注重哲学思维方式的综合创新之外，张申府先生的"三流合一"思想还有一个重要的维度，就是力图实现人生理想和社会理想方面的中、西、马"三流合一"。他把作为人类最高理想的共产主义与理想化了的孔子"仁学"结合起来，以"仁"为形式而以共产主义为实质内容，同时吸收了罗素的社会哲学和西方自由主义思想的某些资源，提出了"个人主义"与"大同主义"统一，"遂生、大生、美生""天人合一、天下归仁、止于至善"的人生理想和社会理想。它既是共产主义人生理想和社会理想中国化的具体表现，也是中国传统"仁学"的现代转化，又是对西方资产阶级自由、民主思想的积极扬弃。

五、"三流合一"思想的时代价值

前面已经提到，张申府先生首倡的中、西、马"三流合一"思想，其最重要的意义就是为中国现当代哲学和文化发展指出了一条现实道路，我们今天仍然是在这条道路上往前走。近代以来，"中国向何处去""中国文化向何处去"一直是人们最关心的问题，这就是中国社会和中国文化发展的道路选择问题。党的十八大报告指出："道路关乎党的命脉，关乎国家前途、民族命运、人民幸福。"所以道路选择和道路自觉问题至关重要。近代以来，在中国文化发展道路问题上一直有古今中西之争。到了"五四"时期，马克思主义传入中国，中、西、马的关系问题就成为近百年来文化道路选择和文化论争的中心主题。古今中西之争继续存在，但是多了一种文化道路选择的可能性，就是既不走"全盘西化"的道路，也不走"复归传统"的道路，而是在马克

---

① 张申府：《我的哲学的中心点——具体相对论》，《张申府文集》第 2 卷，第 341 页。

思主义和社会主义价值原则指导下，超越古今中西之争而又吸收古今中外文化的精华，走一条中、西、马"三流合一"、综合创新的文化发展道路。李大钊、陈独秀、瞿秋白、鲁迅、毛泽东等人都看到了这一点，但是最先提出"三流合一"思想、原则、方法和概念（话语）的人却是张申府，最先明确支持这个提法的人是张岱年。中、西、马"三流合一"是"五四"后中国哲学和文化发展的一条现实可行之路，是一条康庄大道，在今天，它的时代价值已经越来越彰显出来了。但是在20世纪三四十年代，提出这种观点并不容易，也难以得到广泛认同，因为当时正是代表中国社会各阶级利益的各种政治势力决战的时期，国际国内阶级斗争尖锐复杂，思想上的路线斗争也十分激烈，人们从现实利益考量，往往只看到各大思潮之间的分歧、对立，互相批评，激烈论战，"道不同不相为谋"的这一面，而对它们之间相反相成、相容相通、相资互益、对立互动的一面有所忽略，或者视而不见，看不到它的前瞻意义，甚至把"三流合一"思想当作一种企图消弭阶级斗争和思想路线分歧的"奇谈怪论"而加以批评。张申府先生曾经预言，"第三文化"的建设，一要建立一种与之相适应的新经济制度，二要提高人们的科学知识水平，特别要善于运用辩证思维方法。中国在建立了社会主义的基本制度和接受了"文革"的教训、走上改革开放的道路后，对中、西、马"三流合一"思想的认识也达到了一个新境界，张岱年先生提出的"文化综合创新论"得到广泛认同就是一个显著标志。这是符合历史辩证法的。申府先生生前没有看到中国思想文化界的这种好形势，没有看到今天的中国特色社会主义文化建设已经把中、西、马"三流合一"的道路越走越坚实，越走越宽广。他如果地下有知，也会笑慰九泉的。

关于中、西、马三种文化资源在"三流合一"中的地位和相互关系，我在2006年纪念张岱年先生逝世两周年的学术研讨会上，曾经提出"马魂、中体、西用"的看法。其完整表述是"马学为魂，中学为体，西学为用，三流合一，综合创新"五句话。很明显，"马魂、中体、西用"论是接着张申府先生的"三流合一"说和张岱年先生的"综合创新"论讲的。我当时关注的主要是张岱年先生的有关思想，特别是受到他讲的"中华民族是建设社会主义中国新文化的主体，而社会主义是中国新文化的指导原则。科学技术等等都是为这个民族主体服务的，也都是为社会主义服务的"一段话的启发，我认为在这段话中已经包含着"马魂、中体、西用"的基本思想，不过还是在体用二元模式中表述出来的。当时我还没有认真拜读张申府先生的著作，在准备参加这次会议的过程中，我特别注意他在论述中、西、马的关系时，是否已有"马魂、中体、西用"思想的某些迹象或者萌芽。结果使我颇为兴奋，感觉收获很大。申府先生在《家常话》中有非常明确的以马克思主义、辩证唯物论为主导的思想，他用的概念是"主宰"。他强调今天做学问一要从实际出发，二要做正名的工夫，三要讲究逻辑，然后接着说："在三者之上更要已经相习而不自觉地时时以辩证唯物主义为主宰，把它贯通到各角落各方面：时时要确在'实'，如实，踏实；时时要'活'，要注意活；时时要注意各方面的关联，时时要注意变化发展，时时要注意各类对立与矛盾，时时要注意相互斗争和否定，时时要勿忘相反相成。"①这就是在继承中西学术的基础上，要求把唯物辩证法当作时时要加以自觉运用的基本观点和方法。他在论述世界哲学两大主潮之合流时，也明确指出："已经开始而偏于西洋的未来世界文化，其中心哲学与方法就是辩证唯物论。"②他还在用语上将"法"（方）与"术"（道）区分开来，"以辩证法为术，而以科学法与逻辑解析为法"，认为"法是要受术的指导的"③。这些都说明在申府先生看来，辩证唯物论在"三流合一"中正是起着"中心""指导""主宰"和"灵魂"的作用。关于中国文化的主体地位，也是申府先生始终关注和一再强调的。他明确说中国文化的发展要"以中国为主""中国自己作得主宰"④，鼓励青年要"以本国为重，从本国出发"，"时时守住中国的立场"⑤。在《民主原则》这篇文章中，他还有"以中国为体以中国为本位"⑥的提法。坚持马克思主义的指导思想地位和中国文化的主体地位，是"马魂、中体、西用"论的基本观点和核心观点。现在看来，中、西、马"三流合一"思想的首倡者张申府先生就已自觉或不自觉地持有这种理论立场，张岱年先生在中国特色社会主义新文化建设实践中，特别是在同各种错误思想的斗争中，对此有了更深刻的认识，他的有关论述离"马

---

① 张申府：《家常话·三〇〇》，《张申府文集》第 3 卷，第 439 页。
② 张申府：《论纪念孔诞》，《张申府文集》第 2 卷，第 632 页。
③ 张申府：《苏联科学的一般特征》，《张申府文集》第 2 卷，第 315 页。
④ 张申府：《要有你自己》，《张府文集》第 3 卷，第 238 页。
⑤ 张申府：《论青年思想》，《张府文集》第 1 卷，第 363 页。
⑥ 张申府：《民主原则》，《张申府文集》第 1 卷，第 473 页。

魂、中体、西用"论实际上只有一步之遥了。两位先贤的思想探索历程，使我们更清楚地意识到，中、西、马的关系不能用一个中西对立、体用二元的僵固思维模式框限住，把主导性之"体"与主体性之"体"区分开来是非常必要的。其实这也是传统哲学留下来的老问题，"道体器用"之体与"器体道用"之体是不能混为一谈的。"魂、体、用"三元模式为讲清楚"三流合一"中的中、西、马关系提供了一条新思路。

六、余　论

最后我再谈一点感想，提一个建议。

两年前，河北师范大学开创性地建立了张申府张岱年研究中心。两年来，中心做了扎实而又富有成效的工作，创建了二张研究网站，出版了二张研究集刊，有力地推动了全国范围内的二张思想研究。我觉得今天这个会开得非常适时。过去二张研究的重点是张岱年先生，他是国内中国哲学史学的权威、泰斗，中哲史界受教受益的学者很多，他们也是积极参与二张研究的主力军。这次以纪念张申府先生诞辰120周年为契机，专门开会研讨他的学术思想，引起中共党史、近现代思想史、文史资料研究等方面更多学者的关注和参与，将把二张生平、著作和思想研究全面推进到一个新阶段。我个人认为，下一步需要提上日程的工作，最重要、最迫切也最具有实质意义的一项工作，就是要新编《张申府全集》和重编《张岱年全集》，为二张研究提供完整、可靠的资料依据。著作是思想的载体，如果著作收集不全，生平研究也难免有所欠缺，所以编辑出版二张先生的"全集"是深入开展二张研究的一项基础性工作。

我是从解决一个具体问题的感受而意识到编辑出版全集的紧迫性的。出席这次会议，我想讲一下"三流合一"问题，但是直到5月27日，我还不知道"三流合一"的原始出处。张岱年先生在《关于新唯物论》一文中曾经提道："本刊编者曾云：'我的理想；百提（罗素），伊里奇（列宁），仲尼（孔子），三流合一。'"发表这篇文章的报刊就是张申府先生主编的天津《大公报·世界思潮》副刊。但这句话在《张申府文集》和他的其他著作中都找不到出处。《家常话》中有很明确的关于"三流合一"的论述，但那是 40 年代写的东西，不是原始出处。5 月 27 日，我给杜运辉同志发了一个电子邮件，希望他在开会之前帮助把原始出处查出来。查找的目标很明确，就是天津《大公报》的"世界思潮"副刊，时限也很确定：张申府先生是 1932 年 9 月开始主编这个副刊的，张岱年先生的《关于新唯物论》一文发表于 1933 年 4 月 27 日，他引据的"本刊编者云"应该就在这个期间的"编者按""编后""编余"之类文字中。杜运辉把这个任务又交给了南开大学哲学院的博士生张娇同志。我的邮件是上午 9 点发出的，下午 5 点就收到回复：已经查到了，这句话是在 1932 年 10 月 22 日的一则《编余》中。我从这件事情受到启发：要深入研究二张先生的思想，必须把他们的"全集"编出来。申府先生主编天津《大公报·世界思潮》副刊两年零四个月，一共出了 88 期。《张岱年全集》第一卷中有 26 篇文章是发表在这个副刊上的，而在《张申府文集》中，只有第二卷的《鸡蛋与鸡——英雄与时势》《事、理或事实》《客观与唯物》三篇文章，第三卷的一篇《编零》，第四卷的《概然与概率》《有的人为什么让人喜欢》两篇译文，共计 6 篇文章发表于该副刊。申府先生在《所忆》中说过，"我曾经借这个机会尽力显扬或介绍了不少新思想、新理论、新哲学、新科学、新人物、新事、新物、新书、新期刊"，"其中用本名或不署名的文字都是我写的"①。很显然，该副刊上还有许多他署名或不署名的文字，没有收到《张申府文集》中去。如果把他主编两年零四个月的 88 期《世界思潮》副刊都找出来，弄清楚他使用过哪些笔名，除了署名文章外，还要注意"编者按""编后""编余"之类的文字，那么，肯定还可以发现不少"文集"没有收进去的新内容。如果按照《所忆》提供的线索，把他主编过、主笔过或投稿发表过文章的报刊杂志都普查一遍，我想一定会大有收获。只要有心做这件事情，功夫下到了，编"全集"的工作我们现在是可以做的。把这个工作留给后人，难道二十年后，五十年后，甚至一百年后条件会更好一些吗？不一定。二张先生是已经盖棺定论而又辞世不久的历史人物，他们的学生和子女都还健在，现在可能是编"全集"的最佳时机。河北师大设有二张研究中心，义不容辞地应该承担起设计、规划和具体组织实施的工作，与家属、有关研究会、高等院校、图书馆、出版社等单位通力合作，还可以争取立项得到国家支持。

---

① 张申府：《所忆》，《张申府文集》第 3 卷，第 554、606 页。

经过若干年努力，编辑出版二张全集的工作是有可能在我们这代人手里完成的，我们不应该推卸自己的历史责任。

全面推进二张生平、著作和思想研究，还有许多事情可以做。在舒衡哲访谈录之后，我们还没有看到过一本我国学者写的翔实的张申府传记、年谱之类的书，这不能不说是令人遗憾的。张申府是一个传奇性的历史人物，他的丰富而曲折的人生经历，不仅应该是学术研究的对象，而且是文学创作的很好素材。河北省有才华的作家如果能把它写出来，拍成电视连续剧，一定是很吸引人的。张申府、张岱年兄弟在传播马克思主义并为其寻找中国因缘的过程中，思想契合，感情深笃，但是两人的性格很不一样。"刚毅木讷近仁"的张岱年先生是一个纯粹的学者，虽有爱国、进步的政治思想，但不喜涉入政治太深。张申府先生则既是学者和思想家，也是一个风流倜傥、热心于政治的著名社会活动家。把他们用形象的文学艺术手法表现出来，一定能给人们留下深刻印象。我在这里只是表达一种个人愿望，希望二张生平、著作和思想研究能够引起更多人的关注，产生更大的影响力和感染力。

当代中国大陆新儒学思潮评析*

程恩富同志给我出了一个题目：用马克思主义观点评析当代中国的复古主义思潮。去年 3 月 31 日，中国社会科学网发表了程恩富同志关于"正确对待七大思潮"的一个访谈，七大思潮中就有复古主义思潮。他说："所谓复古主义，就是以古风、古言为真、善、美的价值标准，以'先王''古圣'为最高人格理想，以古代社会为理想社会。复古主义几乎渗透到中国意识形态的每一个领域，成了一股强大的潜流。"既然是"一股强大的潜流"，就必须认真观察、研究和对待，而不能等闲视之。这些年来，这股复古主义潜流在我们的社会文化生活中是经常可以感受得到的，但是它的情况非常复杂，一定要作具体分析。

对于这股思潮，有的研究者又称为"文化保守主义"思潮，或"新文化保守主义"思潮。比如，去年 2 月 8 日，高翔同志在中国社会科学杂志社做了一次讲座，也是评析七种当代社会思潮，其中有一种是"新文化保守主义"思潮。又比如，中国社会科学出版社今年 7 月出版了清华大学林泰教授主编的一本书：《问道——改革开放以来的社会思潮与青年思想政治教育研究》，最近张全景同志和一些主流学者都写文章推荐了这本书。其中第六章的题目是"当代中国文化保守主义思潮评析"，内容相当翔实，写了 5 万多字。

文化保守主义与复古主义还不是一个概念。文化保守主义者不一定在政治上也是保守主义，比如章太炎、熊十力，他们是文化上的保守主义者，但在政治上都是资产阶级革命派，不是保守派。在今天提出"复古更化"的路线，要求回到古代"仁政""王道"的社会去，这主要是一种复古主义的政治思想，是文化保守主义的极端发展，可以说是文化保守主义的右翼。

* 本文是作者 2013 年 10 月 30 日在中国社会科学院研究生院马克思主义理论课堂上的讲课记录整理稿。原载张世保、谢青松编：《大陆新儒学评论·2017 卷》，中国社会科学出版社 2018 年版，第 3—21 页。

还有的研究者不用"复古主义"或"文化保守主义"来标识这种社会思潮，而是直接称它为"大陆新儒学（家）思潮"，或者简称"新儒学（家）思潮"。比如去年1月，社会科学文献出版社出版了马立诚的《当代中国八种社会思潮》一书，其中有一章的题目就是"大陆新儒家的政治诉求"。他是把大陆新儒家当作当代中国八种社会思潮之一，具体就是指从20世纪90年代开始酝酿，到21世纪初以团队形式登上中国思想舞台的大陆新生代新儒学思潮。

我们首先要明确这堂课评析的对象，它是作为文化保守主义之右翼的复古主义思潮，具体就是指至今在中国思想界仍相当活跃的大陆新儒学思潮。所以，这堂课的题目也可以叫作"当代中国大陆新儒学思潮评析"。

一

下面先介绍大陆新儒学思潮的由来，它的酝酿和形成过程，以及发展至今的一些情况。

"五四"以后，中国形成了自由主义的西化派、以现代新儒家为代表的文化保守主义和中国化马克思主义三大思潮对立互动的思想格局。今天的大陆新儒学思潮，它的直接思想来源、它所继承的精神方向，实际上就是20世纪的现代新儒学思潮，不过在新世纪又有新的发展，表现出了一些新的特点。

"五四"后的现代新儒学思潮，在20世纪已有三代人薪火相传，经过了三个发展阶段。第一个阶段是新中国成立前的30年，以梁漱溟、熊十力、冯友兰、贺麟等人为代表的第一代新儒家，在中国大陆提倡新儒学、发展新儒学。这些学者1949年后大都留在大陆，思想发生了不同程度的变化。第二个阶段是50年代初到70年代末，大约也是30年。新儒学在以马克思主义为主导意识形态的中国大陆已经没有市场，一批学者到港台继续倡导和发展新儒学，最有影响力的是熊十力的三个学生唐君毅、牟宗三和徐复观，另外还有老一辈的钱穆、方东美等人。80年代以后是现代新儒学发展的第三个阶段，主要代表人物是杜维明、刘述先、余英时、成中英等人，他们又是唐、牟、徐和钱穆、方东美的学生。这些学者不仅在港台，而且在海外，在更大的范围内传播新儒学。80年代以后，中国大陆改革开放，他们与大陆学界的交流日益频繁，其中有的人，比如杜维明、成中英，现在都已在大陆的高校任职或兼职，杜维明是北大高等人文研究院的院长，成中英是人大的特聘教授。

他们至少在主观愿望上，是愿意融入大陆学界的，现在也讲中、西、马互动互补。

我们今天要讲的大陆新儒学思潮，是上述三代现代新儒家的后辈，是指一批土生土长的大陆中青年学者，他们通过港台海外新儒学的接引，从开始学习、研究新儒学，到进而接受、认同和归宗新儒学，并以新儒家在大陆的新一代传人自居。他们比前辈走得更远，港台新儒家主要是讲心性儒学，大陆新生代新儒家则要求重建"政治儒学"；他们不但要复兴儒学，而且要"重建儒教"，要把中国变成一个"以儒教为国教"的政教合一国家。

大陆新儒学思潮有一个发端、酝酿和逐渐形成、登上思想舞台的过程，这个过程大约经过了十几年。它发端于1989年蒋庆在台湾《鹅湖》杂志发表的一篇35000字长文《中国大陆复兴儒学的现实意义及其面临的问题》。这篇文章对中国大陆的社会主义政治、经济、文化、教育制度进行了全面批判和否定，认为只有复兴儒学才能解决今天中国的一切问题。怎样复兴儒学呢？他寄希望于港台、海外新儒学"反哺"于中国大陆，让新儒学"返乡复位"，让儒学在中国大陆重新取得"独尊"地位、正统地位和"国教"地位。很明显，其批判矛头必然要指向作为当代中国"立国之本"的马克思主义。

20世纪90年代中期，在中国大陆出现了一股批判激进主义、主张"告别革命"、要求回归传统的文化保守主义思潮。在这股思潮中，有一个《原道》辑刊特别引人注目，因为它公开亮出来的旗帜就是"保守主义"，并且呼唤在大陆形成"有异于港台地区的新儒家群体"。这个辑刊编委会的成员，基本上都是我们研究生院的毕业生与在读研究生，主编陈明是1992年毕业的博士，当时是宗教所的助理研究员。第一辑阐明宗旨的"开卷语"和"编后"都是他写的。第一辑中还有两篇他用笔名写的文章：一篇是表扬曾国藩镇压太平天国的胜利，是体现了"无本者竭，有本者昌"的"文化发展的一般规律"，认为在这场战争中，曾国藩"胜"就胜在他代表了中国文化传统，而洪秀全"败"就败在他用西方的基督教（"拜上帝会"）来动员群众，组织群众，背离了中国的文化传统，所以必然失败。另一篇文章是表扬台湾的"中华文化复兴运动"如何使国民党取得了成功，也是要说明：文化价值是政治运作成败的"轴心"。两篇文章都是露骨地宣扬文化决定论的唯心史观。

文化保守主义思想经过十多年酝酿、积累，到2004年7月，在贵阳阳明精舍担任"山长"的蒋庆，邀请陈明、康晓光、盛洪等几位国内保守主义的代表人物，到贵阳举行了一次"儒学会讲"。这次会讲活动又称为"中国文化保守主义峰会"，标志着大陆新儒家作为一个学派正式"浮出水面"，就是以"团队"的形式集体出场、集体亮相。用他们自己的话来说，这次活动也标志着文化保守主义从中国思想舞台的边缘走到了中心。

这一年的11月24日，康晓光在我们研究生院发表题为《我为什么主张"儒化"——关于中国未来政治发展的保守主义思考》的演讲，明确提出了"儒化中国""儒化共产党"口号，并且提出了"儒化"的原则和策略。他说："儒化的原则和策略是什么？儒化的原则是'和平演变'。儒化的策略是'双管齐下'：在上层，儒化共产党；在基层，儒化社会。首先是儒化中共，用孔孟之道来替代马列主义。……有一天，儒学取代了马列主义，共产党变成了儒士共同体，仁政也就实现了。"他的目标是要把中国变成一个由"精英联盟"（由政治精英、经济精英和知识精英组成）统治的"儒士共同体专政"的国家。

这一年正是陈明的《原道》辑刊创刊十周年，他们邀请自由派、新左派学者一起召开了一次"共同的传统"座谈会，声势造得很大。这次活动表明大陆新儒家力图以"中国三大社会思潮"之一的身份，在思想舞台上占有一席之地。

2004年还发生了读经之争和70多位文化名人签署《甲申文化宣言》等事件，所以这一年也被称为"文化保守主义年"。

2004年至今已经过去了9个年头，大陆新儒学思潮的影响虽然没有他们自己期望的那么大，但是也不可忽视。特别是进入网络时代，各种思想主张都可以在网上自由表达。大陆新儒家也有自己的舆论阵地，主要通过《原道》辑刊、儒学联合论坛和儒家中国网站表达他们的思想主张。现在影响最大的是儒家网，是由儒家中国网改名而来的，它自称是"当代中国大陆新儒家的思想平台"。去年10月，中国政法大学出版社结集出版了他们编的"儒生文丛"三册，书名分别是《儒家回归》《儒教重建》《儒学复兴》。另外中国社会科学出版社还出版了他们编的《儒生》文集两卷。"文丛"和"文集"都是以蒋庆、陈明、康晓光、余樟法、秋风五个人为"学术委员"和"学术指导"，这几位也可以说是当代中国大陆新儒家的核心人物。新加入这个队伍中的秋风（姚中秋），本来是一个自由主义的代表人物，后来也积极主张复兴儒学，特别是大讲"儒家宪政主义"。余樟法是自由派"零八宪章"的签名者，他以大胆敢言著称，反共反马的立场十分鲜明，现在也是大陆新儒家的一个重要代表人物。

从1989年蒋庆发表《中国大陆复兴儒学的现实意义及其面临的问题》一

文到现在已有 24 年，从 2004 年大陆新儒家学派正式登台亮相至今还不到 10 年，但它已是当今中国不可忽视的一种社会思潮。我们将通过它的主要代表人物来了解这一思潮的基本观点、思想实质和发展走向。

二

关于大陆新儒学的思想主张，我想分五点来作一简单介绍和初步分析：

一、崇儒反马是大陆新儒学的本质特征

儒学是在中国封建社会长期占统治地位的意识形态，一百多年前的辛亥革命，永远地终结了它的这种历史地位。在今天要求"复兴儒学"，就是希望重新恢复儒学在历史上的"独尊"地位、正统思想地位，这就必然要同今天中国的主导意识形态发生冲突。因此，这实质上是一场争夺文化领导权、争夺主导意识形态地位的斗争。对于这一点，大陆新儒家是有高度自觉的，不但直言不讳，而且是主动挑起这场斗争。蒋庆在 1989 年发表的《中国大陆复兴儒学的现实意义及其面临的问题》一文中就清楚地意识到："儒学的根本原则与大陆的国家意识形态相冲突，复兴儒学必然要同马列主义发生正面对抗。"他是自觉地、主动地来挑起这场意识形态"冲突"和"对抗"的。在这篇文章中，他明确主张："儒学理应取代马列主义，恢复其在历史上固有的崇高地位，成为当今中国代表中华民族的民族生命与民族精神的正统思想。"

2005 年，在《关于重建中国儒教的构想》一文中，蒋庆更加直言不讳地提出了儒学（教）要与马克思主义争夺当今中国的"王官学"地位、"宪法原则"地位的政治主张。他说：要"通过儒者的学术活动与政治实践，将'尧舜孔孟之道'作为国家的立国之本即国家的宪法原则写进宪法，上升为国家意识形态；也就是说，恢复儒教古代'王官学'的地位，把儒教的义理价值尊奉为中国占主导地位的统治思想"。有的人在评论这种思潮时说得很含蓄、很客气，说"大陆新儒家有觊觎意识形态的企图"，其实何止是"觊觎"，明明是摆出了一副与当今中国的主导意识形态势不两立，要与它争夺"王官学"地位、"宪法原则"地位、"立国之本"地位的架势，用蒋庆的话来说就是"要

马统则不能有儒统，要儒统则不能有马统，两者不可得兼"①。这就是他们的"儒马不两立"论。

康晓光在《我为什么主张"儒化"》的演讲中，也明确提出了"用孔孟之道来替代马列主义"，要"儒化共产党""儒化中国"的主张。

陈明还提出了"鹊巢鸠占"说②，意思是中国的国家意识形态这个位子，本来应该是儒学的，现在被马克思主义这种外来文化占领了，所以他们极力要恢复儒学在中国的主导意识形态地位。

在崇儒反马这一点上，大陆新儒家的新起代表人物余樟法表现得更加激进，更加富有攻击性。他的网名叫"东海一枭"，自称"铁杆反马列派"。他说，"东海十年来有大量文章议论时政、'问诸当路'，曾经以中国第一亡命徒自许，准备把自己给'豁出去'；其次，思想文化责任则由作为意识形态的马克思主义去负，为此，东海也有不少文章剑指'马家'"，就是把批判矛头直接指向马克思主义。在他看来，"马家进入和影响中国一个多世纪，高居'宪位'大半纪"，是造成今天中国一切问题的根源。"什么'中国特色社会主义道路'，万变不离其宗，还不是要抱住马列僵尸和特权主义不放。""只要'马家''在宪'，其流弊就未有穷期。"这些言论都充满了火药味。他公开表示"反对马克思主义现有的意识形态地位"，要求恢复儒学的正统地位。但是，考虑到马克思主义在中国已有一定的现实存在基础，包括有相当的群众基础，所以他提出也可以"争取让马克思主义成为中华文化的辅统之一"，"在一定的历史时期，'儒主马辅'也不失为一种可以接受的现实选择"。可以看得很清楚，今天在儒马关系问题上的思想斗争，主要就是主导意识形态地位之争，是"儒主马辅"还是"马主儒辅"之争。余樟法的立场很明确，最多只能接受"儒主马辅"的格局，实际上他认为马克思主义连当"辅统"的资格都没有，让马克思主义当"辅统"只不过是权宜之计。这个人讲得很坦率，他说自己的工作就是要"不断强化'去马克思主义化'的力度"，鼓动中共"去马归儒"，"总之，东海的一切努力都是为了儒化中共、儒化中国"。他的这个目标，他所提出的"儒化中共、儒化中国"的口号，与康晓光如出一口，一模一样。因为这个人崇儒反马立场的坚定性，发言肆无忌惮，攻击性强，所以在大陆新儒家中的地位越来越高，这个队伍中也需要有这样的"炮筒子"。

---

① 2006 年 6 月 20 日《蒋庆等人谈当下儒学发展路线》。
② 见《天热，来点轻松的》一文的跟帖，儒学联合论坛网站，2008 年 8 月 6 日

指出崇儒反马、"以儒代马"是大陆新儒学的本质特征，这一点非常重要。首先它符合基本的事实，也符合思想的逻辑。其次，在情况非常复杂的"国学热""儒学热"中，我们需要厘清一些基本的思想界限。指出崇儒反马是大陆新儒学的本质特征，那么，一些崇儒而不反马，至少是不公开反对主流意识形态的儒学研究者、儒学信从者，就不能把他们归到"大陆新儒学（家）"的阵营中去。在今天中国，自觉地持崇儒反马、"以儒代马"立场的是极少数人，他们虽然很会造声势，希望拉拢或影响更多的人，但是中国儒学研究的主流学界，不是明确表示不赞成他们的观点，就是谨慎地与他们保持着距离，不愿意处在与主流意识形态公开对抗的地位。连第三代现代新儒家代表人物杜维明也不赞成蒋庆的观点，他作为北大高等人文研究院的院长，承担的一个研究课题就是儒学如何与马克思主义对话，而不是对抗。

二、大陆新儒学是一股复古更化、逆历史潮流而动的政治思潮

前面讲到，大陆新儒家是通过港台新儒学的接引、"反哺"而走上"复兴儒学"道路的，但是他们要在社会主义的中国大陆发展新儒学，碰到的政治思想环境与港台新儒家又很不一样。在他们看来，港台新儒家可以在那里隔靴搔痒地讲心性儒学、讲"内圣之学"；而我们在大陆就不能不直接面对今天中国的政治现实，不能不讲"外王学"和政治儒学。所以蒋庆对牟宗三等人也有所批判，他把重点放在了发展政治儒学上。他的政治儒学所接引的传统儒学资源主要是公羊学，而不是思孟学派和宋明儒家的心性学说。

大陆新儒家政治思想的一个显著特点是反对民主政治，既反对西方的民主政治制度，也反对中国的社会主义民主政治制度。蒋庆认为民主作为一种政治制度，是西方历史文化的产物，港台新儒家讲"内圣开出新外王"，把西方的科学、民主当作"新外王"的主要内容，当作追求的目标，这就是"变相西化"，是使儒学沦为"西学附庸"。他认为现代儒学开出的"新外王"事业，不应该也不必是西方的民主制度，而应该是以儒家义理为基础、具有中国文化特色的政治礼法制度，应该开出儒家式的"外王大业"。他还批评民主政治有极端世俗化、人欲化、平庸化、无道德、无理想等缺点。

康晓光批判民主政治的态度更加激进。他明确说，民主化是一个祸国殃民的选择，中国应该拒绝民主化，而应该选择"儒化"。他说民主现在已经变成一种"迷信"，一种神圣不可侵犯的教条，而它的一些基本价值和逻辑前提都是错误的，在实践中是行不通的。在他看来，自由民主主义与共产主义一

样，都是"乌托邦"。

大陆新儒家反对民主政治，他们提出了什么取代民主制度的"儒化"政治方案呢？蒋庆提出要用"王道政治"来改造、超越民主政治，为此他还提出了"王道政治三重合法性"理论，要用他设计的"三院制"来取代我国的人民代表大会制度。康晓光也提出了他的"仁政"理论，实际上是要推销他的"儒士共同体专政"。

蒋庆的所谓"三院制"，就是主张设立"通儒院""庶民院""国体院"。按照他的设计，"通儒院"议长由儒教公推的大儒担任，终身任职，本人可以不到位，委派代表主持院事，它代表超越神圣的合法性，代表"天意"。"庶民院"由普选和功能团体选举产生，代表人心民意的合法性（"民心"）。"国体院"议长由孔府衍圣公世袭，议员则由历代圣贤后裔、历代君主后裔、历代历史文化名人后裔、社会贤达以及各宗教界人士担任，代表历史文化的合法性。"天意""民心""历史文化合法性"，这就是所谓"三重合法性"。有人指出，蒋庆的三院制实际上是西方的议会民主制与东方的贵族世袭制、宗法制之混合体（吴光）。很明显，这个制度设计的特点就是格外突出了儒士、儒生在政治运作中举足轻重的地位，他们既代表"天意"（神圣天道），又代表历史文化合法性，这正是体现了"儒士共同体专政"的特点。

康晓光倒没有作出这样具体的制度设计，而是力图在理论上论证"儒士共同体专政"的必要性与合理性。他说："在仁政里，由谁来执掌政权呢？儒家主张贤人治国。那么，谁是贤人呢？贤与不贤的标准是什么呢？贤人就是信仰并践行儒家理念的人。贤与不贤的标准就是是否信仰并践行儒家理念。这是因为，仁政是最好的政治，而儒士是实践仁政的人。说白了，仁政就是儒士共同体专政。"他并不讳言"仁政"属于权威主义的范畴，也是一种"专政"。什么人专什么人的政呢？他认为是贤人专不贤之人的政，有贤德的仁者、"儒士"专"儒士共同体之外的人"的政。他说："在现实中，儒家认为人和人是不平等的，人和人之间有贤与不贤之分。儒家认为，大德应该统治小德，大贤应该统治小贤。也就是说，只有贤人才配有统治权。孟子说'惟仁者宜在高位'。儒士就是有仁德的贤者，所以统治者只能由儒士共同体推举，而无需全体国民选举。""尽管儒家主张儒士共同体之外的人没有统治的权利，但他们有获得良好统治的权利。"就是说，在这样的所谓"仁政"中，统治者与被统治者是天然不平等的，"儒士"、贤人有"天赋治权"，而在儒士共同体之外的多数人，就只有"获得良好统治的权利"。他居然把老百姓"被统治""获得良好统治"也说成是一种"权利"。这种露骨的专制主义、蒙昧主义理论，在现代社会已很罕见。

蒋庆明确说他设计的"王道"政治方案是一条"儒化"当代中国政治秩序的"复古更化"路线。"复古更化"这个概念来自董仲舒。他要汉武帝改变秦朝的政制以恢复"三代之治"，就是所谓"复古更化"。康晓光则明确说他的"儒化"论是一种关于中国未来政治发展道路的保守主义理论。他们都不否认这条政治路线的复古主义和保守主义性质。

关于大陆新儒家的政治思想，还有一个情况值得注意，就是在近年来的"宪政民主"思潮中，有些大陆新儒家代表人物也大讲所谓"儒家宪政主义"。儒家政治思想本质上是为王权主义、为封建君主专制制度作论证、作辩护的，与西方资产阶级的宪政民主扯不上什么关系。宪政的核心是分权制约和坚持民主、法治。中国古代历来是"人治"，行政权与司法权是统一的。董仲舒忠心耿耿地为汉武帝出谋划策，但是汉武帝一句话就可以把他送进大牢，差点掉了脑袋。这哪里有一点"宪政民主"的影子呢？在古代文献中找出一些似是而非的词句，然后加以主观解释和比附，主要是与西方宪政民主相比附，这并不是真正的科学研究。

蒋庆批评港台新儒家的"内圣开出新外王"，是以西方的民主作为追求目标，是"变相西化"。现在他们自己又把西方的宪政民主嫁接到中国古代儒家的身上，这是不是"变相西化"，把儒学变成西学的"附庸"呢？

大陆新儒家是反对西方自由民主主义的，而实际上他们与西方自由主义又有不解之缘。我们可以把"儒家宪政主义"看作是大陆新儒家试图与西方自由主义结合、合流的一种表现。

当然，两千多年来以儒家思想为指导，在治国理政中也有一些好的经验值得总结和借鉴，比如礼法合治、德主刑辅等等，但是不能将其都归结为所谓"儒家宪政主义"，乱贴标签、以名乱实是不可取的。

三、大陆新儒家的私有化经济主张

大陆新儒家在政治上支持"精英联盟"、少数贤德之人统治多数愚不肖之人，他们在经济上也支持少数人占有生产资料、剥削多数人的劳动剩余价值的私有制度，有的人还明确支持新自由主义的经济政策和主张。

蒋庆1989年的文章就批判社会主义公有制"违背了人性与物性"。他说："中国大陆1949年用暴力消灭私有制，建立公有制后，中国大陆的经济生活就陷入了紊乱，畸形发展，不断出现严重的经济危机。这是因为公有制从本质上来说是违背人性的，缺乏人性的基础，非但不会促进经济的发展，反而会窒息社会的经济生活。"所以他极力要求恢复私有制，论证私有制的"合理性"，论证它的所谓"人性基础"。近年来，他提出了重建儒教的具体方案，有两条路线，所谓"上行路线"就是要立儒教为国教，为儒教争取"王官学"地位、"宪法原则"地位。他说在上行路线走不通的情况下，也可以走"下行路线"，作为权宜之计，作为争取达到最终目标的手段。他的所谓"下行路线"，就是要以"中国儒教协会"的名义，向代表社会主义公有制的国家大伸其手，要求种种政治、经济特权，比如要求国家给予土地与实物馈赠，要求国家定期拨款以维持儒教的日常运作，要求国家把"历代书院建筑与地产，文庙建筑与地产，孔庙建筑与地产，历代圣贤儒士之祠庙、地产、故居、坟茔、遗稿、遗物，历代圣贤儒士过化之文化古迹与各种文物，历代古圣王陵墓、陵寝、陵园，历代帝王之祠庙与忠烈祠、文昌阁、城隍庙等，统统拨归中国儒教协会所有、管理与经营"；"国家代儒教开征'儒教遗产使用税'"；"凡以各种方式出版的营利性的儒教古籍、使用具有儒教内容与人物形象的商标、广告、公司企业名称、经贸旅游活动、以招商为目的的节庆活动、以儒教内容为题材的营利性的文艺作品与影视作品，均须向儒教交税"。好大的口气！在他要求恢复的私有制社会里，这个"中国儒教协会"无疑就是中国最大的地主集团了；现在他又要求社会主义公有制国家给它如此巨大的政治、经济特权，用大量国家财产和纳税人交的钱来无偿地供养这些"儒教"精神贵族。说大话可以，尽情"畅想"也可以，但是能够做得到吗？纳税人答应吗？这样为儒教精神贵族效劳的国家还能叫作社会主义国家吗？

大陆新儒家中还有专业的经济学家，盛洪是天则经济研究所所长，一个著名的新自由主义经济学代表人物。他与蒋庆主张"以儒治国"是一致的，在经济上主张私有制也是完全一致的。

四、大陆新儒家的"文化民族主义"

大陆新儒家的文化主张集中体现在他们提出的"文化民族主义"这个概念中。

蒋庆认为一部中国近代史就是一部中国亡文化的历史。一百多年来，中国一直是在走一条西化的路，"文化歧出"的路，"以夷变夏"的路。他说："新民主主义同三民主义一样，不是中国文化的'体'而是经俄国转手过来的西方文化的'体'，至于'用'也自然是西方文化的'用'，这样'体'和'用'都是西方的了。"又说："1978 年以来中国的改革开放，所谓'改革'就是学西方进行改革，所谓'开放'就是向西方开放，所以改革开放仍然是沿着一百多年来文化歧出的路在走，中国文化仍然处在'以夷变夏'的过程中。"蒋庆的结论是：一百多年过去了，中国"国"保了，"种"保了，但是"教"亡了，文化亡了。他认为要克服百年来的"文化歧出"，解决亡教、亡文化的危机，就必须复兴儒学，重建儒教，建立一个儒教社会。

康晓光 2002 年写了《文化民族主义论纲》一文。他说文化民族主义不是一种理论，而是一种意识形态。在他看来，民族文化复兴就是儒学（教）复兴，所以文化民族主义实际上是一种复兴儒学（教）的意识形态。他提出文化民族主义必须完成的三大任务：整理国故、社会动员、制度化。为了实现这三大任务，他又提出了四项必要措施，其中第一项就是"儒学教育要进入正式学校教育体系。小学、中学应该设置儒学基础课程。在高等院校中，与公共管理有关的专业应该设置儒家经典课程。各级党校应该设置儒家经典课程。国家公务员考试应该增加儒学科目"。第二项措施是要求"立儒教为国教"。国家要支持儒教，通过立法保护儒教，给儒教组织税收优惠，向儒教组织购买社会服务，甚至要求国家直接给儒教提供财政支持。他没有蒋庆讲得那么具体，实际上蒋庆关于重建儒教的具体构想，是直接受到康晓光的启发，康的《文化民族主义论纲》写于 2002 年，蒋重建儒教的具体构想写于 2005 年。

在构想中，蒋庆进一步提出了建立新的科举制度和经典教育制度的方案，其主要内容有：①"国家成立各级政治考试中心，有志者必须通过《四书》《五经》的考试才能获得做官资格"；②"用儒教的经典取代各级党校、行政学院过时的意识形态经典，使其作为各级党政干部思想品德教育与历史文化教育的主要内容"；③"在国民教育系统中，恢复小学中学'读经科'，将《四书》《五经》教育作为基础课与语、数、英同列；大学则恢复'经学科'，作为大学通识教育的基础课程"。蒋庆直截了当地把马克思主义称为"过时的意识形态"，主张各级党校要用儒家经典教育来取代马克思主义经典著作学习，这可以说是大陆新儒家"儒化共产党""和平演变共产党"的一手"高招"。

蒋庆不仅做了上述制度设计，而且还有具体行动。2004 年 4 月、5 月，高等教育出版社出版了蒋庆为小学 6 个年级 12 个学期编的一套《中华文化经典基础教育诵本》12 册，并且曾被中国教育学会等单位推荐为全国实验用书。后来教育部领导同志及时发现这套教材的编写指导思想有严重问题，教材内容和教学方法也不适合于我们的小学教育，所以才没让在全国范围内推广实施。

"重建儒教""立儒教为国教"是大陆新儒家推行"文化民族主义""儒化中国"的一个重要步骤，也可以说是其关键环节。康晓光最早提出"立儒教为国教"的主张，后来蒋庆、陈明等人也起而响应，一时"复兴儒教""重建儒教"的呼声很高。2005 年在广东从化召开了"第一届全国儒教学术讨论会"，蒋庆《关于重建中国儒教的构想》就是在那个会上的发言。这次会议引发了一场有各派学者参加的儒教大讨论。在这场儒教讨论中，陈明于 2007 年提出了"公民宗教"说，它的特点是把儒教的宗教形式结构（神祇、经典、教士系统、祭祀活动等等）问题先搁置起来，强调着重发挥它的文化认同、身心安顿（终极关怀）、道德教化等宗教性的功能，着眼点在影响社会人心，而不是与政治体制直接结合，建立"政教合一"国家。也就是说，在儒教问题上，大陆新儒家内部看法也不完全一致。2005 年社科院宗教所成立了儒教研究中心，开始是陈明当秘书长，他调到首都师大后，这个研究中心就没有以前那么活跃了。

去年中国政法大学出版社出版的"儒生文丛"第一辑中，有一本《儒教重建——主张与回应》，收集了有关这个问题讨论的主要文章，可以参考。

五、大陆新儒家在哲学上露骨地宣扬唯心史观

儒家哲学两千多年，占主导地位的是唯心主义，孔孟的天命论、程朱理学和陆王心学，都是唯心主义。当然也不是清一色，儒家哲学在两千多年发展中也出现了一些杰出的唯物主义思想家，比如荀子、王充、柳宗元、刘禹锡、王夫之、颜元、戴震等人，但是不占主导地位，不是正宗。20 世纪的现代新儒学继承的是正宗儒学，不论是新程朱，还是新陆王，都是正宗儒学与西方唯心主义哲学相结合的产物。大陆新儒家在哲学上继承的也是儒家哲学的唯心主义传统。蒋庆强调儒学是"神圣天道"在人心中的体现，是人类精神对形上本源的把握。作为"形上本源"的"神圣天道"，就是最高的精神实体。他把儒学看作是能够体证"神圣天道"的世界上的伟大宗教之一。蒋庆所谓"王道政治的三重合法性"，首先是"超越神圣的合法性"，这个政权必须符合"神圣天道"，符合"天意"。这还是古代"君权神授"天命论的继续，是一种典型的唯心主义社会历史观。

蒋庆在倡导读经活动时所宣传的理论观点也是典型的唯心史观。在《〈中

华文化经典基础教育诵本〉说明》中，他说："圣贤是文化之本，文化由历代圣贤创造。中国的圣贤，除尧舜禹汤文武周公等古代圣王贤相外，孔子以后中国历代公认的大圣大贤不过颜子、曾子、子思子、孟子、荀子、董子、文中子、周子、二程子、张子、朱子、陆子、阳明子 14 人而已。"宣传中国的历史文化是由少数圣贤创造的，这是露骨的圣贤史观，根本不符合历史实际。蒋庆在《读经与中国文化的复兴》一文中又说："圣人的理性与凡人的理性是不平等的。圣人之心无私欲障蔽，理性清明虚静，能知善知恶而为善去恶；凡人之心受私欲缠缚，理性浑浊重滞，不能知善知恶，遑论为善去恶！职是之故，圣人有天然教化凡人的权利，曰'天赋圣权'，而凡人只有生来接受圣人教化的义务。所以，圣人讲的话、编的书——经典——就具有先在的权威性，凡人必须无条件接受，不存在凡人用理性审查同意不同意的问题，因为凡人的理性没有资格审查圣人的理性，相反，只能用圣人的理性来审查凡人的理性，来要求凡人接受。"这种观点，与劳动创造人和人类文化的唯物史观，与《国际歌》里唱的"从来就没有什么救世主"，与"教育者必先受教育"的理念，相去不啻有十万八千里！用这样的观点来指导少儿读经，会把中华文化经典教育活动引导到什么方向去呢？

大陆新儒家代表人物发表这类观点、言论还很多。比如前面讲到的：康晓光认为有贤德的人有天然地统治不贤之人的权利，这不过是孟子"劳心者治人，劳力者治于人"的翻版；还有陈明鼓吹的文化决定论，认为文化是政治、经济、战争成败的决定因素。不是社会存在决定社会意识，而是思想、意识、文化决定社会存在。这些都是典型的唯心主义理论。通过以上举例，我们可以看出这股思潮不仅在政治上危害性很大，而且在学理上也是站不住脚的，有些观点非常武断，非常荒谬，违背基本的事实，也违背人的常识。有的辩论者说碰到这类观点很无奈，"只能无言"。但"无言"不是办法，我们还是需要下点功夫，在理论上认真清理这类错误观点。

三

大陆新儒学在当代中国意识形态格局中的地位和它的可能前景，我们可作如下的分析与预测。

胡锦涛同志在十八大报告中强调指出，我们党要领导全国人民坚定不移地走中国特色社会主义道路，既不走封闭僵化的老路，也不走改旗易帜的邪路。习近平同志近来一再讲我们不能犯颠覆性的错误，走封闭僵化的老路和走改旗易帜的邪路就是"犯颠覆性的错误"。

大家都知道，"封闭僵化的老路"是指反对改革开放、要求回到前30年，甚至为"文革"翻案的"极左"路线，这是干扰我们走中国特色社会主义道路的一条错误路线。什么是"改旗易帜的邪路"呢？新自由主义和西化派代表国际资本主义的利益，要在中国搞颜色革命，企图"西化""分化"中国，这是一条改旗易帜的邪路。大陆新儒家在政治上要求"复古更化"，提出了种种"儒化中国"的政治方案，比如要用"三院制"取代我国的人民代表大会制度，要用"儒士共同体专政"取代人民民主专政，他们在经济上反对社会主义公有制，要求恢复私有制度，在思想上要求"以儒学取代马克思主义"的指导思想地位，这也是一条改旗易帜的邪路，也是一种颜色革命。

我们党领导全国人民取得民主革命、社会主义革命和改革的胜利不容易，中国有今天的国家独立、经济总量跃居世界第二位、十多亿人民基本得到温饱的现实情况也很不容易。所以，"西化""分化"之路和"复古儒化"之路对中国人民来说都不是福音，而是灾难。老百姓不一定能讲出多少道理来，但是他们有亲身感受，有这种直觉。所以，我们党提出"不走改旗易帜的邪路"，就是既不走"西化"之路，也不走"儒化"之路，而是坚定不移地走中国特色社会主义的道路。这是符合历史发展规律和时代潮流的，也是得到广大人民群众拥护的。

用历史的眼光，应该怎样评价大陆新儒学呢？我们认为，大陆新儒学在中国思想史上是很有特色的一个学派，它在中国21世纪思想史上将会占有一席之地，我想他们的这个愿望是可以达到的。但是由于这一派存在着一些根本性的问题：一是与主流意识形态相对抗，二是走"复古更化"之路违背历史发展潮流，三是站在少数"精英"的立场，维护少数人统治、教化多数人的社会制度，蔑视广大人民群众，所以没有群众基础。这些局限性决定它绝对成不了大气候，根本不可能实现通过和平演变"儒化中共""儒化中国"的目标，也不可能实现"立儒教为国教"、把中国变成一个"政教合一"国家的目标。不仅蒋庆设计的上行路线（"立儒教为国教"）行不通，就是他讲的下行路线，要求国家将大量土地和实物无偿馈赠给"中国儒教协会"，还要给它种种政治、经济特权，包括儒学出版物、广告和音像制品都要给儒教交税，由国家代收，然后乖乖地打到他们小金库的账号上去。这些要求都太没谱了，根本不可能由全国人大专门立法，做出这样一些格外优惠儒教的政策规定。直到今天中国还没有什么"儒教"，国家承认的五大宗教中也不包括"儒教"，儒学是不是宗教还有很大争议，你到哪里去找什么"中国儒教协会"呢？这个莫须有的"中国儒教协会"，连中国佛教协会、中国道教协会的地位和待遇都没有，就伸手向国家要这个特权、那个特权，不是叫人觉得很可笑吗？康晓光说民主自由主义和共产主义都是"乌托邦"。实际上，他们提出这些毫无现实可能性的"复古更化"方案，为莫须有的"中国儒教协会"争地位、争特权，才真正是空想，是乌托邦。

由于大陆新儒家提出的一套"复古更化"的政治、经济、文化主张，空想的成分太大，根本没有现实可能性，因此它对中国的现实政治影响也很小，主流学界并不重视它，当局也不重视它，没有把它当一回事。最近习近平同志发表了要重视意识形态斗争的"8·19"讲话，中央报刊也发表了许多文章，主要是批评普世价值思潮、新自由主义思潮、宪政民主思潮、历史虚无主义思潮，矛头主要是针对自由主义，而没有提到大陆新儒学。大陆新儒学反对主流意识形态的立场那么鲜明，摆出一付"儒马不两立"的姿态，进攻性很强，而主流意识形态却没有把它太当一回事。因为它"崇儒反马""复古更化"的错误立场大家都看得很清楚，没有多少人跟着跑。少数人在那里自说自话、自娱自乐，并不影响大局。在主流意识形态看来，真正的心腹之患还是自由主义，因为它同国际资本主义"西化""分化"中国的图谋是完全一致的，是互相配合的。有苏联的前车之鉴，对自由主义的危害性有所警惕当然是正确的。

从发展趋势来看，可以肯定，在中国目前非常开放的舆论环境里，大陆新儒家还会继续表达自己的意见，继续制造舆论，也总会有些人欣赏他们"以道抗势"的勇气。一个人有"道义"担当当然很好，但是要看你所持守的这个"道"，是不是符合历史发展的规律，是不是符合广大人民群众的愿望，到底是"正道"还是"邪道"？我们党已经明确地说，"不走改旗易帜的邪路"，所以大多数人对各种"邪路""邪道"是有警惕的。今天走不通，到中国发展得更好、老百姓满意度更高以后，各种"邪路""邪道"就更加走不通了。

许多同志都注意到大陆新儒家有一个特点，就是很会造舆论、造声势。他们打出"文化民族主义"的旗号，既反对全盘西化，也反对马克思主义，好像他们才是中国文化最纯正的代表，并且力图借"国学热"来扩大自己的影响，把提倡发展儒学、弘扬中国文化的功劳都记在自己的账上。

其实对于 21 世纪以来中国的"国学热""儒学热""传统文化热",多数人都是能够全面正确地看待的。大家都很明白,如果没有改革开放以来中国的经济发展、国力上升,中国文化在世界上能有今天这样重要的地位吗?如果没有党的文化方针的指引和把握方向,"国学热"也不可能得到健康正常发展,出现今天这种全党全民族重视历史文化的氛围。党的许多重要文件,江泽民、胡锦涛、习近平同志的多次讲话,都强调要弘扬中华优秀传统文化,建设中华民族共有精神家园。十七届六中全会《决定》还提出要建设优秀传统文化传承体系。许多大学的国学院、儒学院,一些重要的中国文化研究团体,比如国际儒联、中国孔子基金会、中华炎黄文化研究会等等,还有一些重要的学术会议,都是在党和政府的支持下成立和召开的。也是在党和政府的支持下,在世界各国建立了几百所孔子学院。今天中国持续发展的"国学热",应该肯定正面积极效果是主要的,对于树立中华民族的文化自觉和文化自信,对于推动中华文化走向世界,都起了积极正面的作用。同时也应该肯定,主要是党和政府、主流学界和热爱中华文化的广大人民群众,在"国学热"中发挥了正能量,是他们出力最大,坚持正确方向,保证了"国学热"的健康正常发展。

但同时,我们也要看到,"国学热"作为一个广泛的社会文化运动,也难免鱼龙混杂,泥沙俱下,情况非常复杂。我们肯定它的正面积极效应是主要的,同时不能忽视其中也出现了一些消极负面的现象。一是文化保守主义有一定程度的抬头,不能历史地、辩证地看待"古"和"今"的关系,特别是它的右翼,企图把"国学热"引导到"崇儒反马""复古更化""改旗易帜"的错误方向;二是有些人以弘扬"国学"为名,大搞封建迷信,出现了某些党政干部不信马列信鬼神的现象;三是把"国学"当作赚钱谋利的工具,比如有些高校办的高价老板班,通过媒体宣传社会影响很不好。这些都是"国学热"中出现的消极负面现象,发挥的是负能量,起的是反作用。

我们把大陆新儒学定位为文化保守主义的右翼,是因为并非所有有文化保守主义倾向的人都崇儒反马,都企图用儒学来同马克思主义争夺主导意识形态地位。有的学者认同儒学,推崇儒家,甚至自称现代儒家,但是他们崇儒并不反马。还有一些推崇儒家的学者,不但不反马,而且认为在今天,儒学可以而且应该与马克思主义交流对话,儒马可以结合,"合则两利,离则两伤"。所以在文化保守主义阵营中,实际上是有左、中、右之分的。

我举一个例子。大家都知道,前年(2011)年初发生了一场天安门孔子像之争。元旦之后不久，在国博北广场竖立起一座 9.5 米高的孔子像（象征"九五之尊"），引起舆论哗然。据说网上反对的声音占 70% 以上，同时也有一些学者出来挺孔像。最引人注目的是北京十三学者的联合声明，他们认为"立孔子像之举，符合国人心愿，适应时代潮流"，"有关部门如果急于介入正常的文化讨论，甚至被少数人的极端言论所绑架，而试图将其拆除，则将在世界上产生极为不良的后果和影响"。声明发表不久，孔子像就挪到国博院内的"中华名人雕塑园"去了。这叫十三学者非常被动，在网上受到不少奚落。客观地说，这些学者虽然有尊孔崇儒的倾向，与广大人民群众的心态不一样，但是他们并不反对主流意识形态，联合声明中明确地说："当代中国文化建设，应是马克思主义、中华文化、西方文化，三者有机地结合。这三者的位置应当是：以马克思主义为指导，以中国文化为根基，吸收西方文化的营养，形成全新的中国特色社会主义文化体系。"应该说这种观点很不错嘛！但是却引起了文化保守主义之右翼的强烈不满。在大陆新儒家看来，他们肯定马克思主义的指导思想地位，就是丧失了儒家立场，犯了原则性的错误。余樟法又写文章把十三学者骂了一通，说他们是"认邪作正，认夷作华，是思想倒退、品性堕落"。从这件事情可以看出，同样有尊孔崇儒的倾向，但是在对待马克思主义的态度上又有明显分歧，文化保守主义之中、左翼与右翼在这个问题上的观点是不一样的。

国内有的学者非常欣赏美国社会学家丹尼尔·贝尔在《资本主义文化矛盾》一书"再版前言"中所说的："本人在经济领域是社会主义者，在政治上是自由主义者，而在文化方面是保守主义者。"他们认为这样一种三结合、"三流合一"是可以存在的，也是最合理的。大陆新儒家显然不能接受这种保守主义可以与社会主义相结合的观点，他们反对社会主义公有制，坚持"儒马不两立"，与国内赞赏丹尼尔·贝尔观点的学者也有明显的思想分歧。

中国自"五四"以来就形成了马克思主义、自由主义和保守主义三大思潮对立互动的思想格局，这个基本格局直到今天也没有发生根本变化，不过相互之间的关系更加错综复杂了，突出地表现为三大思潮内部都有左、中、右的分化。不但文化保守主义有左、中、右之分，自由主义也有明显分化。20 世纪 90 年代后期开始出现的新左派与自由派之争，实际上就是自由主义的左翼与右翼之争，或者说是"自由左派"与自由右派之争。当然，"新左派"是一个很难界定的概念，成分比较复杂，不都是一个模子刻出来的，但主要成分是自由主义的左翼。中国原来的马克思主义队伍，经过改革开放也有明显的思想分化，"不走封闭僵化的老路"就指向过"左"的、不能与时俱进的传统马克思主义派，而"民主社会主义"则是右翼马克思主义举起的一面旗帜，对于科学社会主义来说，它实际上也是要"改旗易帜"。三大思潮都有左、中、右的思想分野，其中的各派又错综复杂地交织、纠结在一起，互相批评也有各种形式的暂时联合、结盟，都希望能壮大自己力量，影响中国的未来走向。这就是今天中国思想界的现实情况。

这堂课的任务只是对其中的一派大陆新儒学（家），即文化保守主义的右翼作点介绍和评述。主要是介绍一些情况，用马克思主义观点进行分析、评论做得很不够。有些问题还没有涉及，比如大陆新儒学与自由主义的关系、与历史虚无主义的关系，大陆新儒学与港台新儒学的关系，大陆新儒家思维方式和行为方式的实用主义、机会主义特点，等等，都是很重要的问题，也是一两句话讲不清楚的，需要作专门研究。给我的时间有限，这堂课先讲到这里。

充分发挥儒学对马克思主义中国化的支援意识作用[*]

当代中国主流文化建设必须正确解决中、西、马的关系问题。如何处理中、西、马三"学"（三种文化资源、三大知识体系）的关系，也是"五四"后近百年来中国文化发展道路之争的关键问题。2006 年，我曾提出"马学为魂，中学为体，西学为用，三流合一，综合创新"的看法。大家知道，这个看法是接着张申府、张岱年先生 20 世纪 30 年代的"三流合一"说和张岱年先生 80 年代的"文化综合创新论"讲的，不过将文化"体用"二元模式变通、发展为"魂、体、用"三元模式而已。张岱年先生说："中华民族是建设社会主义中国新文化的主体，而社会主义是中国新文化的指导原则。科学技术等等都是为这个民族主体服务的，也都是为社会主义服务的。"[1]他把"中华民族"和"社会主义"都放在"体"的地位，认为科学技术之"用"是为这两个"体"服务的。我只是把主导性之"体"与主体性之"体"区分开来，将前者称之为"魂"；并且把他的"中华民族主体论"变成"中国文化主体论"，因为我们讨论的是三"学"关系问题。"马魂、中体、西用"的文化发展道路和学术范式，符不符合当代中国的实际，有没有理论价值和现实意义，愿意听学者们评说，更需要接受历史实践的检验。

马克思主义与儒学的关系同中、西、马的关系问题有密切关联，但还不是一个问题。因为"儒学"不等于"中学"，它只是"中学"的一部分，但是其中分量很重的一个部分。儒学对于马克思主义的中国化有非常重要的正面作用，我想用"文化土壤"和"支援意识"两个概念来说明。

近百年来，马克思主义与儒学两种思想体系在中国相遇，它们之间难免有思想冲突和碰撞，也有不少互相交流、借鉴、融合的成功经验。中国共产

<hr>

* 本文是作者 2013 年 11 月 28 日在北京大学"儒学与马克思主义"课题研讨会上的发言提纲。原载谢青松编：《马魂中体西用：中国文化发展的现实道路》，人民出版社 2015 年版，第 111-113 页。

[1]《张岱年全集》第 6 卷，第 129 页。

党是中华优秀传统文化的继承者和弘扬者，从党员修养到执政理念，都从传统儒学中批判地吸取了一些适合中国国情的历史经验和思想理念，比如"以德治国"与"依法治国"相结合的思想，建设和谐社会、和谐世界的思想，"以人为本"和重视民心、民生的思想，等等。学者们对两大思想体系会通之必要性与可能性也作了许多学理上的探讨，比如郭沫若认为马克思"各尽所能，各取所需"的共产主义社会理想与孔子"天下为公"的大同世界可谓"不谋而合"；张申府和李约瑟都提出了辩证唯物论在中国"古已有之"的观点，认为中国人接受马克思主义哲学世界观和方法论有天然的亲和力；窦宗仪则主要分析比较了儒学与马克思主义在认识论上的一些相似和相通之处，在他看来，"儒家和马克思主义中间的一致远远超过了儒家和基督教之间的一致"。早期关注这个问题的学者，都试图为马克思主义何以能在中国落户、生根、发芽、开花、结果找到一种合理的解释，他们主要是从儒学作为马克思主义中国化之文化土壤这个角度来讲二者之相容相通的。

中国进入改革开放的新时期后，实事求是、与时俱进的马克思主义需要与中国国情更加紧密地相结合，因而更加重视自己的文化传统，力图把中国特色社会主义植根于中华文化的沃土中。新时期学术界对马克思主义与儒学关系问题的关注，除了学理上的相容相通之外，已把重点转向二者如何在现实的层面上相资互益、互动互补，"合则两利、离则两伤"。这个转向的前提是深刻总结"文革"的教训，回到实事求是的思想路线，全面科学地对待自己的文化传统。一分为二看儒学，其为封建经济、政治、社会制度服务的意识形态功能显然已不适合于今天，而对于其中能够"与当代社会相适应、与现代文明相协调"的那些思想内容，特别是其中主张入世、崇尚道德、追求社会和谐、重视经世济民的人文精神取向，则应视为民族文化的宝贵财富，让它们在中国特色社会主义文化建设中继续保持生命活力，转化为马克思主义中国化的支援意识，继续发挥正面建设性的作用。比如在社会主义核心价值体系建设中，儒学就从共同社会理想、民族精神与时代精神、荣辱观等方面提供了许多有益的支援意识，有力地发挥了古为今用的积极作用。

对于马克思主义与儒学关系问题的正常学术研究和讨论，受到了一股崇儒反马思潮的严重干扰。大陆新儒家坚持"要马统则不能有儒统，要儒统则不能有马统，两者不可得兼"的绝对化立场，公开主张"复古更化"、改旗易帜，要用儒学、儒教取代马克思主义的"王官学地位""宪法地位""国教地位"，要求改变所谓"鹊巢鸠占"的现状。这就使马克思主义与儒学的关系问题成为当今中国意识形态斗争的前沿问题之一。面对着这场争夺主导意识形态地位的斗争，我们不能视而不见，也不能用"淡化意识形态"的方法去应对，而是必须旗帜鲜明地坚持马克思主义的"一元主导"地位，坚持先进文化的前进方向。这不仅是个人的理论立场问题，作为公民，遵守宪法是底线；作为中共党员，更要服从党章，守土有责。

把马克思主义与儒学的关系定位为"主导意识"与"支援意识"的关系，一是为了正面回应以儒学取代马克思主义的主导意识形态地位的尖锐挑战，二是为了说明儒学中的某些思想内容在今天仍能发挥支援意识的积极作用，成为中国特色社会主义文化的一个重要构成因素。关于"一元主导"与"多元兼容"的关系，张岱年先生曾将其表述为"主导思想"与"支流思想"的关系①。我以为用"主导意识"与"支援意识"两个概念，更能体现"兼和"的精神，更有利于发挥支援意识的正面建设性作用。

儒学是中国传统文化的主流，对于马克思主义中国化有着特殊重要的意义。二者对立互动、相克相生，相资互益、共进共荣。当然二者的情况还是不同的，一个是马克思主义中国化的与时俱进，一个是作为文化土壤不断提供滋养；一个是主导意识的坚挺，主流文化的繁荣，社会主义主旋律的高扬，一个是作为古为今用的支援意识重新受到重视，焕发出新的生命活力，唱出与社会主义时代相协调的和声。马克思主义与儒学精华在中国特色社会主义文化中的深度融合，是中国共产党人文化自觉和自信的表现。

上面着重讲到儒学作为"文化土壤"和"支援意识"，对马克思主义中国化的贡献，即发挥正能量的方面，而没有提到其负能量和反作用，比如抵制和阻挠马克思主义在中国的传播与发展，在马克思主义中国化的过程中使之变形、失去其本真面目等。毛泽东和邓小平的有关警示也不应该忘记，清醒地认识到"求同存异"是有条件的，讲交流、会通、融合必须以扬精弃糟为前提。习近平同志最近讲"研究孔子和儒家思想要坚持历史唯物主义立场"，就是明确肯定了马克思主义的指导思想地位，也为研究马克思主义与儒学关系课题提供了指南。

---

① 《张岱年全集》第 7 卷，第 451 页。

人间正道是沧桑*

——马克思主义新文化观的确立

再过五年，我们就要隆重纪念五四运动一百周年了。

1917年发生的俄国十月革命，"给我们送来了马克思列宁主义"。1919年在中国爆发了彻底反帝反封建的五四爱国运动，工人阶级登上中国的政治舞台，并起了主力军的作用。马克思列宁主义与中国工人运动相结合，催生了于1921年成立的中国共产党。这几个重大历史事件在时间上紧密衔接，以五四运动为重要标志，开辟了中国历史的一个新纪元。

五四运动是觉醒起来的中国人民争取国家独立、民族解放和社会进步的一场伟大的群众性政治运动，同时也是一场伟大的思想解放运动和新文化运动。近百年来，继承和弘扬五四精神总是与中国社会和文化发展道路选择问题联系在一起。"五四"的精神遗产是多方面的，包括引进的各种思想、学说和主义，甚至也包括某些值得总结记取的教训，但爱国、进步、民主、科学始终是这场思想解放运动给我们留下来的主要精神财富，它引导中国人民通过新民主主义革命而坚定不移地走上了中国特色社会主义革命、建设和改革的道路。所以，五四运动不仅是中国新民主主义革命的开端，而且是中国人民自觉创造历史、为实现中华民族伟大复兴的中国梦而团结奋斗的一个重要历史转折点。

中国现代三大思潮对立互动

25年前，我曾就"五四"后中国现代三大思潮对立互动的格局，特别是

---

* 本文原载《中国社会科学报》2014年4月25日。

现代新儒学思潮的历史地位和作用发表了自己的一些看法——"五四"在中国思想史上的重要转折意义在于,近代以来甚至自 16 世纪以来的古今中西之争,由于增加了马克思主义这个重要维度,已经被分别倚重中、西、马三种思想文化资源的现代新儒家、自由主义西化派和马克思主义派"三足鼎立"的格局所取代,近百年来这种"三分"的思想格局始终没有发生根本变化。它延续的时间越长,"五四"作为一个重要历史转折点的标志性意义也就越突出。

在"五四"以来的中国现当代思想史上,三大思潮分别代表着不同阶级和阶层的利益,代表着不同的社会发展道路和模式选择,在它们之间发生过多次思想文化论战,都力图主导和影响中国的现代化进程。历史实践证明,"全盘西化"和"复兴儒学"两种选择在现实中都是行不通的,而且与彻底反帝反封建的"五四"革命精神都有相抵牾之处。正如有的学者所指出的,作为一场伟大的思想解放运动,"五四"革命精神既表现为"对传统求解放",也表现为"对西方求解放",那么就不可能全面复兴传统儒学或者全盘西化。只有掌握了马克思主义科学世界观和方法论的中国共产党人,才能根据世情和国情适时地提出新民主主义论和中国特色社会主义理论,找到一条中国社会和文化现代化的正确道路。

马克思主义综合创新文化观"坐集千古之智"

如何处理中、西、马的关系是中国现当代思想文化论争的中心主题。自由主义西化派和文化保守派仍固执于古今中西之争,它们的共同点是都无视马克思主义这个重要维度,在其取得主导意识形态地位后又不断对它进行挑战,所以中国的意识形态领域一直都不平静。马克思主义综合创新派则顺应人类文明发展的趋势,在坚持马克思主义指导思想地位的前提下,主张吸收中西文化之长,创造有中国特色的社会主义新文化。中国共产党人在制定自己文化方针时,一贯强调对古今中外人类文明一切优秀成果,都要采取批判继承、综合创新的态度。比如毛泽东在 20 世纪 40 年代就提出了"古今中外法",指出这是对待文化问题的一种"全面的历史的方法"。又如 1986 年制定的《中共中央关于社会主义精神文明建设指导方针的决议》,就强调我们要建设的是"以马克思主义为指导的,批判继承历史传统而又充分体现时代精神的，立足本国而又面向世界的，这样一种高度发达的社会主义精神文明"。不同于各执一偏的西化派和文化保守派，这是一种整合"五四"多元精神遗产，兼容中、西、马而"坐集千古之智"的综合创新的态度。

中、西、马"三流合一"、综合创新的思想最初是由张申府、张岱年先生于20世纪30年代提出来的。在人们只看到三大思潮之间互相批评、激烈论战、"道不同不相为谋"这一面的时候，他们却看到了以辩证唯物论为基础和主导，综合西方的科学方法与中国的道德理想，建立起一种"合孔子、罗素、列宁而一之""将唯物、理想、解析，综合合于一"的新哲学和新文化的可能性。在他们看来，孔子代表中国古来最好的传统，罗素代表西方历来最好的传统，列宁代表世界上新的方兴未艾的传统。"合孔子、罗素、列宁而一之的新体系定是新世界中的新中国的新指标、新象征。"张申府在《五四纪念与新启蒙运动》一文中写道：我们"所要造的文化不应该只是毁弃中国传统文化，而接受外来西洋文化，当然更不应该是固守中国文化，而拒斥西洋文化；乃应该是各种现有文化的一种辩证的或有机的综合"。这种辩证综合的视野与方法，半个世纪后被张岱年先生发展成为系统、完整、成熟的马克思主义综合创新文化观，成为在当今中国得到最广泛认同的一种文化理论。应该说，经过近百年探索，这种新文化观的确立是"五四"新文化运动的最大收获。

"马魂、中体、西用"论继承和发扬五四精神

作为马克思主义综合创新文化观之最新发展形态的"马魂、中体、西用"论，对中、西、马三者在文化综合创新中的地位和相互关系作了更准确的界定，把坚持马克思主义的指导思想地位、坚持民族文化的主体性和坚持对外开放的方针有机地统一起来。这种文化理论的特点是突破了传统的中西对立、体用二元模式，把作为精神指导原则之"魂"与作为文化发展载体之"体"区分开来，创造性地提出了"魂、体、用"三元模式，其中心环节是强化了民族文化的主体性。它以有着数千年历史传承的、经过近现代变革和转型的、走向未来走向世界的活的中国文化生命整体，为自强不息、变化日新的"创造主体"和厚德载物、有容乃大的"接受主体"，在今天它自然也是中国特色社会主义文化建设的主体承担者。这与五四运动所要实现的救亡图存、振兴中华的目标，与我们在新的历史条件下夯实民族文化的根基、创造中华文化

新辉煌的任务是完全一致的。

人间正道是沧桑。"五四"后的中国，只有在"马魂、中体、西用"有机统一、综合创新原则的指导下，才能找到一条整个社会和文化现代化的正道。它在不同历史阶段会有不同的内容和形式，但本质上都是"五四"爱国、进步、民主、科学精神的继承和发扬，都是中华民族伟大复兴事业的一部分。比如在今天，就是要坚定不移地走中国特色社会主义道路，既不走封闭僵化的老路，也不走改旗易帜的邪路。搞西化自由主义的"颜色革命"是一条改旗易帜之路，宣称要以儒学取代马克思主义的"王官学地位"也是一条改旗易帜之路，都是与"五四"精神背道而驰的。只要坚持走正道，到五四运动和建党百周年之际，我们就一定能够实现全面建成小康社会的奋斗目标。

青年张岱年的哲学睿识*

一

1936 年 4 月，中国哲学会在北京大学召开第二届年会，两天时间里，共有十八位学者宣读论文，其中包括胡适、冯友兰、汤用彤、贺麟、金岳霖、汪奠基、朱光潜、邓以蛰、马叙伦、周叔迦等著名哲学家。时年 27 岁的张岱年先生也出席了这届年会，他提交的论文是《生活理想之四原则》。

聿飞在《第二届中国哲学年会的纪实和批判》一文中说："在现代哲学上的第一大问题，就是'存在与思维'的问题。……如果本此标准而分析大会中各位哲学家的思想和立场，大半是主张唯心论的。在大会的十八篇论文中，以及两天讨论的时间里，我只看见一篇，也就是一位新唯物论的主张者——张季同先生的论文。""张先生是一位少壮哲学家，我认为是中国哲学会中特殊的一位。他的思想之出发点，不同于哲学会中任何一位哲学家。所以在大家讨论他的论文时，很表现出一些质问，可是他和他们的问答，简直像牛头不对马嘴。他很口吃，不能用爽利的言语和人们辩论，然而他的态度是对的。他的思想是新颖的，时代的，在这次年会中，他很给年会添了些生气。"①

纪实和评论文章作者"聿飞"即张聿飞，山西榆次人，曾在北平中国大学哲学系学习和任教。他比张岱年先生还要年长五岁。

张岱年所讲的生活理想之四原则，具体是指：（一）理生合一，（二）与

---

* 本文是作者 2014 年 5 月 25 日在"古典中国哲学的通见、睿智和精义——纪念张岱年先生诞辰 105 周年"学术研讨会上的报告论文。原载《中国社会科学院研究生院学报》2014 年第 6 期。

① 聿飞：《第二届中国哲学年会的纪实和批判》，《现代评论》第一卷，第十六期、第十八期，1936 年 5 月、6 月。

群合一，（三）义命合一，（四）动的天人合一。在人生哲学上，他吸收了中国传统哲学重视道德理想的思想，同时又克服了传统道德理想主义的弊端，把它上升到唯物辩证法的高度，提出了一个适应新时代需要的人生理想的新纲领。比如理生合一，"理"是指当然的准则或道德的规律，"生"就是人的物质生命、现实生活。历史上许多儒家学者"重理而轻生"，做事只问"理"应该不应该，而不管生活的实际，所谓"正其谊不谋其利，明其道不计其功"，所谓"饿死事小，失节事大"，都是典型的"重理轻生"思想。张先生站在唯物论立场，指出道德观念之"理"是离不开人的物质生命和现实生活的；同时又按照辩证法的精神，指出"生"也必须受"理"制约，好的生活就是合理的生活，正是由于遵循"理"的规范，才能得到生活的充实和圆满。另外三个原则也是一样，都是对传统道德理想主义的超越，都体现了唯物辩证法的精神。张先生认为，以前的哲学家喜欢讲"与天为一"为人生最高境界，其实这种境界对于人群、对于社会并无补益。我们不必讲与天为一，而应该讲与群为一，并且实践与群为一。"与群为一"就是个人与国家、社会为一体。"义命合一"是借用张载的成语，来说明理想的当然（义）与现实的必然（命）的对立统一，人与环境的对立统一。"动的天人合一"是相对于静的天人合一，即"与天为一"的神秘境界而言的，强调要以行动、实践来改造自然，而又不毁伤自然，以达到天人之谐调，戡天与乐天的统一。

在此之前，张先生还写过一篇《辩证唯物论的人生哲学》（1934年），主要阐述马克思、恩格斯的人生哲学思想，包括对人的本质、人与环境的相互作用、自由与必然、理想与现实、道德的本质、改善民生与社会革命的关系等问题的论述。他指出马恩的人生哲学实质上是唯物史观的人生哲学，社会主义的人生哲学，是社会的、革命的、实践的人生哲学，从根本上说是辩证唯物论的人生哲学。张先生提出的生活理想四原则，就是把辩证唯物论的人生哲学与中国的实际结合起来，在国家民族存亡绝续之际，提倡能够鼓舞人的精神、坚定人的意志、使人面对逆境而无所畏惧的伟大人生理想。这种以唯物史观和唯物辩证法为指导的人生哲学思想，在旧哲学阵营中是不受欢迎的，所以在哲学年会上受到许多批评和质疑；但是它却受到广大人民群众和青年的欢迎，张申府积极评价它是新颖的、有生气的，也是符合时代精神的思想，在一定意义上说，就是反映了人民群众和进步青年的看法。从这届哲学年会的讨论中可以看到当时的哲学家们在哲学理论立场上的鲜明分歧和对立。

二

青年张岱年与当时的大多数学院派哲学家为什么理论立场差异那么大呢？这是由于他在国家民族危难之际，已经明确坚定地接受了"当代最伟大的哲学"辩证唯物论，作为自己的世界观、人生观、价值观和方法论的基础，深信它的真理性。张申府先生的影响固然是一个方面，但主要是他通过学习思考后的自主选择。张岱年在北师大上学期间（1928—1933 年），很少去听课，大部分时间用来自学，那时他就读过恩格斯的《费尔巴哈论》《反杜林论》和列宁的《唯物论与经验批判论》等著作，并且广泛阅读古今中外哲学名著。经过比较，特别是与现代西方哲学中的实用主义、新实在论、新黑格尔主义、生命哲学、突创进化论以及超人哲学等作了比较，他认为辩证唯物论既博大精深又符合实际，是当代最伟大的哲学、最有价值的哲学、最可信持的哲学，真诚地接受了辩证唯物论（包括历史唯物论）的理论立场和基本观点。这种理论立场与他一直倾向于肯定客观世界实在性的观点亦深为契合。他虽然不相信将来的哲学可以定于一尊，但认为将来的哲学必有一个重心或者中心，他确信这个重心或中心就是辩证唯物论。30 年代他写了《关于新唯物论》《辩证唯物论的知识论》《辩证唯物论的人生哲学》等文章，系统介绍这种新哲学的基本观点。

青年张岱年在哲学年会上与大多数学院派哲学家理论立场不同，评论者张聿飞实际上肯定他在旧哲学阵营中是"一枝独秀"。应该说，张先生的新唯物论思想，在本质上是属于新哲学阵营的。但是当时的新哲学阵营，情况也相当复杂。在一些正统派马克思主义哲学家看来，以张申府、张岱年为代表的"解析的辩证唯物论"哲学，并不是正宗的、纯粹的马克思主义，只不过是一种书斋里的哲学，无益于中国革命的实际进程，看不上这种哲学并且对它采取排斥的态度。在他们看来，二张主张中、西、马"三流合一"，特别是主张吸收罗素一派的逻辑分析方法，不仅有折中主义之嫌，甚至被批评为向唯心主义妥协。比如陈伯达在《致张申府先生的一封公开信》中，就不赞成把辩证唯物论与罗素的实在论、逻辑经验论相提并论，他批评张申府的"三流合一"说是"一种毫无意义的折中主义的企图，而且实际上不过是唯心主义的翻版而已"①。《读书生活》1935 年第 2 卷第 2 期发表了一篇题为《论现在中国所需要的哲学——答金放然君并求教于张季同先生》的文章，作者署名"艾思奇"，但从张岱年的回应文章《关于文化与哲学》②来看，他是答复柳湜的，这篇文章也收入了柳湜的《如何生活》小册子中，而没有收入人民出版社 2006 年版的《艾思奇全书》中，可见它的实际作者可能不是艾思奇，而是柳湜。这篇文章批评张岱年（季同）夸大了中国的特殊性而忽视了新唯物论哲学的一般性，他说你讲新哲学是"唯物的、对理的"是对的，"但为什么要加上理想的呢？这不是反把视线扰乱了么？"他批评张岱年"明明是在半空中说话，没有实践的基础"，实际上是把哲学变成了"会客室内的谈玄"。张岱年的回应也不含糊，指出这种批评完全是误解，是"完全不看实际情形只凭主观臆断的错误批评"，只不过是柳君"头脑中的产物"而已。

在新哲学阵营中有认识分歧是正常的，我们应该从这些分歧中总结出有益的经验教训。这里面的关键问题，就是对待马克思主义的态度问题。

张岱年先生从青年时代起，就对马克思主义哲学采取一种既不"盲信"也不"盲诽"的科学理性态度。在他看来，"对于任何学说，任何理论，任何见解，都不应盲信，更不应盲诽。要客观地细察其内容到底是些什么，然后再客观地加以估价"③。批评的精神和客观的态度对于学者来说是最重要的，对待马克思主义哲学也应该这样。他说，只要有求真理之诚心，必能看到马克思主义哲学确有胜过其他各派学说的地方；同时，现代其他各派哲学也不是一派胡言，皆无所见，就是古代哲学，无论西洋的和中国的，也不能完全排弃。他主张以马克思、恩格斯的新唯物论为基础和主导，同时吸纳、综合中国哲学的理想主义和西方哲学的逻辑分析方法，以建立一种适合现在中国需要的新综合哲学。为什么把新唯物论哲学现成地拿过来还不行呢？因为在他看来，"新唯物论虽颇注重理想，而对于理想之研讨，实不为充分；而其注重（逻辑）分析，不充分乃更甚"④。也就是说，新唯物论哲学也有不足之处，需要补充、发展和完善，中国哲学中的理想主义和西方哲学的逻辑分析方法，正好可以作为其不足或不充分之补充。

---

① 陈伯达：《论"新哲学"问题及其他——致张申府先生的一封公开信》，《中国文化》1940 年第 1 卷，第 5 期。

② 张岱年：《关于文化与哲学》，《北平晨报》，1936 年 10 月 2 日。

③ 张岱年：《批评的精神与客观的态度》，《张岱年全集》第 1 卷，第 149 页。

④ 张岱年：《哲学上一个可能的综合》，《张岱年全集》第 1 卷，第 263 页。

在 30 年代的中国学术思想界,"唯物辩证法风靡了全国"。但在当时能像张岱年先生这样用科学理性的态度来对待它的人还是不多的。张先生曾具体分析说:今人对于新唯物论的态度,可分三种:一是墨守的态度,二是盲目反对的态度,三是修正的态度。他对这三种态度都不赞成,明确提出:"我的态度是发挥扩充:对于已有之理论应更加阐发,而以前未及讨论之问题,应补充讨论之。"①这就是一种坚持与发展相结合的科学态度。在谈到怎样发展马克思主义哲学时,他特别强调要善于学习、吸收现代各派哲学中有价值的合理内容,反对那种对待马克思主义的教条主义、宗派主义和关门主义的态度。他注意到,当时一些讲马克思主义的人,对马克思主义实际上是采取一种类似宗教信仰的态度,"凡宗师所已言,概不容批评,宗师所未言及者,不可有所创说"②,把马克思主义看成是没有任何不足之处,不需要补充、发展和完善的绝对真理;而对于马克思主义以外的学说,不论是中国古代哲学,还是西方近现代哲学,则不问内容,不加分别,一概藐视,一概排斥,这样就堵塞了吸收各派哲学之长来发展马克思主义哲学的道路。当时他还是一个涉世不深的青年人,但对思想舆论环境中的这种不正常现象已深有感触,所以明知人微言轻也要负责任地把自己的看法讲出来。

在旧哲学阵营,张先生的新唯物论哲学不受欢迎;在新哲学阵营,他也受到正统派的误解。另外还受到托派叶青等人的攻击。但是青年张岱年有自己的哲学主见,有充分的理论自信,所以不受这些批评影响,而是坚定不移地走自己的路。也就是说,他不但有追求真理之热诚,而且有坚持真理的勇气。青年张岱年非常难得地表现出了一个战斗的唯物论者的姿态,这可能并非他之所愿,但是为了坚持真理,他不得不回应各种挑战。在马克思主义哲学是不是科学真理,它是否符合实际、最可信取、最有价值的问题上,他同一切有意诽谤和"盲诽"马克思主义的唯心论者、托派和机会主义者进行了坚决的斗争;在新唯物论哲学是否有不足之处,要不要用批评的精神和分析的态度来对待它,要不要用其他各派哲学之优长来补充、发展、完善它,以及在是否承认非马克思主义哲学也不是一无所见,不能完全排斥,而应"且扬举且抛弃,且擢拔且摈除,且吸纳且扫荡"③的问题上,他同新哲学阵营内部的一些"盲信"和"墨守"马克思主义的人也有明显的认识分歧,不得不

---

① 张岱年:《哲学上一个可能的综合》,《张岱年全集》第 1 卷,第 278 页。
② 张岱年:《哲学上一个可能的综合》,《张岱年全集》第 1 卷,第 278 页。
③ 张岱年:《人与世界》,《张岱年全集》第 1 卷,第 359 页。

同教条主义和宗派主义的倾向作斗争。这说明青年张岱年并不是一个只知闭门读书思辨、不关心现实思想斗争的人。

三

20 世纪 30 年代，一些前辈哲学家潜心研究和著述，创造了几个中西结合的哲学体系，力图对振奋民族精神、改造国人的思维方式有所帮助。其中最有代表性的就是熊十力的"新唯识论"体系和冯友兰的"新理学"体系。青年张岱年对他们的学识和创造精神十分钦佩，但是不能认同他们的唯心主义哲学观点。比如在《论外界的实在》《谭理》等文章中，他就批评了"物缘心而有""存在就是被感知"的主观唯心主义观点，也批评了冯友兰"未有甲物之先已有甲物之理"和理"超时空而有"的客观唯心主义观点。他试图效仿前辈，把自己的哲学观点也系统地表达出来，于是在《哲学上一个可能的综合》一文中大胆提出："今后哲学之一个新路，当是将唯物、理想、解析，综合于一。""此所说综合，实际上乃是以唯物论为基础而吸收理想与解析，以建立一种广大深微的唯物论。"①这里阐明了这种新哲学的性质和建构原则，所谓"广大深微的唯物论"，就是一种吸收了中国哲学中的人生理想学说之精华和西方哲学中的逻辑分析方法的辩证唯物论哲学。

这种新哲学还有一个重要特点，就是它是接着中国传统哲学中的天人之学讲的，"欲穷究天人之故，畅发体用之蕴，以继往哲，以开新风"②，故其名称可以叫作"天人新论"，实即辩证唯物论的天人之学，或辩证唯物论的天人关系论。在张先生看来，"哲学是研究宇宙人生之究竟原理及认识此种原理的方法之学问"③。研究宇宙人生之究竟原理，在中国哲学，就是"究天人之际"的学问，它的任务是要论明"天道""人道"及其相互关系，以及"知天""知人"即认识"天人之道"的方法。张先生为写作"天人新论"制定了大体纲领，其主要内容是宇宙论、人生论、知识论和方法论几部分，力图对天人之学所涉及的基本问题作出辩证唯物论的解决和回答。因为在他看来，"新唯物论才可以说是完全的彻底的唯物论。新唯物论的宇宙论是对理的，注重历

---

① 张岱年：《哲学上一个可能的综合》，《张岱年全集》第 1 卷，第 262 页。
② 张岱年：《天人简论》自序，《张岱年全集》第 3 卷，第 215 页。
③ 张岱年：《中国哲学大纲》序论，《张岱年全集》第 2 卷，第 1 页。

程与等级。新唯物论的知识论之基本观点是实践，注重知识之实践的基础，及外界为知识之源泉，更进而阐明知识之社会性历史性，由以解决感觉经验与概念知识之对立，以及真知之相对与绝对。新唯物论的人生论之根本见地在认识人之社会性，又注重人与环境、自由与规律之对理，而最注重者是变革世界的实际道路"①。他的"天人新论"正是顺着新唯物论的基本路向而更有所扩充。所谓"扩充"是指"对于西洋哲学方面说，可以说是新唯物论之更进的引申；对于中国哲学方面说，可以说是王船山、颜习斋、戴东原的哲学之再度的发展；在性质上则是唯物论、理想主义、解析哲学之一种综合"②。同年稍后，他又在《人与世界——宇宙观与人生观》的哲学札记中，对这种新哲学的内容作了较为详细的展开，其要点是：在宇宙观，他强调"生生两一，一本多极"；在人生观，他主张"克服矛盾，与群为一"；在知识论，他注重"物为知基，由感而思"。张先生的"天人新论"哲学体系实际上雏形已现。

按照自己的哲学思路，青年张岱年做了两件重要的工作：一是以辩证唯物论的基本观点为指导，运用逻辑分析方法，以问题和范畴为纲，对中国传统天人之学的主要内容、理论系统和发展源流进行了系统的梳理，这就是他写的 50 万字的《中国哲学大纲》一书，该书可以说是"天人新论"的历史考察和理论溯源部分。二是在抗日战争时期极其艰苦的条件下，陆续写出《哲学思维论》《事理论》《知实论》《品德论》等书稿，试图对"天人新论"各部分的内容在理论上充分展开和作精密的哲理论证，合之即可体现这·中国化马克思主义哲学体系之全貌。可惜因"厥后生活日益窘迫，运思维艰，竟尔辍笔"③，未能全部完成。1948 年他在《天人简论》中概述了这一新哲学体系的十个要点，使我们对"天人新论"之全貌仍能有一个基本的了解。

上述两件工作，一史一论，纵横交织，互相贯通，互相发明，史论结合，相得益彰。"史"的研究增加了"论"的历史厚度，"论"的研究增加了"史"的理论深度，它们作为一个整体，充分显示了青年张岱年的哲学睿识，也确立了他在 20 世纪中国哲学史上作为一个有独创性的哲学体系的哲学家的地位。

在辩证唯物论指导下精研中国传统的天人之学，力图创建一个中国化马

---

① 张岱年：《哲学上一个可能的综合》，《张岱年全集》第 1 卷，第 274 页。

② 张岱年：《哲学上一个可能的综合》，《张岱年全集》第 1 卷，第 277-278 页。

③ 张岱年：《天人简论》自序，《张岱年全集》第 3 卷，第 215 页。

克思主义的"天人新论"哲学体系，不仅是张岱年在青年时代的哲学追求，而且也是他牵挂终生的事业。1949 年后他没有条件继续做这一工作，只能将其"存而不论"，但并不等于他已放弃这一事业，或对其方向、意义、价值有所动摇和怀疑，他在晚年还有撰写《自然与人》一书的计划，就说明他始终没有忘情于"天人新论"哲学体系的创构。

四

我们先来看《中国哲学大纲》一书。

这本书从 1935 年初开始撰写，到 1936 年 7 月完成初稿，大约用了一年半时间。他在 1936 年 4 月写成、5 月发表的《哲学上一个可能的综合》一文，与该书的写作时间正好重合，可见"将唯物、理想、解析综合于一"的新哲学构想，也是他写作《中国哲学大纲》一书的指导思想；这篇文章中有关中国哲学的论述，实际上正是《大纲》思想的概括和总结。

首先，张先生清楚地意识到，中国的正统思想并不是唯物论，但在中国哲学史上也有一个唯物论的思想传统，从先秦的惠施、荀子和《易传》，到汉代的王充，再到宋元明清时期张载、罗钦顺、王廷相、王船山、颜元、李塨、戴震等人的唯气论。在中国哲学史上，将宋明理学分为理学、心学、气学三系的思想，就是张岱年先生最早提出来的，他认为"气学"或者说"唯气论"就是一种唯物论。他特别强调中国近三百年哲学发展的趋向是以王船山、颜习斋、戴东原的唯物论为主潮，明确提出："现代中国治哲学者，应继续王、颜、戴未竟之绪而更加扩展。"①

其次，他指出，唯物论虽然在中国没有得到充分的发展，但"对理"即辩证法的思想却颇丰富。在宇宙论第二篇"大化论"中，详细阐述了中国哲学关于变与常、反复、两一、神化、始终、有无、坚白、同异的辩证法思想，认为大多数中国哲学家都肯定"变易"是普遍的事实，变易的基本规律是"反复"，变易的根源在于"两一"。他还注意到，在中国哲学中辩证法思想与唯物论传统往往是结合在一起的，"既讲唯物，又讲'对理'的哲学家，在古代是惠施和《易传》，在宋代是张子，在清代是王船山。附会地说，也可以说是

---

① 张岱年：《哲学上一个可能的综合》，《张岱年全集》第 1 卷，第 273 页。

中国哲学中对理唯物论的传统"①。

最后，张先生还注意到，唯物论虽然不是中国的正统思想，但中国哲学中有一些根本倾向，却"颇合唯物义"。比如在宇宙论，中国哲学的基本倾向是不将现象与实在分为二事，肯定现象即实在，实在即现象，在中国哲学中没有现象背后之实在的观念。在知识论，中国哲学除了陆王一派认为存在依附于心外，多数哲学家都肯定外界的实在性，并且承认外界是可知的。中国哲学最注重思想学说与生活实践打成一片，因而在本质上是主张知行合一的。在人生论，中国哲学不喜欢讲出世的理想，而注重不离日常生活的宏大而平实的生活准则，认为最高境界就是在日常生活中表现至理。这些基本倾向都是符合唯物论精神的。

上述符合唯物论和辩证法精神的中国哲学的基本内容和基本倾向，大都是该书"结论"中所肯定的中国哲学中之活的、历久常新的东西，是中国哲学的精华部分，对于建构中国的新哲学来说，它们是不可或缺的宝贵思想资源。

在张岱年看来，解析是治哲学的基本功夫，在各种方法中是最根本、最基础的方法。"解析法之要义在辨意谓，析事实，汰除混淆，减削含忽，而以清楚确定为目的。"②逻辑分析方法在写作《中国哲学大纲》一书中的运用，突出地表现在对中国传统哲学问题之"分析的研究"，以及对中国传统哲学概念范畴之厘清和准确界说上。由于中国哲学有"一天人""合知行""同真善""重了悟而不重论证""向无形式上的条理系统""浑融一体，原无区分"的特点，因此学习、借鉴、引进西方哲学的逻辑分析方法就有着特殊重要的意义。首先要从中国哲学的实际出发，把哲学家们关注和讨论的基本问题探寻出来，加以分类和综合，并且通过对各种思想学说发展源流的考察，揭示其固有的条理系统和内在逻辑关系，从而把握中国哲学的整个理论体系。其次要对中国古代哲学概念范畴的确切涵义作精密的解析，分清其本义、引申义和多种涵义，同时注意对中西哲学范畴进行比较研究。比如该书中分清了中国哲学的"本根""本体"概念，同西方哲学中与现象相对，认为本体实而不现、现象现而不实的"本体"概念之界限，就是一个非常典型的例子。在对中国哲学概念范畴的考察中，还要注意其发展演变，对立者之互转，概念意谓之变

---

① 张岱年：《哲学上一个可能的综合》，《张岱年全集》第 1 卷，第 272 页。
② 张岱年：《哲学上一个可能的综合》，《张岱年全集》第 1 卷，第 269 页。

迁与转移，分解与融合，也就是说，要把逻辑分析方法与辩证法结合起来。一个 20 多岁的青年学者，对逻辑分析方法在中国哲学史学科建设中的重要意义有如此深刻的认识，能够把它运用得如此得心应手，开创出"问题解析体"这样一种中国哲学史研究和写作范式，写出如此成功的典范之作，这在 20 世纪中国哲学史上可以说是一个奇迹。

人生哲学在中国哲学中占有重要地位。张先生说，中国哲学家所思所议，三分之二都是关于人生问题的。世界上关于人生哲学的思想，实以中国哲学为最丰富，其所触及的问题既多，其所达到的境界亦深。中国人生哲学的中心部分是人生理想论，追求人生的最高境界、高扬道德理想主义可以说是中国人生哲学的一大特点。张先生关于创建中国新哲学的构想，其中一个重要维度就是要兼取中国哲学中重视人的精神理想的思想，希望用伟大的理想来指导人类生活和社会进步。正如他在《生活理想之四原则》一文中所指出的，为了适应新时代的需要，就必须在辩证唯物论的指导下对中国传统人生哲学有扬有弃，创造新的人生理想原则。《中国哲学大纲》一书对中国人生哲学作了详细的分析论述，篇幅占全书一半以上。在人生理想论部分，就分别论述了仁说、兼爱说、无为说、有为说、诚说、与天为一说、与理为一说、明心说、践形说的主要内容和利弊得失，而高度评价王船山、颜习斋、戴东原的"启导一种活泼充实的生活"的践形说，为中国的新人生哲学建构提供了可资借鉴的丰富资源。

五

在写完《中国哲学大纲》一书后，青年张岱年把主要精力投入了"天人新论"哲学体系的理论建构。从《哲学上一个可能的综合》（1936 年 4 月）到《人与世界》札记（1936 年 9 月），到抗日战争时期陆续写成《哲学思维论》（1942 年）、《事理论》（1942 年）、《知实论》（1943 年）、《品德论》（1944 年）四种书稿，再到《天人简论》（1948 年），我们可以大致地看到他的思想发展轨迹，以及"天人新论"哲学体系的基本轮廓。

《哲学思维论》可以说是"天人新论"的导论，主要讲哲学观和方法论问题。首先认为哲学是根本问题之学，是研究宇宙的根本原理、人生的根本准则和人类认识的根本规律的学问。在各种类型的哲学中，肯定物本论（唯物论）最为正确。其次认为演绎法、归纳法和辩证法是三种基本的思想方法，它们各有适用范围，互相并不冲突。着重介绍了以对立统一为核心的辩证法的基本原则和规律，及其推衍与运用，同时说明辩证法并非绝对不容形式逻辑，认为"今之喜形式逻辑者则鄙弃辩证法，而好谈辩证法者则非薄形式逻辑，实皆蔽于一曲之见"①。此外对体验（体知）、解析、会通等哲学方法也有所论述。

"天人新论"的"天论"部分，只写出了《事理论》一书。该书讨论了事物与规律、共相以及有关的问题，提出了一个比较系统的宇宙观，对实有、事物与时空、延续与变化、关系与关联、理与性、可能与必然、两一与反复、事理之关联等问题进行了广泛的分析和论述。其基本观点是认为物统事理，事、理、物俱为实有，在事与理孰为根本的问题上，明确表示赞同王船山"道在器中"和李恕谷"理在事中"的观点，反对程朱的"理在事先"和"理在事上"说。

张先生在《天人简论》等论著中，还阐述了"天人本至"论、"一本多极、物源心流"论、"永恒两一"论、"大化三极"论都应该是属于"天论"部分的内容。古代哲学家讲"天人合一"，往往认为宇宙的本原就是人生的最高道德标准，他则认为是二非一，应该分别"本""至"。他在《论外界的实在》《人与世界》《知实论》中都批评了"物缘心而有""离识无境"的主观唯心主义观点，坚持唯物主义的"物源心流""物体心用"论。"永恒两一"论强调了矛盾的普遍性，对中国的辩证法有系统的论述；"大化三极"论则以"兼赅众异而得其平衡""富有日新而一以贯之"的"兼和"为"至极"，为最高的价值准则，提出了"以兼和易中庸"的新命题。

"天人新论"的"人论"部分，只写出了简略的《品德论》一篇四章。该篇专论道德理想问题，试图建立一种兼重"生"与"义"、既强调生命力又肯定道德价值的人生观，提出了"充生以达理""胜乖以达和"等重要命题。充生以达理的实际内容是"增健而为公"，强调"公"是适应社会人群生活需要的最基本的道德。

人生哲学在中国哲学中占有重要地位，接着中国传统人生哲学讲的"天人新论"中的"人论"部分，内容自然也十分丰富，远不是一篇简略的《品德论》所能涵括和尽其义的。比如《生活理想中之四原则》《哲学上一个可能

① 张岱年：《哲学思维论》，《张岱年全集》第3卷，第29页。

的综合》《人与世界》都讲到了"理生合一""与群为一""义命合一""动的天人合一"等原则，自然应该是新"人论"的重要内容。又如《天人简论》中讲的"人群三事"，在《左传》以"正德""利用""厚生"为三事的基础上，又补充提出了"御天""革制""化性"三事；在"拟议新德"中提出公忠、任恤、信诚、谦让、廉立、勇毅"六达德"，孝亲、慈幼、勤劳、节俭、爱护公物、知耻"六基德"，都丰富了新"人论"的内容。《中国哲学大纲》的一个明显缺点，是只讲人生观而不讲"通古今之变"的社会历史观，"天人新论"的"人论"部分，在"群己一体""人群三事"和"文化要素"的论述中，实际上已在一定程度上克服这个偏蔽，不只是讲个人的道德修养问题，而是增加了一些社会生产斗争和阶级斗争的内容。

"天人新论"的"知论"部分，原计划写"致知论"和"真知论"，实际上只写出了"致知论"的第一部分论知觉与外界的关系，名之为《知实论》。第二部分论感觉经验与概念思维的关系和"真知论"都没有写出来。《知实论》通过对感觉内容如感相、感相关系、感景、感征、感境等的深入分析，来确定主体（能知、心与感官）与客体（所知、原给、外在世界）的关系，论证客观世界的实在，有力地回应了否定或怀疑外界实在的各种唯心主义观点。有人认为外界实在只能通过实践来证明，张岱年认为也是可以从理论上证明的。关于感觉经验与概念思维的关系，可参见《哲学上一个可能的综合》论"感与思之两一"，《人与世界》论"知之渊源""知之过程"和"概念的知识"。《天人简论》中用"知通内外"命题概括地说明了上述两个部分即"致知论"的内容。"天人新论"中的"真知论"，可参见《哲学上一个可能的综合》论"真知之变与常"，《人与世界》论"真知""实证与实践"，《天人简论》论"真知三表"，涉及什么是真知（真理）、检验真知的标准、相对真理与绝对真理的关系等问题。

产生于国难中的"天人新论"哲学体系虽然未能以一部完整的理论巨著的形式面世，但是其基本观点都已分别亮明，其整个理论规模也已大体呈现出来。如果考虑到它是接着中国传统天人之学讲的这个重要特点，注意到其各个部分的理论溯源都可以在《中国哲学大纲》中找到相应的内容，那么人们对这个创新哲学体系的来龙去脉并不会感到十分陌生，在思想理路上也是不难契入的。

六

1949 年中华人民共和国建立之时，张岱年先生正值不惑之年，此前都是他的青年时代。

在国家民族危亡之际，青年张岱年选择了学术救国的道路。1934 年 1 月，25 岁的张岱年在《中国思想源流》一文中说："中国民族现值生死存亡之机。应付此种危难，必要有一种勇猛安毅能应付危机的哲学。此哲学必不是西洋哲学之追随摹仿，而是中国固有的刚毅宏大的积极思想之复活，然又必不采新孔学或新墨学的形态，而是一种新的创造。"①强烈的忧患意识激发了他积极奋发、刚毅宏大的创造精神，而要在哲学上有新的创造，就必须掌握科学的世界观和方法论，对人类文明成果包括本民族思想源流和文化精神有深刻的了解，以开阔的心胸将中西哲学精华熔为一炉，走综合创造、创新的道路。

张岱年自幼形成了勤学苦读、好为深沉之思的习惯，从不满足于课堂上所学的知识，而是广泛地阅读了古今中外哲学和文史名著，其知识结构和理论根底远非一般同龄青年可比。他所处的人文环境也得天独厚。在北师大附中读高一时，班主任汪震先生就开过"中国哲学史"课程，引发了他对哲学和中国哲学的兴趣。其长兄、著名哲学家张申府先生是他广泛阅读中、西、马哲学经典名著的直接引路人，在理论方向上对他有重要影响。当时中国一流的哲学家冯友兰、熊十力、金岳霖诸先生都曾给予他指导和帮助，他有机会直接与大师交流对话。所有这些主客观条件的因缘际会，促成了青年张岱年思想上的"早熟"，在一般人还刚步入社会、求索人生道路的年龄，他就已经有深厚的哲学造诣，有自己独立的哲学思想，写出了开创性且具有典范性的中国哲学"通论"巨著，有志于创造卓然自成一家之言的、体大思精的"天人新论"哲学体系。这在 20 世纪中国哲学史上确实可称凤毛麟角。张申府在他 24 岁时发表的《论外界的实在》一文后面特加赞评，认为此篇"析事论理，精阔绝伦"，"有作出这等文字的青年的民族，并不是容易灭亡的"。孙道昇在 1935 年发表的《现代中国哲学界之解剖》一文中，就把张岱年视为中国重要的马克思主义哲学家之一，与张申府同为"解析法的新唯物论"一派的

---

① 张岱年：《中国思想源流》，《张岱年全集》第 1 卷，第 199 页。

主要代表。曹聚仁读了《中国哲学大纲》一书后，在不知作者为何人的情况下评论说："宇同先生的中国哲学研究，其成就不在冯友兰之下。"这些都说明青年张岱年的思想水平已可比肩于当时中国一流的哲学家，并以把握了当代先进文化的前进方向而成为时代精神的领跑者，以至到了 21 世纪，学界还认为："张岱年先生在半个多世纪以前倡导的以辩证唯物论为基础和主导的中、西、马'三流合一'、综合创新之路，仍然是新世纪中国哲学发展的正确方向和现实道路。"①

在结束本文的时候，我还想讲一个意思，就是一个哲学家在青年时代所形成的真诚的理论信仰非常重要。他不是"盲信"，不是人云亦云随大流，而是怀着一颗求真理的诚心，在广泛阅读古今中外哲学名著和进行比较研究的基础上，经过自由的思考和选择，而确信辩证唯物论是当代最伟大的哲学，是时代的真理和良心。这种自主的哲学选择、内在的哲学信念，就成为他的"生命的学问"，成为他立身行世、观察处理问题、进行学术研究的基本指导思想，决定了他一生的学术方向，决不会因为某些外在因素的影响而轻易改变。这就是所谓"先立乎其大者，则其小者不能夺也"。青年张岱年正是由于早就形成了自己明确坚定的理论信仰，才能在中国哲学会第二届年会上迥异于其他学院派哲学家而"一枝独秀"，他才有可能写出皇皇巨著《中国哲学大纲》和成为"将唯物、理想、解析综合于一"的"天人新论"哲学体系的开创者，从而确立了他在 20 世纪中国哲学史上的独特地位。一个有志于学术事业的人，在青年时代找准自己的人生坐标，树立正确的世界观、人生观、价值观非常重要，这样他的实干和创造精神才能发挥出正能量。青年张岱年及其一生的学术道路，给了我们十分深刻的启示。

---

① 方克立：《张岱年与 20 世纪中国哲学》，《中国社会科学》2005 年第 2 期。

冯契研究与冯契学派*

——兼论当代中国的学术学派

老师们，同学们，下午好！

到华东师大来讲冯契研究，人家会说你是班门弄斧。这个我不敢，我是来向大家学习请教的。冯契先生在华东师大工作了40多年，哲学系是在他的亲自关怀、指导下建设起来的。哲学系的老师大都是冯先生的亲炙弟子和再传弟子，还有一些与冯先生共事过多年的老师已经退休了。对于冯先生的思想、学问和人格，他们都比我这个门外人了解得多，了解得深。我对冯先生也十分敬佩，在学习他的著作和思想的过程中，有一些想法，很想有机会与大家交流，向大家请教。有些想法也可能会想到一起去。

大家知道，这些年我在张岱年哲学和文化思想研究方面做了一些工作，比如"马魂、中体、西用"论就是在学习张先生综合创新文化观的过程中提出来的。在"五四"后中国文化的综合创新中，怎样处理中、西、马的关系，三种思想文化资源各处于什么地位，它们之间的相互关系是怎样的？这些实际上是近百年来大家都在思考的问题。我的看法是要把马克思主义的指导思想地位，中国文化的生命主体、创造主体和接受主体地位，以及西方文化（外域文化）为我所用的"他山之石"地位，三者结合起来，有机地统一起来，"三流合一"，综合创新。这个想法是接着张申府、张岱年先生讲的，没有他们思想的先导和启发，我也不可能提出这个看法。

我对冯契先生也非常钦佩，但是直到今天，关于冯契先生的思想，我只写过半篇文章。为什么说是半篇？就是1995年，冯契先生和牟宗三先生先后去世，海峡两岸两位大师级的哲学家相继去世，我很有点感触，写了一篇文

---

* 本文是作者2014年5月14日在华东师范大学哲学系学术讲演的录音记录整理稿。原载《哲学分析》2014年第6期。

章，题目是《追求真、善、美的统一——从两位中国现代哲学家说起》，提交给那年在波士顿召开的第九届国际中国哲学大会。我注意到一个现象，冯契先生的"智慧说"和牟宗三先生的"圆善论"，都是融形上学、认识论、逻辑学、伦理学、美学为一体，追求真、善、美的统一。不像我们现在，哲学分为八个二级学科，谁是马哲专家、中哲专家、西哲专家，谁是逻辑学博导、伦理学博导、美学博导，分得清清楚楚。冯、牟两位先生都是难得的哲学大家，气象博大，见解独到深刻，而且做学问都非常真诚。牟先生有一个提法，叫作"生命的学问"；冯先生有两句名言，叫作"化理论为方法，化理论为德性"。儒学在牟先生那里，马克思主义在冯先生那里，都是真诚信仰，都是"生命的学问"。马克思主义在冯先生那里，已经内化于心，变成内在的德性，变成哲学家的人格；而且外化于行，就是把它变成认识世界和改造世界的方法论，变成能动地反作用于外部世界的力量。我们现在学哲学，特别是学习马克思主义哲学，能否"化理论为方法，化理论为德性"，把它变成自己的理论信仰，变成自己的世界观、人生观、价值观和方法论，身体力行，这一点非常重要。冯契先生不仅给了我们重要的思想启示，而且用他凝道成德、学行一致的人格，深刻地教育感染着我们。

明年是冯契先生诞生 100 周年，辞世 20 周年，华东师大，还有整个上海社科界都很重视，准备隆重纪念。我也很关心这件事情，希望这个活动搞得好，达到最佳效果，产生深远影响。

十年前冯先生 90 诞辰时，华东师大开过一次"冯契与 21 世纪中国哲学"国际学术研讨会，有来自美国、法国、比利时、日本和我国台湾地区的学者参加。我没有参加这个会，但看到一篇报道，介绍这次会议除了讨论冯契思想外，还讲到哲学系的尴尬处境，招不到第一志愿考生，毕业生出路也不乐观，甚至讨论起哲学系应不应该停招本科生的问题来了。反正读了这篇报道心里有点不是滋味。后来我在网上又读到一篇关于华东师大哲学系的报道，就是陈卫平教授在 2013 级毕业典礼上的讲话。其中讲到我们应该有"学统自信"，因为看一个哲学系办得好不好，主要是看它有没有一流的哲学家，有没有贡献出有重大建树的哲学理论。华东师大哲学系有，就是有冯契先生及其"智慧说"。这就是我们得天独厚的"学统"。陈老师还说，"华东师大哲学系造就了一批优秀的哲学研究学者，'冯门学派'正在当今中国哲学界崛起"。我认为这话讲得非常好。这让我想起了陈卫平 18 年前讲过的一段话，他在冯先生刚过世时说："先生的过世可能使中国少了一种学派。华东师大哲学系有自己的理论风格，但它处于形成过程中，仍然不很完备，先生的过世更使它很难鲜明地展现在中国的哲学舞台上。"（见《理论·方法·德性》一书）当时他作为冯门后学之一，态度非常谦虚，讲话留有余地，但是里面还是包含着自信，跟后来讲的话是有内在联系的。近20年过去了，情况已经发生了很大的变化，一是大家对冯契哲学的价值以及它在 20 世纪中国哲学史上的地位，已经有了越来越清楚的认识；二是冯门后学中出了许多优秀人才，继承先生未竟之业，并有一些新的开拓和发展，所以陈卫平去年敢于明确说"冯门学派正在当今中国哲学界崛起"。这已经是一个客观事实，大家都看到了的。所以我认为，明年在纪念冯契先生百岁诞辰时，既要讲冯先生的哲学贡献，明确和确立它在20世纪中国哲学史中应有的地位；也要讲"冯契学派"，看到一代一代后继者沿着冯先生开辟的道路，为推动中国哲学发展所作出的新贡献，包括在马哲、中哲、西哲、逻辑学、伦理学、美学等学科作出的贡献。我们在今天应该有学派自觉，学统自信。

我对冯契哲学的关注，还因为在我看来，他的智慧学说是运用"马魂、中体、西用"的学术范式，非常自觉地以马克思主义哲学为指导，沿着实践唯物主义辩证法的道路前进，以中国哲学为主要对象来进行逻辑与历史一致的考察，同时借鉴西方哲学的认识成果，做到了三者有机统一、综合创新的一个典范。"马魂、中体、西用"是"五四"后中国文化发展的现实道路，也是一些成就卓著的马克思主义学者所走过的学术道路，冯契先生就是这样一个典范。如果说 20 年前我比较注意冯先生追求真、善、美的统一，那么现在我更加重视冯先生将"马魂、中体、西用"有机统一起来，认为这是他进行哲学创新的成功之道，成功的关键。

关于冯契哲学思想研究，我想应该重点关注以下几个方面：一是冯先生为中国哲学贡献了一些什么新东西。他对前人不是"照着讲"而是"接着讲"，比如接着他的老师金岳霖的问题讲，又用"转识成智"说超过了老师。二是冯先生在20世纪中国哲学史上的地位。他显然属于中国的马克思主义学派，那么在 20 世纪中国马克思主义哲学发展中，他应该占有什么地位？有人提出要区分意识形态的马克思主义与学术形态的马克思主义，充分肯定专业哲学家在学理层面为马克思哲学发展所作出的贡献。也有学者说冯契是 20 世纪下半叶唯一做出了重大理论创新的中国马克思主义哲学家，这个评价是否符合实际，是否恰如其分？三是冯契哲学思想对后世的影响，关注它的现实意义。冯契哲学产生于 20 世纪，但对 21 世纪中国哲学的发展仍有重要影响，这个影响是什么，影响有多大，也要作全面、客观的分析和估量。四是冯契先生为什么能取得这样的学术成就？这就要了解他的人生和学术经历，包括时代背景、学术渊源，以及各种主客观条件，比如他曾亲自到抗战第一线，在延安鲁艺学习过，对毛泽东的《论持久战》《新民主主义论》等著作心悦诚服，这些经历对他世界观和人生观的形成都有重要影响。五是我们后辈学人应该向冯契先生学习什么，包括他的学术思想、道德人格、治学和为人风范等。我觉得这些都是应该研究的内容。

我个人在冯契思想研究方面做的事情很少，只写过半篇文章。我虽然人在北方，但还是很重视上海的冯契先生对中国哲学所作出的特殊贡献，多年前拟过一个提纲，想对冯先生的思想作更深入一些的研究，遗憾的是一直未能实现。这次来上海前，我把这个提纲翻了出来，在这里跟大家汇报一下。很抱歉，不是成熟的思考，只形成了一些初步的思路。

（一）智慧学说，"转识成智"理论。这是冯契先生独特的哲学观。知识与智慧的关系问题，也就是传统中国哲学讲的"性与天道"问题，是冯契哲学的中心问题，也是他始终抓住不放的一个哲学基本问题。在他看来，"以我观之"是意见，"以物观之"是知识，"以道观之"是智慧。他对哲学的定位是将知识提升为智慧，也就是通过"转识成智"，获得关于宇宙人生根本原理的认识，成为能够"究天人之际""通古今之变""立成人之道"的学问。知识如何提升为智慧呢？"元学"如何可能呢？这就要求辩证法、认识论、逻辑学的统一，要求真、善、美统一和知、情、意统一的自由人格，要求把中、西、马各种智慧资源有机地整合、统一起来，达到"以道观之"的境界。以"智慧"作为哲学研究的对象，这是非常独特的一种哲学观，我们在前人的著作中还没有看到过这样的提法。冯先生中、西哲学根底都很好，了解近代科学主义与人文主义、哲学上可信与可爱的矛盾，他站在马克思主义哲学的高度，就能找到解决这些矛盾的方法和途径。冯先生之所以能形成自己独特的哲学观，与他是从金岳霖哲学的问题出发，抓准了知识与智慧，即"性与天道"这个真正的哲学问题是分不开的。

（二）广义认识论。过去有种看法，认为中国人"重人生而轻自然，长于伦理而忽视逻辑"，中国哲学中的认识论和逻辑学不发达。冯契先生不赞成这种观点。他认为不能把认识论局限于狭义的知识论，而要对它作广义的理解。广义认识论应该包括四个问题：第一，感觉能否给予客观实在？第二，理论思维能否达到科学真理？或者说，普遍必然的科学知识如何可能？第三，逻辑思维能否把握具体真理，即达到对世界统一原理和宇宙发展法则的真理性认识？第四，人能否获得自由？或者说，自由人格或理想人格如何培养？广义的认识过程包括两个飞跃，一个是从无知到知的飞跃，一个是从知识到智慧的飞跃。认识论的前两个问题主要是解决从无知到知的飞跃。但是认识不能仅局限于经验领域，它同时也指向关于性与天道的认识，要解决"天人之辩"问题；而对"道"的真理性认识又内在地关联着人的发展，要解决"成人之道"即自由人格如何培养的问题。在冯先生看来，中国传统哲学不仅关注前两个问题，而且对后两个问题作了更多的探讨和考察，甚至可以说把解决宇宙人生之大本大源问题放在更加优先的地位，这正是中国传统哲学的一个特点。冯先生之所以能提出广义认识论的深刻思想，与他精通中国传统哲学是分不开的。

（三）中国古代辩证逻辑和科学方法研究。中国古代科学为什么能取得很高成就？李约瑟认为中国人必有非常高明的科学方法。在他看来，"当希腊人和印度人很早就仔细考虑形式逻辑的时候，中国人则一直倾向于发展辩证逻辑"。冯契先生非常重视李约瑟的这个论断，一直注意加强对中国古代辩证逻辑和科学方法的研究，包括对"类""故""理"等逻辑范畴的研究。冯先生通过对名实之辩的考察，认为相对于西方哲学，中国哲学比较早地发展了辩证逻辑，在他的著作中勾画了一个"知类"（知其然）、"求故"（求其所以然）、"明理"（明其必然与当然）的逻辑范畴体系。他指出，中国哲学每到一个总结阶段，就有哲学家或逻辑学家出来对辩证思维的形式进行考察，提出一些辩证逻辑的原理，比如先秦的荀子、《易传》《内经》；宋明时期从沈括、张载到王夫之，辩证逻辑又有了进一步的发展。与辩证逻辑的早期发展相适应，冯先生认为在中国古代也比较早地发展了辩证法的自然观，这种自然观以气一元论为基础，将"道"理解为阴阳的对立统一。辩证逻辑与辩证自然观对广义认识论的第三个问题，即逻辑思维能否把握宇宙发展法则的问题作了肯定的回答。我觉得冯先生这方面的研究不仅对中国古代哲学史、科学史贡献很大，而且对现代科学发展与科技革命也有重要的启发意义。

（四）平民化的自由人格。冯契先生的德性理论、自由学说和"成人之道"新思想，集中体现在"平民化的自由人格"这个概念上。平民化的自由人格是中国近代哲学革命的产物，它总结了从龚自珍、梁启超、鲁迅到李大钊、毛泽东关于培养新人的思想，是对为少数治人者服务的中国传统君子、圣贤人格的批判和否定，同时又继承了中国传统哲学重视"成人之道"的思想。

平民化的自由人格不是高不可攀的道德的化身，没有精神贵族的那种孤芳自赏，而是普通人通过努力都可以达到的，具有平民化与个性化的特点，但都趋向于真、善、美统一和知、情、意统一的全面发展的自由个性。这种自由人格不是极端的个人主义和自由主义，而是也注意到社会的协同性，用李大钊的话来说就是"个性解放与大同团结的统一"。如何培养平民化的自由人格？冯先生提出了实践与教育相结合，世界观的培养与德育、智育、美育相结合，集体教育与个人努力相结合的思路，并且指出自由人格的形成是一个动态的历史过程。冯先生的"平民化的自由人格"学说在今天仍然具有重要的现实意义，我们看到在"国学热"中有些人主张恢复读经来培养传统的君子人格，这与冯先生的平民化自由人格思想，与培养社会主义"四有"新人的时代要求，显然是背道而驰的。

（五）**化理论为方法，化理论为德性**。这是冯契哲学的纲领和旗帜。我们在华东师大校园的马路上，看到路旁标语牌上写着本校著名学者、思想家和教育家的名言，冯契先生的代表性名言就是"化理论为方法，化理论为德性"。这两句话集中反映了冯先生对哲学的功用的看法。哲学有什么用？冯友兰先生说哲学不能提供具体的知识，但是能提高人的境界。冯契先生的看法不太一样，他认为哲学不仅能提高人的德性，提高人的精神境界，而且也具有认识世界、改造世界的功能，这主要体现在它的方法论功能中，通过"化理论为方法"（包括思想方法和工作方法），提高人们认识世界和改造世界的能力。冯先生的两本大著：《逻辑思维的辩证法》是讲认识的辩证法如何通过逻辑思维的范畴，转化为方法论的一般原理；《人的自由和真善美》是讲真善美的价值如何"凝道成德"，转化为人的内在德性，变成有血有肉的人格。只有这样，哲学才有生命力，才能说服人。也只有这样，哲学才既是可信的，也是可爱的。也就是说，冯契先生是以"智慧"的探索为中心，以方法论和价值论为两翼，来展开他的规模宏大而且具有很强实践品格和现实功用的哲学体系。

（六）**冯契的哲学史观**。在冯先生看来，哲学与哲学史的关系是"哲学是哲学史的总结，哲学史是哲学的展开"。哲学与哲学史的统一是体现于其哲学研究过程中的一个基本原则。他对哲学史的考察处处都渗透进了他自己的哲学见解，而他的哲学思考，又总是伴随着他对以往哲学智慧的总结。冯先生的"智慧学三篇"与他的两部哲学史著作是互为参照、互相证成的，史论结合，相得益彰。冯先生认同列宁关于"哲学史就是认识史"的观点。现代哲学强调哲学就是认识论，在冯先生看来，哲学是广义认识论，因此在他那里，哲学史就是广义认识论的历史展开。把哲学史看作认识史，这个观点否定了把哲学史看作"两军对战"史的简单化倾向，在"文革"后对中国哲学史学科的建设和发展是有积极意义的。冯先生的哲学史观，一方面肯定哲学史就是认识史，另一方面也肯定马克思主义关于哲学基本问题的看法，认为哲学发展有其自身的特殊矛盾，就是思维与存在的关系，所以他将哲学史定义为"根源于人类社会实践主要围绕着思维和存在的关系而展开的认识的辩证运动"，中国哲学史也不例外。哲学基本问题在不同民族、不同时代的哲学中有不同的表现形式，它在中国传统哲学中通常表现为天人之辩，有时也表现为名实、有无、形神、理气、心物之辩，也就是说，马克思主义关于哲学基本问题的理论对于中国哲学史研究是完全适用的，不过必须了解它的各种具体表现形式。

（七）中国古代哲学的逻辑发展。冯先生"文革"后最先出版的著作就是《中国古代哲学的逻辑发展》上、中、下三册，这部著作是他在给研究生讲课的讲稿基础上修改完成的。全书体现了冯先生关于哲学与哲学史统一、逻辑与历史统一的思想。哲学史从哪里开始，思维的逻辑进程也从哪里开始。清除掉历史中偶然的外在的东西，找出哲学发展必经环节的内在联系，就表现为哲学概念、范畴的形成，判断、命题的展开，与哲学史实基本上是一致的。比如先秦哲学蕴涵了以后各个时期哲学发展的胚胎和萌芽，就体现了人体解剖是猴体解剖的钥匙的思想。冯先生对中国古代哲学的考察，侧重于揭示其合乎规律的发展演进过程，运用逻辑与历史统一和科学的比较方法，梳理了中国古代哲学发展的历史脉络及其中的逻辑环节，并对中国古代哲学的特点作了深入分析。他着重梳理了中国传统哲学的四个问题：天人之辩、名实之辩、心物（知行）之辩，理气（道器）之辩。同时对形神之辩、力命之辩、性习之辩、有无（动静）之辩、言意之辩、能所之辩、群己之辩等问题也作了考察和论述，揭示了中国特有智慧的深层意蕴。冯先生重视黑格尔和列宁关于哲学螺旋式发展的"圆圈"思想，认为中国哲学发展有三个大圆圈，古代两个：一个由荀子作了总结，一个由王夫之作了总结。中国近代哲学发展也完成了一个圆圈，它是由毛泽东作了总结。当然，在大圆圈中还包含了许多小圆圈。

（八）中国近代哲学的革命进程。中国近代哲学的特点是"通古今之变，融中西之学"。中国传统哲学讨论的上述四个主要问题，在新的历史条件下，经过与西学的交流、交锋和交融，受到西方哲学的影响，到近代都有了新的发展，在内容和形式上都有所转换。传统的理气（道器、体用）之辩，到近代发展演变成为历史观问题；传统的心物（知行）之辩，发展为近代的认识论，包括经验论、先验论和唯理论。在冯先生看来，历史观与认识论相结合，就发展出了毛泽东的能动的革命的反映论。传统的名实之辩，到近代演变为逻辑思想和方法论的讨论。传统的天人之辩，包括理想人格培养问题，到近代发展为批判"无欲""无我"的圣贤人格，主张平民化的自由人格，强调意志自由，反对忽视自愿原则的宿命论。中国近代哲学与中国传统哲学是衔接的，有连续性，但是到了近代，又确实有一个对传统哲学进行革命变革的问题，有些东西是阻碍中国社会发展的，就要进行批判，进行改造，所以近代哲学在内容和形式上都对传统哲学有一定的变革和转换。比如传统哲学在伦理学上高扬自觉原则，强调道德教育和道德修养，而忽视自愿原则和意志自由；在美学上，中国传统哲学较早地发展了言志说和意境理论，显然不同于西方的模仿说和典型性格理论。中西哲学各有所长亦各有所短，在交流会通中就能得到更全面的发展，所以拒绝学习西方、拒绝变革是不可取的。

（九）始终保持心灵的自由思考。冯契先生哲学研究工作的特点，是一方面对马克思主义哲学有着坚定的理论信仰，化理论为方法，化理论为德性；一方面又始终保持心灵的自由思考，不思想僵化，不粉饰现实，通过批判反思不断总结理论思维的经验教训，不断达到新的哲理境界。大家都知道冯先生是一位老革命家，曾奔赴延安学习和参加抗战工作，解放后担任过多种领导职务，但是他的人生道路也不是一帆风顺，其中也有一些曲折，特别是经过"文革"的磨难，他对中国的历史和文化有着更加深沉的哲学思考，在德性修养和德操持守方面达到了一个新的境界，在他的事业、著作和日常活动中都显示出了其自由人格的光辉。这里面包含一个如何正确处理哲学与政治、哲学与时代的关系问题。冯先生作为老党员是很讲组织原则的，同时又始终保持哲学家的独立人格，保持心灵的自由思考，即使在逆境中，他可以不说话但是决不说违心的话。冯先生说："对从事哲学的人来说，从真诚出发，拒斥异化，警惕虚伪，加以解蔽、去私，提高学养，与人为善，在心口如一、言行一致的活动中保持自己独立的人格，坚定的操守，也就是凝道而成德、显性以弘道的过程。"这段话正是作为哲学家的冯先生的自由人格的写照。我们接触到的冯先生就是这么一个胸怀坦荡、好学深思、淡泊名利、耿介自守的人，看上去很平静，微笑着谈话，但有一种人格的力量。读他的著作，也文如其人，朴实无华，但感染力非常强。

在世纪之交，冯先生在多次谈话中都强调中国哲学要作自我批判和系统的反思。他是有深切体会才说这个话的，善于批判反思也是哲学的本性。我记得很清楚，1993年8月，第八届国际中国哲学大会在北京召开，我的发言正好排在冯先生后面。冯先生报告的论文是《"通古今之变"与回顾20世纪中国哲学》，中间有个小题目就是讲世纪之交可能进入一个自我批判和反思的阶段。他说一个民族，一种文化，一种学说，只有当它能够通过自我批判和反思对自己的历史有客观的理解时，才能克服盲目性，才能自我完善，稳步向前发展。对于哲学家来说，始终保持批判反思的能力，这是一种职责。我接着发言的题目是《20世纪中国哲学的宏观审视》，首先响应了冯先生的观点，而侧重于从中西哲学交融、会通的角度来讲20世纪中国哲学的特点，当然"融中西之学"与"通古今之变"也是互相关联的。我们都期待在世纪之交能够出现一个批判总结的高潮，这不仅要靠大家共同努力和扎实的工作，尤其需要有宏阔的眼光、集大成的智慧和超越自己的批判精神。

上面九个题目，是多年前在一个研究提纲中初步拟定的。最近我又想到一个题目，可以合成十题。它就是：

（十）冯契哲学范畴研究。冯契哲学有清华学派的共同特点，就是重视逻辑分析方法，注意"析其辞命意谓"，对哲学概念、范畴、命题的内涵和外延都界定得非常清楚。把他的哲学范畴体系、相互之间的联系搞清楚了，冯先生哲学的轮廓也就出来了。这也是研究冯契哲学思想的一个角度。冯先生从20世纪40年代开始研究智慧学说，到最后完成"智慧说三篇"，经过近半个世纪的长期思考，以"转识成智"的智慧学说为核心，形成了一个涵盖真、善、美各个方面的，包括形上学、辩证法、认识论、逻辑学、价值论、伦理学、美学在内的，哲学与哲学史统一的，"马魂、中体、西用"有机结合、综合创新的哲学体系，为20世纪中国哲学增添了宝贵财富。这个哲学体系中包含了一系列重要概念、范畴和命题，如上面已经提到的知识、智慧、"转识成智"、广义认识论，真、善、美，知、情、意，类、故、理，理论、方法、德性，天人之辩、名实之辩、心物之辩、理气之辩、群己之辩，平民化的自由人格，等等，他都有明确界定，在整个体系中是互相贯通、圆融无碍的。除此之外，还有一些很能体现冯契哲学特点的概念、范畴和命题，如疑问、意见、统觉、所与、呈现、类观、摹写、规范、具体真理、理性直觉、思辨综合、德性自证、自觉原则、自愿原则、成人之道、凝道成德、显性弘道、"以得自现实之道还治现实"等等，也非常重要，也值得认真研究。如果有人能根据冯先生的著作，编一本《冯契哲学辞典》，我认为也是一件很有意义的工作。

对于冯契先生的哲学思想，近 20 年来，国内学术界一般都给予了较高评价，特别是充分肯定它为 20 世纪中国马克思主义哲学发展所作出的独创性贡献。比如许全兴认为，冯契的"智慧"学说是专业哲学家建构的第一个中国化马克思主义哲学的逻辑体系，是马克思主义哲学中国化的重大突破，也是中国传统哲学现代化的一个重大进展。王向清认为，冯契先生的"智慧说三篇"，是第一部学术层面马克思主义中国化的著作，是 20 世纪后半叶中国内地学者建构的唯一一部堪称体系的哲学著作。在中国现代哲学研究中，较早提出区分意识形态的马克思主义与学术形态（层面）的马克思主义的是陈卫平教授，以后许多学者都沿用了这个思路。意识形态的马克思主义是指作为党的理论、路线、方针、政策之指导思想的马克思主义，它更加注重革命、建设、改革的实践层面；学术形态的马克思主义是指专业哲学家从学理层面对马克思主义哲学的拓展性研究和创新性发展，并在话语形式上表现出更多的中国特色和中国气派。张岱年先生在 20 世纪 40 年代建构的"天人新论"哲学体系，被认为是创建学术形态的马克思主义哲学的一次重要尝试；冯契先生在下半世纪完成的"智慧说三篇"，是学术形态的马克思主义哲学的一个更加成功的理论体系建构。这两个创造性的中国化马克思主义哲学体系有一个共同特点，就是更加重视马克思主义哲学与中国传统哲学智慧相结合。马克思主义科学世界观不仅要解决"中国向何处去"的现实问题，而且要回答中国传统哲学提出的"究天人之际""通古今之变""立成人之道"等问题，才能与中国精神深度融合。

冯契哲学不仅在国内学术界得到了高度评价，而且也产生了一定的国际影响。我在第九届国际中国哲学大会上作了《追求真、善、美的统一——从两位中国现代哲学家说起》的大会发言后，国际中国哲学会负责人在会上宣布，下一届国际会议将设专场讨论冯契先生和牟宗三先生的哲学思想。1997年在韩国汉城举办的第十届国际中国哲学大会，就设有讨论两位先生哲学思想的专场，这是冯契哲学走上国际学术舞台的一个标志。前面提到 2005 年在华东师大也举办过"冯契与 21 世纪中国哲学"国际学术研讨会，有一些外国学者参加。港台学者、海外华裔学者关注冯契思想研究的人比较多一些，比如在美国的华人学者林同奇、黄勇都写过评论冯契哲学思想的文章，杜维明、成中英对冯契先生也比较推崇。（补充：刚才高瑞泉教授介绍了美国学者墨子刻对冯契和冯契学派的关注，以及发表的有关评论，他用了"新马克思主义学派"这个概念，这个很有意思。他的哲学立场和我们不一样，是一种外在观察的视角，但是并不排除他也能比较客观地看待这个问题。）

冯契哲学有没有局限性，局限性表现在哪里？这也是大家比较关注的一个问题。冯契哲学产生于特定的历史时代，有历史局限性是不可避免的，问题是学者们见仁见智，从不同角度提出了自己的思考，当然也有不同看法，但是没有展开讨论。比如有的学者认为，冯先生把人与世界的关系主要理解为认识关系，而不是存在关系和实践关系。他的广义认识论主要是讲怎样认识世界和认识自己，而不包括怎样改造世界的内容，因而缺少实践哲学的品格。不同的看法则认为，冯契哲学整个儿就是建立在实践唯物主义辩证法的基础之上，他讲的"转识成智"是在认识世界和改造世界的交互作用中实现的，他讲"化理论为方法，化理论为德性"，也说明重视理论的实践功能。有的学者认为，冯先生受金岳霖和清华学派的实在论观点影响较深，在他的著作中曾不止一次地将唯物论等同于实在论，因此在有的论述中，比如把"为我之物"当作认识的唯一基础和对象，而把"自在之物"排除在外，就难以与唯心论完全划清界限。有的学者说，冯先生通过"转识成智"来培养真、善、美统一的理想人格，来解决人生的意义问题，多少带有精神乌托邦的色彩。也有学者提出，把哲学史看作是若干个小圆圈构成一个大圆圈，一系列圆圈环环相扣的发展历程，虽然是列宁赞同的黑格尔哲学史观的主张，但哲学史的发展历程是否就如此整齐，"圆圈"说是否符合中国哲学史发展的实际，还是需要进一步研究、讨论的问题。有的学者则明确表示，既不赞成"对子"说，也不赞成"圆圈"说，认为"圆圈"的终点并不一定高于起点。如此等等的评论还有一些。我们注意到，所有这些批评都是在充分肯定冯契哲学的巨大成就和历史性贡献之同时，指出它的不足之处，因此对于这种哲学的进一步发展和完善，都是有参考价值的。

下面我想讲一下冯契学派的问题。

不论在历史上，还是在当前中国思想界、学术界，学派现象都是客观存在的。百家争鸣是学术文化发展的规律。春秋战国时期，儒、墨、道、法、名、阴阳等诸子蜂起，成就了我国思想史上的第一个黄金时代。《宋元学案》《明儒学案》中写了那么多"学案"，实际上就是一个个以案主为中心的大小学派，除了主要记载、论述案主的思想外，还有师承、家学、弟子门人、学侣、同调、讲友、交游等等，弟子中有亲炙弟子、私淑弟子，还有再传弟子、三传弟子，形成一个有大体相同或相近的学说主张、有某种思想传承关系的学术群体，这就是学派现象。在我看来，出现学派现象是好事情。比如在宋明理学中，正是由于濂、洛、关、闽，湘学、蜀学、江西之学、浙东学派等不同学派之间的交流与交锋，才促进了当时学术的繁荣和发展。

今天中国思想界有没有学派现象呢？当然也是有的。"五四"以来我国出现了"三分"的思想格局，形成了三大思潮，所谓现代新儒家学派、自由主义西化派和中国的马克思主义派，就是不同的学派。马克思主义派中也有思想倾向不同或学科领域不同的各种学派，比如在中国思想史研究领域，有著名的侯外庐学派，最近还有文章关注南开的刘泽华学派。《文史哲》2013 年第 4 期发表一篇三万字长文，是河南大学李振宏教授写的，专题评述了以刘泽华为代表的王权主义学派的政治思想史观点，除了刘先生之外，还介绍了他的四个弟子所做的工作。我国当前在政治思想领域和经济学领域都有不同的学派，有的学派之争还相当激烈，这是大家都看到了的。

在中国哲学界，学派现象也是存在的，但是在我看来，具备形成学派条件的并不很多。侯外庐学派是历史学中的思想史学派，不完全是哲学学派。冯友兰先生名气很大，地位很高，但在中国很难形成"冯友兰学派"。他的标志性的哲学工作是创造"新理学"哲学体系，半个多世纪以来研究"新理学"的人很多，但是以"新理学"传人自称者却甚少。熊十力先生的情况就不同了，他的思想有唐君毅、牟宗三、徐复观等港台新儒家传承和发展，而且不止一代传人。张申府、张岱年先生曾经试图创建一个"解析的辩证唯物论"哲学学派，其最重要的工作就是张岱年在 40 年代建构"天人新论"哲学体系的努力，可惜没有完成。但是，他们坚持了半个世纪的中、西、马"三流合一"、综合创新文化观，到 80 年代张岱年先生以"文化综合创新论"的形式重新表述出来，迅速得到广泛认同，成为近 30 年来中国文化研究的主流观点。所以，以张岱年为旗帜的综合创新文化学派是可以成立的，而且事实上已经存在。当然，综合创新文化学派也可以说是一个文化哲学学派。

形成学派需要有一定的条件。首先要有开宗立派的代表人物，他要有很高的学术水平，有独特的学术创造，理论上自成系统，而且符合时代需要，得到一些人的认同。他的名字可以为某个学派命名，作为一面旗帜，具有很强的号召力。其次要有明显的学术传承，至少要有两代、三代传人，有生命力的学派甚至可以传到八代、十代，以至更多。作为一个学派要有大体相同的学术宗旨，认同一些基本的理论观点，在学术方向、学理、学风上有相近之处。后继者对前辈有继承也有创新和发展，在学派中出现变异和分化的情况是不足为奇的。作为学派一般都有相对稳定的学术基地，比如古代的书院，现代的高等学校和科研院所，研究生导师制是有利于学派形成和发展的。学派应该是开放的，不是封闭的，不同学术思想、学风的交流有利于学术的发展。在中国大陆哲学界，像冯契学派这样完全具备上述条件、具有鲜明的学派特征的学术共同体并不多见。

首先，其开宗立派的代表人物冯契先生是有自己独创的哲学体系的著名马克思主义哲学家。他的"智慧"学说是一个融合中、西、马，涵摄真、善、美，有史有论，要求理论结合实际、身体力行之的，有很大发展空间的开放的哲学体系。其灵魂是马克思主义的能动的革命的反映论，实践唯物主义辩证法，体现了辩证唯物主义和历史唯物主义的统一。它以中国哲学中的"天人之辩""心物（知行）之辩""成人之道"等问题为主要考察对象，从主体内容到话语方式都具有鲜明的中国特色。它吸收了西方哲学的逻辑分析方法，并借助西方的民主思想来推动中国近现代的哲学革命。冯先生以其创新思想、道德文章、自由人格教育和影响了一大批弟子门人，而且有许多学术同道，以他为核心形成了中国哲学中的冯契学派。

其次，我们来看冯契哲学的学术传承。冯先生从70年代末到90年代前期亲自指导培养了一批研究生，他们大都是冯契哲学思想的忠实传人，也是其第一代传人。由于华东师大首先建立的是中国哲学博士点，中国哲学专业毕业的研究生数量要多一些；冯先生同时也开马克思主义哲学、西方哲学、辩证逻辑、伦理学、美学方面的课程和讲座，所以他的学生中也有在这些学科方向发展得很好的。华东师大哲学系是冯契学派的大本营，上海社科院、上海师大等高等院校都有冯先生的学生，也有在北京、甘肃、浙江、湖南等地工作的。这批亲炙弟子受冯先生的学问和人格影响最深，有的在学风、文风甚至用语习惯上都与老师有相近之处。经过二三十年的磨炼和自主发展，他们中有些人已成为国内外知名哲学家，目前正处在事业发展的巅峰期。陈卫平、杨国荣、高瑞泉、童世骏、郁振华、冯棉等人可以作为冯契学派第一代传人的代表。他们现在都是资深教授，一批更年轻的冯门再传弟子已在他们指导培养下成长起来，其中不乏优秀人才，目前大都已成为华东师大和各高校教学科研的骨干。我想还应该提到曾经与冯先生共事、现已退休或已辞世的一些老师，如丁祯彦、张天飞、彭漪涟等教授，他们认同冯先生的哲学思想，多年协助和配合冯先生的教学研究工作，为冯契学派的传承和发展也作出了重要贡献。现任湘潭大学哲学系主任的王向清教授，已经出版两本冯契哲学研究专著，发表有关学术论文数十篇，他在华东师大上学的时候，指导老师就是彭漪涟教授。近 20 年来，在全国各高等院校和社科院，以冯契哲学研究作为博士论文和硕士论文选题的已有数十篇，也就是说，冯契的"智慧"学说已日益成为现代中国哲学中的"显学"，冯契学派也在不断发展壮大中。

冯契学派是中国哲学研究中的马克思主义学派，自然会得到一些持马克思主义哲学立场和哲学史观的学者的支持、鼓励、切磋和襄助，有许多同道、学侣和讲友。给我印象深刻的是，1985 年 8 月，在庐山讨论冯先生的大著《中国古代哲学的逻辑发展》，中哲史界的许多前辈学者，包括张岱年、任继愈、石峻、王明、严北溟、肖萐父等人都参加了，这个学科最活跃的一批中青年学者也参加了。会议就中国哲学史发展的规律和特点问题进行了比较深入的讨论，大家一致肯定冯著《中国古代哲学的逻辑发展》具有较高的马克思主义理论水平，建议国家教委将其列入高等学校文科教材，供全国各高校选用。冯契哲学思想的影响绝不局限于某个地区，而是产生了全国性影响，也有一定国际影响。

所以我非常希望，明年在举办冯先生百岁诞辰纪念活动的时候，一定要把"冯契学派"这面旗帜举起来，扩大冯先生哲学思想的影响，推动中国哲学向融合中、西、马，统一真、善、美，将知识提升为智慧，为解决人类文明根本问题提供智慧的方向发展。为此需要做一些准备工作，比如整理出版冯先生的未刊著作，编写翔实的冯契传记、年谱等。我曾经在北京一个藏书家那里，偶然发现几份华东师大散失的"文革"期间外调冯先生的材料，包括一些大名家亲笔写的材料，都是原件，有重要的文献价值，我建议你们想办法收购回来。"冯契学派"的资料也需要整理，涉及的内容就更广泛了，不过来日方长，可以慢慢做，先摸清楚基本情况。我还有一个建议，为了推动对冯先生的生平、著作和思想的研究，推动当代中国马克思主义哲学研究，经过一年时间筹备，在明年冯契先生百岁诞辰纪念会上，正式成立全国性的冯契哲学研究会。按照冯友兰、张岱年研究会的惯例，可以挂靠在中国哲学史学会下面作为二级学会，"户口"问题也不难解决。冯友兰、张岱年、任继愈先生逝世后都成立了研究会，有力地推动了对他们思想的研究和传承。张申府、张岱年兄弟是河北献县人，河北师大还专门成立了二张研究中心，召开过几次纪念性的学术会议，出版二张研究集刊，建立了二张研究网。在任继愈先生辞世三周年之际，"任继愈研究会"在他的故乡山东省平原县成立，当然活动中心还是在北京。冯契先生去世快 20 年了，其思想的生命力和影响力越来越彰显出来，但有关研究工作还基本上处于自发状态。我想现在是组织起来的时候了，明年是一个机会。以冯契学派的大本营华东师大为中心，具体组织联络工作你们多做一点。此事一旦列入议事日程，实施起来难度不会很大。把冯契哲学研究推上一个更高的平台，也有利于冯契学派更加自觉自信地发展。

回顾 20 世纪马克思主义中国化的历程，我形成了这样一个基本看法：马克思主义（科学社会主义）与中国革命、建设、改革实践相结合，产生了两个伟大的理论成果，一个是毛泽东的新民主主义论，一个是邓小平的中国特色社会主义理论。马克思主义哲学与中国哲学、文化传统相结合，产生了两个探索性的创新理论成果，一个是张岱年的"天人新论"，一个是冯契的"智慧"学说。前者大纲初具，未能最后完成，后者则建立了一个较为完备的史论结合的哲学体系。毛泽东的《实践论》和《矛盾论》，既总结了中国革命的实践经验，又是接着中国传统哲学中的知行问题和阴阳矛盾学说讲的，是马克思主义哲学中国化的更加成功的经典性成果，但它们只是一部宏大的辩证唯物论交响乐中的两个关键性乐章。所有这些创新成果的形成和发展，都是走的一条"马魂、中体、西用"有机结合、综合创新的道路。不论是以中国革命、建设、改革实践为体，还是以中国哲学、文化传统为体，都是以中国问题为中心和主题，中国的马克思主义者始终是以国家、民族的前途命运为主要的关切点。这个看法如果能够成立的话，那么显然，所谓学术形态的马克思主义哲学中国化的两个成果远未得到应有的重视，研究和宣传都很不够，许多人对它们甚至一无所知。其实中国的马克思主义学者在 20 世纪贡献出这两个创造性的理论成果是很不容易的，张岱年先生和冯契先生都是在国家民族的多事之秋，以高度的理论自觉和文化自觉，力图把当代先进文化与民族哲学智慧相结合，创造既适应时代需要又保留住民族文化底蕴的中国新哲学，特别强调要是能够应付种种危难的刚毅宏大的哲学，要是能够进行自我批判和自我完善的真诚无私的哲学。这是非常难能可贵的，他们的工作应该得到尊重和公正的评价。当代中国马克思主义哲学新形态需要从传统哲学中吸收更多的正能量，张、冯两位前辈所做的工作实具有示范意义，对中国哲学的未来发展必将产生深远影响。在今天，研究张岱年的"天人新论"和冯契的"智慧"学说，不只是具有思想史的价值，而且也有重要的现实意义。

比如对共产党员进行理想信念教育、防腐拒变教育，就可以从冯契哲学关于"化理论为方法，化理论为德性""平民化的自由人格""警惕虚伪，拒斥异化""反对权力迷信和拜金主义""反对独断论和经学思维方式"的论述中吸取智慧资源，找到理论支持，充分发挥其影响、转化现实的实践功能。

华东师大哲学系建立的时间不算长，能够在冯契这样一位哲学大师的引领下建设发展成长，确实是很幸运的。冯先生开创的学术方向和学理、学说、学风都是非常纯正的，富有前瞻性的，为冯契学派的传承和发展打下了坚实的基础，也留下了广阔的发展空间。对于华东师大哲学系的老师和同学来说，有学派自觉和学统自信非常重要，相信你们一定会把冯先生开创的事业发扬光大。我对冯先生的学问和人格也很景仰，但对他的思想了解得还很皮毛，今天讲的有些只是个人感想，不是一个严谨的学术报告，不当之处请各位批评指正。

冯契对马克思主义哲学中国化的历史性贡献*

马克思主义哲学中国化主要有两条路径：一是以马克思主义哲学基本原理为指导，来解决中国革命、建设、改革中的实际问题，并从理论上作出逻辑的说明；二是站在马克思主义哲学的高度，来清理"究天人之际""通古今之变""立成人之道"等中国传统哲学的基本问题，并发展出其现代新义。这两种情况都是用马克思主义哲学之"矢"来射中国问题之"的"，都是实现"马魂"与"中体"相结合的有效途径。

毛泽东是走第一条路径最重要的也是最成功的代表人物。他同时也对中国传统哲学中的知行学说和阴阳矛盾学说作了科学的总结，其能动的革命的反映论是对中国近代哲学革命的科学总结。

抗日战争时期，张岱年先生也试图站在辩证唯物论的理论立场，运用逻辑分析方法，对中国传统哲学中的天人、理事、心物、反复、两一、知实、群己、义命等问题作系统的清理，创造一个"天人新论"的中国化马克思主义哲学体系。这是专业哲学家试图走第二条路径的一个开创性探索，可惜没有最后完成。

冯契先生也有长期革命经历，他关注时代的问题，关心国家的前途命运，但主要还是走的一条马克思主义哲学中国化的学术路径，一个专业哲学家的道路。他在 20 世纪 40 年代写《智慧》一文时，就确定以沿着实践唯物主义辩证法的道路前进，解决知识与智慧的关系问题为自己的哲学任务，经过半个世纪的思想探索和生命体验，到 90 年代终于贡献出了"一转两化""两史三论"的中国化马克思主义哲学体系。"智慧说"哲学体系的创立，标志着马克思主义哲学传入中国以来，从问题意识、解决思路、理论内容到话语体系，

---

* 本文是作者提交 2015 年 11 月在上海召开的"世界性百家争鸣与中国哲学自信——纪念冯契百年诞辰国际学术研讨会"的发言提纲。原载《马魂中体西用：当代中国文化的理论自觉》，人民出版社 2019 年版，第 86—90 页。

基本上完成了从其西方形态到中西融合的当代中国形态的转型。因此也可以说，冯契的智慧学说是马克思主义哲学中国化的第一个完成形态，而且至今还没有出现第二个可以与之比肩的新的理论体系形态。

在马克思主义哲学中国化的百年历程中，毛泽东和冯契是两个最重要的代表人物，他们分别是实践路径和学术路径的成功典范。

马克思主义哲学中国化是在近代以来古今中西之争和"五四"后中、西、马对立互动的文化背景下，坚持走"马魂、中体、西用"三流合一、综合创新道路而产生的实践成果和学术成果。冯契哲学就有中、西、马三"学"合一的鲜明特点。

（一）独特的问题意识，独特的哲学观

冯契哲学的问题意识是来自中国哲学。他首先要解决的是以古今中西之争为背景的时代的问题，包括科学主义与人文主义的矛盾，知识与智慧、可信与可爱脱节的问题。追溯其根源，这正是中国传统哲学所要解决的"性与天道"的问题。正如金岳霖先生所指出的，冯契的思考"可能还更接近中国传统哲学"①。冯先生对此也有高度的自觉，他说："智慧学说，即关于性和天道的认识，是最富于民族传统特色的，是民族哲学传统中最根深蒂固的东西。"②

以"转识成智"、认识天道、培养德性为哲学研究的终极目的，这正是中国传统哲学（儒、道、释）的特点。西方哲学是不注重研究这个问题的，在马克思主义哲学经典著作中，也找不到解决知识与智慧关系问题的现成答案。

广义认识论的哲学观，把人能否获得自由、理想人格如何培养的问题也纳入认识论的范畴，这是冯先生对中国化马克思主义哲学的重要贡献。也就是说，他用中国哲学的德性论、"成人之道"和真善美统一的学说丰富和发展了马克思主义哲学。

"哲学是哲学史的总结。"冯契的智慧学说通过历史进行考察和总结的对象，主要是本民族的哲学史，其学术资源和话语体系也主要来自中国哲学史。天人之辩、名实之辩、心物之辩、理气之辩、群己之辩等贯穿于他的中国古代哲学和近代哲学论著之中。在冯契哲学中，中国哲学的主体性是不成问题

---

① 《冯契文集》第一卷，华东师范大学出版社 1998 年版，第 8 页。

② 《冯契文集》第一卷，华东师范大学出版社 1998 年版，第 23 页。

的，是得到了充分彰显的。

（二）坚定不移地走实践唯物主义辩证法的道路

认识天道、凝道成德、转识成智、获得自由的问题，依靠中国传统哲学脱离社会实践的道德修养、心性体验的途径不能解决，用现代新儒家严格区分哲学与科学的对象、功能和方法的办法也不能解决。

"金岳霖问题"是冯契智慧学说的出发点。他一开始就与金先生在《论道》中区分知识论的态度和元学的态度、采取划界的办法思路不同，坚信只要沿着实践唯物主义辩证法的道路前进，是能够找到一条从知识通向智慧的现实道路的。冯先生坦言他是从马克思主义过来的，早年就对毛泽东的《论持久战》《新民主主义论》等著作心悦诚服，认为其中所包含的哲学，即能动的革命的反映论和辩证逻辑，为自己的哲学研究提供了世界观和方法论的指导。

冯先生把人的认识过程看作是在社会实践基础上认识世界和认识自我交互作用的过程，对其中的各个环节及其相互关系作了深入细致的研究，比如要实现"转识成智"的认识飞跃，就必须讲清楚理性直觉、思辨综合、德性自证诸环节在其中所起的作用，恰当地掌握有限与无限、相对与绝对的辩证法。实际上，这些论述又发展和深化了马克思主义哲学的认识理论。

"哲学史是哲学的展开。"冯先生十分重视哲学史的研究，他是在马克思主义哲学的指导下来研究哲学史，又用哲学史的材料来论证唯物辩证法的基本规律的。他说："我的《中国古代哲学的逻辑发展》的主要工作，就是说明了中国人的思维发展也遵循某种客观规律，即辩证唯物主义所揭示的规律。我的书可以作为辩证唯物主义的教科书。"①可以看得十分清楚，马克思主义就是冯契哲学之"魂"，包括他的哲学史著作，也都贯穿着这个内在精神之"魂"。

冯象教授说过一段深知其父叫人非常感动的话，他说冯契先生这样一代早年就选择了革命道路的学者，虽然身经诸多磨难，甚至家破人亡，若要他们从头再来，还是会选择马克思主义。由此可见"马魂"的巨大理论威力，对追求真理的人们的巨大吸引力。

①《冯契文集》第十卷，华东师范大学出版社 1998 年版，第 247-248 页。

（三）以开放的心灵鉴取西方哲学的认识成果

冯契先生所坚持的马克思主义，是开放的而不是封闭的马克思主义，是具有宽容精神、能够吸收各种哲学派别包括非马克思主义学派的合理因素，来充实和发展自己的马克思主义，是既有革命批判精神，同时也有自我反思和自我批判精神的马克思主义。

西方哲学是冯先生研究中国哲学的重要参照系，也为他建构广义认识论的智慧学说提供了理论资源。尤其是研究中国近代哲学史，中西哲学交流、交锋与交融是不可缺少的内容，康德、黑格尔、实证主义、非理性主义等都对中国近代哲学发展产生过重要影响，总结中国近代哲学革命必须对西方哲学有深入的了解。在一定意义上可以说，马克思主义哲学中国化也是中西哲学交流会通的产物，是中西哲学合流的一个新阶段。

冯契先生在半个多世纪的哲学探索中，自觉地以马克思主义的科学世界观和方法论为指导，回归本民族哲学智慧的源头，"究天人之际，通古今之变""立成人之道"，同时从西方哲学中吸取大量思想资源，建构了一个打通中西马、统一真善美、史论结合、德业双修的创新哲学理论体系，为马克思主义哲学中国化作出了历史性的突出贡献。

冯先生之所以能为马克思主义哲学中国化作出突出贡献，一是由于他在青年时代就选择了革命的道路，"先立乎其大者"，确立了马克思主义的基本理论信仰；二是在西南联大跟金岳霖、冯友兰、汤用彤等哲学大师学习时，打下了扎实的中西哲学学问根底；三是做学问的真诚，他早就认识到"要救国，就要有理论，最根本的理论是哲学"，他搞哲学不是谋求个人出路，而是为了寻找救国救民的真理，所以无论顺境还是逆境，他都心口如一、言行一致，始终保持心灵的自由思考，为真理而奋斗；四是也要有做学问的客观条件，抗战时期，"文革"那样的政治动乱时期，是很难做出大学问来的，冯先生抓住了"文革"后十多年较好的时期，争分夺秒地完成了"两史三论"的哲学巨构。

冯契的智慧学说是马克思主义哲学中国化的一个标志性成果，理应受到中国哲学界特别是马哲界的高度重视，但我国现行的马克思主义哲学教科书体系，包括马工程教材和各级党校、行政学院的教材，都没有充分重视和认真吸收冯契智慧学说的思想成果，充分发挥它在认识世界和认识自己、改造世界和成就理想人格等方面的重要作用。

冯契哲学不仅有很高的学术理论水平，而且有很强的现实指导意义，对于广大干部和青年树立正确的世界观、人生观、价值观，提高理论思维能力，大有帮助。冯契哲学在马克思主义民族化、时代化、大众化方面均有独特贡献，比如冯先生提倡平民化的自由人格，他本人身体力行，文如其人，文风平实真诚，很容易与人心灵沟通。冯契哲学进教材是提高马克思主义哲学教学水平和实际效果的必要措施，冯先生的"三论""两史"应列入哲学专业学生的必读书目。

冯契哲学代表了当代中国马克思主义哲学的最高理论水平，在参与世界性的百家争鸣中表现出了中国哲学的高度自信。应该加强对冯契哲学的对外传播工作，首先要尽早把"三论""两史"的英译本推向世界。

为"刘泽华学派"赞一个[*]

——在《中国政治思想通史》新书发布会上的发言

　　去年李振宏教授介绍和评述"王权主义学派"的文章[①]在学界影响很大，中国人民大学出版社今年又推出了该学派的一部厚重的代表作——九卷本《中国政治思想通史》。它将引起人们更加广泛的关注，不管是赞成还是不赞成这种旗帜鲜明的观点，在客观上都将有力地推动中国学术思想的发展。

　　李振宏教授的文章提到我在 2005 年就有"刘泽华学派"的说法，记得这个概念并不是我发明的，而是沿用了陈明和《原道》派在辩论中对对方的称呼。我只是根据自己的了解，做了这样一个论断："刘泽华学派的基本观点是在认同唯物史观的基础上强调思想与社会的互动。这场争论可以说是唯物史观与文化史观之争。"[②]关于陈明和《原道》的文化史观，我在 1995 年一次会议发言中已经有所说明，可参见拙著《现代新儒学与中国现代化》第 530 页至 531 页。[③]

<hr>

　　[*] 本文是作者 2014 年 10 月 17 日在南开大学《中国政治思想通史》新书发布会暨学术研讨会上的发言。原载《天津社会科学》2015 年第 2 期。

　　[①] 李振宏：《中国政治思想史研究中的王权主义学派》，《文史哲》2013 年第 4 期。

　　[②] 方克立：《中国文化的综合创新之路》，中国社会科学出版社 2012 年版，第 436 页注①。

　　[③] 该文指出："《原道》第一辑刊有一篇题为《无本者竭，有本者昌——湘军、太平军与文化传统》的文章，其基本观点是：曾国藩指挥的湘军认同儒家文化，代表中国文化传统，所以能取得这场战争的胜利。它将这场战争提升为'保卫文化认同感之战'，这一提升，就使湘军立于不败之地。而洪秀全领导的太平天国，用西方基督教来动员群众，背离了中国文化传统，为渊驱鱼，为丛驱雀，结果必然失败。这篇文章立足于儒家正统观念，把曾国藩所说的'无本者竭，有本者昌'说成是'文化发展的一般规律'，并以此去剪裁和歪曲历史。无独有偶，该刊同期还有一篇题为《政治与经济：以文化为旗帜——台湾'中华文化复兴运动'述评》的文章，说国民党在大陆时期，背离了儒家的仁政、王道，'尧舜三王周公孔子所传之道，未尝一日得行于天地之间'，因此必然失败。'只是一败再败，退居一隅，痛定思痛，才终有所悟而回心向道'，'效法先王力行仁政'，所以才取得了今天的成功。'得道者昌，逆道者亡'，这就是'台湾中华文化复兴运动带来的最重要的启示'。这篇文章的立论很明确：'以文化价值作为政治运作的轴心'。这是典型的文化决定论命题。"（方克立：《现代新儒学与中国现代化》，天津人民出版社 1997 年版，第 530-531 页。）

20 世纪 70 年代到 90 年代，我在南开大学哲学系工作过 21 年，与刘泽华教授是老朋友。我们合作写过文章，在工作上也互相支持。哲学系申请中国哲学博士点的时候，加上温公颐老前辈也不够三个教授，还是请刘泽华教授加盟才拿到了这个博士点。我们分别在两个系带的研究生也互相选听课程。

刘泽华教授是国内中国政治思想史研究的大家。他在这个学科领域辛勤耕耘了半个多世纪，学识渊博，思想深刻，著述丰富。他继承了中国古代史家秉笔直书的优良传统，敢于实事求是，决不曲学阿世。在这部九卷本通史之前，他的学术团队还出版过一部三卷本《中国政治思想史》①，早已是该学科最有影响的大家之一。按照现在的学科建制，中国政治思想史是政治学下面的一个二级学科。在 20 世纪 60 年代刘泽华开始研究中国政治思想史的时候，整个政治学学科都被取消了，他是在历史系，而且以后一直在历史系。他治学的特点是主要运用历史的方法，以大量可靠的历史资料为依据，从古人的论述中归纳出当时人的政治思想，并且善于将其上升到政治理论、政治哲学和政治文化的高度，而不是用现代政治学的观念和方法，来驾驭、分析和建构古人的政治思想。这两种不同的研究进路，写出来的中国政治思想史著作面貌是不一样的，对此大家都能深切感受到。刘泽华说他的研究进路和有关著述可能叫人觉得比较"土气"②，但是它也更加接近历史真实，更加"朴实"和更富于原创性，所谓"土气"也就是更"接地气"。带着"土气"的著作是不是一定比现代性的、"洋气"的著作水平差呢？并不见得。

我粗略地翻阅了一下这部通史的第一卷"综论卷"，感到相当震撼。多卷本通史著作过去也看到过一些，一般都是在第一卷"先秦卷"的前面，有一篇全书"绪论"或"导论"，阐明本书的研究对象、范围、发展阶段、学科特点和研究方法等，短的一两万字，长的四五万字。我没有想到刘泽华主编的这部通史的"综论卷"竟长达 80 万字，除了阐明研究对象和方法外，还把作者对该学科基本内容的理解与把握，比如各个时代普遍性的一些政治观念和问题，作了系统的梳理和提纲挈领的交代。这部著作吸取和借鉴了历史学、政治学、社会学、哲学、宗教学和思想史等不同学科的眼界、方法、问题意识和研究进路，并不局限于对中国政治思想发展演进历程作史的梳理，而且还特别重视思想与社会互动的整体研究，强调社会形态的"三分法"和历史

---

① 刘泽华主编：《中国政治思想史》三卷本，浙江人民出版社 1996 年版。
② 刘泽华主编：《中国政治思想通史·先秦卷》后记，第 562 页。

阶段论，以及"阶级—共同体综合分析"方法，注重对观念制度化和制度观念化、政治文化化和文化政治化的研究，注重对中国传统政治哲学与社会整合问题的研究，注重对统治思想与民间社会意识互动的研究，在注重对精英和经典文本的政治思想研究之同时，也注意探讨社会普遍的政治意识和社会思潮、社会运动，另外还注意对中国传统政治文化、政治心理和政治人格的研究，对政治信仰和政治宗教的研究，等等。总之，从"综论卷"可以看到这项研究的广度和深度，绝不比一般同类著作差，而是有过之而无不及。在一定意义上可以说，这部九卷本通史代表了中国政治思想史学科目前所达到的最高学术水平。

刘泽华主编的这部九卷本通史，不仅是迄今为止规模最大的一部中国政治思想史著作，而且以其独具特色的、旗帜鲜明的理论观点和方法，引起学界和世人的注意，这也是人们称其为"王权主义学派"的主要原因或者说根本原因。刘泽华在长期教学、研究过程中，逐渐形成了政治思想是中国传统思想文化的主干，政治权力支配整个中国传统社会，在这个社会中人是等级的人，中国古典人文主义必然导向君主专制主义即王权主义，中国传统政治思维具有以"阴阳组合结构"来支持君权的绝对性，又用仁政、德治、王道、民本、均平、尚贤、变革等理论来对君权作限制、调节、缓冲、缘饰的特点，这一系列重要的理论观点和研究结论，形成了一个新的中国政治思想史解释体系，也可以说形成了一种新的历史观和思想史观。其中特别是发现了中国传统政治思维中的"阴阳组合结构"，或者说刚柔、君臣、主辅结构，对于全面认识中国传统政治思想以至整个中国传统文化，都具有重要的方法论意义。它既突出了王权主义这个核心和主题，又不是对中国传统政治思想和政治文化全盘否定，而是肯定其中有合理的思想内容，有民主性的精华，不过不能脱离开其整体结构来抽象议论、抽象继承，而是要把这些有价值的思想资源，从王权主义的束缚中解构出来，适应新时代的需要，进行"创造性转化、创新性发展"，这样才能做到像习近平同志讲的"有鉴别地加以对待，有扬弃地予以继承"，或者说"去粗取精、去伪存真，经过科学的扬弃后使之为我所用"。九卷本通史就是认真贯彻了这种精神，坚持实事求是和历史主义的科学分析态度，所以把全盘否定中国传统文化的帽子扣在"王权主义学派"头上是没有根据的。

我们在迎接这部大著出版的时候，大家心里都明白，这项深刻揭露了中国传统社会的本质，以及中国传统思想文化的本质的研究成果，与时下"复兴儒学""回归道统"声浪甚高的文化氛围是不太协调的。十年前刘泽华学派与大陆新儒家就有过一场论战,"王权主义学派"今天如此高调出场,拿出了这样规模的大部头,很可能又会遭到尊孔崇儒、"复古更化"派的批评,甚至面临着一场新的论战。我想这个学术群体是有充分思想准备的。通史最后两卷"中国近现代政治思想史"的主题就是要走出王权主义,走出中世纪,而现在有些人就是要回归"天王合一""圣王合一"的王权主义,回归儒学作为"王官学"的时代,回到中世纪,所以思想分歧和论争是难以避免的。出版这部九卷本通史就是表明我们勇于承担这一份社会责任和学术责任。

刘泽华教授的贡献,是不仅在中国政治思想史研究中提出了系统的王权主义理论,而且通过他的教学实践活动,为中国学术界培育了一个王权主义批判学派,也就是人们通常讲的"南开学派"或"刘泽华学派"。这个学派的大本营无疑是在南开。刘泽华教授作为开宗立派的代表人物,30多年来,培养了数量相当可观的一批博士和硕士研究生。他们毕业后有的留在南开,大多数分布到全国各地,天津、北京、上海、山东、辽宁、河北、陕西等地都有,他们又培养了一批刘门再传弟子。所以这个学派不但是后继有人,而且队伍还在不断发展壮大中。

关于这个学派的定位,葛荃教授将中国政治思想史研究中的学术流派主要归纳为三大派:新学历史学派、马克思主义历史学派和现代政治学学派,他是将以刘泽华为代表的南开学派看作"马克思主义历史学流派的新发展"①。这个"新发展"包括了对20世纪50年代以来教条主义思潮及其危害的深刻反思,真正回到实事求是的思想路线上来,同时以开放的眼光注意吸收现代政治学的观念和方法,但是又不丧失中国学术文化的主体性。我以为这个定位是准确的,勇于打破教条主义设置的种种思想禁区,其实就是更好地坚持了社会存在决定社会意识,又注意到思想与社会互动的唯物史观。

在中国历史上,儒、墨、道、法、名、阴阳、兵、农等学派峰起,出现了春秋战国时期"百家争鸣"的思想活跃局面。《宋元学案》《明儒学案》中写了那么多"学案",实际上就是一个个以案主为中心的大小学派,不同学派之间的交流、交锋与交融,促进了当时学术思想的繁荣和发展。"五四"以来中国出现了自由主义西化派、文化保守派和马克思主义派"三分"的思想格局,实际上就是现代中国的三大学派。马克思主义派中也有思想倾向不同或

---

① 刘泽华主编:《中国政治思想通史·综论卷》,中国人民大学出版社2014年版,第717页。

学科领域不同的各种学派，比如在中国思想史研究领域就有著名的侯外庐学派。我记得刘泽华在为《中国儒学发展史》一书写的"序"中，曾经讲到他与侯派黄宣民的友谊。黄宣民一方面把刘的研究成果归之于"侯外庐学派"，同时又期待"刘泽华学派"有新的更具个性特征的发展。①这说明两个学派在学术上既有亲缘关系，又有所不同，比如在研究对象和范围上就不完全相同。

在古今历史上，学派现象都是客观存在的，不过在社会转折时期，思想管制相对宽松的时期，学派生长和发展的土壤可能更适宜一些。另外在学者和学术共同体方面，也需要具备一定的主观条件。形成学派首先要有"学"，就是要有原创性的学术思想，它还不是一般性的创新思想，而是具有重要理论价值和实践价值的学术思想，能够形成系统的学理和学说，对那个时代学术思想的发展产生重要影响，起到引领和推动作用。因此，一个学派开宗立派的代表人物就非常重要，在一定意义上说，他的学识与人格，对于这个学派的生存和发展、气象和规模具有决定意义。有了"学"，还要形成"派"，就是你的创新思想和理论要能说服人，得到一些人的认同，成为志同道合者，形成有大体相同的学术宗旨，在学理、学说、学风上基本一致的学术共同体，并且具有学术传承的特点，能够一代、两代、三代地传下去。这个学术共同体要有不断创新的学术成果面世，积极参与公共学术论域的讨论，展现出自己的学术个性和思想锋芒。后来者不断有所创新和发展，这个学派才有长久的生命力。

说实话，在当今中国学术界，真正具备上述条件，能够称得上是"学派"的情况并不多。我认为"刘泽华学派"就是少数完全具备这些条件的学术共同体之一。刘泽华为这个学派确立了基本的理论方向和学理基础，后继者与合作者也大都能沿着这个方向继续开拓前进和深入挖掘。比如张分田教授在70多万字的《民本思想与中国古代统治思想》一书中，用丰富的思想史料，说明民本思想一直是中国古代统治思想不可或缺的构成部分，它以"君为民主-民为国本"为基本结构，是一种对绝对王权的政治调节理论，是为补充、规范、论证君本思想服务的。他对民本与君本关系的分析，运用的正是"阴阳组合结构"的方法。记得十多年前，我有一次去西安，刘门弟子陈学凯送给我一本他的著作《正统论与革命观——中国传统政治文化的调节机制》。这本书也是运用"阴阳组合结构"方法，对"正统"与"革命"这一对带有全

---

① 参见黄宣民、陈寒鸣主编：《中国儒学发展史》刘泽华序，中国文史出版社 2009 年版，第 1-4 页。

局性的政治文化范畴，进行了细致深入的分析，二者看似对立，但所维护的都是王权主义体系。刘门弟子中我最熟悉的是林存光，他主要在政治哲学方面发展，治学踏实勤奋，不到知命之年，已经出版了十多部个人专著和他主编的著作。他在坚持刘泽华学派的基本理论立场和学术宗旨之同时，对儒学和中国传统文化的精华作了更多积极正面的论述。刘门弟子各有专攻，各有自己的学术风格，但是都认同王权主义学派的基本理论立场，有共同的问题意识和学术取向，互相支持，相依互补，以导师刘泽华教授为中心，成为当今中国学术界实力相当雄厚的一个学术群体，而且队伍和影响都在不断扩大。在我看来，这就是典型的学派现象。

摆在我们面前的这部九卷本通史，就是刘泽华学派存在并且展现出其学术实力的最好见证。这部著作的最大贡献是以"权力支配社会"理论深刻揭露了中国传统社会的本质，以王权主义理论和"阴阳组合结构"深刻揭露了中国传统政治思想的本质，以及形成了观念体系、作为意识形态的传统思想文化的本质，儒家、法家思想都不例外。这样就抓住了中国政治思想史的核心和主题、主旨、主线。在这种认识框架下继承和弘扬中华优秀传统文化，就不是简单地到里面去找好东西，而是需要更加细致深入的具体分析，区分精华和糟粕，把精华部分从整体结构中"解构"出来，经过批判地清理和创造性的转化，以适应古为今用的需要。包括那些为了地主阶级的长远利益、巩固封建王朝统治而行之有效的治国理政方法，比如礼法合治、德主刑辅、为政之道任人为先、治国先治吏、居安思危、改易更化等等，事实上今天的执政党都在批判地借鉴和吸取，以形成不同于西方的治理模式。也就是说，对于中国传统政治思想的本质把握，并不等于对它的全盘否定。

我拿到这部大著只有十多天，还来不及认真拜读，着重翻阅了一下"综论卷"，获益良多，十分感佩。我赞成刘泽华学派的基本观点，但是有些看法也不完全一致，这个可以在下面交流讨论。我觉得这个课题研究还可以继续深入下去，还有发展空间，特别是在理论阐释方面。初步想到三点：

一是把中国传统政治思想的核心和主题归结为王权主义，应该说这种看法是有充分历史事实根据的，它有没有充足的学理根据呢？这就需要用唯物史观深刻说明这种社会意识形态的本质及其产生的必然性，具体分析与产生它的土壤（社会存在）的必然联系；需要从政治上层建筑与经济基础的辩证关系，与思想观念形态的反映和被反映关系，来说明为什么政治权力能够支配整个中国传统社会。我们知道，政治权力在很大程度上也是一种物质的力量，至少软实力是有硬实力作为支撑的。在传统社会，政治权力的获得往往是武力争夺的结果，"马上得天下"是要付出血的代价的，所以掌权者决不肯轻易放弃，而是要用足用够这个权力。唯物史观的一个重要特点，就是要揭露思想与利益的联系，唯心史观则是要用种种漂亮的言辞，越来越抽象的普遍性形式，"共同利益有幻想"，来掩盖这种联系。马克思、恩格斯在《德意志意识形态》中指出，取得了统治地位的剥削阶级，总是要赋予自己的思想以"普遍性的形式"，把自己的利益说成是社会全体成员的共同利益，以掩盖和模糊其意识形态的阶级性。他们还举例说："例如，在贵族统治时期占统治地位的是忠诚信义等等概念，而在资产阶级统治时期占统治地位的则是自由平等等等概念。"①我们也可以用这种分析方法和基本观点，来说明王权主义与补充、调节它的各种传统政治思想、理论之间的关系。

二是在王权主义理论架构中，如何鉴取传统政治智慧服务当今的问题。习近平同志 2011 年 9 月在中央党校开学典礼上的讲话，有一大段讲要学习和借鉴中国古代治国理政的历史经验，最近在中共中央政治局第十八次集体学习时又强调，对古代的成功经验，我们要本着择其善者而从之、其不善者而去之的科学态度，牢记历史经验、牢记历史教训、牢记历史警示，为推进国家治理体系和治理能力现代化提供有益借鉴。刘泽华学派讲"阴阳组合结构"，就是指出中国古代政治思想的内容是丰富多样的，是包含着内在矛盾的，我们要善于区分精华与糟粕，真正做到扬精弃糟，批判继承，古为今用。张岱年先生讲到过中国传统文化各要素之间的相互联系，也讲到过其可分离性问题，他的"综合创新"论就是建立在文化系统的可解析性与可重构性，文化要素之间的可离性与可相容性这两个理论前提之上，其研究思路可供我们借鉴。

三是王权主义批判理论有何重要的现实意义？邓小平在"文革"后强调要批判封建主义，指出"搞特权，这是封建主义残余影响尚未肃清的表现"②。权力迷信、权力崇拜和权力滥用都是我们今天所要坚决反对的。新一届党中央重拳反腐，已经揭露出来的贪腐现象，大都与"权力寻租""权钱交易"有关。封建王权主义与资产阶级拜金主义相结合所产生的权贵资本主义，是有可能葬送中国特色社会主义事业前途的，这一点大家看得越来越清楚。还有，

---

① 《马克思恩格斯全集》第 3 卷，人民出版社 1960 年版，第 53 页。
② 《邓小平文选》第二卷，人民出版社 1983 年版，第 332 页。

面对当今中国思想界的那些鼓吹"复古更化""儒士共同体专政""王道合法性"的理论，批判封建王权主义也绝不是多此一举，而是有着强烈的现实意义。走出王权主义与回归王权主义已直接成为今天学术思想论争的焦点之一。

王权主义批判理论的真理性，主要在于它符合历史实际。我相信，随着研究的深入，这个课题的重要理论意义和现实意义，将会越来越彰显出来。关于刘泽华学派的称谓，李振宏教授直称"王权主义学派"，如果把研究者的立场也考虑进去，可以叫作"王权主义批判学派"或"王权主义反思学派"。

"马魂、中体、西用"是习近平文化思想的宗纲*

　　一周以前，本月 20 日，一些自称儒门中人，在北京开了一个纪念《原道》创刊 20 周年的座谈会，主题是讨论"习近平尊儒，儒门如何评估应对"。有人说：儒学复兴是大势，这个"势"并不是因为习近平呼吁弘扬儒学而造成的。论者引据英国保守主义者柏克的话说："对那些以暴力革命方式建起国的国家来说，如果不能回到自身的文化传统，就不可能有更好的发展。"以此说明儒学复兴在中国乃必然之势。有人说：要警惕政治势力利用儒学，当代儒者应该与政治保持一定的距离。领导人是从政治的角度来考虑问题的，尊儒或者不尊儒都是根据政治的需要。也有人说，习近平实际上是法家，他是儒表法里。有人说：当代儒者要按照儒家的价值观和理论体系来构建一套政治言说，当政者你喜欢就拿去，不喜欢就拉倒，我们儒家自有立场和独立人格。有人说：儒家如果能够进到政治体制中去的话，还是应该尽量进去，这样可以起到影响和转化政治的作用。有人说：当代儒家也应该像董仲舒当年给汉武帝上"天人三策"一样，多给习主席献计献策。有人说，我要献的最重要的一策就是，要在思想上"驱除鞑虏，复兴中华"。一位中央党校教授讲了这么一番话：习近平是要建构中共的第三套话语系统。第一套是毛泽东建构的"阶级斗争"话语，第二套是邓小平建构的"现代化"话语。习近平的这套话语有很大变化，就是所有的合理性与合法性，都要放在中华民族复兴这个基点上来解释。他说习近平也不一定认为儒学就多么好，但是要给自己做的事情一个合法性的解释。他要重构一套意识形态话语，到哪里去找资源呢？自由主义没有给他任何的理论支撑，左派也没有给他提供理论支撑，"民族复兴"话语只能到儒家中去找。

---

　　* 本文是作者 2014 年 12 月 29 日在中国红色文化研究会召开的"继承发扬中华优秀传统文化"座谈会上的发言。原载《思想理论教育导刊》2015 年第 8 期。

读了这篇座谈纪要，一个总的感觉是："习近平尊儒。"儒生们自然非常兴奋，他们希望出来一个当代汉武帝，随时准备接受儒生们像董仲舒一样献上新的"天人三策"，独尊儒术，筑好思想上的夷夏之防，以实现他们"复古更化，拨乱反正，复归中华道统，施行儒家宪政"的政治抱负。但是他们又充满了疑虑，心中始终纠结着一个问题：到底是政治在利用、"招安"儒学，还是儒学在利用、引导、转化政治？还是两者互相利用？"儒学"与"政治"显然是两个相异的主体，分别以"儒门"和"习近平"为代表，二者到底是什么关系呢？其实他们心中更大的疑惑是：习近平作为中国共产党的最高领导人，他真的会"尊儒"吗？他到底是儒家还是"儒表法里"的法家？你看他铁拳反腐多厉害！他的"8·19"讲话多厉害！他一再强调中国共产党人是马克思主义者，马克思主义者与儒家在世界观、历史观、人生观、价值观上会是一样的吗？李一氓早就说过："马克思主义和孔子教义，无论如何是两个对立的体系，而不是可以调和的体系（折中主义），或者并行不悖的体系（二元论）。我们无法把马克思主义的地位轻易地让给孔子，因为我们的世界观无法接受一个唯心主义的哲学体系。"习近平有可能接受儒家之主流孔孟、程朱、陆王的唯心主义哲学体系吗？能够这样考虑问题，说明他们心里非常明白，给习近平戴上"尊儒"的帽子并非实事求是，而是以己之意强加于人。

习近平同志一年中三次尊重孔子、儒学和中国传统文化的重要表态，引起了海内外人士和媒体各种不同的解读与评论。许多媒体都对中国共产党重视自己的文化传统，表示理解并作出积极正面的评价，但也有一些误解甚至是有意歪曲。比如有的港台和境外媒体评论说：习近平既学西方又反西方，马克思主义不灵了，就只能向中国传统求医问药。有的说习近平尊孔是为了挽救中国社会的道德危机，他的讲话掀开了"中国尊孔崇儒时代"的序幕。有的文章甚至干脆把他叫作"红色新儒家"。在国内的各种舆论中，最值得注意的是大陆新儒家的评论。他们写了不少有意曲解习近平思想的文章，主要是一厢情愿地表扬他"去马归儒"，复归中华道统，让他们看到了"儒化共产党""儒化中国"，将中国和平演变成一个"儒士共同体专政"国家的希望。

我认为要澄清上述误解、误读和有意歪曲，需要全面理解习近平同志关于思想文化问题的一系列重要论述，准确把握其精神实质。在我看来，习近平同志的文化思想与我们党的前辈领导人毛泽东、邓小平的思想是一脉相承的，而又有自己鲜明的时代特点。其总的精神是坚持马克思主义在意识形态领域的指导地位，坚持中国文化的民族主体性，同时坚持对外开放的方针，学习借鉴其他民族一切优秀文化成果为我所用，力图把三者有机结合、统一起来，以实现对传统的创造性转化和创新性发展。我把这种文化方针叫作"马学为魂，中学为体，西学为用，三流合一，综合创新"。习近平同志十八大以来关于思想文化问题有一系列讲话和表态，其中尤以 2013 年 8 月 19 日在全国宣传思想工作会议的讲话最为重要，最全面也最深刻。他的其他论述，包括今年 9 月 24 日在纪念孔子诞辰 2565 周年国际学术研讨会上的讲话，侧重点或许有所不同，但基本精神与"8·19"讲话都是完全一致的。可以说，"马魂、中体、西用"就是习近平文化思想的宗纲。下面我们来看他对马、中、西三"学"，三种思想文化资源及其相互关系的基本态度。

首先，"8·19"讲话明确指出，意识形态工作是党的一项极端重要的工作，党在思想文化战线上的主要任务，就是要巩固马克思主义在意识形态领域的指导地位，巩固全党全国人民团结奋斗的共同思想基础。这是习近平文化思想的立论基础和根本出发点。他一再强调，中国共产党人是马克思主义者，马克思主义、共产主义信仰是共产党人的命脉和灵魂，理想信念是共产党人精神上的"钙"。因此，领导干部特别是高级干部，要把系统掌握马克思主义基本理论作为看家本领，党校、干部学院、社会科学院、高校、理论学习中心组都要把马克思主义作为必修课，老老实实、原原本本学习马克思主义经典著作和中国特色社会主义理论，把坚定理想信念、提高思想政治水平放在首位。这些单位都应该成为马克思主义学习、研究、宣传的重要阵地。

怎样做好宣传思想工作，巩固党的思想文化阵地，习近平同志也有一些旗帜鲜明、极其重要的论述。他说做好宣传思想工作必须讲党性，核心就是要坚持正确的政治方向，坚定不移地宣传党的理论、路线和方针政策，同党中央保持高度一致。党性和人民性是统一的，要把体现党的主张与反映人民的心声统一起来。针对当前思想界十分复杂的情况，他强调要坚持正面宣传为主的方针，但是绝不意味着放弃同错误思想进行有理、有利、有节的舆论斗争。在事关坚持还是否定四项基本原则的大是大非和政治原则问题上，我们要敢抓敢管，敢于亮剑，敢于碰硬，不做态度暧昧、独善其身的开明绅士。宣传思想部门承担着十分重要的使命，要增强阵地意识，做到守土有责、守土负责、守土尽责；要增强主动性、掌握主动权、打好主动仗，把意识形态工作的领导权、管理权、话语权牢牢掌握在手中。这些话都说得语重心长，切中肯綮。

习近平同志关于思想舆论领域"三个地带"的论述，对于我们全面认识当今中国思想文化界的形势和任务也很有启发。所谓"三个地带",第一个是指由主流媒体和网上正面力量构成的红色地带,第二个是指网上和社会上的一些负面言论,包括各种敌对势力制造的舆论在内的黑色地带,第三个是处于红色地带与黑色地带之间的灰色地带。我们要巩固和拓展红色地带这个主阵地,做大量艰苦细致的工作,促使灰色地带朝着有利于我们的方向转化,用钻进铁扇公主肚皮里斗等方法,让黑色地带看不到他们所期望的光明前景。这就生动地体现了上述增强阵地意识的思想。每一个从事思想文化工作的人,包括那些与主旋律不一致甚至唱反调的声音,都可以客观地估量一下,你是处于什么地带,与时代的主流思潮处于一种什么关系中。增强文化自觉意识,减少盲目性,对每个人都有好处。

其次,"8·19"讲话首次提出了四个"讲清楚",即讲清楚每个国家和民族的历史传统、文化积淀、基本国情不同,其发展道路必然有着自己的特色;讲清楚中华文化积淀着中华民族最深沉的精神追求,是中华民族生生不息、发展壮大的丰厚滋养;讲清楚中华优秀传统文化是中华民族的突出优势,是我们最深厚的文化软实力;讲清楚中国特色社会主义植根于中华文化沃土,反映中国人民意愿,适应中国和时代发展进步要求,有着深厚历史渊源和广泛现实基础。这四个"讲清楚",充分体现了中国共产党人既是马克思主义者,又是中华优秀传统文化的忠实继承者和弘扬者,我们的事业既有科学世界观和历史观的根据,又在民族文化传统中有着深厚根基,是把千百年来中国人民的美好愿景逐渐变成现实的伟大事业,得到了广大人民群众的支持和拥护。四个"讲清楚"深刻说明,独特的文化传统,独特的历史命运,独特的基本国情,注定了我们必然要走适合自己特点的发展道路,也就是说,在中国化马克思主义形成和发展的过程中,格外突出了民族文化的主体性。

习近平同志去年11月26日在曲阜孔子研究院座谈会上的讲话,以及今年9月24日在北京纪念孔子诞辰2565周年大会上的讲话,都对包括孔子和儒学在内的中国优秀传统文化作了高度评价,认为其中蕴藏着解决当今人类面临的各种难题的重要启示。尤其是"9·24"讲话,他如数家珍,一口气列举了十五条中国传统文化的思想精华,比如,关于道法自然、天人合一的思想,关于天下为公、大同世界的思想,关于自强不息、厚德载物的思想,关于以民为本、安民富民乐民的思想,关于为政以德、政者正也的思想,关于苟日新日日新又日新、革故鼎新、与时俱进的思想,关于脚踏实地、实事求是的思想,关于经世致用、知行合一、躬行实践的思想,关于集思广益、博施众利、群策群力的思想，关于仁者爱人、以德立人的思想，关于以诚待人、讲信修睦的思想，关于清廉从政、勤勉奉公的思想，关于俭约自守、力戒奢华的思想，关于中和、泰和、求同存异、和而不同、和谐相处的思想，关于安不忘危、存不忘亡、治不忘乱、居安思危的思想，等等。中国共产党人是这些宝贵精神财富最全面、最积极、最优秀的继承者和发扬者，它们早已融入毛泽东、周恩来、邓小平等优秀共产党人的精神血脉中，成为中国化马克思主义的一个重要思想来源，在今天仍然是我们发展这一伟大事业最重要的文化土壤和支援意识。此外，习近平还在各种场合大力弘扬中华优秀传统文化，比如今年 2 月，在中共中央政治局第十三次集体学习时，他强调指出，培育和弘扬社会主义核心价值观必须立足于中华优秀传统文化，要大力弘扬以爱国主义为核心的民族精神和以改革创新为核心的时代精神，使中华优秀传统文化成为涵养社会主义核心价值观的重要源泉。今年 10 月，在中共中央政治局第十八次集体学习时，他又指出，我国古代提出了民惟邦本、政得其民，礼法合治、德主刑辅，为政之要莫先于得人、治国先治吏，为政以德、正己修身，居安思危、改易更化等重要的治国理念，我们要本着择其善者而从之、其不善者而去之的科学态度，牢记历史经验，牢记历史教训，牢记历史警示，为推进国家治理体系和治理能力现代化提供有益借鉴。这些都体现了我们党对本民族文化传统高度重视和有扬有弃、批判继承的科学态度。

我想大家都注意到了，每当习近平同志在以礼敬的态度讲到孔子、儒学和中国传统文化之时，他总是强调要坚持马克思主义立场、观点和方法，特别强调要用历史唯物主义基本原理和方法对传统文化进行科学的具体分析，有鉴别地加以对待，有扬弃地予以继承，去粗取精、去伪存真，古为今用、推陈出新。这样就把马克思主义的指导思想地位与在历史实践中发展着的中国文化的生命主体、创造主体、接受主体地位有机地结合起来了，用马克思主义科学世界观指导对中国传统文化的批判继承、辩证取舍，同时又用中国传统文化精华充实和丰富中国化马克思主义的内涵。为什么要对传统文化采取科学分析的态度，"9·24"讲话把道理讲得十分清楚：传统文化在其形成和发展过程中，不可避免会受到当时人们的认识水平、时代条件、社会制度的局限性的制约和影响，因而也不可避免会存在陈旧过时或已成为糟粕的东西。这就要求人们在学习、研究、应用传统文化时坚持古为今用、推陈出新，结合新的实践和时代要求进行正确取舍，而不能一股脑儿都拿到今天来照套照用。对于在古代占统治地位的剥削阶级思想，我们也要像马克思那样，揭露它以思想的"普遍性形式"掩盖其所维护的特殊利益的实质，而不能被其表面言辞所迷惑。习近平同志强调，批判继承中国传统文化要坚持古为今用、以古鉴今，决不能搞厚古薄今、以古非今。这些都说明，中国共产党人对待孔子、儒学和中国传统文化的科学态度，本身就是中国化马克思主义的题中应有之义，是马克思主义世界观和方法论之必然表现。

再次，"8·19"讲话也讲到了对包括西方文化在内的世界各民族文化的态度，主张积极借鉴人类文明创造的一切有益成果，目的是要为我们服务，更好地发展我们自己。一句话，就是"西学为用"，或者说"洋为中用"。

"8·19"讲话主要是从加强党的宣传思想工作的角度来谈这个问题的，一方面讲到了"西强我弱"的形势，西方主要媒体左右着世界舆论，他们为了"西化""分化"中国，总是说我们这也不好，那也不行，我们必须认真应对，加强国际话语权，讲好中国故事，传播好中国声音，但是也不能因此而闭上眼睛不看世界。我们对世界的宣传报道必须客观、全面、真实，对世界形势的发展变化，对世界上出现的新事物、新情况，对各国出现的新思想、新观点、新知识，我们还要加强正面宣传报道，为的是积极借鉴人类文明创造的有益成果为我所用。十八大以来，习近平同志的足迹踏遍世界五大洲，他到处讲亲、诚、惠、容，到处讲文明交流互鉴，表现了当代中国文化对外开放的气度和自信。比如今年3月在联合国教科文组织总部的演讲，他着重阐述了文明因交流而多彩、因互鉴而丰富的思想：文明是多彩的，人类文明因多样才有交流互鉴的价值；文明是平等的，人类文明因平等才有交流互鉴的前提；文明是包容的，人类文明因包容才有交流互鉴的动力。这些理性、朴实的语言，深刻阐明了中国共产党人开放包容、平等友善、聚同化异、和而不同的文明交往观。科学对待民族传统文化，科学对待世界各国文化，坚持古为今用、洋为中用，用人类创造的一切优秀思想文化成果武装自己，"坐集千古之智"，这是中国特色社会主义文化大发展大繁荣的基本前提条件。

学习了习近平同志以"8·19"讲话为中心的一系列思想文化论述，我认为他同我们党的前辈领袖毛泽东、邓小平等人一样，都是坚定的马克思主义者，在对待中国传统文化问题上，既不是保守主义的尊孔崇儒派，也不是激进主义的反孔批儒派，而是"马魂、中体、西用"有机统一的马克思主义综合创新派，都是这种马克思主义新文化观的积极倡导者、自觉坚持者和坚决践行者。《红旗文稿》2014年第20期辛岩的文章，用大量信实可靠的资料，系统阐明了毛泽东对待中国古代文化遗产，应该充分地利用、批判地利用和古为今用、推陈出新的思想。习近平同志大力弘扬中华优秀传统文化的思想，可以说与毛泽东是完全一致的，既讲充分利用也讲批判利用，"取其精华、弃其糟粕"就是批判利用，"有鉴别地加以对待、有扬弃地予以继承"就是批判利用。他也一再强调要坚持古为今用、推陈出新。《中国社会科学报》今年5月5日发表了我的一个谈话，认为在坚持"马魂、中体、西用"的文化方针这一点上，习近平同志与毛泽东等中共前辈领导人，以及十七届六中全会《决定》等党的重要文件精神，都是一脉相承的。习近平关于思想文化问题的一系列论述，是对"马魂、中体、西用"最好的诠释。

我不敢苟同那位中央党校教授"三个话语系统"的观点。毛泽东、邓小平、习近平等中共领导人，所处的历史时期不同，面对的形势、任务和问题不同，当然都要讲一些新话，但是由于他们的理论立场和奋斗目标是一致的，因此讲的基本上是同一套与时俱进的中国化马克思主义话语，而不是三套截然分割的话语体系。毛泽东说"我们中华民族有同自己的敌人血战到底的气概，有在自力更生的基础上光复旧物的决心，有自立于世界民族之林的能力"，就是非常典型的民族复兴话语；他说"建设社会主义，原来要求是工业现代化，农业现代化，科学文化现代化，现在要加上国防现代化"，就是认识逐渐深化的现代化话语，邓小平的"四化"话语正是接着毛泽东讲的。邓小平讲坚持四项基本原则，反对资产阶级自由化，习近平讲增强"守土有责"的阵地意识，对错误思想要敢于亮剑，不做开明绅士，就是在大规模的阶级斗争基本结束以后，对思想意识形态领域阶级斗争尖锐性、复杂性的深刻认识，有强烈的居安思危忧患意识的表现。民族复兴是邓小平等老一辈革命家出生入死、参加革命的重要精神动力，他这方面的典型话语也很多。习近平同志是经济全球化时代的中共领导人，他对工业、农业、科技、国防、国家治理、人的思维方式等的现代化有更加全面深刻的认识，可以说在他的著作文章中现代化话语比比皆是。把三代中共领导人的思想和话语体系分割开来甚至对立起来，是缺乏充分理据的。

我非常赞成全景、润为等同志继承和弘扬两个传统的看法，一个是中国古代优秀文化传统，一个是中国近现代革命文化传统。习近平同志2011年在中共中央党校秋季开学典礼上的讲话，题为《领导干部要读点历史》，除了讲要了解和懂得自古以来中国人民创造的灿烂历史文化之外，还特别强调要注重学习鸦片战争以来的中国近现代历史，深入了解我们伟大祖国经历的刻骨铭心磨难，我们伟大民族进行的感天动地奋斗，我们伟大人民创造的彪炳史册伟业，深刻认识近现代中国国情和中国社会发展规律，深刻认识历史和人民选择中国共产党、选择马克思主义、选择社会主义道路、选择改革开放的历史必然性，继承和发扬前辈共产党人建树的优良革命传统，为实现社会主义现代化和中华民族伟大复兴而持续奋斗。习近平同志在参观毛泽东、刘少奇、彭德怀故居，以及红色革命纪念地时的讲话，包括前不久在福建古田召开的全军政治工作会议上的讲话，都着重论述了继承和弘扬我党我军优良革命传统的重要意义。大陆新儒家鼓吹"复古更化"，要求回归中华道统，那个"道统"并不是多少带有人民性与科学性的中国古代优秀文化传统，列宁关于"两种文化"的论述对我们认清这个问题很有帮助。他们全盘否定中国近现代革命传统，把一百多年来中国人民救亡图存、艰苦奋斗的历史，说成是一部"亡文化"的历史、"文化歧出"的历史，说什么"国保了，'种'保了，但是'教'亡了，文化亡了"。这是一种典型的历史虚无主义观点。虚无掉了近现代历史，对古代历史也只认可统治阶级的正统思想，这种历史观和思想史观，自然难免引起较大争议。

铸马学之魂　立中学之体　明西学之用*

——学习习近平在哲学社会科学工作座谈会上讲话的体会

习近平总书记今年 5 月 17 日在哲学社会科学工作座谈会上的讲话，明确提出和准确界定了"当代中国哲学社会科学"这个概念，指出当代中国哲学社会科学是以马克思主义进入我国为历史起点的，是在马克思主义指导下逐步发展起来的。坚持以马克思主义为指导是近代以来我国发展历程所赋予的规定性和必然性，是当代中国哲学社会科学区别于其他哲学社会科学的根本标志。

讲话强调要用大历史眼光来观察当代中国哲学社会科学。没有人类文明的历次重大发展和哲学社会科学的知识变革与思想先导，特别是没有 18、19 世纪欧洲哲学社会科学的发展，就没有马克思主义的形成和发展。没有历史悠久的中华文明留下的浩如烟海的文化遗产，丰富的哲学社会科学内容和治国理政智慧，以及近代以来我们国家民族经历的刻骨铭心的惨痛历史，中华传统思想文化经历的剧烈变革的阵痛，中国人民就很难认识到只有马克思主义和社会主义才能救中国的客观真理，很难形成和发展"马学为魂、中学为体、西学为用"的当代中国哲学社会科学。

当代中国哲学社会科学包涵着非常丰富的内容。自从十月革命一声炮响，给我国送来了马克思列宁主义，陈独秀、李大钊等人积极传播马克思主义，倡导运用马克思主义来改造中国社会；许多进步学者也运用马克思主义观点和方法，在哲学、经济学、政治学、法学、史学、文学等学科进行了开拓性的研究。特别是在革命、建设、改革各个历史时期，我们党坚持马克思主义基本原理同中国具体实际相结合，运用马克思主义立场、观点、方法研究解决各种重大理论和实践问题，不断推进马克思主义的中国化，产生了毛泽东

---

* 本文完稿于 2016 年 6 月 15 日。原载《理论与现代化》2017 年第 3 期。

思想、邓小平理论、"三个代表"重要思想、科学发展观等重大成果，指导党和人民取得了新民主主义革命、社会主义革命的伟大胜利和社会主义建设、改革开放的巨大成就。我们党一贯高度重视哲学社会科学，新世纪以来又组织实施了规模宏大的马克思主义理论研究和建设工程，已经取得丰硕成果，包括马克思主义基本原理，马克思主义中国化形成的成果及其文化形态，如党的理论和路线、方针、政策，中国特色社会主义道路、理论体系与制度，我国经济、政治、法律、文化、社会、生态、外交、国防、党建等领域形成的哲学社会科学思想与成果。它们构成了当代中国哲学社会科学的主体内容，也是中国特色哲学社会科学发展的最大增量。

讲话明确指出当代中国哲学社会科学的"灵魂"和本质特征就是坚持以马克思主义为指导。不坚持以马克思主义为指导的"其他哲学社会科学"，自然就不属于"当代中国哲学社会科学"的范畴，其中有的对当代中国哲学社会科学的发展可能还有一定的参考和借鉴意义，有的就纯粹是阻碍当代中国哲学社会科学健康发展的负能量。这就要求我们在社会思想观念和价值取向日趋活跃、上流和非主流同时并存、社会思潮纷纭激荡的新形势下，分清马克思主义与非马克思主义、反马克思主义的界限，分清社会主义意识形态与封建主义、资本主义意识形态的界限，引导党员、干部增强政治敏锐性和理论鉴别力，筑牢思想防线，抵制和批评各种错误思潮，巩固马克思主义在意识形态领域的指导地位。与此同时，还要团结广大哲学社会科学工作者，为进一步发展繁荣我国的哲学社会科学，推动构建以马克思主义为指导的中国特色哲学社会科学学科体系、学术体系和话语体系，付出更加艰辛的劳动和进行韧性的战斗。

讲话还提出了当代中国哲学社会科学的"三大资源"论和"三大特点"论。当代中国哲学社会科学的三大资源是指：一是马克思主义的资源，二是中华优秀传统文化的资源，三是国外哲学社会科学的资源。当代中国哲学社会科学的三大特点是指：第一是体现继承性、民族性，第二是体现原创性、时代性，第三是体现系统性、专业性。

笼统地说，马、中、西三大资源涵括了人类知识体系中的全部思想文化成果，但是能够构成当代中国哲学社会科学之实质内涵的，只是其中符合上述三大特点的那些优质资源融通生成、综合创新的结果。坚持以马克思主义为指导必须在真懂真信的基础上解决好为什么人的问题、理论联系实际的问题、与时俱进日新其德的问题，才能成为当代中国哲学社会科学的主心骨，并作为扬弃中、西两大资源的科学标准与优选方法论。也就是说，对于中国古代和外国的哲学社会科学思想与成果，都要采取马克思主义的批判分析态度，既不是一概拒绝，也不能全盘继承，"全盘西化"或"全盘儒化"，而是要根据主体文化之民族性和时代性的要求，去粗取精，去伪存真，古为今用，洋为中用。

在我看来，"三大资源"论、"三大特点"论和习近平同志整个讲话都蕴含着"马魂、中体、西用"融通生成、综合创新的思想精义。下面根据这一思路谈谈我的几点学习体会。

一、以马克思主义为指导是当代中国哲学社会科学的"灵魂"。这就决定了它作为社会主义意识形态的性质，为中华民族的复兴和最大多数人民的利益服务的理论立场和学术方向，具有能够吸收人类文明一切有益成果来滋养自己、"兼容多元""综合创新"的气概。坚持以马克思主义为指导是当代中国哲学社会科学最重要的铸魂工程、强基固本工程。

习近平同志在"5·17"讲话中明确说："坚持以马克思主义为指导，是当代中国哲学社会科学区别于其他哲学社会科学的根本标志，必须旗帜鲜明加以坚持。""不坚持以马克思主义为指导，哲学社会科学就会失去灵魂、迷失方向。"刘云山同志5月19日在宣传文化系统学习贯彻习近平总书记讲话精神专题会议上也强调指出，"要牢牢把握以马克思主义为指导这个灵魂"，来做好思想文化战线各个方面的工作。可以说，"马学为魂"的思想贯穿于习近平整篇讲话中，事实上也贯穿于他近年来关于思想宣传工作的所有重要讲话中。比如他在全国宣传思想工作会议上说："马克思主义、共产主义信仰是共产党人的命脉和灵魂。"在全国党校工作会议上说："我主持起草党的十八大报告时，专门要求写了这样一段话：'对马克思主义的信仰，对社会主义和共产主义的信念，是共产党人的政治灵魂，是共产党人经受住任何考验的精神支柱。'"在新闻舆论工作座谈会上也说："新闻观是新闻舆论工作的灵魂。要深入开展马克思主义新闻观教育，引导广大新闻舆论工作者做党的政策主张的传播者、时代风云的记录者、社会进步的推动者、公平正义的守望者。""马学为魂"即以马克思主义为指导的思想，与习近平同志关于"党在思想文化战线上的主要任务，就是要巩固马克思主义在意识形态领域的指导地位""领导干部要把系统掌握马克思主义基本理论作为看家本领""坚持党校姓党、姓马""党和政府主办的媒体必须姓党"等论述，在精神实质上是完全一致的，由此可见他对"铸马学之魂"的一贯特别重视。

哲学社会科学在思想意识形态建设中居于核心地位，直接承担着说明和论证举什么旗、走什么路、铸什么魂、弘什么道的任务。当代中国哲学社会科学必须旗帜鲜明地坚持以马克思主义为指导，在指导思想上不能多元化，这就是习近平同志引证《庄子·人间世》中"夫道不欲杂，杂则多，多则扰，扰则忧，忧而不救"的现实意义。从他讲话中谈到马克思主义遇到的来自各个方面的挑战也说明，在当今中国，坚持马克思主义的灵魂地位、"一元主导"地位、"文化领导权"地位，并不是一件容易的事情，不仅在价值取向多元的国内思想界，企图改旗易帜的还大有人在，而且我们还要关注国际风云变幻，不能让苏东剧变那样的历史悲剧重演。

当代中国哲学社会科学为什么必须坚持以马克思主义为指导？习近平同志从学理上作了简明精要的回答：一是马克思主义深刻揭示了自然界、人类社会、人类思维发展的普遍规律，为人类社会发展进步指明了方向；二是马克思主义坚持实现人民解放、维护人民利益的立场，以实现人的自由而全面的发展和全人类解放为己任，反映了人类对理想社会的美好憧憬；三是马克思主义揭示了事物的本质、内在联系及发展规律，是人们观察世界、分析问题的"伟大的认识工具"；四是马克思主义具有鲜明的实践品格，不仅致力于科学地"解释世界"，而且致力于积极"改变世界"。也就是说，讲清楚了马克思主义是我们时代的真理和良心的道理，讲清楚了它至今依然具有强大生命力的原因所在。同时，历史和现实都证明了马克思主义的真理性。中国共产党坚持马克思主义与中国实际相结合，近百年来领导中国人民取得的革命、建设、改革事业的一系列伟大胜利，都是明证；苏东剧变的历史也从另一个方面证明，一旦放弃马克思主义的指导思想地位，社会主义事业就会遭到严重挫折甚至失败。

在哲学社会科学研究中坚持以马克思主义为指导，要求哲学社会科学工作者在真学、真懂、真信的基础上，将马克思主义转化为清醒的理论自觉、坚定的政治信念、科学的思维方法，来观察、分析和处理各种具体的学术问题。一是要坚持正确的政治立场和为人民服务、为社会主义服务的学术方向，做中国特色社会主义理论的坚定信仰者、自觉探索者和积极宣传者，旗帜鲜明地抵制和反对宣扬"普世价值""宪政民主""新自由主义""历史虚无主义""复古主义"等各种错误思潮，也要抵制和反对"去思想化""去价值化""去主流化""去历史化""去中国化"等错误做法。二是要在哲学社会科学各个学科、各个领域的研究中，自觉坚持马克思主义基本原理和贯穿于其中的立场、观点、方法，特别是要把握具体问题具体分析这个唯物辩证法的精髓和活的灵魂，在马克思主义与中国革命、建设、改革实际相结合的伟大历史实践中，不断发现新情况，提出新问题，总结新经验，做出新结论，把中国化马克思主义不断推向新境界。我们要认真学习马克思主义经典著作，但是又不能把经典著作中的词句或某个结论当作一成不变的教条，来规范和剪裁现实生活，而是应该把它当作观察世界、分析问题的有力思想武器，充分发挥马克思主义作为科学世界观与方法论的功能。三是要弘扬理论联系实际、注重调查研究和严谨求实、不畏艰难、坚持真理、知行合一的优良学风。哲学社会科学工作者要立足国情、立足实践、立足当代，深入基层、深入生活、深入群众，善于通过理论和学术的视角，理性观察生活，深刻洞察社会，提出真知灼见，推出学术精品，才能切实发挥哲学社会科学认识世界、传承文明、创新理论、咨政育人、服务社会的作用，也才能把对马克思主义的理论信仰内化为坚定的道德人格，外化为治学立言的科学方法，在为祖国和人民立德立言中成就自我、实现价值。

二、当代中国哲学社会科学的问题意识、研究对象和主题主要来自中国的历史与现实，尤其要以我们正在做的事情为中心；中华优秀传统文化是它宝贵的学术思想资源，进一步创新发展的基础；建立具有中国特色、中国风格、中国气派的学术话语体系，也是当代中国哲学社会科学的必然要求。当代中国哲学社会科学的三大特点集中体现了它的主体性，即中国性。

五千年连续不断的中华文化，浩如烟海的传世文献，是中华民族能够始终屹立于世界文明民族之林、虽历经磨难而总是能浴火重生的独特优势之所在。源远流长、博大精深的中国传统文化，虽然精华与糟粕并存、资源与负担同在，但是它必有能够战胜一切自然的和人为的灾难，维系整个民族生存发展的伟大精神传统存在，这个伟大精神传统就存在于中华优秀传统文化中。中华优秀传统文化是中华民族的精神命脉，是我们在世界文化激荡中能够站稳脚跟的坚实根基；它是当代中国哲学社会科学成长发展的深厚基础，也是其十分宝贵、不可多得的学术资源；它是马克思主义在中国传播和发展的现实文化土壤，也是涵养社会主义核心价值观的重要思想源泉。

习近平同志在关于思想文化问题的所有讲话中，都充满民族自豪和历史敬意地讲到了中华优秀传统文化，并因而表现出高度的文化自信。他如数家珍地讲到的中华优秀传统文化的内容，主要有以下几个方面：一是独具特色的哲学社会科学思想。比如2014年9月24日他在国际儒联大会上的演讲，就讲到了关于道法自然、天人合一的思想，关于天下为公、大同世界的思想，关于自强不息、厚德载物的思想，关于以民为本、安民富民的思想，关于为政以德、政者正也的思想，关于革故鼎新、与时俱进的思想，关于脚踏实地、实事求是的思想，关于经世致用、知行合一的思想，关于集思广益、群策群力的思想，关于仁者爱人、以德立人的思想，关于以诚待人、讲信修睦的思想，关于清廉从政、勤勉奉公的思想，关于俭约自守、力戒奢华的思想，关于求同存异、和而不同的思想，关于安不忘危、居安思危的思想，等等，这些独具特色的中国智慧，至今对于解决人类面临的各种难题仍有重要启迪。二是丰富的治国理政经验。比如2014年10月13日，他在中央政治局第十八次集体学习时说，历史是最好的老师，一个国家的治理体系和治理能力是与这个国家的历史传承和文化传统密切相关的。我国古代主张民惟邦本、政得其民，礼法合治、德主刑辅，为政之要莫先于得人、治国先治吏，为政以德、正己修身，居安思危、改易更化，等等，这些历史经验对我们今天治国理政仍有参考价值和借鉴意义。三是古人修身立德的嘉言懿行。比如他在讲到先贤和仁人志士对高尚精神的追求时，就列举了孔子的"朝闻道，夕死可矣"；孟子的"富贵不能淫，贫贱不能移，威武不能屈"；贾谊的"国而忘家，公而忘私"；诸葛亮的"鞠躬尽瘁，死而后已"；杜甫的"安得广厦千万间，大庇天下寒士俱欢颜"；范仲淹的"先天下之忧而忧，后天下之乐而乐"；文天祥的"人生自古谁无死，留取丹心照汗青"；顾炎武的"天下兴亡，匹夫有责"；林则徐的"苟利国家生死以，岂因祸福避趋之"；秋瑾的"他年成败利钝不计较，但恃铁血主义报祖国"等名言，认为从中可以看到鲁迅讲的"中国的脊梁"，看到中华民族伟大的民族精神。四是传世经典文献中的诗文名句。善于引用中国古代诗文名句来为今日"治世"提供启发，讲清楚行文中的道理，寓意深远，生动传神，贴切到位，是习近平语言风格的一大特点。《习近平用典》一书已对近300条例句进行了分类汇编，追根溯源，释义与解读相结合，对广大党员干部准确把握其思想实质很有帮助。习近平同志"5·17"讲话也有同样特点，除了引证《庄子》"道不欲杂"的话来说明必须坚持马克思主义的"一元主导"地位、反对指导思想多元化之外，还引证《河南程氏遗书》中"为学之道，必本于思"和"不深思则不能造于道，不深思而得者，其得易失"的话，来说明学习马克思主义经典著作，必须下大气力、真功夫才能掌握真谛、融会贯通的道理。宋代哲学家程颐的这些话，后来在《曾国藩家书》中也出现过。在一定意义上可以说，中国古代浩如烟海的传世文献，是当代中国哲学社会科学取之不尽、用之不竭的资源宝库，但是必须对它有真切的了解，博学而明辨，分清精华与糟粕，才能扬精弃糟，古为今用。

对于中华优秀传统文化，我们要给予高度重视，又要明确它与"中国传统文化"还不是一个概念，不宜混同。在中国传统文化中，除了一些"跨越时空、超越国界、富有永恒魅力、具有当代价值"的内容外，只有那些"与当代文化相适应、与现代社会相协调"，与马克思主义相契相通、至少具有相容性的内容，才能归入"中华优秀传统文化"的范畴。以"中华优秀传统文化"为当代中国哲学社会科学的三大资源之一，这个提法本身就已经把马克思主义的批判继承原则包含在内，已经对中国传统文化中的精华与糟粕、资源与负担作了科学的区分和取舍。正如习近平同志所指出的：中国传统文化在其形成和发展过程中，不可避免会受到当时人们的认识水平、时代条件、社会制度的局限性的制约和影响，因而也不可避免会存在陈旧过时或已成为糟粕性的东西。这就要求人们在学习、研究、应用传统文化时，必须坚持取其精华、弃其糟粕、古为今用、推陈出新的方针，结合新的实践和时代要求进行正确取舍，而不能一股脑儿都拿到今天来照套照用。在对待传统文化的问题上，要防止化腐朽为神奇、把糟粕当作精华，不是扬精弃糟而是扬糟弃精的错误做法，否则就会把传承和弘扬中华优秀传统文化引到邪路上去。现实生活中这样的教训并不鲜见。

当代中国哲学社会科学的主体性建设，是一个十分迫切而现实的问题，它不仅表现为继承性和民族性，而且也表现为原创性和时代性。哲学社会科学的现实形态，是古往今来各种知识、观念、理论、方法等融通生成的结果。它的研究对象和范围十分广泛，但是必须以中国问题，尤其是以我们正在做的事情为中心，从我国改革发展的实践中挖掘新材料、发现新问题、提出新观点、构建新理论，加强对改革开放和社会主义现代化建设实践经验的系统总结，加强对发展社会主义市场经济、民主政治、先进文化、和谐社会、生态文明以及党的执政能力建设等领域的分析研究，加强对党中央治国理政新理念、新思想、新战略的研究阐释，提炼出有学理性的新理论，概括出有规律性的新实践，在实践中认识真理、检验真理、发展真理，才能形成自己的特色和优势。当代中国哲学社会科学必须继承和发扬经世致用的优良传统，要围绕我国和世界发展面临的重大问题，着力提出能够体现中国立场、中国智慧、中国价值的理念、主张、方案。也就是说，我们的哲学社会科学有没有中国特色，归根到底还是要看有没有独创性的研究成果，能否体现出主体性、原创性。

当代中国哲学社会科学还必须建立有自己特色和优势的学术话语体系，这也是体现其主体性的一个重要方面。系统性、专业性要求建立全方位、全领域、全要素的中国特色哲学社会科学学科体系、学术体系和话语体系，要体现一个国家学术的独立性、自主性。习近平同志指出，我们已经解决了"挨打"和"挨饿"的问题，但是还没有解决好"挨骂"的问题。也就是说，在国际话语权竞争中，"西强我弱"的局面还没有根本改变，中国学术话语还处于弱势地位。本来在解读中国实践、构建中国理论上，我们应该最有发言权，但实际上我国哲学社会科学在国际上的声音还比较小，还处于"有理说不出、说了传不开"的尴尬境地。所以他强调，发挥我国哲学社会科学的作用，还必须加强话语体系建设，着力打造具有中国特色、中国风格、中国气派的学术话语体系，用中国理论来回答中国问题，用中国话语来解读中国道路，讲述中国故事，传播中国声音。中国学术话语体系的内核是中国特色社会主义理论体系，在这方面我们是有高度理论自信的，但是它必须通过一定的话语形式表达出来。要善于打造融通中外、易于为国际社会所理解和接受的新概念、新范畴、新表述，提高中国哲学社会科学在国际上的话语权。

当代中国哲学社会科学的主体性建设是一个系统工程，要同时体现继承性和民族性、原创性和时代性、系统系和专业性三大特点。三大特点集中到一点，就是体现主体性。主体性实际上就是中国性。习近平同志说，要按照立足中国、借鉴国外，挖掘历史、把握当代，关怀人类、面向未来的思路，着力构建中国特色哲学社会科学，在指导思想、学科体系、学术体系、话语体系等方面充分体现中国特色、中国风格、中国气派。我们要不忘本来、吸收外来、面向未来。"立足中国""不忘本来"就是坚持民族文化的主体性。在他的讲话中，"中国道路""中国理论""中国制度""中国精神""中国价值""中国智慧""中国力量""中国声音""中国话语""中国梦"等是经常出现的概念，这是很自然的，离开了中国性，就没有当代中国哲学社会科学的主体性可言。我认为在习近平同志的整个讲话中，挺立民族文化的主体性即"立中学之体"的思想是非常明确、十分突出的。

三、坚持以马克思主义为指导和挺立民族文化的主体性，并不意味着对国外哲学社会科学成果采取一概漠视或排斥的态度，而是相反，更有底线、更有原则性地采取全面开放的态度，"坐集千古之智"，博取众长为我所用。"明西学之用"就是要坚持以我为主、洋为中用的原则，马克思主义的批判分析方法提供了科学的取舍标准。

如前所述，中华优秀传统文化是当代中国哲学社会科学的深厚基础和宝贵资源，中华文化本来就有在与异质文化交流中坚持"和而不同""求同存异"的原则，善于取长补短、择善而从，兼收并蓄、"有容乃大"的优良传统。这就是所谓"泰山不让土壤，故能成其大；河海不择细流，故能就其深"的道理。当代中国哲学社会科学继承了这种优良传统，在世界多极化、经济全球化、文化多样化、社会信息化的时代，必须以更加开阔的全球视野和现代眼光，兼容多元多样的气概，学习借鉴世界各国哲学社会科学的积极成果，包括对人类发展进步有益的理论观点、知识体系和研究方法，作为发展中国特色哲学社会科学的有益滋养、洋为中用的支援意识、可以攻错的"他山之石"，才能以其博大胸怀在当代世界性的文明对话、"百家争鸣"中占有一席之地，作出一个伟大民族应有的贡献。习近平同志指出，马克思、恩格斯在建立自己理论体系的过程中就大量吸收借鉴了前人创造的成果。马克思在写《资本论》、列宁在写《帝国主义论》、毛泽东在写农村调查报告时，都运用了大量统计数字和田野调查材料。因此在今天，对现代社会科学积累的有益知识体系，运用的模型推演、数量分析等有效手段，我们也可以用，而且应该好好用。近年来，我们正在倡导以"打造人类命运共同体"为核心的世界文明观，提倡不同文明平等包容、交流互鉴、取长补短、共同繁荣，中国特色哲学社会科学自然也可以在这一宏伟的全球性事业中得到有力的文化支撑。

在方法论上，习近平同志特别强调一点，就是对国外哲学社会科学的成果，必须采取分析的态度，既不能不加分析地一概排斥，也不能不加分析地一概拿来，照搬照套。我们不能把任何一种理论观点和学术成果当成"唯一准则"，不能企图用一种模式来改造整个世界，否则就容易滑入机械论的泥坑。一些理论观点和学术成果可以用来说明一些国家和民族的发展历程，在一定地域和历史文化中具有合理性，但如果硬要把它们套在各国各民族头上，用它们来对人类生活进行格式化，并以此剪裁实际生活，那就是十分荒谬的了。如果不加分析地把国外的学术思想和学术方法奉为圭臬，一切以此为准绳，那就没有独创性可言了。如果把国外的方法运用到中国，得出的是与国外同样的结论，那就没有中国特色可言了。所以习近平同志说："对国外的理论、概念、话语、方法，要有分析、有鉴别，适用的就拿来用，不适用的就不要生搬硬套。哲学社会科学要有批判精神，这是马克思主义最可贵的精神品质。"也就是说，对于作为三大资源之一的"国外哲学社会科学"，也像对待"中国传统文化"一样，需要作精华与糟粕、资源与负担、有用与无用的区分，"明西学之用"就是要用马克思主义的批判分析方法来对其进行科学的取舍和扬弃。

不少学者指出，在学习借鉴国外哲学社会科学成果的问题上，目前存在的错误倾向主要不是关门主义，而是崇洋媚外的西化思想相当严重。比如在我国高等教育领域，一些学科强调要用西方原版教材来进行教学。这些教材不仅是受一定世界观和方法论指导的，有的还表达了明确的政治观点，不加分析批判地使用这些教材，实际上就是主动自愿地接受西方意识形态洗脑，这对青年学生、对党和人民都是不负责任的。在这些学科领域里，自然难免会出现"尽弃自家无尽藏"的情况，也难免会出现马克思主义边缘化、"失语""失踪""失声"的情况。习近平同志告诫共产党人，如果不念好马克思主义的"真经"，总想着"西天取经"，这样就会贻误大事。拼命用西方的知识体系、学术观念来套中国的实践，结果不是误解就是曲解。总之，不能把"西学为用""洋为中用"变成"全盘西化""唯洋是崇"，我们在讲"西学为用""洋为中用"的时候，始终不能忘记作为前提的"以我为主"的主体性原则。

随着我国社会主义现代化建设事业的发展，经济、政治、文化、外交、国防等方面国际地位的提高，今后哲学社会科学方面的国际交流也必然会日益频繁和常态化，这对我们是机遇，也是考验。它给我们提供了在交流互鉴中不断提高当代中国哲学社会科学水平的天赐良机，也对中国道路、中国经验、中国理论、中国话语有无国际竞争力、影响力是一个严峻考验。习近平同志说，能够解决好中国的问题，就有更强能力去解决世界性的问题；把中国的实践总结好，就有更强能力为解决世界性问题提供思路和办法。这就是中国与世界、特殊性与普遍性相互联系、互动发展的规律。"明西学之用"是我们处理好中国与世界的关系的一个重要条件。

　　四、当代中国哲学社会科学是在中国革命、建设、改革实践的历史舞台上，马、中、西三大资源融通生成、综合创新的结果。近百年来，一些进步学者对马、中、西"三流合一"进行了理论探讨和学术实践的探索，找到了一条"马魂、中体、西用"良性互动、综合创新的学术道路；作为当代中国哲学社会科学的主导学术范式，它对各个学科的建设和发展具有普遍指导意义。

　　上面三点学习体会，分别论述了习近平"5·17"讲话对"铸马学之魂""立中学之体""明西学之用"的重要贡献，不难看出在他那里，坚持以马克思主义为指导、挺立民族文化的主体性和博采外国文化之长为我所用三者是有机统一的。当代中国哲学社会科学就是"马魂、中体、西用"融通生成、综合创新的结果。

　　正如习近平同志所指出的："当代中国哲学社会科学是以马克思主义进入我国为起点的，是在马克思主义指导下逐步发展起来的。"按照这一明确界定，马克思主义传入中国之前的近代古今中西之争，近百年来不认同或者反对以马克思主义为指导的各种学术文化思潮，如"全盘西化""复兴儒学""中体西用""西体中用"等主张，均不属于"当代中国哲学社会科学"的范畴；只有承认和坚持马克思主义的指导思想地位，并且能以宽阔心胸融摄中、西两大资源之精华的理论观点和文化主张，才为当代中国哲学社会科学的发展作出了正面贡献。中国共产党人和一些进步的哲学社会科学工作者，在百年探索中为此付出了艰辛努力，才取得了以马克思主义为指导的当代中国哲学社会科学的初步繁荣，并为它进一步创新发展、争取在不久的将来走到世界前列打下了良好基础。

　　马克思主义传入中国之初，李大钊等人超越东西文明之争，最早表达了对"第三新文明"即社会主义文明的向往。李大钊认为东西文明各有所长、亦各有所短，"第三新文明"就是在综合东西文明之所长、去其所短的基础上产生的。最早提出中、西、马"三流合一"思想的是"五四"时期与陈独秀、李大钊一起办《新青年》《每周评论》杂志，一起筹建中国共产党，后来又退党的张申府先生。他在1932年10月就有"我的理想：百提（罗素），伊里奇（列宁），仲尼（孔子），三流合一"的论述。在他看来，中、西、马三"学"是可以"相容相通""相补相充""相辅相成"而达到一种"辩证的或有机的综合"的，这就是未来中国和世界的"新学统"。张申府坚信："合孔子、罗素、列宁而一之的新体系定是新世界中的新中国的新指标、新象征。"他的胞弟张岱年先生是中、西、马"三流合一"思想最早的支持者和坚定不移的继承发扬者，从 20 世纪 30 年代到 80 年代，先后提出了"今后哲学之一个新路，当是将唯物、理想、解析，综合于一"的新综合哲学，和"在马克思列宁主义原则的指导下，以社会主义的价值观来综合中西文化之所长而创新中国文化"的文化综合创新论，为当代中国哲学社会科学沿着正确方向发展作出了重要贡献。近百年来，许多持马克思主义理论立场的进步学者，都在自己的学术工作中善于融通中、西、马三大学术资源，坚持古为今用、洋为中用、批判继承、综合创新的方针，推出了当代中国哲学社会科学的一批奠基性成果，对后来者有很强的示范意义和引领方向的作用。

在 20 世纪八九十年代的文化讨论中，张岱年先生提出的"文化综合创新论"是得到最广泛认同的一种文化理论，在中国思想界产生了广泛深远的影响。习近平同志在全国党校工作会议上的讲话也讲到了"综合创新"，他说："党校特别是中央党校要坚持以马克思主义为指导，在研究上多下功夫，多搞'集成'和'总装'，多搞'自主创新'和'综合创新'，为建设具有中国特色、中国风格、中国气派的哲学社会科学体系作出贡献。"

"马魂、中体、西用"论是对中、西、马"三流合一"、综合创新文化观的继承、发展与深化。它对三大资源在融通生成、综合创新中各自的地位、作用和相互关系，作了更加清晰、准确的界定，突出了马克思主义的主导地位、灵魂地位，强化了中国文化的主体地位、基础地位，明确了西方文化（外域文化）的"应事之方术"地位、洋为中用的"他山之石"地位。用"魂、体、用"三元模式来说明马、中、西三者的关系，避免了"体用"二元模式的左支右绌、捉襟见肘，显然比后者具有更强的解释效力。"魂、体、用"概念既是对中国传统哲学"体用""道器"概念的继承和延伸，又是对它们的变通和超越。引进"魂"的概念既能避免主导性之"体"与主体性之"体""道体器用"之"体"与"器体道用"之"体"的混淆，又有利于说明"魂体相依"的关系，说明强"魂"与健"体"是可以互相促进的。习近平讲话强调哲学社会科学研究要重视理论创新和方法创新，要善于提炼标识性的概念，提炼有学理性的新理论，进行学理性的探索。哲学社会科学创新可大可小，揭示一条规律是创新，提出一种学说是创新，阐明一个道理是创新，创造一种解决问题的办法也是创新。像"马魂、中体、西用"这样关系到整个当代中国文化（包括哲学社会科学发展的方向和道路），关系到理论思维模式与学术范式的嬗变，也关系到中国特色话语体系建设的重大理论和方法问题，加强对它的学理性研究无疑是非常必要的，也应该受到哲学社会科学创新工程的关注和重视。

习近平同志作为党和国家的最高领导人，高度重视哲学社会科学在中国特色社会主义事业中的地位和作用，他非常实事求是地讲到了当代中国哲学社会科学的历史和现状、百年建设发展的巨大成就和目前还存在的问题、哲学社会科学工作者在今天的责任担当，贯穿于其中的核心思想就是"马学为魂、中学为体、西学为用"。这也是当代中国哲学社会科学的实质内涵和必由之路。十年前以更加学理化的形式提出的"马魂、中体、西用"论①，与习近平同志从2013年"8·19"讲话到今年"5·17"讲话的精神是完全一致的，都是以马克思主义传入我国为中国现当代文化的起点，都充分肯定了马克思主义的指导思想地位、"灵魂"地位、"一元主导"地位，都是以"中学为体"即民族文化的主体性为马、中、西三者统一的基础，都充分肯定了"西学为用""洋为中用"的必要性，没有这个资源维度当代中国文化就不能成其大。"马魂、中体、西用"论是在与近百年来"中体西用""西体中用"等不同文化主张的论战中产生的，因此不得不考察传统"体用"范畴的多重涵义及其近代以来的发展演变，不得不对主导性之"体"（"魂"）与主体性之"体"作必要的概念区分，不得不对"魂、体、用"三元模式成立的根据和普遍意义作必要的说明和论证。这些学理性探讨是有利于形成标识性概念、命题和中国特色话语体系的。"马魂、中体、西用"论完全符合百年中国思想文化发展的实际，也完全符合今天中国思想文化建设的需要，与习近平同志的文化思想高度契合，完全可以从这个角度来理解他文化思想的精义和实质内涵。

当代中国哲学社会科学的历史起点是"十月革命一声炮响，给我国送来了马克思列宁主义"，近代以来的古今中西之争被中、西、马"三足鼎立"的格局所取代，才产生和逐步发展了以马克思主义为指导的当代中国哲学社会科学。不到百年，它已引起中国社会历史发生了天翻地覆的巨大变化，也使中国人民在精神上得到了极大解放，中华民族伟大复兴的"中国梦"才有可能从梦想变成现实。明年就是十月革命一百周年，紧接着还将迎来五四运动一百周年和中共建党一百周年，在今后四五年里，我们要加强对当代中国哲

---

① 参见谢青松编、方克立等著《马魂中体西用：中国文化的现实发展道路》一书，人民出版社2015年版。

学社会科学百年历程的总结研究，特别是要加强对"马魂、中体、西用"融通生成、综合创新规律和历史经验的总结研究，将其上升到理论的高度，增强对这条发展道路的自觉和自信。在进行学理性研究与阐释之同时，还要把它当作一种主导的学术范式，来指导和引领哲学社会科学各个学科的建设和发展。

习近平同志指出，构建中国特色哲学社会科学，要在马克思主义指导下全方位、全领域、全要素地建立学科体系、学术体系和话语体系。我认为三大体系建设的核心和关键环节是各个学科的学术体系建设。学科体系建设主要是宏观布局问题，要突出优势、拓展领域、补齐短板、完善体系。学术体系建设就要深入哲学社会科学的各个具体学科，如能将"马魂、中体、西用"作为一种主导的学术范式，即基本的指导思想和方法论，来指导这些学科建立现代的、科学的、符合中国国情的学术思想体系，那么当代中国哲学社会科学的特点和优势就能充分显示出来。话语体系建设与学术思想体系建设是密切相关的，内容决定形式，在一定意义上说，学术话语也是学术体系的一部分。因此我认为，要落实习近平同志部署的发展哲学社会科学的宏伟蓝图，除了深刻领会、准确把握指导思想外，真功夫要用到学术思想体系建设这个核心和关键环节上来。

《我相信中国》序[*]

　　《我相信中国》是曾经为中共创始人之一、著名爱国民主人士张申府先生的一本文集，由他的女儿张燕妮同志选编，精选了他各个时期的 85 篇文章，真实地反映了他丰富曲折的人生经历和主要的哲学、政治、社会、文化和人生思想。书名突出了这本书的爱国主义主题，它也是这个大起大落的传奇性人物一切思考和言行的出发点，是他给后人留下的最宝贵的精神财富。

　　张申府先生名崧年，生于 1893 年，卒于 1986 年，享年 93 岁。他是河北省献县小垛庄（现属沧县杜生镇）人，出身于传统书香世家，早年在家乡受过良好的私塾教育。1906 年到北京，1908 年入读顺天中学堂。1914 考上北京大学哲学系，后转数学系。1917 年毕业，留校教预科的数学和逻辑。在北大与李大钊、陈独秀等人有较多接触和交往，是《新青年》杂志的经常撰稿人之一，后为编委。1918 年冬又与陈独秀、李大钊共同创办颇有影响的进步刊物《每周评论》，并参与进步社团少年中国学会和新潮社的活动。在"五四"新文化运动时期，他受李大钊、陈独秀的影响，积极学习、研究和译介马克思主义，很快成为一个共产主义的信仰者，明确表示："对于社会主义自然要绝对的信奉，共产主义是社会主义的精华，对于共产主义自然要更绝对的信奉。"

　　1920 年 4 月，共产国际远东局代表魏金斯基一行到北京，最先与李大钊和张申府商谈建党问题。同年 8 月，已经转移到上海的陈独秀在致张申府的信中说，"建党的事情在北京只有守常和你两个人可以谈"，并就党的名称问题与二人商议。李大钊和张申府建议叫"共产党"，并得到魏金斯基同意，陈独秀遂将党的名称定为"中国共产党"。上海的共产党早期组织当月就在陈独秀的主持下于《新青年》编辑部成立。10 月，北京的共产主义小组也在北大

---

　　[*] 原载张申府著、张燕妮选编：《我相信中国》，广西师范大学出版社 2017 年版。

图书馆李大钊的办公室正式成立，李大钊、张申府、张国焘是三个最早的成员。在此期间，张申府还曾去上海迎接来华讲学的罗素，住在陈独秀家里，两人就建党问题进行了多次详谈，回京后他把上海方面的情况向李大钊作了详细介绍。也就是说，为创建中国共产党，他在"南陈北李"之间还起了奔走串联的桥梁作用。

1920 年底，张申府以蔡元培秘书的名义赴法国里昂中法大学任教，并受陈独秀、李大钊委托在留法勤工俭学学生中建立党组织，先后吸收刘清扬、周恩来入党。1922 年又在德国与周恩来一起介绍朱德加入中国共产党。他是中共旅欧总支部的主要创建者和领导人。张申府于 1923 年底回国，过年后去广州，参加了黄埔军校的筹建工作，是中共从事军事工作最早的党员之一。5 月被孙中山任命为黄埔军校政治部副主任。后来他又力荐周恩来等十多位优秀共产党员到该校任职和任教。

在中共建党时期，张申府发表了不少阐明共产党的性质和奋斗目标、解释马列主义建党原则的文章。他明确指出："共产党是劳动阶级的代表，是劳动阶级的先驱，是要使人人都得其所的，是不许一人逾其分的。共产党主张的，因此绝不是少数人的利害。"在 1922 年发表于《少年》第二期的《今日共产党之真谛何在》一文中，他还特别强调"纪律是共产党之魂"，"共产党之所以强在此，共产党之能成功在此，共产党与其他政党之不同，此其重要点之一"。这些文章在建党过程中起了正确的思想导向作用。

1925 年 1 月，中共四大在上海召开，在讨论党的纲领时，张申府因不赞成共产国际要求中国共产党人加入国民党的指示，坚持党的独立性原则而与一些代表发生激烈争执。会上和会后，他不顾周恩来、李大钊等人的劝阻而执意退出了亲自参与创建的中国共产党。后来他才意识到，这种"宁折不弯""合则留，不合则去"的自由知识分子脾性，使他在人生道路上付出了多么沉重的代价。

张申府虽然负气退党，但他还是心向着党的。在此后 20 多年里，他一直遵守对李大钊作出的"在党外帮助党"的承诺，积极支持与配合党领导的民族民主革命运动和爱国统一战线，成为一个著名的爱国民主人士，一个始终与党保持着友谊关系的老朋友。

1931 年，张申府被清华大学聘为哲学教授。"九一八"事变后，他经常利用课堂、讲坛和报刊宣传爱国主义，积极投身于抗日运动。1935 年，他发起成立"文化劳动者同盟"，并与姚依林等人一起担任"一二·九"爱国运动的总指挥，掀起了全民族抗日救亡运动的新高潮。1936 年 2 月，他与刘清扬一起被国民党当局逮捕，经冯玉祥保释出狱后，不久清华大学也迫于压力将他解聘。他仍矢志不渝地推动成立北平文化界救国会、平津文化职业者协会和华北各界救国联合会，继续从事爱国救亡运动，发表了大量宣传抗日的文章。"七七"事变后，张申府先后到武汉、重庆等地从事抗日统一战线工作，创办《战时文化》半月刊，积极参加中国共产党发起的"宪政座谈会"。他是中国民主政团同盟（中国民主同盟的前身）的重要领导人之一，积极参加反对国民党独裁统治的民主运动。1946 年 1 月作为民盟的代表出席了在重庆召开的政治协商会议。他的所有这些奋斗经历，都是作为党的朋友，密切配合党的工作，力图对党实现民族民主革命的奋斗目标有所帮助。

张申府虽然退出了共产党，但是他对马克思主义的理论信仰并没有改变，所以在思想文化战线上，他也能够与中国共产党人合作，成为同一个战壕里的战友。最突出的例子就是他积极响应和支持了陈伯达、艾思奇等人发起的新启蒙运动，成为党外参与和推动这个运动的一员主将。新启蒙运动是一场在党的领导下联合一切爱国知识分子，共同反对日本帝国主义的文化侵略和国民党文化专制主义的文化救亡运动和思想解放运动，是党的统一战线政策在思想文化领域的体现。张申府在《什么是新启蒙运动》一文中说：所谓启蒙就是"打破欺蒙，扫除蒙蔽，廓清蒙昧"，"凡是启蒙运动必然反迷信，反武断，反盲从，反权威，反传统。而历史上的启蒙运动尤其在于反封建"。作为哲学家的张先生特别强调新启蒙运动的精神是"实"与"理性"。"在救亡上，尤其特别需要的，就是实，就是切实，就是脚踏实地，就是实干，就是下实力，作实工夫。"他还强调："这个启蒙运动必是理性运动"，"理性的要义则在对于事物不只从一方面着想，不只作一方面的认识"，反对"笼统幻想，任凭感情冲动"。"理性的极致是辩证与解析。唯物，客观，辩证，解析，便是现代科学法的观点和内容，在这个新启蒙运动中应该特别表现的。"在《五四纪念与新启蒙运动》一文中，张申府还指出，新启蒙运动对于"五四"新文化运动不仅仅是一种继承，而且更应该是一种扬弃。比如他提出"打倒孔家店，救出孔夫子"的口号，就是对于五四新文化运动的一种扬弃，一种超越。以"继承五四、超越五四"的"第二次新文化运动"姿态出现的新启蒙运动，其目的不但是要"破"，而且要"立"，就是要建立中国的新文化。张申府强调它是一个真正"新"的"综合"的文化运动，其"所要造的文化不应该只是毁弃中国传统文化，而接受外来西洋文化，当然更不应该是固守中国文化，而拒斥西洋文化；乃应该是各种现有文化的一种辩证的或有机的综合"。这种辩证综合的新文化，"庶几可以接受那因自然科学的发达与辩证唯物论的开展而产生的一种最新潮流，就是科学与社会的结合"。在这里，人们已不难看到从中透露出来的社会主义新文化的曙光。

出入于学术与政治之间的张申府先生，一方面他投身于社会政治运动是有着明确的理论与科学思想作为指导的，另一方面他的学术研究又是为改造中国的现实目的和需要服务的，他是那个时代思想视野最宽阔的中国人之一。他在"五四"时期就接受了马克思主义，此后对辩证唯物论的真理性始终坚信不疑；同时他又终生保持着对罗素的敬意和研究兴趣，认为西方的逻辑与科学法对改造中国人笼统模糊的思维方式非常有益；而对于本民族的传统文化，他也有着相当深厚的根基和生命根处的深情。这三个东西在一些人看来是互相抵牾、互不相容的思想体系，而在张申府看来，它们的思想精华是相通互补的，完全可以熔为一炉创造出一个更高形态的新文化。他在 1932 年10 月就提出了"百提（罗素），伊里奇（列宁），仲尼（孔子），三流合一"的思想，在写于 1941—1942 年间的《家常话》中，他又说："我始终相信，孔子、列宁、罗素是可合而一之的。我也始终希望，合孔子、列宁、罗素而一之。""三者之间，不但并无敌对冲突；三者之间，而且正待相补相充。""合孔子、罗素、列宁而一之的新体系定是新世界中的新中国的新指标、新象征。"在他看来，孔子、罗素、列宁分别是中、西、马三种文化传统的代表。在现代中国，中、西、马"三流合一"何以可能呢？他是用相反相成的辩证法原理来加以说明的。比如他把逻辑解析方法看作是对唯物辩证法的一种补充，二者的"合一"就形成了一种"解析的辩证唯物论"的新哲学形态；他从辩证唯物论的理论视角出发，把中国传统哲学的精髓概括为"实""活""中"三个字，认为"辩证唯物本是中国真正传统的见解"；他对"仁"与"科学法"的论述，则体现了中西哲学互补的精神。众所周知，如何处理中、西、马三"学"（三种文化资源、三大知识体系）的关系，是"五四"后近百年来中国文化发展道路之争的关键问题。在人们往往只看到三者之间的分歧和对立、"道不同不相为谋"这一面的时候，张申府先生却看到了"三流合一"的可能性，他是第一个主张将中、西、马三者的思想精华辩证综合、熔为一炉的思想家，并且坚信中国未来的新文化必定是中、西、马"三流合一"、综合创新的产物。"五四"以来近百年的历史实践证明，"全盘西化""复兴儒学""中体西用""西体中用"等文化道路选择在中国都行不通，只有在中国共产党的领导下，建设"马魂、中体、西用"有机统一的新民主主义文化和中国特色社会主义文化，才在现当代中国具有历史的必然性和现实可行性，实际上这就是张申府先生当年倡导的中、西、马"三流合一"、综合创新的文化发展道路。

极富前瞻性地提出"三流合一"的思想是张申府先生对中国现代思想史的最大贡献。这一思想后来又被他的胞弟、著名哲学家张岱年先生发展为系统、成熟的马克思主义"综合创新"文化观，成为在当今中国得到最广泛认同的一种文化理论。在"相反而相成，矛盾之谐和"的辩证法思想指导下，张申府在哲学上还有许多富有个性特征的新思考、新创获、新表述，除了"解析的辩证唯物论"被孙道昇当作新唯物论中的重要一派，肯定这种"具有批判的分析的精神"的哲学是最值得注意、最有发展前途的之外，他试图唯物辩证地解决主客关系问题的"大客观"思想，欲达辩证解析之极致的"具体相对论"的真理论，以"实""活""中""仁""生""易""通"为核心范畴的中国哲学精髓论，以及对马克思主义哲学中国化、具体化、大众化的探索等等，都是可以而且应该载入20世纪中国哲学史册的。

1948年10月在《观察》杂志上发表不合时宜的《呼吁和平》一文，是张申府人生道路上的第二次重大转折。他再次为自己不识大局、自以为是、率性而为的自由知识分子脾性付出了沉重的代价，其后果是使他从此淡出了中国的政治舞台，成为一个早年轰轰烈烈、蜚声士林，晚年孤寂遗世、默默无闻的人。

半个多世纪以来，在中国革命史、中共党史和中国现代民主政治史著作中都很少见到张申府的身影，连他为中共建党所作出的突出贡献亦语焉不详。他为中国现当代文化发展指出了正确方向的"三流合一"思想，不但没有受到应有的重视，甚至被有些人指责为模糊思想阵线的折中主义。张申府先生在新启蒙运动中呼唤的"实"与"理性"精神，在今天仍然值得大力提倡。尊重历史，实事求是，理性地总结过去，才能满怀信心地开创未来。所幸的是，以2011年河北师范大学成立"张申府张岱年研究中心"、2013年6月为纪念张申府先生诞辰120周年召开的"张申府与20世纪中国"学术研讨会为契机，上述情况正在逐渐得到改变。张先生不平凡的一生，他在哲学、政治、社会、文化和人生方面留下的丰富精神遗产，已经引起越来越多学界人士的关注和研究兴趣，广大干部、群众和青年也需要更多地了解这位先贤，《我相信中国》一书的出版正当其时，正好满足了当今中国社会的这种需要。

十年前，河北人民出版社出版了张燕妮同志编辑的《张申府文集》四卷本，至今仍是人们了解和研究张申府生平与学术思想最基本的资料。近年来随着研究的深入，张先生发表于 1949 年前各报刊而未收入文集的文字陆续被发现，包括一些"零金碎玉"式的短论，有的也有重要的文献价值和思想史意义。比如今天人们十分重视的"三流合一"思想，就是最早出现于 1932 年 10 月 22 日他主编的天津《大公报·世界思潮》副刊的一则"编余"中。在 2013 年召开的"张申府与 20 世纪中国"学术研讨会上，不少学者都认为有编辑出版搜罗齐全、校勘精审的《张申府全集》之必要，为中国现代政治史和思想史保存一份完整的学术资料。在社会主义文化大发展大繁荣中，我们还有许多工作可以做。就张申府这个历史人物来说，在已有四卷本文集的基础上，一方面选编出版更精要的普及本《我相信中国》，一方面推动全集的编辑工作早日提上日程，这两项工作都是非常必要的，共同把对他的研究和历史定位推向一个新阶段。

2015 年 5 月 10 日

擎旗引领综合创新路*

——纪念张岱年先生《综合，创新，建立社会主义新文化》一文发表 30 周年

河北师范大学张申府张岱年研究中心成立六年多了，今天这个会是中心成立以来召开的第三次重要学术会议。前两次会议开得都很好，在学术界产生了相当积极的影响。记得当时学校和学院的领导，李建强书记，张继良院长，李素霞院长，对这件事情都很支持。因为有一点大家都有共识：支持二张研究就是用实际行动来支持马克思主义中国化的事业。我们做这件事情的意义就在这里。和李大钊一样，二张先生也是河北地区宝贵的革命历史资源和人文学术资源，在马克思主义中国化的百年探索中，他们都是作出了突出贡献的先驱人物。作为后辈中国共产党人，马克思主义中国化事业的继承者，我们责无旁贷地要研究好、宣传好他们的生平、著作和思想，继承他们的事业，踏着他们的足迹继续前行。

几年来，河北师大二张研究中心做了大量工作，工作做得非常扎实。除了几次大的学术会议之外，还编辑出版了三本二张研究集刊，建立了二张研究网站，在二张著作整理和思想研究方面也成绩斐然。会前大家都拿到了"燕赵文库"的《张申府集》和《张岱年集》两部厚重的大书，二张 1949 年前的论著基本上都收进去了，这是重要的基础性资料建设。据说这两部文集是"燕赵文库"推出的首批成果，也就是说，二张研究为地域文化研究也作出了重要贡献。短短几年时间，河北师大已成为名副其实的在国内外有影响的二张研究中心，二张研究也成为河北师大哲学社会科学研究的一个重要品牌，知

---

* 本文是作者 2017 年 6 月 24 日在石家庄召开的"综合创新与马克思主义中国化"学术研讨会上的主题发言。原载《张申府张岱年研究集刊》第 4 辑，河北人民出版社 2018 年版，第 205—214 页。

名品牌。

今天这个会的主题是"综合创新与马克思主义中国化",主要是纪念张岱年先生的《综合,创新,建立社会主义新文化》一文发表30周年。这篇文章是张先生1987年6月12日在山东省济宁市召开的中华孔子研究所第二届学术年会上的主题发言,后来由刘鄂培先生整理成文,发表于7月10日的《北京日报》。文章并不长,只有两千多字。这么一篇文章,为什么具有那么重要的意义,我们30年后还要开会来纪念它呢?这要联系当时的历史背景、国内思想文化界的形势,才能够看得清楚。

大家知道,当时正是80年代文化热。一方面"文革"后思想解放,各种思潮峰起,大家都格外关心文化问题。当时有一股很强劲的反传统思潮,认为中国什么都不行,必须"全盘西化",彻底抛弃中国的黄土文明,全方位接受西方海洋文明。另一方面,海外新儒家代表人物到国内来大讲"儒学的第三期发展",复兴儒学、回归传统的思潮也有相当的势力和影响。此外还有人提出了"新启蒙""西体中用"等文化主张。有人将当时的文化思潮归纳为四派:"儒学复兴""彻底重建""西体中用""哲学启蒙";也有人归纳为五派:"反传统派""五四运动派""早期启蒙派""现代儒学派""回归原典派"。还有其他各种归纳。这些归纳有一个共同特点,就是都没有中国马克思主义派文化主张的地位。不说"失语""失声",至少在众声喧哗中,马克思主义派的声音不大、不响亮,人家对文化热中的各种思潮作归纳,都可以把你忽略不计。事实上在80年代的文化讨论中,还是有不少学者是持马克思主义理论观点的,但是这一派可能有一个问题,就是没有讲出多少新话来,人家认为"批判继承"等等不过是老生常谈而已。也就是说,在80年代的文化讨论中,马克思主义派缺少一面鲜明的文化旗帜,足以与上述各派观点华山论剑,一比高下。缺少马克思主义这一派的声音,80年代文化热就成了一次新的中西文化论战,激进与保守二元对立,不过是近代以来的古今中西之争的再一次重演而已。张岱年先生"文化综合创新论"的提出,正好回应了这个问题,改变了上述思想格局。这篇文章明确表示,既不赞成传统文化否定论,也不赞成回归传统论,我们要建设的社会主义新文化体系,是在马克思列宁主义原则指导下,以社会主义的价值观来综合中西文化之所长而创新中国文化。"创新"就意味着与中国传统文化和近代西方文化都不同,它是具有中国特色的社会主义新文化。

张先生的这面"综合创新"文化大旗一举起来,中国马克思主义派的文化学者就陆续集合到这面旗帜下，不但形成一股力量，而且逐渐成为文化讨论中占主导地位的一种观点，可以说根本改变了 80 年代文化热的思想格局。所以这篇文章的发表意义不一般，它是 80 年代文化热中的一个重要的标志性事件，在众声喧哗中，代表中国马克思主义派发出了自己的声音，而且是高屋建瓴、超越激进和保守，代表着中国文化发展正确方向的一种声音，是时代的最强音。所以这篇两千多字的文章，必然会以其重要的思想史意义而载入史册。

我在 1990 年的一次谈话中，将 80 年代文化讨论中的各派观点，主要归纳为三派：自由主义的全盘西化派、保守主义的儒学复兴派和马克思主义的综合创新派。认为它们之间的对立斗争和统一关系，仍然没有超出"五四"时期业已形成的思想格局，是七十年来的文化论争在新的历史条件下的继续和延伸。①之所以做出这种归纳，就是要确立马克思主义综合创新文化观在 80 年代文化热中的地位，在三大思潮对立互动中的地位。

现在有不少总结、回顾 80 年代文化热的文章，罗列出种种现象，比如"走向未来""文化：中国与世界"等几套丛书的出版，中国文化书院的创立等等，而只字不提张岱年先生倡导的"文化综合创新论"。80 年代文化热到 1989 年的政治风波告一段落，有的人又只看到从 80 年代文化激进主义占主导地位，到 90 年代文化保守主义兴起这么一种现象，而看不到文化热冷静下来以后，许多人经过对各种偏颇的文化主张的反思，更加趋向于接受客观、理性的综合创新文化观，这种文化观的影响日益扩大的事实。

1995 年在澳门召开的综合创新文化观研讨会是一个标志性的事件。其实 1994 年 9 月在北京召开的"东方文化与社会发展"国际研讨会上，我记得有好几个发言都是支持张岱年先生的综合创新文化观的。张先生本人也参加了那次会议，他看到了这种文化形势的发展，表示很高兴。我在那次会议上的发言《批判继承　综合创新》，曾将发言稿给张先生看过，他也作了十分肯定的评价，认为"非常精辟""完全同意"。再往前一点，1990 年，张先生与程宜山合著的《中国文化与文化论争》一书由人大出版社出版。这本书从理论、历史和现实针对性等多个方面，对综合创新文化观的基本观点作了全面系统的，而又比较通俗易懂的解说，对于帮助人们了解这种文化理论起了重要作用。1994 年，国家教委组织编写的全国高等学校人文素质课公共教材《中国

---

① 方克立：《现代新儒学与中国现代化》，天津人民出版社 1997 年版，第 585 页。

文化概论》由北师大出版社出版。在这本教材编写过程中，国家教委明确要求以张岱年先生的综合创新文化观为指导思想来写，尤其是周德丰教授执笔的第十九章，是讲中国特色社会主义新文化建设的方针，就旗帜鲜明地坚持了"文化综合创新论"的基本观点。这本人文素质课公共教材已在全国高等院校连续使用了 20 多年。综合创新文化观进教材，用它来对广大青年学生进行正面教育，这件事情的意义，决不是文化热中哪个学者发表某种新论所可以比拟的。

对于 80 年代的文化热，到底应该怎样总结？从现象看，最吸引眼球的是激进反传统的观点，还有与之抗衡的文化保守主义，许多人把它看作是又一次中西文化之争。前面提到的归纳为四派或五派的观点，都只看到激进与保守的二元对立。事实上，80 年代文化热与"五四"以来的历次文化论争一样，都是三大思潮对立互动，中国马克思主义派学者不但提出了自己的文化主张，而且往往为这一轮文化讨论作了总结，为新文化建设指明了方向。张岱年先生 1987 年提出的"文化综合创新论"，不仅是 80 年代文化热中的一派重要观点，而且也可以说为这一次文化讨论作了科学总结。所以我认为将 80 年代文化热归纳为三派的观点，可能比前面提到的归纳为四派、五派的观点还要全面准确，更加符合实际。

这是我讲的第一个问题：张岱年先生 1987 年提出的"文化综合创新论"，在 80 年代文化热中到底占有什么地位？我们今天纪念这篇文章发表 30 周年，它为什么值得纪念？

我本人是张岱年先生"综合创新"文化观的赞同者和支持者之一，也力图对这种文化理论做些研究和阐释工作。30 年来，我对"综合创新"文化观的理解与把握，可以分为两个阶段。

2006 年以前，主要是把它理解为用马克思主义的全面的历史的观点，对古今中西问题作一种科学的解决，所以曾将这种文化观概括为"古为今用，洋为中用，批判继承，综合创新"四句话。①

自从明末清初有中西文化交流以来，古今中西之争已经有五百年。从徐光启开始，不少有识之士就发表过一些主张中西文化融合会通的观点，比极端的西化派、国粹派观点要合理一些。但是直到中国共产党人，才运用马克思主义的理论和方法，也就是全面的、历史的、辩证的观点和方法，真正科

---

① 方克立：《现代新儒学与中国现代化》，天津人民出版社 1997 年版，第 585 页。

学地解决了这个问题。1942年毛泽东在《如何研究中共党史》一文中提出的
"古今中外法"，就是一个标志性的成果。以后徐特立、范文澜等都对"古今
中外法"有精辟的阐释和发挥。"古为今用、洋为中用"是我们党一贯坚持的
文化方针，在新民主主义革命时期是这样，在社会主义革命、建设、改革时
期也是这样。比如1986年党的十二届六中全会通过的《中共中央关于社会主
义精神文明建设指导方针的决议》就明确指出，我们要建设的是"以马克思
主义为指导的，批判继承历史传统而又充分体现时代精神的，立足本国而又
面向世界的"高度发达的社会主义新文化。这个论述，既阐明了这种文化的
社会主义性质和马克思主义指导思想，又高屋建瓴地回答了古今中西问题，
就是既批判继承历史传统而又充分体现时代精神，既立足本国而又面向世界，
它所体现的正是对待古今中西问题的全面的、历史的、辩证的观点，这就是
综合创新文化观解决古今中西问题的基本思路。

　　大家知道，张岱年先生曾经有"今中为体，古洋为用"的提法，他是试
图用中国传统哲学的体用范畴，来对"古为今用、洋为中用"的方针做出学
理上的说明。他解决这个问题的思路，与党的文化方针是一致的。所以，把
解决五百年来的古今中西问题看作是"综合创新"文化观的题中应有之义，
这个看法应该说是没有问题的。

　　许多人都注意到了，到2006年，我又有"马学为魂，中学为体，西学为
用，三流合一，综合创新"①五句话的提法。很明显，这是接着二张先生的中、
西、马"三流合一"、综合创新思想讲的，不过将马、中、西的关系明确定位
为"魂、体、用"的关系罢了。其实"马魂、中体、西用"的思想，在二张
先生各个时期的论述中都有迹象，都有涵义相当清晰的表述。比如他们在20
世纪30年代，就有以辩证唯物论为"三流合一"之基础和主导的思想；张申
府先生40年代在《民主原则》一文中，就有"以中国为体以中国为本位"的
提法。还有，他们都特别重视西方的逻辑分析方法，这也典型地表现了"西
学为用"的思想。可以说，在二张先生的中、西、马"三流合一"、综合创新
思想中，已经内在地蕴涵着"马魂、中体、西用"三者统一的思想了。

　　为什么把综合创新文化观中的这一层意义揭示出来特别重要呢？这是因
为十月革命后马克思主义传入中国，中国社会和文化发展道路选择，除了西
化和回归传统之外，又多了一种可能性，这就是"走俄国人的路"，走建设"第

① 方克立：《中国文化的综合创新之路》，中国社会科学出版社2012年版，第255页。

三新文明"（李大钊语）即社会主义新文明的道路。十月革命和五四运动后中国文化论争的中心主题，实际上已经从古今中西之争转换为中、西、马的关系问题了。古今中西之争在"五四"后仍继续存在，但它实际上已经包涵在中、西、马的关系问题之中了。到这个时期，你只解决古今中西问题显然已经不够了，中国的新文化建设已经不能不考虑马克思主义这个重要维度。正是由于对中、西、马关系问题的不同回答，"五四"后中国思想界才出现了三大思潮对立互动的格局。自由主义西化派和文化保守派仍然坚持他们原来在古今中西之争中的立场，要么西化，要么回归传统，或者采取"中体西用"或"西体中用"的折中态度。它们的共同特点是都排斥或者无视马克思主义这个重要维度。这种无视，实际上是采取鸵鸟政策，已经进入中国并且被许多先进分子所接受的马克思主义，不会因为你不承认或者视而不见而不存在。只有中国马克思主义派是采取实事求是的、全方位开放的态度，既坚持以马克思主义为指导，又主张吸收古今中西文化之精华，走文化综合创新的道路。这种胸怀，就使它明显地优越于其他两派。二张先生提出综合创新的文化主张，其背景就是已经超越了古今中西之争，能够正面面对中、西、马的关系问题，他们是讲"三流合一"而不是"二流合一"，更不是唱"三岔口"。综合创新文化观必须对中、西、马的关系这个时代的中心问题作出回答，才能成为当代中国先进文化的代表。

现在看来，我对综合创新文化观的两种理解和诠释，应该说都是可以成立的，都是有历史根据的，二者完全可以结合起来，互相补充，相得益彰。当然也可以说后一百年的中、西、马关系问题，已经把古今中西问题包涵在其中了，所以，"马魂、中体、西用"三者有机结合，是综合创新文化观的更加实质性的内涵。不论怎样看这个问题，一个基本的事实是，五百年来的古今中西之争，一百年来的中、西、马关系问题，马克思主义综合创新文化观都给予了积极的、正面的、总结性的回答，这是其他文化主张都做不到的。坚持综合创新的文化立场，在文化论争中就可以立于不败之地，也对现实的中国文化建设具有指导意义。

这是我讲的第二个问题：怎样把握"文化综合创新论"的实质内涵？它要解决的时代问题是什么？为什么说综合创新文化观对古今中西问题和中、西、马的关系问题都作出了正确的回答？

从 20 世纪 30 年代到 80 年代，张岱年先生一直用唯物辩证法来思考和探索中国的新文化建设问题。他在早期提出了"今后哲学之一个新路，当是将唯物、理想、解析，综合于一"和"创造的综合""文化的创造主义"①等主张，与张申府先生"孔子、列宁、罗素，三流合一"的思想互相呼应，互相支持，表现了中国马克思主义派学者的宽阔胸襟和前瞻眼光。但在当时，这种文化主张并不占主导地位，其处境可以说是曲高而和寡。1987年3月，张岱年先生在《文化与哲学》一书的"自序"中说："我对于文化问题深感兴趣。三十年代曾经参加当时关于文化问题的讨论。我反对东方文化优越论，也反对全盘西化论，主张兼取中西文化之长而创造新的中国文化。我这种主张可以称为'综合创新论'。"②根据现有的资料，这可能是"综合创新"这个概念首次出现于张先生的论著中。三个月后，他在《综合，创新，建立社会主义新文化》的发言中，就现实的中国社会主义新文化建设问题，又说："近几年，针对文化问题，我写了一些研究文章，自己撰了一个名词：'文化综合创新论'。这也可能是胆大狂放，但是，我认为中国新文化建立，综合和创新还是重要的。"③由此可见，"综合创新"这个概念是张岱年先生于1987年提出来的，他明确说是"自撰"的，也就他原创的。"综合创新"既可以概括张先生30年代的文化主张，也是他在80年代文化讨论中举起的一面社会主义新文化的旗帜。"综合"即表明对待先前的多种文化资源，要采取批判继承和兼综、兼容的态度；"创新"即表明为了适应新时代的需要，在继承的基础上还要有所创造、有所开新。张先生说这两个方面都很重要，而且认为二者是统一的，"真正的综合必是一个新的创造"④。因为"综合创新"准确地反映了中国马克思主义文化观的本质特征，所以比较容易被人们理解和接受，这个概念到世纪之交就流行开来了。它已经不仅是张先生个人的文化主张，而是成为中国马克思主义派的文化共识，成为百年中国最有代表性的一种马克思主义文化理论。李大钊的"第三新文明"论和毛泽东的"古今中外法"，实质上都是文化综合创新论；我们今天讲的"马魂、中体、西用"有机结合、辩证统一，也是一种文化综合创新论，是综合创新文化观的深化和具体化。

正如"全盘西化"是中国自由派文化主张的标识性概念、"复兴儒学"是文化保守主义的标识性概念一样，"综合创新"也已成为中国马克思主义文化观的一个标识性概念。这三个标识性概念就是三面文化旗帜，都典型地反映

---

① 《张岱年全集》第1卷，河北人民出版社1996年版，第262、229、235页。

② 张岱年：《文化与哲学》，教育科学出版社1988年版，第1页。

③ 《张岱年全集》第6卷，河北人民出版社1996年版，第252页。

④ 《张岱年全集》第1卷，河北人民出版社1996年版，第239页。

了当代中国三大文化思潮各自的本质特征。

习近平同志去年 5 月 17 日在哲学社会科学工作座谈会上的讲话中指出，理论创新"要善于提炼标识性概念"。所谓"标识性概念"，就是能够用精练准确的语言，一针见血、一目了然地把握住该理论的实质和核心内容，易于被人们理解、接受和传播，从而成为该理论的显著标志或代表称谓。能够提炼出标识性概念，是一个理论成熟的标志，它是经过长期思考、研究、酝酿、体悟而达到的一旦豁然贯通，点睛之笔使满盘皆活，是认识的升华与彻悟，也是理论自觉和自信的表现。张岱年先生在 1987 年提炼出"综合创新"这个标志性概念，绝不是偶然的，而是经过了半个多世纪的思考、研究、参与思想论战、亲自实践和体悟，才对中、西、马对立互动背景下的当代中国文化走向，有了一个成熟的思考和明晰的结论，那就是要在马克思主义世界观和方法论指导下，走中西文化交流融合、扬精弃糟的综合创新之路。

1991 年 10 月 21 日，张先生在给我的信中说："我们主张'综合创新论'，既符合马克思主义，又符合国情，但响应的人似乎不多。美籍华人学者林毓生提出'创造性的转化'，却受到多人注意。外来的和尚会念经，自古如此。希望您大力宣传'综合创新'之义。"①这是"综合创新论"提出初期的实际情况，了解此论和支持、响应的人还不多，接着就发生了我前面讲到的那种变化。当然变化也有一个从量变到质变的过程。但是很明显，自从"综合创新"这面文化旗帜一举起来，中国思想界的格局就不再是激进与保守二元对立，而是三大思潮对立互动了，代表先进文化前进方向的主张必然会发展成为主潮流，这是不以人的意志为转移的客观历史规律。

这是我讲的第三个问题：张岱年先生 1987 年提炼出的"综合创新"这个标识性概念，在中国现当代思想史上有何重要意义？为什么说他当之无愧地是最先高举起"综合创新"文化大旗的旗手？

最后我还想简略地讲一下，为了确立和论证综合创新文化观，张岱年先生在理论上做出了一些什么开拓性的、也是奠基性的贡献。主要讲三点：一是 20 世纪 30 年代，他在同西化派和本位文化派的论战中，提出了文化系统的可解析性与可重构性、文化要素之间的可离性与可相容性理论，为文化综合创新之所以可能，扫清了理论障碍，开辟了前进道路。文化整全不可分的

---

① 《张申府张岱年研究集刊》（第一辑），河北人民出版社 2013 年版，第 384 页。

理论，认为对中国传统文化和西方文化，都只能要么全盘接收，要么全盘否定，反对区分精糟、对其采取"取其精华、弃其糟粕"的分析态度。这是倡导综合创新文化观必须破除的一种非历史的形而上学观点。张先生在青年时代就主张对东西文化持"分别观"而反对"囫囵观"①，在具体问题具体分析的基础上，才能在一个大的原则指导下来进行文化的综合创新。二是他在40年代提出的"兼赅众异而得其平衡"的"兼和"学说，为综合创新文化观奠定了坚实的哲学基础，为三元和多元兼和模式的成立提供了理论根据。我们要全面地、历史地、辩证地解决古今中西问题，处理好中、西、马三大文化资源的关系，就必须突破传统的中西对立、体用二元的思维模式，需要探索新的三元或多元兼和模式。三元或多元兼和模式成立的理论根据，正是将中国古代的"和而不同"思想提升到唯物辩证法高度的"兼和"学说。三是在80年代的文化讨论中，张先生特别重视文化体用问题的研究，一方面肯定体用思维还有一定的意义，一方面又力图突破传统的体用二元模式。特别是在"中华民族是建设社会主义中国新文化的主体，而社会主义是中国新文化的指导原则。科学技术等等都是为这个民族主体服务的，也都是为社会主义服务的"②的论述中，实际上已经把社会主义指导原则之"体"与中国新文化主体之"体"区分开来了，认为科学技术之"用"是为这两个"体"服务的。也就是说，他对中国特色社会主义文化发展道路的认识，实际上已经非常接近"马魂、中体、西用"的看法了。张先生的上述理论探索，为我们今天正确了解和深刻阐明综合创新文化观，提供了先行者的宝贵足迹。

现在看来，河北师大二张研究中心当初确定二张研究与马克思主义中国化这个方向是非常正确的，六年来取得的成绩，就是坚持这个研究方向，坚持这个宗旨和主题，扎扎实实开展工作的结果。二张生平、著作、思想研究的任务还很重，今后还有许多工作需要做，只有把二张研究与马克思主义中国化这个大背景、大目标、大课题联系起来，它的意义和价值才能得到充分体现，充分彰显。今年是十月革命一百周年，后年是五四运动一百周年，再过两年就是中共建党一百周年，也就是说，最近四五年，是总结研究马克思主义中国化的百年探索，包括马克思主义综合创新文化观的百年发展最重要的时期，也可以说最佳机遇期。我认为这个时机对于二张研究也非常重要，

① 《张岱年全集》第1卷，河北人民出版社1996年版，第247页。
② 《张岱年全集》第6卷，河北人民出版社1996年版，第129页。

如能把二张研究与总结研究马克思主义中国化的百年探索、综合创新文化观的百年发展紧密结合起来，那么我们对两位前辈的理论贡献和思想史地位，可能就会认识得更全面、更深刻、更清晰一些。期待下次会议能有一批这方面的总结性研究成果，把二张思想研究推到一个新的高度。

《张岱年伦理与文化思想研究》序*

　　早就注意到迟成勇同志热心于张岱年学术思想的研究，去年 6 月在石家庄召开的"综合创新"与马克思主义中国化学术研讨会上才有缘认识。今年 6 月 13 日，他来函说为了纪念张岱年先生 110 周年诞辰，准备将 2006 年以来发表的关于张先生学术思想研究的 20 多篇论文汇集起来，分五个部分，出一本论文集，并且希望我给该书写一个"序"。7 月 16 日，成勇同志来京面谈两个多小时，我才知道他在郭广银教授指导下写的博士论文《中华民族精神的文化观照与历史嬗变》①，就深受张岱年先生关于中华民族精神研究的启发，高度认同张先生以"自强不息""厚德载物"为中华民族精神之核心和集中体现的观点。以后他持续地研究张先生的道德哲学、人生哲学、价值哲学和文化哲学思想，一个专题、一个专题地写出研究论文，研究细致深入且有一定的系统性，所以本书并不叫人感到有"拼盘"之感，而是近年来不可多得的一本关于张先生伦理和文化思想研究的学术专著。

　　本书的研究对象张岱年先生，是一个青年时代就接受了马克思主义世界观，终身信持辩证唯物论和社会主义的好学深思的学者，虽然经历过抗日战争时期的艰困和解放后被错划为右派的心灵创伤，但初心不改，始终坚持用马克思主义观点研究哲学、哲学史、伦理学和文化问题，"直道而行"，"修辞立其诚"，为马克思主义中国化作出了多方面的理论贡献，为后人留下了丰厚的学术思想遗产。比如他在 20 世纪 30 年代，就试图以辩证唯物论为指导，以中国哲学为主要思想和话语资源，借鉴西方的逻辑分析方法，创造一个"将唯物、理想、解析综合于一"的"天人新论"的中国化马克思主义哲学体系。在 1936 年（27 岁）写成的《中国哲学大纲》一书中，已经形成一个"天论"

---

　　* 本文原载迟成勇著：《张岱年伦理与文化思想研究》，合肥工业大学出版社 2018 年版，第 1-6 页。
　　① 迟成勇：《中华民族精神的文化观照与历史嬗变》，南京大学出版社 2013 年版。

"人论""知论"的大框架；1948 年在《天人简论》中，又将其主要内容概括为"天人本至""物统事理""物原心流""永恒两一""大化三极""知通内外""真知三表""群己一体""人群三事""拟议新德"十个论题。他在抗战时期陆续写成的《哲学思维论》《知实论》《事理论》《品德论》几部论稿①，"所成不及原初设想之半"，这部鸿篇巨制可惜因外缘条件不具备而未能完成。张岱年先生的哲学史研究，以挖掘和揭示中国哲学史中的唯物主义和辩证法思想传统为主要特点，力图为辩证唯物论在中国哲学中"寻根"，说明这种哲学并不完全是外来的，它在中国传统哲学中也有其"内应"，甚至可以说有深厚根基。比如他试图创立的"天人新论"哲学体系，"对于西洋哲学方面说，可以说是新唯物论之更进的引伸；对于中国哲学方面说，可以说是王船山、颜习斋、戴东原的哲学之再度的发展"②。因为在他看来，以王船山、颜习斋、戴东原为代表的中国近三百年哲学，"实以唯物为主潮"③。张岱年先生的马克思主义文化观，在 30 年代就以"创造的综合""文化的创造主义"问世，到 80 年代终于定型为"在马克思列宁主义原则的指导下，以社会主义的价值观来综合中西文化之长而创新中国文化"的"文化综合创新论"④。它成为在当今中国得到广泛认同的一种主流文化理论，"综合创新"也成为百年中国马克思主义文化观的一个标识性概念，张先生被公认为是高擎"综合创新"文化大旗的旗手。

以上三个方面，即张先生在哲学、哲学史和文化研究方面所作出的贡献，早已为学术界所关注，有关研究成果也比较多。比如，河北师范大学编的《张申府张岱年研究集刊》已出版四辑，每一辑都有"'天人新论'研究""中国哲学史研究""综合创新文化观研究"三个栏目，就反映了上述实际情况。而作为中国第一代马克思主义伦理学家的张岱年先生，他在道德哲学、人生哲学、价值哲学等方面所作出的理论贡献，对其进行专门和系统研究的学者就比较少，有关研究论文也往往是放在对其哲学或哲学史研究的成果中。当然这也不无道理。因为包括人性论、人生境界论、品德论等在内的"人论"，本身就是张先生的"天人新论"哲学的一部分。他创造的"将唯物、理想、解析综合于一"，即马、中、西"三流合一"的新综合哲学，就是以道德理想主

---

① 1988 年以《真与善的探索》为书名由齐鲁书社出版。
②《张岱年全集》第 1 卷，河北人民出版社 1996 年版，第 277—278 页。
③《张岱年全集》第 1 卷，河北人民出版社 1996 年版，第 273 页。
④《张岱年全集》第 6 卷，第 252、253—254 页。

义为中国哲学的特点和象征。研究这种新综合哲学，当然要研究"立成人之道"即如何培养理想人格的学说。人生哲学是中国哲学的重要组成部分，正如张先生所说的："中国哲学家所思所议，三分之二都是关于人生问题的。世界上关于人生哲学的思想，实以中国为最富，其所触及的问题既多，其所达到的境界亦深。"①正因为如此，他也特别重视研究中国伦理思想的丰富内涵、发展规律和基本理论问题，在这方面为发展中国化马克思主义哲学作出了许多开创性的贡献。迟成勇同志正是有鉴于此，把研究视角主要聚焦于张先生的伦理思想，这部论著不但为张岱年学术思想研究开一新生面，而且也是对其哲学和哲学史思想研究的拓展与深化。

关于中国伦理思想和学说，张岱年先生曾将其概括为八个基本理论问题：一是人性问题，即道德的起源问题；二是道德的最高原则与道德规范问题；三是礼义与衣食的关系问题，即道德与社会经济的关系问题；四是"义利""理欲"问题，即公利与私利的关系以及道德理想与物质利益的关系问题；五是"力命""义命"问题，即客观必然性与主观意志自由的关系问题；六是"志功"问题，即动机与效果的关系问题；七是道德在天地之间的意义，即伦理学与本体论的关系问题；八是修养方法问题，即道德修养及其最高境界的问题。②迟著指出，对于这些问题，张先生都力图用辩证唯物论和历史唯物论观点来解释和回答，批判统治阶级宣传的唯心主义道德论，而肯定"仓廪实则知礼节，衣食足则知荣辱"之类以物质生活为礼义道德之基础的观点；同时他又认为精神生活高于物质生活，强调加强道德修养、提高人的精神境界亦具有重要意义。对于中国古代的各种伦理思想和学说，张先生都是采取具体分析、批判继承、科学扬弃的态度，比如对于维护封建尊卑等级秩序的"三纲"，他认为必须彻底否定，而"五常"则含有合理性伦理思想，应该批判继承并结合时代精神予以创新发展。

迟著还注意到，张岱年先生早年和晚年都十分重视中国的新道德建设问题。在 1936 年发表的《生活理想之四原则》一文中，他就提出了"理生合一""与群合一""义命合一""动的天人合一"四个中国化马克思主义的人生哲学原则，受到学术界的重视。③以后在《品德论》《天人简论》等论著中，他又把"理生合一"进一步表述为"充生以达理、胜乖以达和"，即充实发展人的

---

① 《张岱年全集》第 2 卷，第 194 页。

② 参见《张岱年全集》第 3 卷，第 508 页。

③ 参见方克立《青年张岱年的哲学睿识》，《中国社会科学院研究生院学报》2014 年第 6 期。

内在生命力，克服生活中的冲突，以达到和谐的道德理想境界；把"与群为一"表述为"群己一体"，认为个人皆系群体之一员，实赖群体之社会而存在，群己关系是全与分的关系，群己为不可分离之一体。在张先生看来，"理生合一""群己一体"是人生理想的根本原则，也体现了新道德的根本精神。他批判和解构了"君为臣纲、父为子纲、夫为妻纲"的旧三纲说，而提出了适应时代需要的"新三纲说"。他说："古人所讲三纲，久已腐矣，今日应讲新三纲。一、群为己纲——个人服从集体，群之利益即己之利益；二、智为愚纲——无知听从有知；三、众为寡纲——少数服从多数。"①"新三纲说"可谓新道德观之纲领，而以"兼善天下，以人群为一体"为最高境界。新中国成立后，特别是"文革"后，张先生极其重视中国社会主义新道德建设的问题，他曾根据时代发展将"新三纲说"再次更新为"（1）爱国主义；（2）为人民服务的集体主义；（3）社会主义人道主义"②三个基本原则，认为这是今日必须确立的"新三纲"。关于新道德的具体规范，1948 年张先生在《天人简论》中曾提出"六达德"（公忠、任恤、信诚、谦让、廉立、勇毅）和"六基德"（孝亲、慈幼、勤劳、节俭、爱护公物、知耻）之说，1992 年在《试论新时代的道德规范建设》一文中又提出公忠、仁爱（任恤）、信诚、廉耻、礼让、孝慈、勤俭、勇敢、刚直"九德"说③，1993 年在《建设新道德与弘扬美德》一文中将"九德"调整为"（1）忠（区别忠君之忠，可以称之为公忠），（2）信（诚实），（3）慈（泛爱），（4）孝（爱敬父母），（5）廉（亦可称为廉耻），（6）礼（礼节），（7）勤（勤劳），（8）俭（节俭），（9）勇（勇毅）"④。可以看出，这些道德规范既有对传统美德的继承，又有对传统道德的改造与更新。对于学界前辈张岱年先生为中国的新道德建设而殚思极虑，不断贡献出自己的新思考，迟著都详细加以介绍，深入分析阐释，认为这正表现了张先生热爱祖国、热爱人民、具有坚定的马克思主义理论信仰和社会主义信念的高尚品格。

张岱年先生的人生哲学思想，迟著认为在其早年写的《生活理想之四原则》中就有鲜明体现，以后不断得到充实和发展。它是以马克思主义为指导，以中国传统人生论为批判继承的主要资源，同时也借鉴了西方理性主义和生

---

① 《张岱年全集》第 1 卷，第 462 页。

② 《张岱年全集》第 7 卷，第 427 页。参见同上书，第 488 页；张岱年：《晚思集》，新世界出版社 2002 年版，第 15 页。

③ 《张岱年全集》第 7 卷，第 237 页。

④ 《张岱年全集》第 7 卷，第 428 页。

命哲学中的某些合理因素，"综旧典而开新风"，进行了革命的改造与转换，既批判了中国传统人生论"重理轻生"的唯心主义，也不同于西方近代以个人为本位的人生哲学，而以"理生合一""群己一体"为人生理想之根本原则，本质上是一种辩证唯物论的人生哲学、社会主义的人生哲学、革命的科学的人生哲学。张先生认为"生之圆满"即人生理想的实现与通过革命实现"天下为公"、人人平等的社会理想是统一的。他特别强调伟大理想的实现必须依靠人们改造自然、变革社会、改善现实的奋斗，要充分发挥人的创造精神。中国古人有"正德、利用、厚生"三事之说，张先生在《天人简论》中又提出了一个新三事说："一曰御天，二曰革制，三曰化性。御天者改变自然，革制者改革社会，化性者改变人生。三方俱改，然后可达人生之理想境界。"①由此可见，这种人生哲学充分体现了马克思主义哲学的实践唯物主义品格。

迟著还指出，在 20 世纪八九十年代，张岱年先生是首倡价值哲学研究的学者。他认为中国古代哲学中有着丰富的价值思想，特别重视人的价值和人格独立，开展这方面的研究有助于推动思想解放运动。比如《左传》中有"立德、立功、立言"的"三不朽"说，就是对人生价值尤其是人的社会价值的积极肯定；《孝经》记述孔子有"天地之性人为贵"之说，则是对人类在宇宙中的崇高地位的肯定。荀子说："水火有气而无生，草木有生而无知，禽兽有知而无义，人有气有生有知亦且有义，故最为天下贵。"②这是他对人类之所以具有崇高价值的论证，所谓"义"即道德的观念和行为。孔子说："三军可夺帅也，匹夫不可夺志也。"③他承认包括"匹夫"在内的每个人都有独立的意志与人格，这是对人的价值的进一步肯定，认为每个人的自我价值都应该得到尊重。重视人的道德价值和独立人格，对中华民族精神的培育和发展具有重要意义。张先生重视儒家的内在价值论，同时也注意到中国古代价值观的多元性，并指出传统价值观重视人的价值而忽视物的价值，也有不利于科学技术发展的消极方面。

张岱年先生也是在学术界最早开展中华民族精神研究的学者，旨在通过这一研究加强爱国主义教育，推动社会主义精神文明建设。在他看来，以"自强不息""厚德载物"为核心和集中体现的中华民族精神，也是中国文化的基本精神，所以迟著是把张先生的中华民族精神论放到其文化哲学中来论述的。

---

① 《张岱年全集》第 3 卷，第 224 页。

② 《荀子·王制》。

③ 《论语·子罕》。

这样安排自有其道理，因为张先生自己就说过：关于文化问题，我提出了"综合创新论"和"中华精神论"。①当然，我们也可以换个角度来看这个问题，即把中华民族精神论看作是张先生伦理思想的一项重要内容，一个重要组成部分。因为"自强不息"的刚健有为精神和"厚德载物"的兼容并包精神，都是中华民族的传统美德，不仅是个人的优秀品德，而且是推动整个民族发展进步的"大德"，维护多民族统一国家虽历经磨难而不倒也不散的伟大伦理精神。这样考虑问题，那么张先生伦理思想的内容就更丰富了，精神层次也更高了。迟著还高度评价张先生倡导的"综合创新"文化观的重要理论价值和现实意义，并兼及张先生的国学观、读书观和为人为学态度，理论探讨与现实人生紧密结合、互相印证，显示了作者宽阔的研究视野和论集内容的丰富性。但我还是愿意把本书看作是一本主要研究和评述张先生伦理思想的专著。

我已年过八十，手头还有一些更加紧要的工作任务，对于并不十分了解的作者，本来是不敢答应为其大著写序的。成勇同志十多年锲而不舍地研究张岱年学术思想的精神感动了我，破例答应为其论集写序，但却不能不读其书而发几句空泛议论。拜读了他发来的书稿电子文本后，确实感到还是有所收获，主要是对张先生为发展中国化马克思主义伦理学作出的贡献有了更加全面真切的认知。他精通中国伦理思想史，对于伦理学的一些基本理论问题，也用马克思主义观点作出了创造性的诠释和回答，特别是在中国的新道德建设、价值哲学和中华民族精神研究等方面有开创之功。在有关张岱年学术思想研究的成果中，学界过去对伦理学这个维度重视不够，很有必要加强这方面的研究。迟著可能是第一本系统研究张先生伦理思想的学术论著，所以值得推介。权且把我的这篇读后感作为代"序"奉献给作者和读者，不当之处请批评指正。

方克立

2018 年 10 月 5 日

---

① 参见《张岱年自选集·学术自传》，重庆出版社 1999 年版，第 5 页；张岱年：《通往爱智之门》，北京大学出版社 2011 年版，第 245 页。

【附录】

以马克思主义为生命的学问*

——方克立教授学术思想述要

曹　娟

　　方克立教授生于 1938 年 6 月，湖南省湘潭县人。1962 年毕业于中国人民大学哲学系，同年留校任助教。1973 年调到南开大学哲学系，1979 年晋升为讲师，1981 年升任副教授，1984 年由教育部特批为教授。1988 年获"国家级有突出贡献专家"称号。1994 年 2 月调任中国社会科学院研究生院院长，2000 年 8 月离任。现任中国社会科学院学术委员会委员，中国社会科学院研究生院教授、博士生导师，中国科技大学人文与社会科学学院院长，湘潭大学湘学研究所所长，中华炎黄文化研究会常务副会长，中国哲学史学会常务副会长。

　　40 年来，方克立教授一直在高等学校从事中国哲学与文化方面的教学和研究工作，先后开过"中国哲学通史""中国哲学名著选读""马克思主义哲学史观和方法论""中国哲学史史料学""中国哲学范畴通论""中国文化概论""现代新儒学概论""20 世纪中国哲学与文化思潮"等课程。1982 年以来，他已指导培养中国哲学专业硕士研究生 15 名，博士研究生 35 名。他们大都已成为所在高校教学和科研的骨干力量。

　　方克立在大学学的是马克思主义哲学专业。40 年来，他的学术工作的特

　　* 本文原载《高校理论战线》2003 年第 5 期，又刊于《无言的风景——中国高校知名社科学者学术思想巡礼》，高等教育出版社 2006 年版，第 108-128 页。

点是坚持用马克思主义的立场、观点、方法来认识和分析历史上的思想文化现象，观察和处理现实的思想斗争和中国文化发展问题。在一次国际学术会议上，他在回答新儒家的质疑时坦然陈辞："正如有些真诚的儒者是把儒学当作自己的'生命的学问'一样，对于我和许多与我同辈的大陆学者来说，马克思主义也早已成为我们的'生命的学问'，成为我们观察、处理问题的世界观和方法论，成为我们人生信仰的归趋和奉以行止的生活实践原则。"①这种坚定的学术持守及其所体现的人格力量，赢得了在场海内外学者的尊重。

下面对方克立教授的主要学术思想作一概要的评述。

关于《周易》与孔子研究方法论

1962 年 3 月 16 日，当时还是一个大学生的方克立用笔名"方蠡"在《光明日报》上发表《研究〈周易〉不能援"传"于"经"》一文，批评李景春等学者在《周易》研究中经传不分，混淆了《易经》和《易传》思想的不同的时代性。他认为："我们在研究《周易》的哲学思想时，把'经'和'传'严格区分开来是十分必要的，只有把它们分别放在自己的时代中，分别解剖它们的哲学体系，才能认清《易经》和《易传》哲学的本来面目，为研究中国古代哲学发展的规律解开一个重要的纽结。"同年 9 月 14 日，李景春先生在《光明日报》上回应以《研究〈周易〉哲学应当以"传"解"经"》一文。这场讨论不光涉及《周易》经传关系问题，更主要的是，它涉及哲学史研究中的一个实质性的方法论问题，就是我们在用现代语言去阐释古代哲学思想时，如何坚持历史主义的观点和方法，避免把古人现代化，甚至把马克思主义哲学的基本原理也挂在古人名下的现象发生？方蠡指出，在李景春先生的论著中，"《易经》作者已经自觉或不自觉地认识到了'对立统一''矛盾转化''量变质变''根本质变和部分质变''肯定否定''不断革命论和革命发展阶段论'等辩证法的规律。事情如果真是这样，那么一部中国哲学史就难得写下去了。"李景春否认这一批评，认为他已对现代辩证法规律和古代的辩证法因素作了如同"太阳"和"烛光"一样的区分。这场讨论引起了学术界的关注，《哲学研究》1963 年第 1 期发表了东方明题为《哲学史工作中的一种极其有害的方

---

① 参见《南开学报》1998 年第 5 期李翔海文。

法》的"学术评论"，批评李景春在《周易》研究中"把马克思列宁主义哲学的基本原理，挂在两千多年前的古人名下"的错误做法。该刊从 1963 年第 2 期开始特设"关于研究《周易》的方法论的讨论"专栏，陆续发表了李景春、冯友兰、任继愈、阎长贵等学者的讨论文章。方蠹在第 3 期发表《坚持哲学史中的严格的历史性》一文，举出 15 条资料证据，说明在李景春的《周易哲学及其辩证法因素》一书中确实存在着把古代思想现代化、把马克思主义的基本原理挂在古人名下的倾向，并就这个问题从哲学史方法论的角度提出了四点原则性的意见：

> 第一，在分析古代哲学思想时，应该从直接占有的可靠材料出发，从古人的思想实际出发，不要把最初的萌芽的东西夸大成为完善的成熟的东西，把可能由之引申和推衍出来的结论和论断强加给古代思想。
>
> 第二，在运用现代哲学语言去解说古代哲学思想的时候，应该力求全面准确，不要随便把古代的哲学范畴"意译"为不恰当的现代哲学语言，把现代哲学命题任意附会在古代哲学思想上面。
>
> 第三，研究古代哲学思想，切切忌讳的是望文生义、无中生有的方法。这种方法会为所谓"抽象继承法"大开方便之门，而其直接后果是歪曲历史的本来面貌（伪造历史），糟蹋祖国的哲学遗产。
>
> 第四，用马克思主义的历史主义原则来评价古代哲学家，既不随便非难古人没有提供出他们所不可能提供的思想，也不盲目颂扬古人，把古人所不可能提供的思想硬挂在他们的名下。

这场讨论以李景春在《哲学研究》1963 年第 5 期发表《怎样解决本质的分歧》一文而告终。60 年代初在《哲学研究》上开设的"关于研究《周易》的方法论的讨论"专栏，后来扩大为"哲学史方法论的讨论"专栏。方克立在该刊 1963 年第 4 期又发表《关于孔子"仁"的研究中的一个方法论问题——与冯友兰先生商榷》一文。他不同意冯友兰先生把孔子的"仁"说成是一种超时代、超阶级的具有"普遍性形式"的思想，并且竭力论证这种"普遍性形式"的思想"还不完全是欺骗"，"在一定历史条件下是真实的"。方克立认为孔子的"仁"是一个具体的历史的概念，必然有其时代的内容并反映一定阶级的利益。"历史上的统治阶级之所以要制造关于超阶级性的幻想，完全是为了本阶级的特殊利益，他们以抽象的、普遍性形式表述出来的思想并不是没有阶级性的"。冯友兰先生在《哲学研究》1963 年第 5 期回应以《方克立同志和我的分歧》一文。方克立又在该刊 1963 年第 6 期、1964 年第 1 期先后发表了《实质的分歧是什么？——答冯友兰先生》和《无产阶级思想也具有普遍性形式吗？》两篇文章，就上述问题继续进行讨论。其中涉及对马恩著作中关于思想的"普遍性形式""共同利益的幻想，起初这种幻想是真实的""思想家的自我欺骗和分工"等论述的理解。方克立认为："马克思、恩格斯在《德意志意识形态》中指出，具有普遍性形式的思想，实质上是统治阶级为自己编造出来的'共同利益的幻想'。唯心主义的思想家们在考察历史运动时，总是自觉或不自觉地把思想说成是占统治地位的东西，把历史描述为'愈来愈抽象、愈来愈具有普遍性形式的思想'迭相更替的过程。他们把事情思辨地颠倒成这样：好像不是社会存在决定社会意识，而是社会意识决定社会存在。因此，正如马克思、恩格斯所指出的，'在每次描述某一历史时代的时候，它都不得不赞同这一时代的幻想'。"他不同意冯友兰先生把孔子的"仁"抽象化，并指出"抽象继承法"不是科学的马克思主义的哲学史研究方法，在他看来，马恩的"普遍性形式"说一点也帮不了冯先生的忙。

冯友兰先生是 20 世纪中国哲学史领域的权威学者，方克立在以后 40 年的学术研究中也多次论及冯友兰。1993 年，针对某些台港学者对冯先生 1949 年后转变哲学立场而从政治上和道德人格上对他所作的攻击，方克立在《冯友兰与中国哲学现代化》一文中，对冯友兰先生终生致力于推动中国哲学的现代化，促进中西哲学与文化的融合，坚持"阐旧邦以辅新命"的爱国主义立场，给予了积极的正面的评价。1995 年，在《全面评价冯友兰》一文中，方克立认为，冯友兰的哲学道路是 20 世纪中国哲学的一个缩影。"通过冯友兰哲学这面镜子，可以反映或折射出 20 世纪中国哲学的丰富内容、错综复杂的对立统一关系，以及和社会实践特别是政治迁变之间的深刻联系。"这篇文章在充分肯定冯友兰一生的哲学贡献之同时，也批评了冯先生在《中国哲学史新编·总结》中把马克思主义辩证法歪曲成"仇必仇到底"的斗争哲学，主张用"仇必和而解"的调和哲学来取而代之的错误观点。这篇文章在学术界引起了强烈的反响，有关争论至今没有停止。

关于中国哲学范畴研究

60 年代在学术界初露头角的方克立，在连续参加了两期农村社教（"四清"）运动后，接着又赶上了史无前例的"文化大革命"，他的学术工作也因此而中断了十余年。80 年代初，他以中国哲学范畴研究而开始重新活跃于学术界。

1981 年 10 月，在杭州召开的全国宋明理学讨论会上，方克立配合《中国社会科学》杂志社组织了一次关于中国哲学范畴研究的专题研讨会，他用笔名"岳华"写的会议纪要发表在《中国社会科学》1982 年第 1 期。同年 3 月，他的《中国哲学史上的知行观》一书由人民出版社出版，该书被认为是国内出版的第一本中国哲学范畴研究专著。接着他又在《人民日报》《中国社会科学》等报刊上陆续发表了《开展中国哲学史范畴的研究》《中国哲学范畴研究的现实意义》《论中国哲学中的体用范畴》《中国哲学范畴研究的鸿篇巨制——唐君毅〈中国哲学原论〉评介》等文章。他主编的《中国哲学大辞典》①也以范畴词条数量多和内容翔实为一大特点。方克立在南开大学首先招收培养了一批"中国哲学范畴研究"方向的研究生。1983 年 11 月，在西安召开的中国哲学范畴研讨会上，他带四名研究生出席会议并且都发表了论文，南开大学哲学系也成为开展中国哲学范畴研究的重镇之一。

关于开展中国哲学范畴研究的意义。方克立认为，80 年代初的"范畴热"，是起因于一部分哲学史工作者不满足于过去那种"列传体""四大块""两军对战"的简单化的哲学史研究模式，力图探索一条通过哲学范畴史的研究，来揭示人类认识发展的一般进程、各民族理论思维的特点和诸哲学系统的深层逻辑结构的新路。它的终极目的不仅是为哲学的繁荣和哲学史学科的科学化建设，而且也是为提高全民族的思想素质、促进思维方式的现代化服务。他强调开展中国哲学范畴研究必须以马克思主义为指导，并作了几点论证：第一，把哲学史当作认识史，研究从逻辑的一般概念和范畴的发展与运用的观点出发的思想史，这正是马克思主义经典作家给我们规定的任务。第二，马克思主义经典作家虽然没有写出一部通过范畴的逻辑演化而充分展开的哲学史，但是却给我们留下了《资本论》的逻辑。它是一个方法论的宝库，研究我国传统哲学范畴体系同样可以从中学到许多东西。第三，马克思主义经典作家关于研究认识史、范畴史的指示和哲学基本问题、哲学的党性原则并不是对立的，而是统一的。从哲学范畴的逻辑发展的观点出发的思想史，本身就是围绕着思维与存在的关系这个哲学的基本问题，唯物主义和唯心主义

---

① 方克立主编：《中国哲学大辞典》，中国社会科学出版社 1994 年版。

斗争的历史。第四，马克思主义经典作家对黑格尔、青年黑格尔派和蒲鲁东等人的批判，对逻辑的和历史的一致原则的唯物主义改造，都给我们指出了沿着正确的方向去研究中国传统哲学范畴体系的道路。方克立认为，对中国传统哲学范畴进行真正科学的研究，不仅可以丰富马克思主义哲学（辩证逻辑）的内容，而且可以为马克思主义哲学的中国化探索道路。毛泽东对"知行""矛盾""事物""实事求是"等中国传统哲学范畴、命题的批判继承和改造，就给我们提供了用适当的民族形式来宣传和发展马克思主义哲学的榜样。

方克立以毛泽东在《实践论》中所阐明的"辩证唯物论的知行统一观"为指导，系统地清理了中国哲学史中的"知行"范畴，全面考察了中国古代和近现代哲学家关于知行难易、知行先后、知行轻重、知行分合等问题的论辩，特别是对宋元明清时期发展到比较成熟阶段的各种具有典型形态的知行学说，作了细致的分析研究。他高度评价王夫之在批判一切"离行以为知"的唯心主义知行观的基础上所形成的"行先知后""行可兼知""知行相资以为用，并进而有功"的朴素唯物主义知行观，认为它"是较无片面性弊病的，在一定程度上论述了知和行的对立统一关系"，"在辩证唯物主义的知行统一观产生以前，可以说是达到了最高水平"。知行问题在中国近现代哲学中也占有重要地位。方克立指出："历史的经验证明，革命阶段的每一次重大转变，总是要把认识论问题突出出来，因为革命的指导者总是首先要解决一个思想路线的问题。"孙中山正是在总结历史的经验教训时，才提出了革命的"心理建设"的问题，写了《孙文学说》一书。毛泽东的《实践论》也是在中国革命的重要转折关头，为了清算党内的教条主义和经验主义的错误倾向而写作的。他对知行范畴的考察，没有走入思想的纯粹逻辑推演之一途，而是力图通过对中国哲学史上的知行问题的科学总结，来发展有中国特色的马克思主义哲学认识论。

1984 年，方克立的《中国哲学史上的知行观》一书获天津市首届哲学社会科学优秀成果专著一等奖。天津市评选委员会在"评语"中说："该书撰写之初，就明确提出以毛泽东同志的《实践论》为指导思想，来清理中国哲学史上的知行问题。作者始终坚持这一宗旨，不为前些年出现的一股怀疑和贬低毛泽东思想的倾向所动摇，表现了一个哲学工作者的坚定的马列主义立场。"

除了"知行"范畴之外，方克立关于"体用"范畴的研究成果也得到了学术界的较高评价。他认为"体"和"用"是最足以表现中国传统哲学思维方式特点的一对范畴，在西方哲学或印度哲学中都找不出一对与它的涵义完全相当的范畴来。他首先考察了体用范畴的由来，否定了"体用本乎释氏""出自西来佛书"之说，指出在先秦文献中已有体用并举的提法，到魏晋时期，"体"和"用"已成为一对独具中国特色的哲学本体论范畴，并成为魏晋玄学的主要理论支柱之一。玄学体用观对后来的佛教哲学和宋明理学产生了深远影响。其次，他准确地厘定了体用范畴的涵义，指出它的本义是指实体及其作用、功能、属性的关系，后来才发展、衍生出了本体（本质）与现象的关系的意义，并探讨了从前者演变到后者的轨迹。除了这两种基本涵义之外，中国哲学中的体用范畴还有内容与形式、原因与结果、必然与偶然、未发与已发、常住性与变动性等多种涵义。再次，他考察了在体用观上错综复杂的哲学斗争，指出围绕着什么是体、什么是用的问题，唯物主义哲学家和唯心主义哲学家作了截然不同的回答；而在体用关系问题上，强调体用统一的辩证观点也同"体用殊绝"的形而上学作了坚决斗争。方克立认为，有体有用、体用统一是对客观世界的某种真实关系的反映，在马克思主义的唯物辩证法传入中国以前，中国人用这种朴素辩证的观念去认识世界，取得了许多有价值的思想成果，但不容否认，传统哲学体用观中也有一些消极落后的东西。对于在中华民族认识史上有过如此巨大影响的体用范畴，我们应该用马克思主义的观点和方法对它进行研究，区分历史遗产中的精华和糟粕，批判地继承其中包含真理性的部分，把它熔铸到唯物辩证法的科学体系中去。

方克立后来发表的评论"中体西用"和"西体中用"的文章[①]是对体用范畴研究的深化。除了对"中体西用"论与"西体中用"论的产生背景和政治、文化内涵的揭示之外，他指出二者都超离了中国传统哲学体用观的涵义，不是讲一个事物有不可分离的"体"和"用"（不论是实体和属性，还是本质和现象）两方面，而是在两个相对独立的事物之间来讲体用关系，把它们讲成是一种本末或主辅的关系。这种把体用"打成两橛"的做法，正如严复所批评的那样，是一种"甚不通"的"牛体马用"论。他认为中国传统哲学体用观的精义就在于体用统一、"体用不二"，近现代的"中体西用"论和"西体中用"论都陷入了中西对立、体用二元的形而上学思维方式，实际上是一种文化上的折中主义。

---

① 方克立：《评"中体西用"和"西体中用"》，《哲学研究》1987 年第 9 期。

关于现代新儒学研究

80 年代中期，中国出现了前所未有的"文化热"，围绕着"中国文化向何处去"的问题，各派观点展开了热烈的争鸣。除了名噪一时的"新启蒙""西体中用""彻底重建"诸说之外，方克立还注意到有一派主张"复兴儒学"或"儒学第三期发展"的观点，在当时虽未成为主流但却在中国大陆逐渐扩大自己的影响。1986 年 3 月。他在国家教委召开的一次科研咨询会上作了题为《要重视对现代新儒家的研究》的发言。[①]同年 11 月，他和李锦全教授共同主持的"现代新儒学思潮研究"课题被确立为国家社科基金"七五"规划重点项目，1992 年又被列为"八五"规划重点项目。他们领导一个由二十余名中青年学者组成的课题组，进行了颇为活跃而又十分扎实的研究工作，在十年间完成的系列研究成果包括《现代新儒家学案》（中国社会科学出版社）、《现代新儒学辑要丛书》（中国广播电视出版社）、《现代新儒学研究丛书》（"专人研究系列"，天津人民出版社；"专题研究系列"，辽宁大学出版社）、《现代新儒学研究论集》（中国社会科学出版社）等，共计三十余册。方克立的论文集《现代新儒学与中国现代化》也于 1997 年由天津人民出版社出版。该课题研究在海内外产生了广泛而深远的影响。

在现代新儒学研究中。方克立提出了以下主要学术观点：

一、概念界定。方克立认为，所谓现代新儒学，是指"五四"以来，在强烈的民族文化危机意识的刺激下，一部分以承续中国文化之慧命自任的知识分子，力图恢复儒家传统的本体和主导地位，重建宋明理学的"伦理精神象征"，并以此为基础来吸纳、融合、会通西学，建构起一种"继往开来""中体西用"式的思想体系，以谋求中国文化和中国社会的现实出路。它主要是一种哲学和文化思潮，同时也包含着社会政治的内容。[②]他又说明：我们是采取广义理解的"现代新儒学"和"现代新儒家"概念，即超越了现代新儒家学者的师承、门户之见，把在现代条件下重新肯定儒家的价值系统，力图恢复儒学传统的本体或主导地位，并以此为基础来吸纳、融合、会通西学，以

---

① 发表于《天津社会科学》1986 年第 5 期。

② 方克立：《现代新儒学与中国现代化》，天津人民出版社 1997 年版，第 448 页。

谋求中国社会和中国文化的现实出路的那些学者，都看作现代的新儒家。这一点和港台、海外的新儒学研究有很大的不同。①

二、基本特征。一般地说。现代新儒家有以下基本特征：第一，它是现代中国的"儒家"，就必然具有尊孔崇儒，以儒家学说为中国文化的正统和主干，以继承儒家"道统"、弘扬儒家学术为己任等儒家的一般共同特征；第二，它是现代中国的"新儒家"，即主要是继承和发扬了宋明理学的精神，以儒家心性之学为其所要接引的"源头活水"，强调以"内圣"驭"外王"，表现出明显的泛道德主义的倾向；第三，它具有区别于先秦儒家和宋明新儒家的"现代"特征，这就是"援西学入儒"，一方面认同传统儒学，一方面适应现代新潮，走融合中西、"返本开新"的特殊道路。②方克立还指出，从文化心态和思维取向的角度来审视，现代新儒家的思想性格突出地表现在以下几个方面：（一）民族本位的文化立场；（二）中体西用的基本态度；（三）道德形上的哲学追求；（四）推重直觉的思维方式。③

三、发展阶段。现代新儒学从"五四"时期产生以来，至今已有三代人薪火相传，大体上经过了三个发展阶段：从 20 世纪 20 年代初至 40 年代末的 30 年，是其发展的第一阶段，或曰在中国大陆的早期发展阶段，主要代表人物有梁漱溟、张君劢、熊十力、冯友兰、贺麟、钱穆等人。从 50 年代初到 70 年代末的 30 年，是其发展的第二个阶段，其活动阵地已转移到台港地区，主要代表人物有唐君毅、牟宗三、徐复观、方东美等人。从 80 年代初至今是其发展的第三阶段，在一定意义上说它已走向世界，主要代表人物有杜维明、刘述先、余英时、成中英等人。关于现代新儒学的发展阶段与代表人物，学术界还有各种不同观点，方克立提出的"三阶段论"得到了多数学者的认同，已成为最常见的一种历史叙述方式。

四、两个路向。如何从儒家的内在理论立场出发来贯通道德理性和理智理性，是儒学与现代社会相衔接的关键，也是现代新儒家的共同课题。依据其贯通德性与理性的不同方式，可以将现代新儒家分为"尊德性"和"道问学"两个系统，或两条路向。前者以熊十力、唐君毅、牟宗三、刘述先、杜维明等人为代表，后者以冯友兰、贺麟、方东美、成中英、余英时等人为代表。"尊德性"一系虽然肯认理智理性的作用，但却严格地坚持"德性优先"

① 方克立：《现代新儒学与中国现代化》，天津人民出版社 1997 年版，第 258 页。
② 方克立：《现代新儒学与中国现代化》，天津人民出版社 1997 年版，第 41-42 页。
③ 方克立：《现代新儒学与中国现代化》，天津人民出版社 1997 年版，第 42-45 页。

的传统儒学立场，知识理性在其中并无本体的独立地位。"道问学"一系更为注重认知理性，并力图在儒学中为理智理性确立本体地位，明确地提出了理性与德性并重的主张。方克立认为，纵观现代新儒学的发展历程，"尊德性"一系的理路已经开拓到了尽头，作为一个无法突破"德性优先"和"泛道德主义"封畛的理论学说，它是很难真正切入现代生活的；而站在儒学立场上为统一德性与理性、整合人文主义与科学主义作了可贵尝试的"道问学"一系，则可以说是现代新儒学发展中的"歧出转向"之新，它在实现了根本性变革之后，还有可能为儒学的发展注入新的生命活力。①

五、得失评价。方克立认为，现代新儒家主张"复兴儒家文化""重建儒家的价值系统"，呼唤和推进"儒学的第三期发展"，其根本精神不在于复古，而是要畅通民族文化生命的本源大流，使之不至于割断和失坠，保存中华民族文化的主体性。就对民族文化传统有强烈的自我意识，对发扬民族精神、复兴中华文明有高度的责任感，坚决反对宣扬民族虚无主义的"全盘西化"论这一点来说，其贡献是不可抹杀的。②现代新儒家强调传统道德文明、人文价值的弘扬和重建，对于克服片面发展工具理性、唯科学主义盛行所造成的人生意义的失落和危机，自有其补偏救弊之功。③他还高度评价了现代新儒家为解决传统和现代化的关系问题，特别是在传统哲学现代化与西方哲学中国化方面所作的探索和贡献，认为在现代中国的各种思想潮流中，除了马克思主义之外，比较具有继往开来意义，在理论上有一定创造性，影响较大而且生命力较长久的，唯有现代新儒家。④同时他也明确指出，大陆马列派与现代新儒家之间的思想分歧，焦点有三：一是哲学世界观上的唯物与唯心之争；二是文化观上的"综合创新"与"中体西用"之争；三是中国现代化道路选择问题上的社会主义与资本主义之争⑤。因此，对于现代新儒家思想的文化保守主义实质、中体西用的基本态度、唯心主义的历史观和道统论、泛道德主义的价值取向，以及攻击五四运动、反对马列主义、诋毁大陆中共的政策、鼓吹走"儒家资本主义"道路等等，大陆马列派学者不但不能认同，而是要旗帜鲜明地给以批评。

---

① 方克立：《现代新儒学与中国现代化》，天津人民出版社 1997 年版，第 223-245 页。

② 方克立：《现代新儒学与中国现代化》，天津人民出版社 1997 年版，第 71-72 页。

③ 方克立：《现代新儒学与中国现代化》，天津人民出版社 1997 年版，第 583 页。

④ 方克立：《现代新儒学与中国现代化》，天津人民出版社 1997 年版，第 25 页。

⑤ 方克立：《现代新儒学与中国现代化》，天津人民出版社 1997 年版，第 222、613 页。

六、理论困限。现代新儒家在理论上遇到的最大难题，就是如何说明长期为封建统治阶级服务，并作为封建社会官方意识形态的儒家思想，在现代社会依然有其存在的根据。他们力图对儒学与现代化的关系问题作一种调适或融通的解决，但并没有解决它们之间的根本内在矛盾，这突出地表现在"返本"与"开新"之脱节，"内圣"与"新外王"之不相应。他们所要返的儒学之"本"，是作为抽象精神实体的"常道""仁心"，心性之学就是体证此"常道""仁心"使人成圣成贤的学问。以此"内圣"心性之学为形上基础的正统儒学，其基本的价值观念是贵义贱利、重道轻器、存理去欲、好古贱今、重农轻商、重家国轻个体、重义务轻权利、重人治轻法治等等，这些显然与以科学、民主为标志的近代文化的价值观念大异其趣，甚至可以说在基本的方面都是对立的。现代新儒家所立之"本"如果没有一个根本的转换，那么它就很难开出适应现代化需要之"新"来。传统儒学以"内圣"为体，"外王"为用，内圣与外王都属于同一个价值系统，体与用是统一的。今天既要沿袭"内圣外王"的思维模式，又要把属于两个不同价值系统的东西联结起来，自然难免暴露出体用两橛、"不能由内圣推出外王"的困窘。①现代新儒家把科学、民主说成是"古已有之"，提出了"三统"开出说、良知"自我坎陷"说、"暂忘"说等新论，也没有解决上述理论困难。

七、关于"儒家资本主义"。20世纪80年代以来，现代新儒家看到"返本开新"之路难以走通，于是另辟蹊径，以为借助于"工业东亚"的兴起，倡导"儒家资本主义"是一条新的出路。方克立指出，关于工业东亚经济起飞的原因，显然不能仅从思想文化去解释，把它归结为儒家伦理价值观的积极作用，或者如现代新儒家那样，把东亚经济发展说成是儒家"内圣"之学合乎逻辑地开出的"外王"事功。促成这些国家和地区经济迅速发展的原因是多方面的，除了同一定的历史文化背景有关之外，更重要的是由于它们利用了特定的国际环境和国际资本的支持，发挥了有利的地理条件的优势，实行了适合本地情况的经济发展战略和政策，善于借鉴和消化外国技术，提高生产效率，等等。仅就影响经济发展的文化环境来说，这些国家和地区除了受到儒家文化的影响之外，还有本地的文化传统。在近代则更多是接受了西方的政经制度和文化观念，不顾这些只把儒家伦理突出出来至少是以偏概全。他还以新加坡为例，说明新加坡经济发展并不是推行儒家伦理的结果，

① 方克立：《现代新儒学与中国现代化》，天津人民出版社1997年版，第50-52、77-80页。

倒是经济发展以后，工业化、现代化带来的种种社会问题是要求推行儒家伦理的原因。现代新儒家正好是倒因为果、倒果为因，完全颠倒了历史的因果联系。①

八、现代新儒学的意识形态特征。方克立认为。在现代已经没有了本来意义上的儒学，高举儒家人文主义旗帜、主张走"儒家资本主义"道路的现代新儒学本质上是一种资产阶级的意识形态，它实际上是主张用现代民主制度来代替传统儒学所极力维护的封建等级制度。②然而有的现代新儒家学者却竭力掩盖它的这种意识形态性，把它说成是一种抽象的人的学说，"是人类生命对神圣天道的体证，是人类精神对形上本源的把握"；同时却攻击马列主义"只是一种个人理性构想出来的偏激的意识形态"。方克立以第一代现代新儒家梁漱溟在 20 世纪 30 年代就否定"俄国共产党要走的路"，第二代现代新儒家牟宗三"六十年如一日"一贯地反对中国共产党、反对马列主义、反对无产阶级专政的思想和言论，第三代现代新儒家明确地提出了"儒家资本主义"的口号，以及当今某些新儒家学者对马列主义意识形态的攻击等大量材料，说明"那些对于他们所反对的意识形态大加鞭挞、大肆贬抑的人。也正是在顽强地表现自己特有的意识形态性，而不是证明了他的非意识形态性"③。他还指出："意识形态"本来是一个中性名词，或者说是一个客观描述性的概念，并无褒贬的价值涵义。有人故意把意识形态变成一个贬义词，将 ideology 译成"意缔牢结"，让读者望文生义地把它理解为一种思想牢笼，从而产生厌恶反感的情绪。这种对于"意识形态"概念的歪曲应该予以澄清。④

九、研究态度。方克立在现代新儒学研究中始终强调两个原则：一是要详细占有资料，准确理解原意，这是实事求是地进行科学研究的基础和前提；二是要运用马克思主义的立场、观点和方法，对现代新儒学进行一分为二的分析评论，既不盲目崇扬，也不抹杀它的贡献和历史地位。⑤他在谈到大陆学者是以一种什么心态来研究现代新儒学时曾经讲过三句话："同情地了解，客观地评价，批判地超越。"他认为这三句话也可以说是我们认识和研究现代新

① 方克立：《现代新儒学与中国现代化》，天津人民出版社 1997 年版，第 85-88 页。
② 方克立：《现代新儒学与中国现代化》，天津人民出版社 1997 年版，第 184 页。
③ 方克立：《现代新儒学与中国现代化》，天津人民出版社 1997 年版，第 221 页。
④ 方克立：《现代新儒学与中国现代化》，天津人民出版社 1997 年版，第 221-222 页。
⑤ 方克立：《现代新儒学与中国现代化》，天津人民出版社 1997 年版，第 451 页。

儒学的三个阶段，所达到的三种境界或层次。三句话要联系起来作为一个整体，才能反映我们对待现代新儒学的基本态度。①已有学者指出，这三句话在思想史研究中也可以作为一般的方法论原则，实具有普遍的指导意义。在内外交流与交锋中，有的台港新儒家学者把以马克思主义为指导看作是大陆新儒学研究无法突破的"瓶颈"，方克立则明确回答说："在我们看来，要对现代新儒学这种思想文化现象作出正确的历史说明和进行科学的理论分析，离开马克思主义的历史唯物论和辩证唯物论是根本不可能的。"②

　　在十多年的现代新儒学研究中，始终伴随着十分活跃的思想交流与交锋。方克立"一开始就意识到此一课题研究有着学术思想史和现实思想斗争两个方面的重要意义"③。作为课题组的负责人，他不能回避一些难免发生的思想论争。"这是不得已之事，但也未尝不是一件好事，因为各种批评均不无教益。而且也是对我们所持的马克思主义学术立场的磨砺和考验。"④批评主要来自新儒家方面，同时也有来自自由派学者的批评和个别来自"左"的方面的批评。台港新儒家的批评集中到一点，就是不满意大陆学者的现代新儒学研究强调要以马克思主义为指导。继而大陆新儒家也指责马克思主义是一种"先定原则"和"门户之见"，把"大陆马列派"和"西方自由派"捆在一起来批评；个别标榜"理性分析"的大陆新儒家则以超意识形态的姿态，指责大陆马列派的现代新儒学研究仍然纠缠在"唯物唯心""姓社姓资"两个老问题上。为了回答来自各个方面的批评，方克立专门写了《现代新儒学研究的自我回省》《现代新儒学的意识形态特征》《评大陆新儒家推出的两本书》《评大陆新儒家"复兴儒学"的纲领》等文章，在论战中进一步阐明自己的观点，旗帜鲜明地坚持了马克思主义的学术立场。20世纪90年代，在中国大陆出现了一股文化保守主义思潮，形形色色的"大陆新儒家"起了重要的推波助澜的作用。方克立不仅敏锐地看到了这一点，率先在报刊上发表《评第二次文化热的"话语转换"》（《高校理论战线》1995年第5期）、《要注意研究90年代的文化保守主义思潮》（《高校理论战线》1996年第2期）等文章，用马克思主义观点对于这种思想文化现象进行了初步的分析；他还以自责的口气说："文化保守主义思想的抬头，也可以说是在中国大陆开展现代新儒学研究

---

① 方克立：《现代新儒学与中国现代化》，天津人民出版社1997年版，第207-209页。
② 方克立：《现代新儒学与中国现代化》，天津人民出版社1997年版，第3页。
③ 方克立：《现代新儒学与中国现代化》，天津人民出版社1997年版，第2页。
④ 方克立：《现代新儒学与中国现代化》，天津人民出版社1997年版，第3页。

所产生的一种负面效应，说明我们在研究工作中马克思主义的批判旗帜举得还不高，理论分析缺乏深度和力度，还不能充分说服人。"①当然，这只是问题的一方面，"大陆新儒家"的产生还有着更深刻的现实政治和学术思想等方面的原因，方克立的自我批评正是表现了一个思想理论战线上的马克思主义学者的高度的责任感。

<h2 align="center">关于"三大思潮对立互动"说</h2>

在现代新儒学研究中，方克立力图把现代新儒学思潮放在 20 世纪中国思想文化发展的总体格局中来考察，"三大思潮对立互动"说就是他在认识中国现代各派思想走向及其相互关系时提出来的。在他看来，"研究现代新儒学不能离开这样一个总体的思想背景，不能离开中国现当代的其他思潮来孤立地进行研究，特别是在考察儒学的现代命运和未来前景时，不能不同时关涉着马克思主义在中国的传播和发展及其未来命运问题"②。

1988 年 8 月，在新加坡召开的"儒学发展的问题及前景"学术讨论会上，方克立在题为《略论现代新儒家之得失》的大会发言中，首次把现代新儒家看成是足以与中国的马克思主义派、自由主义的西化派"鼎足为三"的一个重要思想派别。他认为，这三个派别都是主张中国要现代化的，不过各自选择的道路不同：马克思主义者坚持社会主义现代化的方向和道路，并在实践探索中把"中国特色"放到了越来越重要的地位；自由主义者主张照搬照抄西方经验，走西方工业文明即西方资本主义发达国家曾经走过的老路；现代新儒家则批判了"现代化即等于西化"的口号，向往一条东方式工业文明即"儒家资本主义"的道路。③

方克立的上述看法，首先引起了与会的海外、台港新儒家学者的注意，并且作出了不同的回应。1989 年 1 月，美国哈佛大学教授杜维明在《大陆儒学新动向的涵意》④一文中说："大陆的学坛，特别是中国哲学史界，已对儒家传统形成了新理解、新共识：五四运动后的这七十年，除了西化思潮和马

---

① 方克立：《现代新儒学与中国现代化》，天津人民出版社 1997 年版，第 260 页。
② 方克立：《现代新儒学与中国现代化》，天津人民出版社 1997 年版，第 501 页。
③ 方克立：《现代新儒学与中国现代化》，天津人民出版社 1997 年版，第 46 页。
④ 台湾《中国论坛》第 319 期。

列主义之外，还有'儒学复兴'这派学说也必须列入考虑。较平实的提法是把儒学、西化及马列看作三个鼎立的、互相抗衡的价值系统。"与杜维明肯定三大思潮说是"较平实的提法"不同，台湾东海大学教授蔡仁厚则仍坚持思想上的"夷夏之防"，他说："近年来，大陆学界有一个说法，认为当代中国的思潮有三：一是马列唯物主义，二是西化派的思想，三是新儒家的哲学。其实，前二者并不属于中国，不是'中国的'慧命。只有当代新儒学，才是顺通中华民族的文化生命而开显出来的中国的智慧方向。"[1]

　　1989年5月，方克立在《现代新儒学与中国现代化》一文中，以一节篇幅专门论述了"中国现代三大思潮之间错综的对立统一关系"。他认为，如果以走出中世纪、实现现代化为标志来界定近现代思想，那么在"五四"以来的中国思想史上，有三个派别均属于这一范畴，而且它们反映着当今世界发展潮流和国内阶级力量的对比，70年来虽互有消长但都有不衰的生命力，相互之间展开了错综复杂的思想斗争，有时也有局部的一致、联盟关系。这三派就是中国的马克思主义者、自由主义的西化派和现代新儒家。文章回顾了"五四"以来的中国现代思想史，从"问题与主义"论战、科玄论战直到80年代的文化大讨论，其间发生过的一次又一次思想文化论战，基本上都是在中国的马克思主义派、自由主义的西化派和现代新儒家这三派之间展开的。他认为今天的情况仍然是这样，大陆、港台和海外的中国学界越来越联系成为一个整体，三大思潮互相冲撞激荡，既有斗争又有联合，形成了内外交织、色彩斑斓的思想画面。[2]

　　方克立对中国现代三大思潮"对立统一关系"的论述，其中已包含有"局部的一致、联盟关系""互动""互补"的思想。譬如，他认为现代新儒家对西化派的民族虚无主义和"现代化即等于西化"观点的批评，西化派对现代新儒家的文化保守主义和"中体西用"的基本态度的批评，在马克思主义者看来，都有合理之处，有些还说得相当中肯，这就决定了马克思主义和这些流派之间也有可能建立某种思想上的统一战线关系。[3]

　　1989年7月，杜维明在一篇文章中提出："中国未来的希望乃在于马列、西化和传统儒家三者健康的互动，三项资源形成良性循环。"[4]1990年6月，

---

① 台湾《鹅湖》第186期，1990年12月。
② 方克立：《现代新儒学与中国现代化》，第67—69页。
③ 方克立：《现代新儒学与中国现代化》，第71页。
④ 台湾《当代》第39期。

刘述先在香港《明报》的一篇文章也有类似提法。1990 年 12 月，方克立在澳门儒学国际研讨会上发表《展望儒学的未来前景必须正视的两个问题》一文，其中肯定杜维明、刘述先等人的"互动"说是一种"从中国现代思想实际出发的很有识见的提法"，比那些固执儒家"道统"观念，把别的思想学说都看成是异端邪说的正统派新儒家心态要健康、开放得多。这篇文章就三派"互动""互补"的可能根据提出了几点看法：首先我们应重视史华慈所说的它们是"在许多共同观念的同一架构里运作"这句话，三派思想从起源来说就有许多共同点：他们所思考和企图解决的大体上都是如何对待传统、如何引介西方、如何建设中国的新文化等问题；他们都带有强烈的民族主义情绪，救亡图存、振兴中华成为共同的压倒一切的中心主题；他们都向西方寻求真理，但又想避免西方文明发展所暴露出来的种种矛盾和严重缺点；他们都希望中国走出中世纪，迈向现代化，在思想上都具有文化启蒙的性质和特点。不过三派所选择的具体道路和所表现的方式不同，它们在同一层面上所形成的紧张和冲突，事实上对推动上述问题的解决有非常积极的作用。另外他还从三派思想并非绝对互相排斥，三派思想互相影响、互相借鉴，经过交流对话也有可能取得某些共识等方面进行了论证。由此他得出结论："现代中国的三大思想流派——马列、西化和新儒家，如果说各占有一定的资源优势的话，那么它们之间的关系，就不必一定只有冲突和紧张，而是有可能同时建立一种互补或互动的关系。"①这是大陆学者对"互动"说的首次明确肯定，同时他也说明在三派怎样"互动"、何谓"良性循环"等问题上与杜、刘的看法并不完全一致。

中国现代三大思潮对立互动说受到了两点批评和质疑：一是是否忽视了"互动"背后的挑战，忽视了马克思主义与现代新儒学之间的对立和斗争；二是是否将三大思潮并列，"平分秋色"，否定了马克思主义作为"主潮"的地位。方克立从"提撕警醒使我们避免东倒西歪"的角度对这些批评表示欢迎，但若是具体针对他的观点，这些批评则未免有无的放矢之嫌。他说明讲互动并没有否定对立斗争，而是在对立斗争基础上的互动。新儒家和西化派都反对马克思主义，有对立和紧张是不言而喻的。但是，新儒家强调继承民族文化传统，西化派主张大力吸收西方文化，都包含着一些合理的思想因素。中国的马克思主义是古今中外人类文明一切优秀成果的合理继承者，因此与新

---

① 方克立：《现代新儒学与中国现代化》，第 187-188 页。

儒家、西化派在某些问题、某一点上有可能形成共识，这就是互动发展的基础。肯定"互动"说并不是丧失立场，肯定"互动"说也不是如某些人所攻击的是搞什么"统战"把戏，而是发展中国新文化的需要，也是发展马克思主义的需要。①马克思主义"主潮"论在方克立关于现代新儒学与 20 世纪中国思想史研究中是随处可见的。譬如，他在给一本书写的"序"中就明确地说："现代新儒学只是现代中国三大思潮之一，而且显然不占主流地位，对它作实事求是的科学研究和评价是必要的，但是不能过高地估计它在中国现代思想史上的地位和作用。"决定中国现当代历史进程的主导思潮是马克思主义，"由于它不仅总结和继承了西方文明发展的成果，而且善于和中国传统文化之精华，和中国革命与建设的具体实际相结合，所以才具有'改朝换代'、改天换地的巨大威力，它理所当然地成了现代中国三大思潮之主潮"②。

"三大思潮对立互动"说既坚持了马克思主义的学术立场，又符合 20 世纪中国思想文化发展的实际，所以在中国大陆学术界得到了较普遍的认同，已被不少中国现当代思想文化史论著用来作为基本的叙述和解释框架。方克立也在以后的文化研究中多次运用这一思考模式。

关于"综合创新"文化观

在当今中国得到广泛认同的"综合创新"文化观，是张岱年先生首先提出来的，方克立教授是它的最有力的支持者和阐释、发挥者之一，所以有的学者把张岱年和方克立看作是中国马克思主义综合创新派的两个重要代表人物。③

张岱年先生在 20 世纪 30 年代就提出了"创造的综合""文化的创造主义"的主张。在 80 年代的文化讨论中，进一步提出了以建设社会主义新文化为目标的马克思主义"综合创新"文化观。张先生是在 1987 年正式提出"文化综合创新论"的，但在最初几年，学术界并没有给以足够的重视，如一些人在概括 80 年代文化讨论中的各种有代表性的观点时，并没有把"综合创

---

① 方克立：《现代新儒学与中国现代化》，第 203-206 页。
② 方克立：《现代新儒学与中国现代化》，第 500-501 页。
③ 赵剑英等：《哲学的力量——社会转型时期的中国哲学》，中国社会科学出版社 1997 年版；洪晓楠：《当代中国文化哲学研究》，大连出版社 2001 年版。

新"论作为一种重要的文化主张来认识和评价。1990 年春,方克立在接受一次访谈时说:"前些年,有的同志曾把文化讨论中的不同观点归纳为'儒学复兴''彻底重建''西体中用''哲学启蒙'四派,我总觉得很不全面,因为它没有给文化讨论中众多主张从中国社会主义现代化建设的实践需要出发,坚持以马克思主义为指导,批判地吸取古今中外的一切优秀文化成果,进行综合创新的一派观点以应有的地位。"接着他表明了自己的观点:"我认为,自由主义的'全盘西化'派、保守主义的'儒学复兴'派和马克思主义的'古为今用,洋为中用,批判继承,综合创新'派(可简称'综合创新'派),是80 年代文化讨论中三个最主要的思想派别,它们之间的对立斗争和统一关系,仍然没有超出'五四'时期业已形成的思想格局。是 70 年来文化论争在新的历史条件下的继续和延伸。"①在这里,他把 80 年代的"文化热"看作是"五四"以来的文化论争的继续和延伸,仍然从"三大思潮对立互动"的角度去考察其中不同思想派别的分歧和论争,因此能够更准确地把握它们之间思想分歧的实质。他还首次将马克思主义综合创新派的文化观概括为"古为今用,洋为中用,批判继承,综合创新"四句话,应该说这是一个重要贡献。正如有的评论者所指出的:"方克立这里的概括,把综合创新派的基本思路和文化价值取向进一步明晰化了,同时也在理论上深化并升华了它。"②"这个概括是准确的和完整的,它既总结了文化发展的历史经验,也自觉坚持了马克思主义的文化观,是适应建设有中国特色社会主义文化的需要的,对促进当前的文化研究和建设很有意义。"③

方克立后来又对这一被人们称为"十六字诀"的文化观作出过说明:"这几句话都不是我概括出来的,而是马克思主义的先贤们早就说过了的。'批判继承'是我们继承历史遗产的方针,包括区分遗产中的精华和糟粕,对精华也要经过扬弃、批判、改造,经过'创造性的转化',才谈得上继承和利用。'古为今用,洋为中用'说明继承、利用古代的或外域的优秀文化成果,其目的是为今天中国的社会主义现代化建设服务。'综合创新'则是讲继承历史遗产和创造社会主义新文化的关系问题。文化的发展不能只有继承没有创新,而创新又必须以前人已取得的成果为基础。上述四句话结合起来。可以说是马克思主义者对中国新文化建设的方针,对时代的课题——古今中西问题的

---

① 方克立:《现代新儒学与中国现代化》,第 584-585 页。
② 李宗桂:《文化批判与文化重构》,陕西人民出版社 1992 年版,第 230 页。
③ 谷方:《展示现代新儒学研究风貌和历程的重要成果》,《高校理论战线》1998 年第 5 期。

完整回答。"①去年他又说："我之所以把'综合创新'与'批判继承''古为今用，洋为中用'结合在一起，主要是想把这种文化观同我们党一贯倡导的文化方针联系起来，就中国近现代文化论争的主题，给予一个比较完整、明确的回答。"②这充分表明他是把文化研究与党的文化事业自觉地联系在一起的。另外，从他对"综合创新"文化观与"中国先进文化的前进方向"的关系的说明中也可以看出这种理论自觉。他认为，由于张岱年能够用唯物辩证法的观点来研究文化问题，因此他在 30 年代提出的"创造的综合"的文化主张，与毛泽东关于新民主主义文化的理论，与"民族的科学的大众的文化"方针，在基本精神和方向上是完全一致的；他在 80 年代提出的"文化综合创新论"，与有中国特色社会主义文化建设理论和方针也是一致的。

20 世纪 90 年代，方克立不仅在多篇文章和谈话中表示心契和赞同张岱年的"综合创新"文化观，而且专门写了《大力宣传我们的文化主张——"综合创新"论》《批判继承 综合创新》等文章，大力阐扬"综合创新"之义，对这一文化理论作了重要的发挥与深化。他通过对 16 世纪末叶以来中西文化关系问题讨论的回顾，说明"综合创新"文化观虽然是现代人总结和概括地表述出来的，但却是四百年来，一部分先进的中国知识分子，早已自觉或不自觉地意识到，曾用不同的语言方式表达出来，并且积极地探索实践着的一个正确的文化方向，它的产生具有历史的必然性。历史已经证明，"综合创新"的文化主张，明显地优于极端的西化派和国粹派，也优于折中主义的"中体西用"派和"西体中用"派，因为它不仅已经超越华夏中心论和欧洲中心论的偏见，而且也在一定程度上超越了中西对立、体用二元的形而上学思维方式，是近代以来最正确的一种文化主张，也表现出了最健全的文化心态。③他还把这种文化观的内容概括为四个要点：一、古今中外人类文明一切有价值的成果，我们都要学习、借鉴、继承、吸收。就学习、继承的对象来说，在时间和空间上都是全方位开放的，是全面的历史主义的态度。二、继承中国传统文化和学习借鉴西方文化，都是立足于中国今天的现实，都是为了推动中国文化和整个中国社会的现代化。这就是以我为主、为我所用，确立民族文化的主体性原则。三、学习、借鉴、继承、选择中国古代文化和外域文化的方法，是辩证法的批判继承法，而不是形而上学的抽象继承法。把握"扬

① 方克立：《现代新儒学与中国现代化》，第 603 页。

②《哲学动态》2002 年第 4 期。

③ 方克立：《现代新儒学与中国现代化》，第 489 页。

弃"这个概念，就能了解"批判继承"的实质。四、分析与综合相结合，综合与创新相结合。文化系统的解构与重构，是一个既有分析又有综合的辩证过程。辩证的综合本身就是创造，就是创新。①后来有的学者又把这四个要点称为"综合创新"文化观的四大要素或四大特性，即开放性、主体性、辩证性和创新性。②

经过对近代以来"古今中西"问题的全面深刻反思，已有越来越多的学者认同综合创新文化观。1994年5月，张岱年和方克立共同主编的全国高等学校人文素质教育公用教材《中国文化概论》由北京师范大学出版社出版。该书第十九章第三节的标题是"'古为今用，洋为中用，批判继承，综合创新'——建设有中国特色社会主义新文化的方针"，这就意味着已将文化"综合创新"论写进了国家教委主持编写的教材，作为全国高校学生学习中国文化的指导思想。综合创新论虽然指出了中国文化发展的正确方向，提出了应遵循的基本原则，但作为一个成熟的系统的文化理论，认识还有待深化，还需要从理论、历史和方法等层面对它作深入研究。去年年初，方克立在回答《哲学动态》记者访谈时，提出了自己对如何深化综合创新文化观研究的一些初步意见：第一是要对近代以来的文化论争作一系统的清理，对各种不同的文化主张及其相互关系作具体的历史的考察，说明综合创新文化观并不是凭空产生的，而是对于前人合理思想的批判继承和总结，也就是说，它的产生具有历史的必然性。第二是要从理论上对综合创新文化观进行深入的分析和论证，阐明文化系统的可解析性与可重构性、文化要素之间的可离性与可相容性，分析与综合、解构与重构的关系，辩证综合与折中调和、简单拼凑的原则性区别，辩证综合与创造、创新的关系等问题。第三是要用中外文化史、文明史的大量历史资料说明"综合创新"是文化发展的规律。中国人讲的"和而不同""杂以成家"正是反映了综合创新的文化发展规律。第四是要研究、探索怎样综合创新的方法，力求具有可操作性并考虑到方法的多样性。他认为在方法论上的综合创新也要走中西结合与互补之路。③这些意见对于进一步发展和完善马克思主义的"综合创新"文化理论具有重要的启发意义。

在世纪之交，方克立为几次国际学术会议提交的论文《21世纪与东西方文化》（1995年）、《儒家文化与未来世界——兼评亨廷顿的"文明冲突论"》

---

① 方克立：《现代新儒学与中国现代化》，第494-495页。

② 洪晓楠：《当代中国文化哲学研究》，大连出版社2001年版，第125页。

③《哲学动态》2002年第4期。

（1997 年）、《21 世纪，能否淡化东化与西化之争？》（1998 年）、《经济全球化情势下的中华文化走向》（2000 年）、《"和而不同"：作为一种文化观的意义和价值》（2002 年），基本上都是以阐述"和而不同"与"综合创新"文化观为主题。针对"文明冲突论"和要求"定一尊""持一统"的文化专制主义及文化霸权主义，他着重发掘了中国传统哲学中"和而不同"的思想资源，赋予它以强烈的现实意义；针对"复兴儒学""全盘西化"和折中主义的"中体西用""西体中用"论，则着重强调"综合创新"是中国文化发展的唯一正确道路。其实他是从不同的角度来阐述同一个马克思主义的辩证文化观，充分显示了运用唯物辩证法这一最无片面性弊病的发展学说来研究文化问题的理论优越性。这些文章中也有一些新提法、新概括。譬如，他注意到 20 世纪 90 年代，围绕着中国文化在 21 世纪的发展前景问题，学术界有一场持续十年之久的"东化"与"西化"之争，形成 20 世纪学术史上的最后一道风景线。他认为以"河东河西论"形式出现的"东化论"和以"全球化论"形式出现的"西化论"，虽然各具合理因素，但总体上看，都是没有现实性的片面、偏激之论。因此他希望在新世纪淡化"东化"与"西化"之争，并且主张用比较平实的东西文化交流会通、综合创新的观点来消解二者的尖锐对立。[①]显然，这是他对"综合创新"文化观的合理性与现实意义的再一次阐明。

关于马克思主义哲学中国化

40 年来，方克立主要是从事中国哲学史的教学和研究工作。他的目的很明确，就是要以马克思主义哲学史观和方法论为指导，来清理祖国的哲学遗产，探索和总结中国人认识宇宙、社会、人生的理论思维方式的特点及其经验教训，为发展中国化的马克思主义哲学、推动民族思维方式的现代化服务。因此，他对马克思主义哲学中国化问题是始终十分关注的。90 年代他曾表示："关于马克思主义哲学中国化的问题，它与中国传统哲学和文化的关系问题，它在中国未来新文化中的地位问题，也一直是我近年来最感兴趣的课题之一。"[②]

---

① 《中国社会科学院研究生院学报》1999 年第 2 期。

② 方克立：《现代新儒学与中国现代化》，第 501 页。

方克立认为，马克思主义的传入给伟大中华文明的复兴带来了生机。但马克思主义只是提供了一种新的世界观和方法论，为人类文明指出了一条通往大同的道路，它并不否定也不能代替民族文化的主体性。马克思主义作为一种外来文化，要在中国生根发展，不能没有中国文化这个接受主体。①因此，科学地阐明马克思主义学说的本质内容及其与中国传统文化的关系，说明它们虽有古今、中西之异，但并不是绝对不相容的，作为人类文明优秀成果之集大成的马克思主义与中国传统文化精华是可以相容、相结合的；并且力图找到具体的结合点，探索通过二者的结合促成中国传统文化的现代转化，同时亦丰富马克思主义学说的内容的有效途径，是从事中国文化研究的马克思主义学者义不容辞的责任。方克立对这个问题的关注主要是在马克思主义哲学与中国传统哲学的关系方面。

在40年前关于《周易》研究方法的讨论中，他反对把马克思主义的基本原理直接挂在两千多年前的《周易》哲学名下，认为这种"结合"是违背历史主义原则的。但他并不反对用马克思主义观点和现代哲学语言对古代哲学思想进行具体的历史的分析与阐释，并以艾奇主编的《辩证唯物主义历史唯物主义》②为例，说明只要采取正确的研究态度和方法，是可以做到"既不贬低古代辩证法思想的历史地位，也不把它们夸大成为现代辩证法的样子"的。③

方克立认为马克思主义哲学中国化与中国哲学现代化是同一个过程。因为马克思主义哲学是克服了一切剥削阶级的偏见、以解放全人类为目标的最先进的哲学，它又是超越了一切民族的与地域的局限性的"世界的一般哲学"④。中国传统哲学要实现现代转化，固然要学习西方近现代哲学，其捷径是学习和掌握既吸取了西方近现代哲学的合理因素，又克服了其唯心主义、形而上学弊病的马克思主义哲学，站在人类认识史的高峰来"一览众山小"，把西方近现代哲学也当作人类认识史上的一个重要环节来学习。中国哲学的现代化有一个向当代世界上最先进的哲学学习并与之相结合的问题，作为"世界的一般哲学"的马克思主义哲学也有一个与各国的具体国情相结合而实现民族化、本土化的问题。二者相互需要，相互结合，于是就使中国哲学的现

---

① 方克立：《现代新儒学与中国现代化》，第48页。
② 艾奇主编：《辩证唯物主义历史唯物主义》，人民出版社1962年版。
③ 方蘊：《坚持哲学史研究中的严格的历史性》，《哲学研究》1963年第3期）。
④ 《马克思恩格斯全集》第1卷，第121页。

代化与马克思主义哲学的中国化实际上成了同一个过程。

在 20 世纪中国思想史研究中，方克立认为应加强对马克思主义哲学中国化，亦即对其在中国传播与发展历史的研究，这方面的内容极其丰富，可总结的经验教训也很多，而目前这方面的研究甚至还不如现代新儒学研究"热门"的情况是不正常的。他认为 60 多年前毛泽东在延安窑洞里写的《实践论》和《矛盾论》，是用马克思主义哲学科学地总结中国革命的经验教训，批判地继承和总结中国传统哲学遗产，从而发展了马克思主义哲学并使之具有鲜明的民族形式与特点，也就是马克思主义哲学中国化的成功典范。他对冯友兰讲的现代哲学是"接着讲"而不是"照着讲"，"毛泽东的哲学实际上也是接着中国古典哲学讲的"观点表示赞同，认为可以说"《实践论》是接着中国传统哲学知行问题讲的"而又大大超越了传统哲学①。《实践论》所达到的"辩证唯物论的知行统一观"的高度，是王夫之（传统知行学说的最高成就）、孙中山（近代知行学说）等人都不可企及的，但它又是前人知行学说之合理内容的批判继承、总结与发展。

同时，方克立也发表过这样的看法："20 世纪，毛泽东开辟了马克思主义哲学中国化的道路，他的《实践论》《矛盾论》是把马克思主义哲学与中国传统哲学相结合的典范。60 多年来，他的后继者们虽然力图把这一事业推向前进，但是成绩不甚理想，表现在我们的哲学教学与研究中，马克思主义哲学与中国哲学两张皮的情况依然严重地存在着，将马克思主义哲学成功地本土化的论著尚不多见。"②他在肯定冯友兰的《新理学》在西方哲学中国化方面的成功尝试时，甚至提出了这样的问题："我国现在通行的马克思主义哲学教科书，有哪一本在中国化（包括批判继承中国传统哲学遗产）方面是十分成功的呢？仅就'中国化'这一点来说，有哪一本能超过冯友兰的《新理学》这本解放前的'大学教程'呢？"③由此可见他对马克思主义哲学中国化，特别是怎样与中国传统哲学相结合的问题是十分关心的，甚至有一种急迫感。当然，他对 60 年来我国学者在马克思主义哲学中国化方面所取得的成就也不是一概抹杀，譬如他对冯契的"智慧学说"就作了很高的评价，认为它"将马克思主义哲学和中国传统哲学相结合，力图解决知识如何发展成为智慧，如何实现真、善、美统一的理想，如何实现人的本质力量全面发展的问题。

---

① 方克立：《现代新儒学与中国现代化》，第 323-324 页。

②《中国社会科学院研究生院学报》2001 年第 5 期。

③ 方克立：《现代新儒学与中国现代化》，第 32 页。

不论他是否圆满地完成了这个任务。这个努力方向是应该充分肯定的"①。

1998年8月，方克立主编的《中国哲学与辩证唯物主义》一书由高等教育出版社出版。这本书是在李岚清同志的指导下，作为高等学校马克思主义哲学教学参考用书，由教育部组织集体编写的，张岱年任编委会主任。编写这本书的目的，就是力图"实事求是地、科学地阐述中国古代哲学中的唯物论、辩证法思想，将辩证唯物主义的形成、发展放到整个人类智慧的继承和发展中来理解，把马克思主义哲学和中国古代哲学思想联系起来，同时又用中国古代唯物论、辩证法的丰富思想来证明辩证唯物主义的真理性，这样，我们的哲学教学就可以更好地在青年学生的思想感情上产生共鸣，更容易为青年人所接受；就可以把马克思主义理论教育和爱国主义教育更密切地结合起来，有利于提高青年学生的民族自尊心、自信心和自豪感"②。该书首次用中国哲学史上的大量材料，从哲学基本问题、世界统一原理、普遍联系和发展原理、知行观、社会历史观、人生价值观等方面，说明"中国传统哲学中丰富的朴素唯物主义和辩证法思想，中国人实事求是的思维传统和把世界看作是一个阴阳互补、动态平衡的有机整体的思维方式，与作为马克思主义哲学世界观和方法论的辩证唯物主义有许多相似或相通之处"③。同时它也指出，只有马克思主义哲学的传入，才使中国哲学实现了从朴素唯物主义到现代唯物主义，从自发辩证法到自觉辩证法，从直观反映论到能动的革命的反映论，从"通古今之变"的传统历史观到唯物史观，从传统的圣贤、君子人格到全面发展的新人的真正革命性的变革。④

《中国哲学与辩证唯物主义》一书出版后，对高等学校的马克思主义哲学教学改革，引导师生对中国传统哲学精华的重视和兴趣，对促进马克思主义哲学研究与中国哲学研究相结合，都起了积极的作用。该书曾获第七届"五个一工程"一本好书奖，但也受到了"马克思主义哲学中源说"的批评。方克立认为这一批评不是实事求是的，至少是根据不足的。因为第一，该书并不否认而是明确肯定了马克思主义哲学的直接理论来源是德国古典哲学⑤，这与明清时期所谓"礼失而求诸野"的"西学中源"说是根本不同的；第二，

---

① 方克立：《现代新儒学与中国现代化》，第361页。

② 方克立主编：《中国哲学与辩证唯物主义》，高等教育出版社1998年版，"前言"，第3页。

③ 方克立主编：《中国哲学与辩证唯物主义》，高等教育出版社1998年版，"前言"，第2页。

④ 方克立主编：《中国哲学与辩证唯物主义》，高等教育出版社1998年版，"前言"，第216—218页。

⑤ 方克立主编：《中国哲学与辩证唯物主义》，高等教育出版社1998年版，"前言"，第5页；"前言"第2页。

该书是从"人类哲学智慧是整体发展的，马克思主义哲学是人类哲学智慧的结晶"的角度，肯定中国传统哲学也是马克思主义哲学产生的历史文化基础之一，这在学理上是没有问题的；第三，研究东学西渐过程中，中国传统哲学对法国唯物主义和德国古典哲学的影响，以及对马克思主义哲学创始人的直接或间接的影响，是一件有意义的工作，把它指为"马克思主义哲学中源说"也是不恰当的，今后这项研究工作还应该在掌握大量历史资料的基础上深入开展下去。

除了上述几个方面之外，方克立的学术工作还涉及马克思主义哲学、中国哲学和中国文化的其他一些研究领域，如他近年来倡导的湘学研究，在地域文化研究中亦可谓异军突起，颇为引人注目。由于篇幅限制，这里不一一展开论述。

方克立作为一个新中国培养起来的马克思主义学者，在如今已年逾花甲的那一代知识分子中，有一定的代表性。他特别欣赏冯契先生讲过的两句话："化理论为方法，化理论为德性。"学习马克思主义到了这种境界，才能成为属于自己生命的学问。这也可以说是他终生的追求，他走过的学术道路就是对于这一追求的实践。同辈学者对此可能比较容易理解，它对后辈学人也有正面的启迪意义。

三十八载勤耕耘　桃李芬芳满园春*

——访方克立先生

林 红 李 卓

在南开哲学学科的发展历史上，方克立先生的贡献是不可磨灭的。方先生把自己一生最宝贵的年华全都奉献给了南开，他筚路蓝缕、辛苦耕耘，开创了新时期的南开中国哲学学科，培养了大批优秀的中青年学者和社会精英，确立了学界公认的南开中哲研究的学术传统。尽管身在北京，方先生一直关心着南开哲学学科的发展，听说南开哲学院五十周年院庆要进行"老教授访谈"活动，他欣然应允。2012 年 5 月 16 日上午，在北京他的办公室里，方先生与每一位来访者亲切握手，笑称"老家来人了"！谈起在南开的岁月，方先生滔滔不绝，细数着点点滴滴，品咂着个中滋味，俨然不像一个年逾七十的老人，仿佛又回到了那个风华正茂的年代。

"南开哲学系给了我实现自己价值的舞台"

1973 年，方克立先生调入南开大学哲学系，直到 2011 年他在南开指导的最后一个博士生毕业，他为南开哲学学科的建设和发展整整奉献了三十八个春秋。谈起这段时光，方先生总结道："从 35 岁到 73 岁，我与南开结缘三

---

*本文原载《难忘的岁月——纪念南开大学哲学系（院）重建五十周年（1962—2012）》，南开大学哲学院，2012 年 10 月出版。

十八年。这三十八年在人生中是不可重复的。现在年轻人喜欢讲实现自我价值，我在想，我这个人，应该说是南开哲学系给了我实现自己价值的舞台。是南开哲学系给了我上讲台的机会，给我安排了科研课题，这对我后来能够做出一点成绩、得到社会认可，具有重要意义"。

方先生的人生道路并不平坦，如果不是他讲起，很少有人知道他是带着处分来南开的。1957 年，在反右运动中，还是人大哲学系一年级学生的他稀里糊涂就犯了错误，受到团内警告处分。1973 年他调入南开大学哲学系时，依旧带着这个处分。直到 1979 年，人大党委、团委分别来信给他平反，才撤销了处分。多年后的今天，重提往事，他神情微凝："你们可以想象，在那个最讲政治的年代，一个带着政治处分的人，会是怎样的处境？"

1983 年，平反后的方先生在南开加入中国共产党，尹一耕、李兰芝两位老师是他的入党介绍人。这标志着他"政治上的转折"。1986 年，他就被选为南开大学校党委候补委员，一年后转为正式委员。有人戏称，方先生是南开历史上党龄最短的校党委委员。

方先生说，南开大学在帮助他实现"政治上转折"的同时，也给了他在第一线从事中国哲学史教学与科研工作的机会。

方先生真正走上讲台，是高校恢复招生后 1978 年到 1979 年间的事。当时，南开大学哲学系参与了教育部组织的由武汉大学、中山大学等九所院校共同编写的中国哲学史教材。系里安排李庆、王兴华两位资深教师承担教材编写任务，这样，本系的专业课教学任务就全落在方先生一人身上，而他当时还是助教。那一学年，他全身心投在教学上，连续授课 150 学时，给七六级工农兵学员完整地讲了一遍中国哲学通史。那时，他的夫人在人大哲学系读研究生，儿子正在上南大附小，他得一方面备课教学，同时还要照顾孩子的生活起居，日子过得非常紧张清苦。听者感叹不已，方先生笑着说："也过来了！"

"文革"后首次开中哲史课，没有现成的教材，方先生就只能自编讲义，边写边讲、边讲边写。每个礼拜都要写出一讲来，从先秦一直讲到孙中山，最后第 42 讲是总结"中国哲学的特色"。他的弟子们在回忆时，总感慨七六级"赶上了好时候"，不但能听到方先生的课而且还能听上一整学年，没听到的年级则觉得是一大憾事。方先生在开这门课时，周德丰、李兰芝等老师都全程听课、认真记录，校外也有不少人慕名而来，教室里座无虚席。1980 年1 月 7 日，《南开大学报》专门刊登了方先生讲课的照片，还发表了题为《这样的教学，我们最欢迎》的表彰文章。

后来到给七八级、八〇级学生上课时，方先生就不必讲通史了，而是跟周德丰、李兰芝等老师分段讲。教学任务相对轻松一些后，他就能腾出时间来搞科研，这就产生了他的第一本专著《中国哲学史上的知行观》。

这本书缘起于"文革"期间系里安排的政治任务。当时南开大学哲学系确定以毛泽东哲学思想为全系教学科研工作的中心，所有教研室都要围绕这个中心，中哲教研室也不例外。当时中哲教研室确定了两个选题：一个是"《实践论》与中国哲学史上的知行学说"，一个是"《矛盾论》与中国哲学史上的辩证法思想"，前者分工由方先生来做，后者交由李庆老师承担。当时逻辑教研室温公颐老先生做的题目是"毛泽东逻辑思想研究"。

方先生的课题结项后，形成了《中国哲学史上的知行观》一书，1982 年由人民出版社出版。1984 年天津市举办首届哲学社会科学优秀成果评奖，该书荣获专著一等奖。正当此时，中哲史界出现了一股"范畴研究"的热潮，方先生的这本书因此也被视为"文革"后出版的第一本中国哲学范畴研究专著，有"报春花"之誉。这一年，他 46 岁，已经成为在学术界有点名气的中青年专家。

早年受屈，中年以后脱颖而出，方先生此后的发展连他自己也没有想到。1984 年他被教育部特批为教授，同年获得"天津市劳动模范"称号，1988 年又被国家人事部评为"有突出贡献中青年专家"。他先后担任全国高等教育自学考试指导委员会哲学专业委员会委员、国务院学位委员会哲学评议组成员和召集人、国家社科基金哲学学科评审组成员、全国博士后管理委员会哲学专家组成员等职务。1986 年，48 岁的方克立先生当选为全国中国哲学史学会副会长。那届会长是张岱年先生，副会长有王明、冯契、石峻、任继愈、肖萐父等著名学者，在这些先生中，如今健在的只有最年轻的方先生一人了。后来，方先生还曾担任国际中国哲学学会（ISCP）会长、中国哲学史学会会长和名誉会长，在海内外学界享有很高的声誉。

"我在南开的工作，主要是建设和发展中国哲学学科"

在访谈中，方克立先生追忆起在南开的点点滴滴，如同历数家珍一般，而最使他梦寐萦怀的是南开中哲学科的建设和发展。

　　方先生说，南开中哲学科的历史也应该从五十年前重建哲学系时算起，这个学科的开创人是首届系主任温公颐先生。"文革"前只有温先生一人能开这门课，年轻教师都只能做辅导。方先生 1973 年调到南开时，系里还没有给工农兵学员开中国哲学史课，但也参与了社会上的一些"批林批孔""评法批儒"活动。比如，1974 年夏天，方先生曾带六名 1971 级工农兵学员到山东曲阜去做调查研究，回来后写了一本题为《我国历史上劳动人民的反孔斗争》的小册子。1975 年，为了响应毛主席"学一点哲学史"的号召，他和中哲教研室的老师又带了十来位 1972 级工农兵学员，到天津重型机器厂和杨村某部队去和工人师傅、解放军官兵"三结合"，合作编写了一套《中国哲学史》教材，油印本上下两册。当然，这些工作都难免打上时代的烙印，还不能算是真正意义上的中国哲学研究。

　　进入 20 世纪 80 年代，学科发展进入了新时期，中国哲学课程开设和研究生培养也逐渐步入正轨。南开大学在 1982 年建立了中国哲学专业硕士点，1986 年建立了中国哲学专业博士点，是该学科建设发展史上具有标志性意义的两件大事。

　　说起南开中国哲学博士点的建立，其申报过程还经历了一番曲折。按照国家规定，一个专业必须有三位或三位以上教授才能申报博士点。而南开哲学系除了方先生外，只有年迈的温公颐教授符合条件，不得已又请了历史系的刘泽华教授、天津市社科院的卢育三研究员（兼职教授），才把队伍"凑"齐，有幸申报成功。方先生说："南开中哲博士点建立还是比较早的，在全国能排进前十，跟武大、中山是同一批。比我们早的只有北大、人大、社科院、复旦、华东师大、南京大学几家。"

　　博士点申报成功后，实际上这个队伍中的另外三位教授都只能作为"后盾"，招收培养研究生和所有课程开设、论文指导的工作都落在方先生一人身上。多年来他为这个学科的建设发展和人才培养呕心沥血，倾注了全力。1993 年，南开中哲学科与马哲学科一起被评为天津市首批重点学科。

　　据统计，南开中哲学科三十年来共培养硕士研究生 150 余人，博士研究生 110 余人。谈到这里，方先生显然有些激动，他说："80 年代初，全国中哲史专业队伍也不过几百人，现在光南开中哲专业就培养了两百多名研究生，这在以前是根本想不到的。"在已经毕业的博士、硕士研究生中，不少人已成为中国哲学领域的知名学者，还有一些毕业生在事业上也取得了骄人的成绩，这其中很大一部分都是方先生的亲炙弟子。比如他在 1986 年招的两名中哲硕士生，杨庆中现在是人大国学院教授、经学研究所所长，他的《二十世纪中国易学史》《周易经传研究》两本书连续获得大奖；余新华现在是《中国社会科学》杂志和《中国社会科学报》的副总编辑，重任在身。这样的例子还可以举出很多。方先生曾经说过："聚天下英才而教之，是教师最大的幸福和快乐。"看到自己带出来的一批批弟子成长为学术上的专家、社会上的精英，他心中充满了欣慰。

方先生清楚地意识到，一个学科要想在学术界产生影响，必须有明确的学术方向和具有实力的研究队伍，必须站在学科前沿并做出具有自身特色的研究成果来。在这一点上方先生也以他的远见卓识引领着南开中哲学科始终走在全国同行的前列。

80 年代初期，中国哲学界力图通过范畴研究来提高理论思维水平，初创的南开中哲学科就积极投入了这一领域的研究，前面提到先生的《中国哲学史上的知行观》一书就有开启之功。1983 年 11 月，在西安召开全国中国哲学范畴讨论会，方先生带领严正、韩强等五名研究生出席，每人都提交了论文。当时参加会议的都是国内知名学者，张岱年、冯契、王明、肖萐父、汤一介、杜维明、成中英等人都在。与会的青年学者不多，南开的五名研究生在会上格外引人注意。严正那年才 19 岁，他写的《中国古代的性情范畴》一文颇受张岱年、杜维明等大家的赏识。会议期间，南开研究生还主动帮助做会务工作，外出参观时热心照顾老先生们，给大家留下了极好的印象。会后结集出版的论文集《中国哲学范畴集》，17 篇文章中只有三篇青年的作品，南开研究生就占了两篇，一篇是严正的，一篇是韩强的。方先生三十年后谈起这件往事时，眼角眉梢都是笑意，自己的学生初出茅庐便得到名家学者的认可，他比谁都高兴。

1986 年，南开中哲学科建设日趋完善之时，方先生以其敏锐的洞察力，又适时地从"范畴研究"转向"现代新儒学研究"。那年 3 月，他在国家教委召开的科研咨询会上作了《要重视对现代新儒家的研究》的发言。11 月，他同李锦全教授主持的"现代新儒学思潮研究"课题被确立为国家社科基金"七五"规划重点项目。80—90 年代，他同课题组成员专心致力于现代新儒学研究，出版了一系列研究丛书、学案、论著辑要和论文集，共计三十多册。这些研究成果使现代新儒学在中国大陆从"绝学"变为"显学"，名动海内外，方先生也因此而成为国内学界在马克思主义指导下开展现代新儒学研究的领军人物。他提出的在中国现代三大思潮对立互动中把握现代新儒学的基本特征和内在问题的研究思路，得到了海内外同行的广泛认可；他提出的"同情地理解、客观地评价、批判地超越"的研究态度和方法，已成为大陆学界开展现代新儒学研究的基本指导原则。随着课题的展开，南开哲学系也随之而成为国内现代新儒学研究的一大重镇，许多研究生的博士论文都收入方先生主持的研究丛书出版，一批青年学术骨干在现代新儒学研究中脱颖而出，有的已成为当今中国哲学界的知名专家。

截至今日，大陆学界开展现代新儒学研究已有二十多年，这项研究对于国内学界的中国哲学研究产生了深远影响。回想这个过程，若没有方先生的适时倡导、引领和组织研究工作的开展，大陆学界在与港台、海外新儒家的对话中就很难具有对等的话语权，更谈不上在理论、方法和资料掌握上的优势了。而今天情况与二十多年前已大不一样。新方向、新研究领域的开辟，对于南开中哲学科的发展来说尤其具有重要意义，在相当长一段时间里，南开中哲因研究现代新儒学而久负盛名，直到现在依然余韵犹存，他的弟子以及后学仍在延续着这个学术传统开展深入的研究工作。

讲到南开中哲学科的发展，方先生说，我们确立了自己的重点研究方向，但学科建设必须是全面的，要全面打好学科发展的基础。南开中哲虽然早期在范畴研究、后来在现代新儒学研究方面下的功夫比较大，在学界有一定影响，但是也要注意发展其他的学术方向，比如严正的博士论文就是做五经哲学，林存光做汉代儒学的意识形态化，宁新昌做宋明理学，张铁勇做沈括的自然哲学，学生的论文选题和研究方向是多元化的。1993 年刘文英调来后，又着重发展了道家哲学、精神哲学等方向。方先生强调一个中哲史学术队伍，至少要有一位佛学研究专家，南开中哲教研室先有卢升法教授，后来又引进吴学国教授，他们对该学科的建设发展贡献很大。南开中哲学科现在的发展格局是全面开放的，从时代来说，有古代哲学、近代哲学、现当代哲学；从学派和思潮来说，有做儒学、道家道教、佛教、周易、玄学等方向的；从学科分支来说，自然哲学、政治哲学、经济哲学、文化哲学、人生哲学等等都有人研究。这不是可以一蹴而就的，而是三十年来学术积累的自然结果。

方先生跟南开中哲的渊源，用他自己的一句话来概括最为贴切，他对来访者说："我在南开的工作，主要还是用力在建设和发展中国哲学学科上。"讲这话时，他怀着极大的热忱述说着南开中哲曾经的辉煌。

"学行并重，德业双修"

讲起他在南开的弟子，方先生总是情有独钟。他对每个学生都寄予厚望，在每个学生身上都下了很大的功夫。严正老师也不断插话，回忆他们当年在南开是怎样受到了最好的教育，先生是怎样严格要求学生的，师生关系又是如何的亲密无间。

对于中哲专业研究生，方先生特别强调要读原典，通过这种阅读、体会、涵泳与先哲直接进行心灵对话。他要求中哲硕士生必须精读《论语》《孟子》《老子》《庄子》（内篇）、《周易》五本书，趁年轻时记忆力好，最好能把名篇、名段、名句背诵下来。为了帮助研究生读懂原著，掌握其精义，方先生还把京津地区的许多知名专家请到南开来讲课，比如请杨柳桥先生讲《周易》，请卢育三先生讲《老子》，请石峻先生讲《肇论》，请方立天先生讲《华严金师子章》，请张岱年先生讲《正蒙》，请蒙培元先生讲《北溪字义》。早期研究生享受到的这些哲学精品大餐，令后来的师弟师妹们羡慕不已，但重视读原典已作为一种学风和传统在南开中哲学科传承下来了。当年在这方面表现得比较突出的严正教授对自己的学生也提出了同样的要求。

方先生在南开任教那段时期，除了请国内名家来讲课外，还曾邀请杜维明、成中英、傅伟勋、唐力权、李绍崑、池田知久、魏格林（德）等海外知名学者，陈鼓应、李震等台湾知名学者到南开来访问和讲学，介绍国外和港台中国哲学研究的情况与前沿成果，大大开阔了研究生们的眼界。他甚至还邀请研究西方哲学范畴史的专家江西师大谢庆绵教授到南开来给中哲研究生讲课，帮助他们通过中西比较深入进行哲学范畴研究。这些不出校门（"请进来"）的学术交流活动，给研究生们留下了许多终生难忘的印象。

讲到南开中哲学科研究生教育的特色，方先生说："我们一直注意把握正确的学术方向，重视马克思主义哲学史观与方法论、中国哲学史史料学等课程的开设，旨在引导研究生学会收集、整理哲学史料和独立地进行科学研究的方法。另一方面，我们也非常重视研究生的思想品德修养，对他们提出了'学行并重，德业双修'的要求。中国哲学是'为己之学''成德之教'，要用知识来成就道德，做到知与行、学问与做人的统一，这样才能真正学到中国哲学的精髓。"

　　"学行并重，德业双修"的要求是方先生在 1982 年就提出来的，以后历届研究生都把它当作治学为人的基本准则。比如现任兰州大学党委书记的王寒松在其博士论文"后记"中写道："方师对门下弟子仅有八字要求：'学行并重，德业双修。'这八个字在学习期间时时警策着我，今后我将继续将其奉于座右，终身躬行。"①苏州大学教授、博士生导师周可真则记住了先生的另一教导，他在《新起点》一文中说："南开的三年，导师方克立先生的为人和为学风范，对我产生了深刻而久远的影响，使我懂得了为人与治学的一致性道理，并从他那里学到了'平实'二字，亦即：做人要平实，做学问要平实，写文章也要平实。'平实'二字，实在是我终生可以行之的要道。"②对此方先生解释说：我们都是普通人，而不是什么"天才"，做人做学问都要通过自己扎扎实实的努力，能够做到"平实"二字就很不错了。不用说我们，就是中国哲学界的大家，像前辈冯友兰先生、张岱年先生，他们写的文章都朴实无华，用大家都能懂的语言，讲出深刻的哲学道理来。故作艰深的文风往往是为了文饰其浅陋。我们不能把哲学搞成"玄学"，文风也是学风和人格的表现。

　　方先生的南开弟子，大都牢记着他"学行并重，德业双修"的教导，所以毕业后在学问和事业上都有不俗的表现。但是也有个别人，虽有较好的业务能力但不注重品德修养，后来终于走上邪道。这对方先生是极大的刺激，他不但诚恳地反思自己的教育思想和实际贯彻情况是不是还有问题，而且后来又经常给弟子们讲另一句话："三分学问，七分做人。"很明显的是把重心向后者倾斜了。这说明他在教育实践中对作为"为己之学""成德之教"的中国哲学的精神有了更深刻的理解，他的新认识也作为南开中哲学科的一笔财富被后来者继承下来。

"我的根脉还在南开"

　　在方先生的回忆中，南开的那段岁月既艰辛而又充满了快乐。前十多年，他们一家住在十宿舍一间十多平方米的房子里。1976 年地震时，门都震歪了很难打开，筒子楼的楼道里放满了蜂窝煤、炉子和自行车，有的倒在地上，

---

①　王寒松、吴书杰：《当代文化冲突与青年文化思潮》，中国青年出版社 1997 年版，第 281 页。
②　栾贵川主编：《博士生谈自己》，黑龙江人民出版社 1998 年版，第 7 页。

全楼停电一片漆黑，他和夫人跌跌撞撞地把孩子抱了出来。就在他住的那一层，有一位化学系老师不幸被倒塌的烟囱砸死了。震后一年多，他们一家都住在临建棚里。大家都是这样，他也没有觉得什么苦不苦的。

方先生评上教授后，南开提供的条件也很有限。一次他生病要去医院，当时学校里还没有条件派车送去，只好由严正找系里老师借了一辆三轮车，蹬车把先生送到医院。每当回忆起这件事，严正总是笑着对人说："我很荣幸就是那次学会了蹬三轮！"还有一件非常遗憾的事情，就是1983年请张岱年先生来南开讲课时，他想抽空去看望天津的亲戚，但是学校里派不出车来，只好请这位七十多岁的老人坐周德丰自行车的"二等"颠簸往返。每忆及此，方先生和南开师生都觉得很过意不去。

尽管在这样艰苦的条件下，方先生带领的南开中哲团队在学术上依然孜孜以求、毫不放松。方先生同中哲教研室的老师和博、硕士研究生，形成了隔周的周一晚上聚会讨论的制度，大家谈读书体会，讨论学术热点以至社会热点问题，哪位老师外出开会了，回来就要介绍会议内容、学界动态。这种类似"沙龙"的活动，扩展了大家的视野，活跃了思想，参加者都觉得受益很大。1989年政治风波前后，"中哲读书会"也经常讨论当时的社会热点问题，在老师的引导下，同学们大都能正确、理性地对待。那时美籍华裔学者李绍崑先生正在南开讲"墨学新论"，包括"六四"那一天，中哲课堂也没有停课。这可能是整个南开甚至京津高校的一个特例，母国光校长为此专门设宴招待李绍崑先生，方先生陪同。李先生后来在一本书的"后记"中还专门提到了这件事情。

1994年初，方先生调任中国社会科学院研究生院院长，但仍在南开兼职指导博士研究生。他在社科院也带博士生，但主要精力是用在行政工作和教学管理业务上，工作十分繁忙。他往往白天要参加各种会议和处理研究生院的日常行政事务，只能晚上给社科院的研究生上课，周末则到天津来给南开的研究生上课和指导论文，两地奔波，十分辛苦。他常抱歉地对南开晚期弟子说，由于自己不在天津，对他们的指导就不可能像早期弟子那么深入细致了，好在南开中哲学科是一个很好的集体，方先生要他们多向其他老师学习请教。电子邮件成为他与南开学生沟通的一个重要渠道，有的学生把先生多年的信函视为一笔十分宝贵的精神财富。

方先生在南开执教三十八年，与南开中哲学科五十年历史中的大部分时间同步，为该学科的建设发展作出了关键性的贡献。他大致地梳理了南开中哲学科的发展历程，指出至今已有四代人薪火传承：出生于 20 世纪初的温公颐先生是第一代；出生于 30 年代的他和刘文英、王兴华、李庆等人是第二代；出生于 60 年代前后的有一大批人，都受过正规的中国哲学专业研究生教育，属于第三代，目前是学科发展的中坚；更年轻的卢兴等八零后则是第四代，代表着南开中哲学科的未来。经统计，方先生在南开共指导培养了 29 名博士研究生，15 名硕士研究生，其中有出生于 40 年代后期的，也有出生于 80 年代的，这一代人都是先生学问与人格的继承者和发扬光大者。他们分布于京津和全国各地，把南开中哲学科的学风和传统广泛地传播开去。

方先生与南开弟子们苦乐与共地长期相处，形成了一种亦师亦友的师生关系模式。他从不以师长自居，而是真诚地希望学生"青出于蓝而胜于蓝"，所以更得到他们的敬重。早期弟子回忆，那时没有电话，先生有事就亲自跑到宿舍去通知他们，或谈各种问题，平时也十分关心他们的生活。1984 年先生被评为天津市劳动模范，得到一张自行车票的奖励，他把这张票送给最年轻的弟子严正。严正说他的生活就是"宿舍、食堂、图书馆三点一线"，用不着自行车，又把这张票给了别人。几十年过去了，先生一直关心着每个学生的成长和事业上的发展，无论是找工作、评职称、申报课题、发表论文、著作写序或生活上的困难，先生都尽可能地给予各种帮助，以至对他们的子女和学生都关爱有加，所以许多弟子对先生都怀着一种亦师亦父的真挚感情。

方先生说，他在社科院研究生院任职期间，主要是做行政管理工作，虽然也带了一些学生，但都不可能留在研究生院。研究生院只有少量公共课教师编制，大部分是教学管理干部，专业人员一般都在各研究所。"在我身边没有一支自己的学术队伍，在业务工作上我是孤家寡人。"所以他说："我的根基、学脉还在南开。每次回到南开，都有一种回家的感觉。"现在南开哲学院里，中哲教研室的严正、韩强、周德丰、曹跃明，逻辑教研室的李继东等都是他的学生；南开马克思主义教育学院的李毅、武东升、寇清杰、汪先全，天津师大的张铁勇、于惠玲等也是他的学生。如今，他们都继承了先生的事业，各自取得了令人瞩目的成绩，其中多数早已成为教授、博导，带出了新一代学术传人，桃李遍布五湖四海。方先生现在很少承担大的课题，如果需要助手与合作者，或者需要有人帮助实现某个研究计划，他总是首先想到南开的弟子们。比如教育部《思想理论教育导刊》请他组织一组讨论马克思主义与儒学关系的文章，作者基本上都是他的学生。

方先生不但缔造了南开中哲学科过去的辉煌，而且时时刻刻关心着这个学科现今和未来的发展。康中乾获得全国百篇优秀博士论文奖，赵建永获得提名奖，卢兴、杜运辉被评为"南开十杰"，他都非常高兴。谁的博士论文出版了，谁在重要报刊上发表了什么文章，他都一清二楚。他特别把目光放在青年博士身上，认为南开中哲的未来要靠他们。对于南开中哲队伍近年来发生的人事变化，潜在的"青黄不接"危机，他比谁都着急，多次请求学校和哲学院领导帮助解决中哲学科的可持续发展问题。他认为补充优秀的青年教师是当务之急，也要争取引进个别业务上成熟的骨干教师。他鼓励中哲教研室的在岗教师多出高质量的学术成果，带好研究生，努力创造南开中哲新的辉煌。

三十八年悠悠岁月，一个风华正茂的青年已经成为两鬓斑白的老者，他把人生中最美好的时光都奉献给了南开哲学学科，他的心永远牵挂着南开——这片艰苦创业、辛勤耕耘的热土。

后　记

今年是南开大学建校一百周年。从 1973 年初到 1994 年初，这 21 年我是地地道道的"南开人"。因工作需要调离后仍继续在南开招收和培养博士生，我带的最后一个博士生到 2011 年才毕业。也就是说，我在南开大学从教的经历共计有 38 年。这是我最重要的一段人生经历。作为"传道、授业、解惑"的一线教师，我主要是在南开大学尽了自己的一份社会责任。

我学的专业是马克思主义哲学，在南开教的课程是"中国哲学史"。给本科生讲"中国哲学通史""中国哲学名著选读"，给研究生开"马克思主义哲学史观与方法论""中国哲学史史料学"，以及"中国哲学范畴研究""现代新儒学研究""20 世纪中国文化思潮"等课程。南开大学于 1982 年建立中国哲学专业硕士点，1986 年建立博士点。2012 年南开哲学院（系）建院 50 周年时统计，30 年间，共培养中国哲学专业硕士 150 人，博士 110 人。他们大都已成为今日中国学术界的中坚力量，除了从事中国哲学史专业工作的之外，还有相当一部分人是各高校马克思主义学院的教师。

南开中国哲学专业有自己的学风和传统。坚持以当代先进文化马克思主义为指导，来从事中国哲学和文化的教学研究工作，可以说是其最根本的特点。用从这里毕业的一个学者的话来说，就是"以马克思主义之理来弘扬中国文化之道"①。在一次访谈中，我曾坦言："我在青年时代就接受了马克思主义哲学世界观和方法论的教育，深为服膺，以后从事的又是中国哲学和文化方面的教学研究工作，可以说，如何把马克思主义与中国哲学和文化精华相结合是我的终生职志。我写的东西都是在朝着这个方向努力，我也是这样教育自己的学生的。"②南开中哲学子大都非常熟悉这些要求："精读原典，确

---

① 周可真：《哲学与文化研究·后记》，江苏人民出版社 2005 年版，第 345 页。
② 《探索中、西、马三"学"的综合创新之道》，《马克思主义研究》2010 年第 12 期。

知其意，辨名析理，要在会通"；"同情地了解，客观地评价，批判地超越"；"古为今用，洋为中用，批判继承，综合创新"；"学行并重，德业双修"；"做人要平实，做学问要平实，写文章也要平实"；等等。这就是要求树立实事求是的马克思主义学风和传统，扎扎实实地学到一些东西，用学理化的知识和智慧来报效祖国、报效人民。

在这种学风和传统影响下，改革开放以来，南开中哲学科在教书育人和学术研究等方面都勇于担当，敬业乐群，做了大量实实在在的工作。就拿教材建设来说，我们编写出版了《中国哲学史》（南开大学出版社，2002 年）、《中国哲学名著选读》（南开大学出版社，1996 年）、《中国哲学史史料学》（高等教育出版社，2002 年）等系列教材，还参与或主持了一些全国性教材的编写工作，如九校本《中国哲学史》（人民出版社，1982—1983 年）、《中国哲学史自学考试大纲》（红旗出版社，1988 年）、《中国文化概论》（北京师范大学出版社，1994 年）、《中国哲学与辩证唯物主义》（高等教育出版社，1998 年）、马工程教材《中国哲学史》（人民出版社，2012 年），等等。包括优秀博士论文在内的一批师生的学术专著先后出版，有的得到了较高的社会评价。此外还编写出版了《中国哲学大辞典》（中国社会科学出版社，1995 年）、《中国哲学史论文索引》（中华书局，1986—1994 年）等工具书，为该学科的发展作出了多方面的贡献。

我非常珍视自己在南开大学的这一段经历，包括 1976 年唐山大地震后在抗震棚里住了近一年的情景皆记忆犹新。我在南开的努力主要是与中国哲学学科的建设和发展联系在一起的。"文革"后几乎是白手起家，到建立起一个能够适应教学与科研需要的学术团队，经过几代人的接力奋斗，才使中国哲学逐渐成为一个比较成熟的学科，成为南开马克思主义学科体系中不可或缺的一个重要组成部分。按照我的理解，"马魂中体西用"的当代中国哲学社会科学，不能缺少对本民族文化的科学清理与弘扬，以马克思主义为指导来总结我们的先辈"究天人之际""通古今之变""立成人之道"的宝贵经验教训，鉴古知今，学史明智，才能为新时代中国特色社会主义文化建设注入新活力、增添新动能。

在南开大学百年校庆即将莅临之际，我收到了"南开大学马克思主义研究文库"编委会的邀请函，要求我提供一本论文集或专著，收入"文库"集中出版。我很感谢主事者没有忘记我这个老南开人，不到一周就把文集编了出来。为了不与 2005 年出版的《方克立文集》（"中国社会科学院学术委员文库"之一，上海辞书出版社出版）书名重复和内容过多重复，这本文集主要选入了我在本世纪发表的大小文章 34 篇，大都围绕着马克思主义与中西文化的关系这个主题，突出讲我最近十多年来倡导的"马魂中体西用"论，书名暂定为《新世纪的文化思考》。我在 20 世纪写的文章，以及本世纪写的纯粹中国哲学史研究的论文和其他文字，则一概没有收入。收入文章大体上按照发表时间先后次序排列。另外还附录了两篇南开师生写的概述我在南开大学所做的工作和有关学术思想的文章。我对作者表示衷心感谢。

南开大学是一所有着光荣的爱国主义传统的百年名校。周恩来、于方舟等先辈早年曾在这里传播马克思主义，新中国成立后党和国家领导人多次视察南开并十分关心学校的建设和发展。我能把自己一生最好的时光，贡献给南开大学教书育人的事业、宣传和捍卫马克思主义的事业，亦感到无上荣光。我的一家都是南开人，我们是爱南开的。但愿南开的新百年，能够更高地举起爱国主义和社会主义的旗帜，公能日新，不断创造新辉煌。

方克立

2019 年 1 月 20 日